连云港市哲学社会科学界联合会

连云港社会科学

（2018）

杨东升 主编

文汇出版社

图书在版编目(CIP)数据

连云港社会科学.2018 / 杨东升主编. —上海：文汇出版社，
2018.12

ISBN 978-7-5496-2772-1

Ⅰ.①连… Ⅱ.①杨… Ⅲ.①社会科学-文集Ⅳ.①C53

中国版本图书馆 CIP 数据核字(2018)第 302271 号

连云港社会科学 (2018)

主　　编 / 杨东升
责任编辑 / 熊　勇
出版策划 / 力扬文化

出版发行 / 文匯出版社
　　　　　上海市威海路 755 号
　　　　　(邮政编码 200041)
印刷装订 / 成都勤德印务有限公司
版　　次 / 2018 年 12 月第 1 版
印　　次 / 2018 年 12 月第 1 次印刷
开　　本 / 787×1092　1/16
字　　数 / 480 千
印　　张 / 24

ISBN 978-7-5496-2772-1
定　　价 / 80.00 元

前　言

为打造"连云港学派"贡献智慧和力量

杨东升

社会科学是研究各种社会现象、社会运动变化及发展规律的各门科学的总称。社会科学用客观和系统的方法研究社会体制、社会结构、社会政治与经济进程以及不同群体或个人之间的互动关系。社会科学是一个以社会客体为对象的庞大知识体系，包括哲学、经济学、政治学、法学、社会学、心理学、教育学、管理学、人类学、历史学、宗教学、语言学、文学、伦理学、逻辑学、美学、艺术学、情报文献学、新闻传播学、地理学、体育学、军事学等学科。

党和国家历来高度重视社会科学。党领导革命、建设和改革的历史，就是不断认识和掌握人类社会特别是中国社会发展规律的历史，就是不断推动哲学社会科学繁荣发展的历史。党和国家历代领导人都曾强调，中国特色社会主义事业的兴旺发达，离不开以马克思主义为指导的哲学社会科学的繁荣发展，要求我们从党和国家事业发展全局的战略高度，把繁荣哲学社会科学事业，创新哲学社会科学体系作为一项重大而紧迫的战略任务抓紧抓好。十八大以来，我们党对哲学社会科学的认识进一步深化，把哲学社会科学摆上更加突出的位置。党的十八大报告明确指出，要"深入实施马克思主义理论研究和建设工程，建设哲学社会科学创新体系"。十八届五中全会上通过的中共中央《关于制定国民经济和社会发展第十三个五年规划的建议》中突出强调，要"实施哲学社会科学创新工程，建设中国特色新型智库"。2016年5月17日，习近平总书记在哲学社会科学工作座谈会上重点指出："一个没有发达的自然科学的国家不可能走在世界前列，一个没有繁荣的哲学社会科学的国家也不可能走在世界前列。"2017年3月，中共中央印发《关于加快构建中国特色哲学社会科学的意见》，强调坚持和发展中国特色社会主义，必须加快构建中国特色哲学社会科学。党的十九大报告指出，要"深化马克思主义理论研究和建设，加快构建中国特色哲学社会科学，加强中国特色新型智库建设。"近年来中共中央对哲学社会科学工作的一系列密集举措，充分体现了党和国家对繁荣发展哲学社会科学的极度重视。理论和实践充分证明，在加快推进经济社会发展和迈向现代化的历史进程中，哲学社会科学具有不可替代的重要地位，哲学社会科学工作者具有不可替代的重要作用。

2015年12月，连云港市社科界第七次代表大会提出："实施重点学科理论创新工程，为产生'连云港学派'创造条件和环境"。近年来，在连云港市委、市政府的坚强领导下，全市社科理论界始终坚持围绕中心、服务大局、锐意进取、开拓创新，在繁荣哲学社会科学方面做了大量的工作，取得了显著成效。以市经济学会、哲学与社会学学会、政治学会等90多个市级社科类社会组织和100多个县区级社科社团，以及党政机关研究室、党校、社科院、高等院校和民间研究机构为组织体系，着力深化重大理论和现实问题的研究，广泛深入开展各类社科活动，全面开创了社科工作新局面。以设立决策咨询研究专项资金、实施市委书记市长圈定重大课题等全市应用研究课题资助制度、社科成果评奖、命名连云港市首批重点智库、连云港市社科名家工作室等为激励手段，大力推进社科工作创新，有效引领了社科发展和研究的方向。以成立全国"一带一路"沿线城市智库联盟、中国社科院知识社会（连云港）研究基地和中国社科院"一带一路"（连云港）研究基地，举办理论研讨会、学术年会、国际论坛等为服务平台，举办"'一带一路'战略支点城市与区域合作发展"、"中日韩历史名人现代价值与海上丝绸之路起点连云港建设"国际论坛、"城市治理现代化与新型智库建设"高层论坛、连云港市社科界学术大会等学术活动，有效推动了社科学术交流。以《连云港社会科学》《连云港智库》年刊、公开刊物《大陆桥视野》（月刊）

和内部刊物《新研究》（双月刊）杂志、"社科知识与百姓生活"宣传普及系列口袋书、"连云港社科网""港城社科"微信公众号、"社科普及宣传周"和"港城社科大讲堂"等品牌为载体，深入推进了哲学社会科学知识的宣传普及。以"首届连云港市十大社科名家""助推港城发展十大社科成果"评选表彰为推力，推出了《连云港市首届十大社科名家丛书》《"一带一路"交汇点连云港现代化建设研究丛书》《连云港简史》《连云港文化论纲》等一批重点社科人才典型和重要学术专著，在全国产生了一定的影响。全市各级社科组织和广大社科工作者，充分发挥自身优势，努力在服务全市大局中找准定位、发挥作用、实现价值，为繁荣连云港哲学社会科学事业作出了重要的贡献。实践证明，连云港市哲学社会科学工作思路清晰、重点突出、成果丰硕，在抢抓"一带一路"战略机遇，推进经济社会又好又快发展中发挥了重要作用；全市广大社科工作者思想解放、作风严谨、乐于奉献，是连云港科学发展的一支重要力量。

当前，连云港市正处于社会转型的特殊时期、改革与发展的关键阶段。为更好地探索发展规律、把握发展趋势、寻找发展对策，而作全局性、战略性、前瞻性研究的必要性和紧迫性比以往任何时候都更为突出。一系列新的课题迫切需要哲学社会科学作出深入研究和回答，一系列新的经验迫切需要哲学社会科学进行新的提炼和概括，一系列新的事物迫切需要哲学社会科学提供更加有力的理论解释和说明。全市社科理论界要充分发挥哲学社会科学认识世界、传承文明、创新理论、咨政育人、服务社会的重要功能，进一步增强做好哲学社会科学的紧迫感、责任感和使命感，努力推进哲学社会科学事业的繁荣发展。一要把握政治导向，在重大理论的研究阐释上作贡献有作为。深入阐释中国特色社会主义理论体系、全面解读新时代中国特色社会主义思想的丰富内涵，不断提高公务员和管理者以及群众的理论水平、道德素质、科学素养。二要坚持服务大局，为党委政府科学决策当智囊出高招。坚持植根实践，突出问题导向，把基础理论研究和应用对策研究相融合，切实加强对重大现实问题的研究，努力推出一批事关长远、事关全局、破解难题的研究成果。三要突出理论研究，为繁荣哲学社会科学求创新出精品。加大对哲学社会科学基础研究的资助和支持力度，鼓励专家学者站在全球的历史高度来研究人类发展的重大理论问题，为在社科研究领域产生"连云港学派"创造条件和环境。四要强化宣传普及，为提高全民社科素养筑基础搭平台。精心组织社科普及宣传周活动，切实抓好国家和省、市社科普及示范基地创建，着力整合全市社科普及资源，健全经常性社科普及载体，多运用群众喜闻乐见、入脑入心的方式促进社科知识普及，提升公众人文社科素养。五要加强社科类社会组织建设，在服务群众和维护权益上下功夫求突破。抓住社会组织建设生命线，新发展一批学科优势明显、特色鲜明、代表方向的社团组织；深入总结"达标创模"活动取得的经验与成效，切实推进"达标创模"活动常态化、长效化；切实加强群众合法权益维护工作，努力在服务学会、服务群众方面实现新突破。六是推进改革创新，为做好社科工作拓展新空间新境界。进一步创新体制机制，不断完善成果评价激励、资源优化配置、成果应用转化等机制，建立健全社联常委会及专门委员会等制度，努力推动全市各级社联和社科类社会组织形成合力，创新哲学社会科学体系，为打造"连云港学派"，建设"一带一路"倡议支点贡献智慧和力量。

（作者系连云港市哲学社会科学界联合会党组书记、主席，研究员）

目　录

contents

文　学

伦理学

艺术学

后　记

哲　学

巴迪欧的"形式"哲学

解　青①

【摘　要】"形式"在巴迪欧那里是一个支柱性观念，也是他进行理论阐释时所依赖的基本原则。但是，他并未对形式的含义进行详细界定，部分地因为它是一个自明的常用词，人们对它有个基本直观的把握，使用也十分广泛。但是，巴迪欧对"形式"观念进行了创造性的改变，建构宏阔。可以说，形式是理解巴迪欧的数学本体论的关键。同时"形式"在哲学史上也是一个非常重要，然而经常含混和矛盾的观念，同时这种含混性又与本体论难题紧密交织。本文试图通过阐释巴迪欧的"形式"，以及回顾哲学史上的几种"形式"概念，对其数学本体论做出一种可能的解释，同时也对巴迪欧的基础哲学立场进行一个初探性的阐释。

【关键词】形式　存在　不可认识　碎裂多元　数学本体论

巴迪欧的"形式"，首先可以概括为这样两个方面：1. 本体论意义上的形式＝数学。2. 作为一种方法、原则，哲学意义上的形式＝形式化：使用准数学的公式和符号来进行辨明、界定和区分。这种"形式"可与哲学史上的几种形式比较，比如亚里士多德和柏拉图之高阶意义上的对应着内容的形式，逻辑学意义上的形式，尤其是，作为话语分层的形式。

---

①　作者简介：解青，女，淮海工学院副教授、哲学博士。

一、巴迪欧的"形式"：数学＝本体论

众所周知，数学由数字、公式、符号组成，不表达语言的界定意义上的东西，也没有可理解的内涵，即，没有一般意义上的内容。也就是说，数学是"没有质性"的（或者说，"单性的"）科学，涉及的是纯粹的关系和比例。同时，数学又具有不可辩驳的确定性，和独一无二的几乎完全的自足性质。这就是为什么数学是纯粹的形式。

巴迪欧涉及的，主要是集合论的数学。集合论的提出，使得现代数学中无法用数学概念来理解的违反逻辑和直观的现象，都能够在集合论中和谐共存。后来集合论被系统化，成为数学无矛盾性的基础。康托尔用集合构造数时，曾"谈到'自在之物'，并自问是什么东西得以支撑一个集合作为一（UN），是什么造就了一个数字的统一性"。[①] "一个集合的本身，不是一个非定性的基质，在那上面我们会定义一些属性"。[②] 也就是说，数是由集合来构造的，集合不是一个被定义的基质（质性的），不是一个被认识的对象。集合不使用语言描述，而由数学通达，它本身就是一个形式的设定（set）。集合是一个被组合而成的"集体"，一种纯多：集合是一些元素的聚集，元素之间全部基于一种"属于"的关系而成立，同时集合本身，集合与集合之间也是基于属于的关系而成立。也就是说，元素与集合都是就相对关系而言的形式，当元素是一个集合时，它也意味着许多元素的聚集。集合、元素，集合的集合、元素的元素、集合的集合的集合、元素的元素的元素……都是形式，都是多，可无限微分，也可无限聚集和构造。"属于一个多的，常常也是多，成为一个元素并不指涉一种存在层级，内在性质，而仅仅是关系（relation），将成为什么的元素的关系，借此一个多被另一个多显现。"[③]

举例说，康托尔对无穷集合进行分类，并从数量上进行了研究：如果在两个集合的元素之间存在一一对应的关系，那么二者具有相同的基数，即"等势的"。"两个集合，其中一个是另一个的部分，而又具有相同的基数，

① 娜塔莉·沙鸥：《欲望伦理——拉康思想引论》，郑天喆等译，漓江出版社，2013，第113页。
② 娜塔莉·沙鸥：《欲望伦理——拉康思想引论》，郑天喆等译，漓江出版社，2013，第113页。
③ Alain Badiou, Being and Event, translated by Oliver Feltham, cuntinuum, P44-45.

这是经常会出现的，而且也没有什么矛盾。"① "基数"本来就是无穷，它不是一个确定的具体的数，它本身就是集合之间的一种对应关系（属于关系），是一种形式。"通过对各种变量的联合，集合论表明它不讨论那个一，也不加以定义，在其法则的隐含中，它所显现的全部都是多。任何多都内在必然的是多之多：这是集合论所展开的东西"②。

因此集合，以及建立在集合论基础上的数学，都是建立在关系上的非质性（单性）的科学，即：形式。无需去问"是什么"（质性的）的问题，同时又无需回避这个问题，可以对其可能的"内容"有权宜性（就一种相对关系而言）的合理填充，最重要的是，非质性的纯形式正是我们对存在进行把握并加以运算的前提。数学在实践中的运用足以证明这一点。数学对存在的完全形式的分割，能够精确的操作关系：比如函数操作的是两种变量之间的关系。比如集合论能够操作不同种类的无穷（基于属于关系）。从质性的，或者经验的方面来看，无穷是一种无法辨明和把握，只能被比喻地理解或想象的东西，而在集合论数学中，无穷被自明显示和必然的操作。

集合论悖论的发现使得人们又重新开始考虑无穷在数学的应用中的合理性问题。集合论悖论可以如此描述：构造一个集合 S：S 由一切不属于自身的集合 s 所组成。那么 s 是否属于 S 呢？根据排中律，一个元素或者属于某个集合，或者不属于某个集合。因此可以问一个集合是否属于它自己。但如果 s 属于 S，根据 S 的定义，s 就不属于 S；反之，如果 s 不属于 S，同样根据定义，s 就属于 S。无论如何都是矛盾的。哥德尔认为，集合论悖论的发现是"对全集或关于在'无限制意义下'某种对象这样的概念的存在性的否定"③。策梅罗对康托尔的朴素集合论进行限制，抛弃了概括原则，因为从中可以推出大全集的存在。同时把集合论加以公理化（这是量性限制理论的具体实施），其中，集合成为不加定义的原始概念，成为完全由公理规定的形式。康托尔对这个问题的回应是，将集合区分成相容的和不相容的，后者因太大而不能看成是"一"，而必须看成是"多"（multiplicity），对于多来说，那种把其所有元素联合起来的假设可能导致矛盾。因此不能把多看成一种"完成了的对象（封闭成为一个整体）"，后者被称为"绝对无限或不协

① 夏松基，郑毓信：《西方数学哲学》，人民出版社，1986，第211页；第144页.
② Alain Badiou, Being and Event, translated by Oliver Feltham, cuntinuum, P45.
③ 夏松基，郑毓信：《西方数学哲学》，人民出版社，1986，第211页；第144页.

调的多"。

也就是说，策梅罗对集合论悖论出现的原因的解释是，设想了一个大全集 S。这个大全集由一切不属于自身的集合所组成，但实际上，这样一个集合不是由纯粹数学方式构造出来，而是由概括原则所推论出来的"概念"。如果去推论"全部的"，"一切"，"整体"意义上的东西，或者，用逻辑去衡量数学，就会遇到自我指涉的悖论。康托的概括原则可能会使概念化、整体化的形而上学惯性暗中起作用，因此，策梅罗抛弃了概括原则。公理化方法对量性的限制，就是规避了这种思维惯性，将集合的构造严格地限定在数学公理的步骤中。不存在完全连续的、整体的"数量"，能无限制地适用于集合论。集合本身是碎裂的、未完成的，是多，也就是形式，所以不能以某种始终一贯的方法去操作，而必须分层次，分类型。

正是在这里，巴迪欧获得了一个立足点：借用数学集合论，来将存在作为它自身的"不可认识"还给不可认识。"正是在这一真正的点上，在数量的无限中漂浮不定的溢出——建立起伟大的思想方向"①。正是数学使得"我们有可能生产出不可认识的概念……因此，在我们不能言说的地方必须保持沉默是多么的错误。它必须作为不可认识的东西来认识。"② 数学正是生产出不可认识性的形式。这个形式让我们准确无误地对不可认识进行操作和规划。

这里我们已经看到，巴迪欧认为存在之为存在是不可认识的碎裂的多。而数学作为纯形式，是对不可认识的碎裂的多的最好映射。为什么是映射？因为认识与存在不同质。认识无论是什么，都"不同于"存在本身，却必须以存在为前提，或者说，认识只能是对不同于认识的东西，即对存在的认识。（为什么认识不能是对认识的认识？如果这样的话，就不需要认识了。）无论是认识事物，还是涉及自我意识，这些都是存在的不同部分和层面；无论把存在假设为实体性的东西，还是不得不设定的界限概念，还是作一个翻转：把认识之所出，也就是"主体"本身之非认识的存在（尼采的强力意志和叔本华的意志，以及康德的"实践"）作为"存在本身"，认识都无法"触及"存在，不是因为认识本身的缺陷或局限，而是认识与存在就如同硬币的两面，相应，相对却完全不同质，因此认识只能是对存在本身的"映

① 阿兰·巴迪欧：《哲学宣言》，蓝江译，南京大学出版社，2014，第55页；第70页。
② 阿兰·巴迪欧：《哲学宣言》，蓝江译，南京大学出版社，2014，第55页；第70页。

射"。映射本来就是一种形式，即"关系"，非"质性"的，涉及的主要是一种类似比例和数那样的东西。（语言也可以看作一种映射，但语言是缠绕、渗透的，它总有内涵，即"内容的"，内容是混合的，会进入、缠绕并扰乱存在，在认识的同时也在介入。因此语言不纯粹，不够"形式"。）

这就意味着，1. 对存在本身的认识（本体论）只能是非质性的，即"关系"（形式）的。在这种形式的关系中，存在作为存在也只能是非质性的，即形式的。而事物的质性差别涉及同一与差异的问题，只能在表象的规则中寻求解决，在各种类型的局部中，则与具体学科相关，因此质性差异（是什么）不是存在问题，而是逻辑－表象的问题（用康德的话说，是知性、理论理性的问题）。一般所说的本体论意义上的认识，却恰好是质性的，即"是什么"，各种否定性描述尽管说的"不是什么"，却也预设了"是"。因为语言由具有内涵的词语和句子构成，它们具有意义，其内容是确定的，这就会抹平非连续性，或断裂，而弥合划归为词或句子。语言无法适当把握不可认识（非质性），无论怎么定义怎么使用，都会将不可认识（非质性）转化为可以认识（质性）。本体论问题就面临这样的困难，说不可认识时，就已经变成了"可以认识这种不可认识"。如果要回答本体论问题（质性的），就只能说存在是不可认识（非质性）的。

2. 如果认识本身就是一种关系（人类和存在的关系），而对"全体，整体"意义上的存在之为存在（我们说存在之为存在时，这种表述已经将它看作整体了），无法谈论关系，关系总是部分之间的关系。存在之为存在不是一个对象或局部，而是一种包含着人类之自我指涉的整体，它无法被"映射"，被"关系"，对它不存在认识的问题。如果正好涉及，就会遭遇自我指涉的悖论。所以在这个意义上，存在也是不可认识的。

3. 存在只能是非质性的形式，它就是多。"一"表述的是某种语言的，即质性的东西，它来源于对"多"（被表象为差异）的"计数为一"（反思）。只有"质性"才预设了某种单一的"实质"，一种完整、完成了的、连续的、可被认识的东西。非质性的形式只能是多，形式处理的是关系，关系本身就意味着多。数学处理的是可无限微分，积分，也可自由组合构造的关系的关系。多就意味着碎裂。非质性、不可认识、碎裂、多，在根本上是同一个意思。

4. 存在作为不可认识的碎裂的多，也可以从另外一种意义上，"外部地"去理解。从现代到当代以来的哲学中，人们对存在问题的回应是从不同方向各自另辟蹊径，走向无限纵深，然后在当代形成了两大问题领域：语言与身体。那么，传统上总是被作为整体来思考的存在之存在被打碎为许多种不同的语言逻辑与许多种不同的身体实践，同时也是在许多相互迥异的哲学旨趣内部所生成的，不断延异、断裂、接合、细化分析化的专业领域。在不同的学科资源中（分析哲学借重于数理逻辑和自然科学，欧陆哲学借重于艺术审美、文学、心理分析、社会学等各种人文学科），形成了各自的语言游戏规则和身体实践，相互之间能否通约，取决于各自系统内部的具体运作。这就是关于世界的宏大叙事的衰亡。如果从存在作为整体的一的角度看，就是不存在作为整体的一的存在，不存在能够绝对地、大幅度地确认的真实，也就是说，存在"作为它本身"是不可认识的。存在只能是碎裂的，只能在关于语言逻辑与身体实践的某范围、某层次、某系统之假设与协调的内部才有可能。那么，要谈及存在，要将所有这些存在之多，这些不可通约的探索"整合"起来，并避免重蹈总体化的、质性的（基础主义，本质主义，还原论）的覆辙，就只有将这一点彻底的确立下来：存在是不可认识的碎裂的多。

综上所述，本体论问题本身就有某种"不合理"，它无可避免地被卷入语言的表述，和实践行为之中。分析哲学之所以通过分析语言的逻辑结构，以及用法（生活形式、行为方式）来澄清意义，就是出于这个原因。正如维特根斯坦说过："我们的语言一成不变，它不断诱使我们回答相同的问题。"因此他诉诸于"看"而非"想"，巴迪欧则诉诸于"做数学"而非"想"。本体论＝纯形式＝数学。既然如此，一般意义上所理解的本体论，之前用语言—逻辑表述的哲学的本体论似乎也就不复存在了？对此，巴迪欧说，"本体论的本质就是要用来在反思中取消其特性"[①]。

二、简论几种哲学史上相关的"形式"与"本体论"的关系

巴迪欧的"形式"与亚里士多德、柏拉图"形式"有一些明显的可

---

① Alain Badiou, Being and Event, translated by Oliver Feltham, cuntinuum, P11.

比性。

1. 巴迪欧第一种意义上的形式，即数学作为本体论，已经把语言—逻辑排除在外，也就是说，解除了存在与语言—逻各斯之间的联系。而这种联系正是亚里士多德和柏拉图的"形式"的根本。亚里士多德的形式与柏拉图的理念，都是一种可定义性（本质），在本体与逻各斯—语言之间紧密地建立了关联，存在必然是，且只能在思维和语言中才能显明。而这种思维主要依赖于语言的语法结构（主要是主谓结构），传统形而上学容易导向一种思辨的、实体论的、本质主义、基础主义、整体化的思维方式，都是从这里开始。

2. 形式是对"关系"的研究，那么形式就不仅仅是一个概念了，而是一个动态的存在图景（即许多不同的话语层面之间）的融惯性原则。这一点在巴迪欧和亚里士多德、柏拉图那里都非常关键，但有很大不同。亚里士多德的形式与质料，本身就是一种高阶与低阶的相对关系。柏拉图也区分了两种主谓关系：参照自身的关系、参照他物的关系。最高形式（善的理念）作为参照自身的一，无需回溯到别的什么东西；而作为参照他物的具体事物，需要被"高一级"的他物所说明和定义，最终被最高级的理念说明和定义。在亚里士多德那里，对关系的研究依赖和绑定于实体（个别事物），而柏拉图的两种主谓关系，实际上是一种逻辑关系了。

也就是说，亚里士多德的"形式"与柏拉图的"形式"都是话语分层（关系），但前者的分层更多是"内容的分层"（依赖于种、属、类的划分，表现为语法结构），而后者的分层有了"形式的分层"的意思。柏拉图谈及"理念的交织"，认为认识理念就是认识它们之间的关系，通过在理念之间上下穿行，不断超越一些特定的理念而朝向其他，这是一种整体论或辩证法。

巴迪欧第二种意义上，作为原则、方法的形式，很大程度上也是指话语的分层（关系）。这个立场非常接近柏拉图。一方面，尽管亚里士多德和柏拉图的形式的含义都包括结构框架、图形、终极的物体或元素、物体形体或体型、构成方式或样态、真实存在的本质、本性或实质，等等，但柏拉图对形式（理念）的使用有着毕达哥拉斯学派的渊源，特指几何型式，形式富有数学的意思，也就是说，对于柏拉图而言，存在有无可辩驳的数学根源，数学才是确定性的来源。这在巴迪欧也是同样。另一方面，巴迪欧的形式使用类似数学的公式、符号来规划包含着经验的内容，也是不同话语层面之间的关系，与柏拉图那种"形式的分层"更可比，但更具体和灵活，并去除了后者那种比喻色彩浓厚的思辨色彩和神学气息。

在形式作为话语分层（关系）这个方面，经过语言学转向之后，借助于数理逻辑的发展而逐渐壮大起来的分析哲学有着非常壮观的成果。弗雷格提出的概念文字，就是一种模仿了数学语言构造的形式语言，采取了类似数学的方法，将概念看作不具有自变量的函数，也就是说，概念是不完整的"形式"的"空位"，它需要被填充。概念文字由代表不确定的数、函数、字母、具有完全确定意义的符号和符号记法来构成判断，形成一个谓词演算系统，后来这些内容发展成为现代逻辑。罗素将摹状词看作"不完全符号"，即只有放在一定语境中才具有意义，单独出现时不具有意义的符号，表达的是相同的意思。区分意义、意谓和指称，"外在关系说"、类型论（区分对象语言和元语言）都是在形式上（逻辑关系）对话语分层的研究。但是，在本体论方面，弗雷格与罗素都采取了某种类似于亚里士多德的立场：他们对形式，或话语的分层的研究绑定于某种预先设定的对象、能够被亲知的专名、某种绝对简单的个体、殊相，等等，这与他们坚持某种"常识世界观"有关。在现代分析哲学的实在论与反实在论之争中，可以辨认出这种立场的变种。

奎因将话语分层扩展到理论与理论之间。他认为任何经验内容都只能在某个参照系（背景理论）之下被确认。不能预设经验内容的质性实在，且，参照系本身难以确定。即，尽管可以以一个理论背景来谈论其下一层理论的本体论，承认其值域，也就是某种共相的存在，但是，这个背景理论的本体论本身还是不可测知的。那么，本体论问题就是一个高阶理论相对于低阶理论的承诺的问题。既然是承诺，就会涉及信念（语言系统、生活形式等）。虽然奎因的信念更具认知逻辑方面的意义，但粗略的说，其立场可与后期维特根斯坦，甚至是休谟相比：将存在与信念、生活形式、认知之动态生成等联系起来。而一旦如此，就有可能导向某种意义上的整体论。整体论强调的是形式（关系，话语层次，逻辑）的融贯，但又面临着另一种危险：将形式和关系"关闭"在整体内。尽管维特根斯坦对不可说的保持了沉默，休谟对本体论问题保持了另一种方式的沉默，奎因肯定了背景理论的不可测知性，但是"可以说的，一定能够说清楚"，在社会共同体内，在某认知系统内，生活形式和信念都能够被测定，这样的整体论，倾向于某种现成性（完成了的），把不可测定性完全排除在某系统之外，也就是关闭起来。

巴迪欧第二种意义上的形式，可以借用准数学的符号和公式，将概念、命题、经验内容等等，看作某种集合，由一些元素以各种方式聚合而成。集合中的元素与其他集合中的元素，可以依据其意义、任何规模的语境、视角，在任何层面上，自由的建立和解除联系。这种联系不具有质性意义上的实质性，只能在关系系统内成立。也就是说，如果用形式化的公式来囊括经验的不同层面，内容就是可变的，层面之间的关系也是可变的。同时，这些内容中，哪些更优先，更"原初"，它们之间是否可逆，或者它们之间有着什么程度、什么意义上的连续性，在何处断裂等等，都能够在形式化中被开放的显示，答案在不同语境中是不同的。我们可以根据情况选择出发点。并且，一个公式就是一个经验容器，公式之间可以建立联系，也可以解除联系。因此，形式化是一种自由转换的可能性：在场与不在场，存在与非存在，辩证的与分析的，最重要的是，在话语的逻辑层面之间。如此我们就能够摆脱形而上学惯性的暗中作用，随境而转，依照具体的形式来构建、整合系统，对其他学科保持开放，保证系统的复杂、未完成和不可测。这就是巴迪欧的形式所展示的哲学特质。

三、一种形式的哲学

既然数学＝本体论，本体论不需要哲学，那么"形式的"哲学到底应该做什么？

"假定'数学＝本体论'是至关重要的，从中可以得出一个结论即哲学最开始是从本体论中分立出来的。并不是因为本体论完全不存在，哲学成为一种我们认为的没用的'批判的'知识，而是因为其完全存在，其存在甚至达到这样的程度，即对'存在之为存在'的言说并不源于任何哲学话语的方式。"①

巴迪欧的意思是，首先，数学＝本体论，本体论不需要哲学。通过建立在集合论上的数学，我们获得了对存在进行形式的操作（操作的是关系）的

---

① Alain Badiou, Being and Event, translated by Oliver Feltham, cuntinuum, P13.

合法性和确定性。这种操作避免了在一、可认识的前提下认识多，不需要定义多与不可认识，也不会出现任何纯多以外的东西。因此数学本体论是非再现的、规划的：数学－形式将存在严格、精确地限定在自己的展开中。"对于那些实际上知道数学的真理的发展源于'在者在'的人来说，玩数学——特别是富有创造力的数学——需要的不是再现的知识"①。

第二，哲学的任务不在于"存在之为存在"的本体论，而在于建立一种元本体论，它的主旨在于，通过确认数学＝本体论，而打开问题的另一个方面：何为"并非存在作为存在"？如果认识是一种形式，所确认的是存在作为不可认识的碎裂的多，那么为什么会这样？因为在碎裂处，裂缝下涌动的正是"非存在"。同时，碎裂，多，本身就意味着非连续，和介入的可能。当说存在＝不可认识的碎裂的多时，这个命题就已经趋向于封闭了，在语言的规制中，存在就已经被固定成了一个内容，但这个内容中的矛盾或断裂，阻止了这个命题自身的封闭或完成（这就是为什么黑格尔说，矛盾是理论真理的标志）。所以：存在＝碎裂多元，这个命题本身存在着裂缝（恰好就是这个词："碎裂多元"。"碎裂"＝"多"＝"未完成"＝"形式"。"形式"就其需要被不同层面的内容填充而言，正是未完成的），将我们的目光引向裂缝下的非存在。通过"数学＝存在论"的元本体论，哲学同时穿透"存在作为存在"与"并非存在作为存在"，前者是本体论（数学），后者是作为介入的事件理论。

要讨论介入，就必须在哲学空间内。"哲学必须做的是提出一个概念框架，在这个框架中，我们能够理解当代这些前提的兼容性。哲学只能干这个——需要把哲学从各种基础性的雄心壮志中解放出来，那些东西搞得哲学丧失了自身——通过将自己放置到自己的各种前提之中，如同在一个单性的弥散的情势中，本体论自己就会以纯数学的形式出现。这正好解放了哲学并让哲学关心真理"②。哲学不可能为任何知识提供基础，但它也不会沦为一种治疗性、纠正性的、批判性的文化。哲学的作用更为积极：通过关心真理去创造，去改变世界。

哲学的前提包括四种：数学－科学、艺术－诗、政治、两性关系。也就是说，哲学并非自足的，其可能性来自于这四种"类性程序"（类的多元），

---

① Alain Badiou, Being and Event, translated by Oliver Feltham, cuntinuum, P11.
② Alain Badiou, Being and Event, translated by Oliver Feltham, cuntinuum, P4.

哲学建立的是一个空间，其中，这四种前提能够共存，最重要的是，只有哲学才能够使得发生在这四种前提中的"事件"被明确地辨认和命名。事件是发生于现存秩序的一个裂缝，从这里开始才能"重估一切"，即，让其下的"非存在"得以涌现，也就是让这四种类性程序以此为中心和契机，真正地运转起来，否则，现存的四种前提会趋向于固化，乃至形成各自系统的自动运行而越来越惰性和封闭。哲学的宗旨在于辨认事件，介入其中，去创造全新的东西（真理：从非存在中解放存在）。

在这里，首先，哲学已经不是一种单一的话语（奠基性的、实质性的）。它作为四种前提得以运转的空间，就已经是多，也是形式了。同时，这四种前提各自也是多，是形式。介入"碎裂的多"这个表述本身是一个形式，它的内容和层面都是可变、有待填充的。同时，形式与内容之间的关系也如同亚里士多德、柏拉图的形式与内容一样，是相对和变动的。

第二，"数学＝本体论"是一个元本体论的断言。断言就是决定，介入。哲学在于介入，因此哲学需要在元本体论与主体之事件理论之间来回流传。同时，也在四种类性程序之间来回流转。它们都是多，在碎裂处存在着介入的契机。介入于巴迪欧，相当于"实践理性"于康德。介入不仅是理论意义上，也不只是实践意义上，它同时穿透这两个层面。同时，介入就是开拓多维的空间，让四种程序运转起来。最后，介入是对四种程序内的事件的辨认和再发明，也是产生主体（忠实于事件的人）、解放"非存在"的过程。

综上所述，可以得出结论说，巴迪欧的哲学是极简的，同时富于整合力和开放性的形式。哲学提供的是空间、定位点、标准和原则，在内容上它是空的。通过空，明确地给其他学科理论，也给实践的具体决定留下空间。这样的哲学才是一种真正的唯物主义（抛弃了任何意义上的质性前提，无论是神、历史、整体、自然，还是人类），也才能真正规划地，在无法预测中展开，并始终面向无限。

参"心"与"心学"的现代价值

周清明①

【摘　要】本文从研习佛学"心与心所"的内涵，及阳明"心学"的源流和内涵，探讨"心与心所"、阳明"心学"的现代意义和价值。

【关键词】心与心所　心学　知行合一

"心"是什么？"心"是心脏、"心"是意识、"心"是脑筋，等等。自古以来解释"心"的文章甚多，因此"心"也有很多种名词解释，譬如："意识、心王、心思、心识乃至心王法等"。那么，"心"到底是什么呢？人们对"心"有着不同的释义。于是，围绕着"心"而成就了诸多的学问，做成了很多的文章。其实，真正的心就是无形无相的，不是人体器官心脏，而是一种精神，是一种意识，所以"心"也叫"意识"。

一、"心与心所"的内涵

佛家所说的"心"，是能控制人的一切的意志和灵魂，是一种超凡的精神力量，而这种力量来自于心，因其心而生出万种方法，心就是万法之源，故称"心王"。心王是佛家用语，也是儒学用语。心是一种思想，所以也被人们称为"心思"；"心"是无形无相的，但却又能够感受到它的存在，所以又叫"心识"。

佛学的"心"有三层涵义。

---

①　作者简介：周清明（1955—　），男，江苏省连云港人，江苏经贸技师学院历史副教授。研究方向：中国思想史，地方历史文化。

第一层涵义，"心"是《心经》的核心，即是《大般若波罗蜜多经》的核心。《大般若经》为唐三藏法师玄奘大师所译，共计六百卷，其精华和心要都涵摄在这部《心经》中，因此说它是六百卷《大般若经》的核心。

第二层涵义，这个"心"字点明了《心经》所讲的内容是整个佛法的核心。整个佛法可以概括为"戒、定、慧"三学。戒是基础，定是方法，慧是结果。修行先通过持戒打好基础，然后通过修定来开启智慧。智慧分世间智和出世间智两种，世间的智慧就是我们平时所说的聪明，出世间的智慧又称为微妙的智慧，即般若。

什么是世间智？犹如现在科学技术，哲学思想，还有一切的学问，都称为世间的学问；能把没有道理的，辩论出道理来，这叫世间的智慧。什么是出世间智，就是出世间的智慧，是通过勤奋求学、努力研究佛学，念佛勤修的，甚至于睡觉，也思考佛学；做梦，也思考佛学；任何病痛的时候，也思考佛学；这就是真正的修出世的智慧。那么出世的智慧和世间的智慧，究竟是一体的还是二体的呢？本来是一体的，但看你怎样理解和应用。用到世间上去，就是世间智慧；若用到出世佛法上，就是出世的智慧。本来你研究世界的问题，知道世界一切都是苦、空、无常、无我；那么现在就用这种的智慧来研究出世的学问，这也就是出世的智慧。因此世间智和出世间智是统一的也是合二为一的。但是有的人有世间智慧，而没有出世间智慧，有的人有出世智慧，但没有世间的智慧，这又是怎么回事？譬如有的人很聪明，却尽做糊涂事，不必要的事情常做，重要的事情他却不管，比如善德之源、天地之法不去关注它。而有的人在研究出世的问题时，却不懂世间的法则，对世间的事不闻不问。这就是两种极端。所以研修心法必须要"既入世而出世，既出世而入世"，入世出世要通达无碍，要融会贯通，因为它是一个命题，这就是般诺，就是智慧。离开般若智慧，佛法根本无从谈起。当我们深入研修心经以后，会发现其中有很多自己未曾想到或听闻到的观念。我们生活在世间，眼睛所看、耳朵所听的，全部都是世间法、烦恼法，只有通过佛法才把我们内心中完全没有痛苦的境界揭示了出来，这必须要有大智慧才能够做到。《心经》讲的是大智慧。

第三层涵义，"心"也是智慧，因为智慧就是从心里生起来的。学佛要用心去学、用心去感悟。人如果不能从内心当中去学习佛法，那最多只是做一些表面文章。尽管外在的规矩、威仪学得很好，做得很如法，而内心却很烦恼，那说明我们没有把佛法真正落实在自己的生活当中。《心经》最重要的意义就是启发、引导我们看住自己的这颗心。我们的这颗心非常复杂，平时我们很少有机会来审视自己的这颗心，通过佛学的研修，我们应该常常回头看用心参，看看这个心到底有多少内容？它到底想要痛苦还是想要快乐？它为什么会痛苦，又为什么会快乐？为什么佛菩萨不会痛苦，而我们会痛苦？为什么我们还有一些快乐，而三恶道的众生就没有快乐？这些道理在我们的心里都可以找到答案。《心经》也就是围绕我们的这颗心而展开的一部经典。

"心所"，是"心所有法，心所生起"，是属于心而为心所有的。古来，有的主张心与心所同起，即同时而有的，是极其复杂的心理活动。或主张我们的心识是独一的，在极迅速的情况下，次第引起不同的心所。关于"心所"，应从认识起缘的观点来解释。"心"为意识，"心所"可以称为认识的作用，是相依共存的。如从统一的观点而分析，"心与心所"是非常复杂而相应的聚合。人的认识过程，是从认识而感受，从感受而理解认知，从认知而行动的认识过程。佛法对心与心所的辨析，为了净化自心，即了解认识的内容与过程，通过心所的过程，给予感悟、反思和净化。佛法的观心术，是应用心理学，是认知心路发展的过程。

"心所"也有很多种名词，譬如，心所、心树、心数、心迹乃至心路等。那么，"心所"到底是什么呢？为什么叫"心所"呢？心识就是心王，以心识为主。"心所"是识的所属，应当从属，心所为心识服务；心所与心王相配合，称为相辅相成。心所是追随心识而作用的，所以又叫作"心所"。心所是从心识中生出来的，是"心识"的分支，所以又叫作"心树"。心在运动时，随时留下的痕迹，被称为"心迹"；"心所"是心的行处，心行的一条道路，因此也叫作"心路"。心所有五十一个分支，所以还叫作"心数"。还有的经里将"心所"说成是客尘、染心、烦恼等等。八识心王是识的自性，是不会造业的，会造业的都是心所。烦恼就是心所扰乱自性而起的作用。心所是分别生起来的知觉，所以叫心所法，也叫心子法。心所法包括受、想、触、作、意等五十一种。五十一种心所法分为遍行心所（五种）、别境心所（五种）、善心所（十一种）、根本烦恼（六种）、随烦恼（二十种）、不定心所（四种）六类，共有五十一种之多。心所法五十一种，还可分为六类，通常称为"六位五十一心所"。

二、阳明"心学"的源流与内涵

心学的创立者是陆九渊（1139—1192），他考取进士后，名传四乡，拜师问学者很多，于是在候职期间，辟讲堂收徒，因堂前有老槐树，称之为槐堂。在槐堂讲学两年，他对孟子所言不忍之心，恻隐之心多有体悟，形成自己的发明本心之见，奠定了心学基础。他任官后，无论任职何处，他都不忘明心之学，往往设座论道。淳熙十三年到十六年（1186—1189），他任台州崇道观闲职，回家乡，在贵溪应天山（后名象山）设书院——象山精舍讲学。四方前来谒访者，前后逾千人，谪传门人甚众。陆九渊的心学体系，也在这个时期最终完成。他的明理、立心、做人宗旨，他的宇宙便是吾心，吾心即是宇宙的思想核心，明确提出来，并作为旗帜，形成心学一派。

心学最主要的特征是内求，即重视心性和内省修养，主张求理于心，向内而思。这一特点，源自三个方面：儒家思孟学派和佛教禅宗及二程思想的影响，故心学与"心经"有着渊源。

陆九渊的思想，得之于孟子的心性说。孟子曾言：耳目之官不思而蔽于物，物交物则引之而已矣，心之官则思，不思则不得也，此天之所与我者，先立乎其大者，则其小者不能夺也。（《孟子·告子上》）陆九渊的本心之见，即由此而受启发。他的求放心之说，也从于孟子的"学问之道无他，求其放心而已矣"（《孟子·告子上》）。只是将原来的做学问须专心致志，升华为做人的修养方法了。

至明朝，由王阳明首度提出"心学"两字，至此心学开始有清晰而独立的学术脉络。王阳明的心学是在陆九渊宋明理学中的心学基础上，进一步发挥而成就的。

王阳明继承了二程和陆九渊的心学思想，并在陆九渊的基础上进一步的整理、批判和融合了朱熹的理学。《传习录》中的思想明显地表现了这些立场和观点。王阳明批评朱熹的修养方法是去心外求理、求外事外物之合天理与至善。王阳明认为"至善是心之本体"，"心即理也，此心无私欲之蔽，即是天理，不须外面添一分"。他对《大学》的解释与朱熹迥异。朱子认为《大学》之"格物致知"是要求学子通过认识外物最终明了人心之"全体大用"。王阳明认为"格物"之"格"是"去其心之不正，以全其本体之正"。"意之本体便是知，意之所在便是物"。"知"是人心本有的，不是认识了外物才有的。这个知是"良知"。他说："所谓致知格物者，致吾心之良知于事事物物也。吾心之良知即所谓天理也。致吾心良知之天理于事事物物，则事事物物皆得其理矣。致吾心之良知者，致知也。"（《传习录》）

什么是"心"？首先，王阳明认为，"心"是道德本体，是万物的主宰。他说："心者，天地万物之主也。心即天，言心则天地万物皆举之矣，而又亲切简易。"（王阳明《答李明德》）"心"是人类把握世界的总体道德原则和道德规范。他说："心也者，吾所得于天之理也，无间于天人，无分于古今。苟尽吾心以求焉，则不中不远矣。学也者，求以尽吾心也。"（《王阳明全集》卷二 静心录）除了"心"之外，外在的世界是不存在的。所以，王阳明说："心外无物，心外无事，心外无理，心外无义，心外无善。"（《传习录》）

其次，王阳明认为，"心"即"理"。这是继承了宋代"理"学的思想。宋代理学家认为，"万物皆只是一个天理"（程颢、程颐（《二程集》），"万物一体者，皆有此理"（程颢、程颐（《二程集》）。朱熹也说："自下推而上去，五行只是二气，二气又只是一理。自上推而下来，只是此一个理，万物分之以为体，万物之中又各具一理。所谓'乾道变化，各正性命'，然总又只是一个理。"（《朱熹·朱子全书·朱子语类》）还说："未有天地之先，毕竟也只是理。有此理，便有此天地；若无此理，便亦无天地。无人无物，都无该载了。有理便有气流行，发育万物。"（《朱熹·朱子全书·朱子语类》）王阳明沿着宋代理学的路径，将外在的"理"与内在的"心"联系起来，提出"心"就是"理"，"心"与"理"是统一的，都统归于"心"。王阳明说："心即理也。天下又有心外之事，心外之理乎？"（《王阳明全集》）王阳明把"理"统摄在"心"的范畴之中，调和了"理"与"心"的二分说，彰显了"心"之道德本体的价值。既然心是道德的本体，那么人的天性就比什么都重要，"心即理"是阳明心学的首要命题。

心学就是研究"心"的学问。古人所谓的"心"是一个很广义的概念，大体包括我们今天所说的心态、观念、思想、心灵、精神、人格，等等。总之，心学就是"心灵之学"。

三、"心"与"心学"的现代价值

（一）正心祛欲、修身自省

《心经》曰："色不异空，空不异色，色即是空，空即是色，受想行识，亦复如是。""是诸法空相，不生不灭，不垢不净，不增不减。是故空中无色，无受想行识，无眼耳鼻舌身意，无色声香味触法，无眼界，乃至无意识界。"色是空、空是色，抑制食色，祛除私欲，正其心，方为《心经》大义。

心学对于修身自省的价值亦在于"正心"。王阳明说："所谓修身在正其心者，身有所忿懥，则不得其正；有所恐惧，则不得其正；有所好乐，则不得其正；有所忧患，则不得其正。心不在焉，视而不见，听而不闻，食而不知其味。此谓修身在正其心。"（《传习录》）

当前，多元化的思潮冲击着每个人的心灵，利己主义、金钱至上的思想等等，不仅对于人生没有启迪和指引的作用，甚至会影响正常的是非判断，引导人误入歧途。心学教导人们首先要"正心"，时常反观自省，祛除不正当的"欲"，为符合道德和法律的"理"腾出空间。"正心"的同时，还应该注重"忠于内心"，讲求表里如一，名副其实。心学最强调的是"心即理"，只有在"正心"的基础上忠于内心的信仰，才能真正践行"知行合一"的要求。

正其心、祛私欲，对提高人的道德修养，反腐防腐有着现实意义。色即空、空即色，生不带来，死不带走，其心正亦无私欲。

（二）感悟心路、知行合一

心学的过程为通过感悟，提高认知水平。"知行合一"着重理论与实践相结合，不能光说不做，或者说一套做一套，对纠正当下的社会不正风气起到警示作用。

王阳明强调"知"必须"行"，对于克服社会时弊具有一定借鉴意义。"知行合一"在中国哲学中虽有认识论的意义，但从根本上说它是一个伦理道德问题。"知"不仅仅是"知识"的问题，而且是"良知"的问题，即知道什么是善什么是恶。王阳明的知行合一学说，具有去恶扬善之义。只有善的动机，而未具体化为善行，仍不足以达到道德的最高层次。道德修养之功不是单纯坐在那里冥思苦思，还需要在日常生活之中实践。"人须在事上磨炼，方立得住，方能静亦定，动亦定。"（《传习录上》）王阳明关于知善修德，知恶克欲的知行合一的学术，充分强调人的主体品格是道德修养，肯定人需自然自觉地践行。关于"慎独存诚、克制私欲、去除障蔽、践履德行、事上磨炼"等道德养育原则，都有利于继承和发扬中华民族道德精神生活方面的优良传统。王阳明的道德哲学可以为现时代如何摆脱道德价值困境提供某种教益和启发。

通俗地说"知行合一"的意思，就是一个理论和实践的问题。有人认为知易行难，懂得理论是容易的，实践是很难的，有人认为知难行易，领悟道理很难，实践很容易。比如朱熹就主张知难行易，悟道是很难的，但执行似乎是很容易的。王阳明却认为：懂得道理是重要的，但实际运用也是重要的！要想实现崇高伟大的志向，必须有符合实际、脚踏实地的方法。这绝不仅仅是一句话，而是一种高深的处事和生活智慧，足以使人受用终身，所以它看起来很容易明白，实际上很不容易明白。

"真知即所以为行，不行不足谓之知；知是行之始，行是知之成；知是行之主意，行是知之功夫。"（王阳明《答顾东桥书》）即事即学，即政即学，身体力行，知行合一，不可离开亲躬实践而空谈为学。知与行本来就是不分离的。没有行动就不能称其为真正认识。只有去实践了，你才拥有这个知识，不去做，即使你看多少书，学多少理论，也无法真正获得这个知识。"知行合一"的理论有一种进取精神，有一种实践精神，有一种责任感。

（三）立身成才、学以致用

"般若"在梵文来讲就是"大智慧"，因为汉语"智慧"二字不能完全表达梵文"般若"的含义。梵文"般若"的含义有大智慧的意思，有真理的意思，有究竟圆满的意思，有无漏解脱的意思。一词含多意，所以没法翻译，就保留了"般若"的读音，简单地翻译成"智慧"，但不能完全表达它的本意。人的智慧何来？来自于教育。

教育是关系到成才、家庭、科学进步、社会发展、国家兴亡的问题，故教育要注重立身成才、学以致用。现代教育有一种弊病，重知识轻人文，重功利轻道义，中学以高考为目标在转，大学以市场为中心在转。心学的当代价值就是成大材者必先立志，立身必须修德，立身先立心，修德需修心。立身成才更要学以致用。

读书何所用？"君子学以致其道。"《论语·子张》即"学以致用"。孟子说："尽信书，不如无书。"朱熹主张读书要切己体察，"读书穷理，当体之于身。"就是要心领神会，身体力行。从读书的角度来看，朱熹强调读书必须联系自己，联系实际，将学到的理论转化为行动。人们所学的知识，只有有效地运用到生活和实践中去，才会发挥其效用。否则，一文不值。古人读书的最大目的，或曰第一目的，就是做官，即"学而优则仕"。苏秦读书优，挂六国相印，车胤官至司徒，倪宽官至丞相。此外，还有读书致用的目的：一是增知明理，如孔子问其弟子子夏读书的感受。子夏说，书对世事的论述，昭昭明白，如日月之光亮；繁茂丰富，如数不尽的星星。二是治国修身。东汉的冯衍曾说：若不读书，做君主的"不明于道，上无所承，下无以化民"；为臣的则"不时于道，进无以事君，退无以修身"。三是娱乐性情。陶潜《读〈山海经〉》诗云："孟夏草木长，绕屋树扶疏。众鸟欣有托，吾亦爱吾庐。既耕亦已种，时还读我书。穷巷隔深辙，颇回故人车。欢言酌春酒，摘我园中蔬。微雨从东来，好风与之俱。泛览周王传，流观山海图。俯仰终宇宙，不乐复何如。"古往今来，读书能结合实际而获得真正知识的不乏其人。

读书何所求？将以通事理。于个人，读书可以治愚、可以明理，"学而优则仕"。书籍是人类文明传承的主要载体，用闲暇时间阅读是一种愉悦体验，学有所思、学有所得，也是一笔终身受益的精神财富。于国家，倡导全民阅读，扩大知识普及、提升文化素养，进而促进科技进步、提高文明程度，为社会繁荣和谐发展注入活力。

人们常说"读书不难，其用难"。如何"学以致用"呢？有人说就是要举一反三，要触类旁通，要随机应变，还要知道临场发挥。这么说，玄之又玄。其实读书怎么用，只能自己去感悟。我认为，读书就是一种知识的积累和储存，书读的多会自然的产生一种厚重，会明理会有思想。所谓的"用"，决不能从"急功近利""立竿见影"观点来理解，应从广泛意义上来理解。"用"就是要联系"实际"，注重理论与实践相结合，注重书本知识和实际能力的转换。读书的目的不是为了炫耀，而是为了增长才干，提高技能，转化为实际能力，获得尽可能多的成果。或者读书也就是一种娱乐。

（四）"戒定慧"与"致良知"

佛学之"心"讲"戒定慧三学，戒是基础，定是方法，慧是结果"。"戒定慧"与阳明心学的"致良知"对企业管理有着重要启示作用。一个企业中，最重要的资源是心力资源，经营企业就是经营人心，就是要提升团队的心里的能量，开发每一个员工心中的力量，这才是经营者最重要的事情。

企业要有"戒定慧"之心，要保得住自己的良心，要达到"致良知"。这样就不会出现"地沟油、苏丹红、三鹿奶粉"等等的事件。

当下，绿色发展逐渐成为全人类面临的最大问题之一。改变发展模式，推动绿色进程，让经济和社会的持续发展是这个星球共同为之的目标。

心学思想作为儒家思想的延伸，也高度关注和倡导在修身自省的过程中，用良知守护本心，保持坦荡磊落的胸怀。面对诱惑和陷阱时，时刻保持清醒的头脑和清晰的认识，用良知鉴别对错。入世心做事，出世心做人。"心经"强调生命活泼的灵明体验，阳明心学与佛学的心法也十分相似，心学用出世之心做入世之事，正是儒家所说的"内圣外王"。以入世心做事，出世心做人，就是先"无我"才能真"有我"，对万事不排斥也不沉溺，以入乎其内出乎其外的章法，如水汇流，随时而转，随世而转。心在尘缘外不让心境局限在一个狭小的空间内，淡泊名利，看淡是非，用良知充盈内心，然后用良知指引入世做事，情出自愿，事过无悔。

（五）天人合一、人与自然融合

《心经》："是诸法空相，不生不灭不垢不净不增不减。"这里指出了"空"的状态不是一个生命体的状态，只要是生命体就会有生灭；"空"也不是一个物质的状态，只要是物质就会有垢有净；"空"也不是一个简单能量体，"不增不减"就是没有度量的概念。与此同时，"是故空中无色，无受想行识，无眼耳鼻舌身意，无色声香味触法，无眼界，乃至无意识界"。这段经文讲的就是"空"不具备普通生命体的特征，没有"五蕴"，也就没有"五蕴"的功能和范围。而"无无明，亦无无明尽，乃至无老死，亦无老死尽"则清楚地讲明了"空"没有时间的概念，至于"无苦集灭道，无智亦无得，以无所得故"则说明了"空"中没有任何瑕疵，没有苦、集、灭、道的状态，用不着"智"去破开重重障碍，当然也没有欲望，没有所谓的"得"。

这一切的一切都说明了"空"脱离时间和空间的、没有形体和生命形态的一种特殊状态，故可以将其称为"宇宙原始能量"，它是整个世界产生之前的最本源状态。"空"态是一切事物，包括生命体的起源态，也是过程态，还是终结态。按天人合一哲理，人心修炼要达到修空的状态，一旦修空进入天心，即可达到天人合一，从而可达到佛的境界。

修佛的较高境界是能自如地从"色空"运转，也就是从天人两种状态往返，最高境界则是合二为一。人既是宇宙的一部分，又是宇宙的整体，这样视为天人合一之境界。

阳明先生创立的"心即理、知行合一、致良知、天人合一、天地万物于一体"的思想体系，对生态文明建设、对于重新认识人在自然界中位置、认识到人是自然界的一部分等自然观，有着很重要的意义。人类来源于自然，生活在自然中，是自然的一分子，保护自然也是保护人类。人类在大量获取自然物的同时要设法去再生，不能以毁灭自然作为人类生存的代价，同时要做到保护人类的生存环境。

天人合一问题，就其理论实质而言，是关于人与自然的统一问题，或者说是自然界和人的精神融合问题。应当承认，中国传统文化中的天人合一思想，内容十分复杂，其中既有正确的观点，也有错误的观点，我们必须实事求是地予以分析。但是，从文化的民族性以及对民族文化的推进作用和深远影响看，我们应当大胆肯定。中国古代思想家关于天人合一的思想，其最基本的涵义，就是充分肯定自然界和精神的统一，关注人类行为与自然界的协调问题。从这个意思上说，天人合一的思想，是非常有价值的。

天人合一思想，强调人与自然是统一的，人道和天道是一致的，人的理性与自然理性是贯通的，充分显示了中国古代思想家对于主客体之间、主观能动性和客观规律之间关系的辩证思考。根据这种思想，人不能违背自然规律，不能超越自然界的承受力去改造自然、征服自然、破坏自然。只能在顺从自然规律的条件下去利用自然、调整自然，使之更符合人类的需要，也使自然界的万物都能生长发展。自然界有灵性但并不神秘，它与人类是互动的，人保护了自然，自然也会回报人类。天人合一思想要求人的精神、行为与自然相统一，自我身心平衡与自然环境平衡相统一，从而达到天道与人道的统一，实现和谐的精神追求。对于解决当今世界由于工业化和无限制地征服自然而带来的自然环境被污染、生态平衡遭破坏等问题，具有重要的启迪意义；对于我们今天正在进行的社会主义现代化建设，更有着防患于未然的重大现实意义。

虽然说自然灾害是人类自己无法控制的，但是只要"尽人事，顺天心"，所谓天心，就是大自然；我们尽到了保护自然的事，就能感天动地，就能换来更多的大自然的恩赐。大自然是有灵性的，隐隐约约存在着赏善罚恶的功能。人类不知道爱护大自然，过分地损害自然环境，大自然就会惩罚人类。人类在大自然面前，动不动就要征服大自然，动不动就要改天换地，显得过分骄狂了。可是，每当自然灾害降临，在自然界的惩罚面前，人类却显得十分脆弱，一点办法也没有。譬如唐山、汶川、玉树等地的大地震，谁能预报？谁又能阻挡？所以说，人类要爱护大自然，要对大自然的一山一水、一草一木有敬畏之心，要珍惜和爱护，与之和谐共存。

老子主张"人法地，地法天，天法道，道法自然"，天地人三者以道为法则，道以自然为法则。庄子认为，人与天地都是由气构成，人是自然的一部分，天与人是统一的，因而反对人为，极力主张"无以人灭天"，通过"坐忘""心斋"的忘我体验来达到"天地与我并生，而万物与我为一"（《庄子·齐物论》）的天人合一的精神境界。

参考文献

1. 《摩诃般若波罗蜜多心经》（《心经注》）编译者：丁福保. 华东师大出版社，2014 - 12 - 24 ISBN：978 - 7 - 5675 - 2384 - 5/B. 874，普陀山佛学丛书。

2. 《传习录》王阳明，武汉出版社；第 1 版（2014 年 6 月 1 日），ISBN：9787543081253，7543081253，条形码：9787543081253。

3. 《王阳明，人生即修行》鹤阑珊 [M]. 中国友谊出版社，2015.

4. 《王阳明心学》王觉仁 [M]. 民主与建设出版社，2015.

5. 王阳明心学思想的当代价值. 邹雯雯.《商》，2016.（29）142 - 142.

经济学

中国经济增长中的高货币化困境及其纠偏

孙 军①

【摘 要】改革开放以来，我国经济增长过程伴随着高货币化，且呈现出逐年上升的趋势。本文文献回顾发现，与政府相关的投资行为在其中扮演着重要的角色。数值模拟分析表明，政府主导下的投资驱动型增长模式会导致债务增加、杠杆水平上升和投资效率下滑，市场主导下的投资驱动型增长模式则并不必然如此。实证研究发现，M2/GDP 扩张与增量资本产出率（ICOR）正向相关，与资本回报率（ROIR）负向相关，且 M2/GDP 每增加 1%，资本回报率（ROIR）约下降 0.25%。因此，尽管政府驱动型投资模式在周期性衰退中有其存在的必要性，但随着债务风险的累积和资本效率的持续递减，投资主体到了转换的关键时期，这将有助于我国经济发展模式的转变。

【关键词】经济增长 高货币化 M2/GDP 困境纠偏

一、引言

改革开放以来，我国 M2 持续增长。根据 IMF 的统计数据，截至 2016 年上半年，折合成美元计，中国的 M2 达到了 22.4 万亿美元，美国 M2 为 12.73 亿美元，欧元区为 11.54 万亿美元，日本为 8.91 万亿美元，中国的 M2 超过了美日总和，且与美国和欧元区的总和相当。Pan&Shi 等（2016）

---

① 作者简介：孙军，男，淮海工学院商学院副教授，经济学博士。基金项目：2017 年度国家社科基金一般项目"逆全球化背景下沿'一带一路'重塑全球价值链体系研究"（项目编号：17BJY228）；2016 年度国家社科基金一般项目'一带一路'战略下我国口岸流通功能转型升级与拓展研究"（项目编号：16BJY134）。

利用世界银行的跨国面板数据做的一项回归研究表明，中国流动性过高的程度大约为50%左右。与M2持续增长相对应，我国单位GDP所包含的M2即M2/GDP也呈逐年上升的趋势，近年来已超过绝大部分国家和地区，到2015年末已高达205%（如图1所示）。戈德史密斯（1994）提出的倒"U"型曲线假说在我国迟迟没有出现，这已经引起了社会各界的高度关注和担忧，一系列不良后果和风险也开始逐步浮现。由此，对该现象的成因、可能的后果以及纠偏措施进行深入的探讨就变得尤为必要。

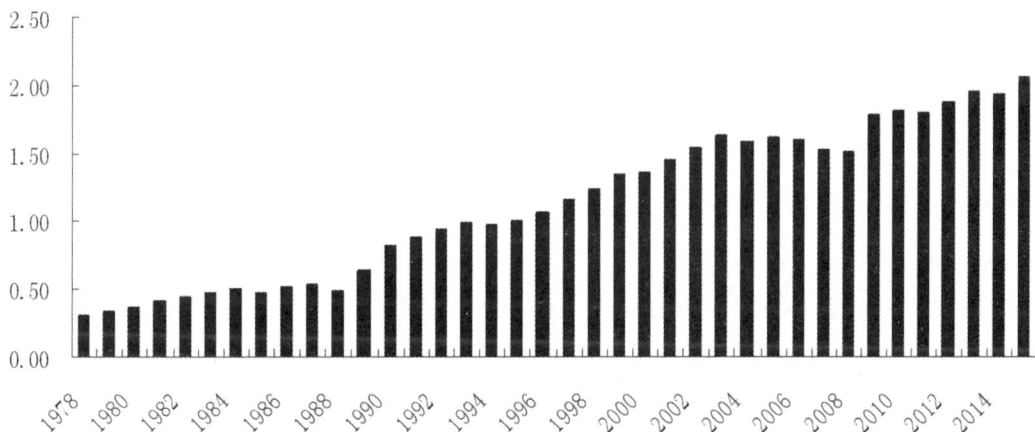

图1 我国1978—2015年M2/GDP变动趋势

资料来源：M2数据来源于中国人民银行公布的数据，GDP来源于《中国统计年鉴》

在对我国经济增长高货币化现象研究的文献里，易纲（1996）的研究最具代表性，他认为我国货币化进程中的金融深化和金融资产结构变化能够较好地解释改革开放初期偏高的M2/GDP水平。不过，尽管该研究对于改革开放初期我国偏高的M2/GDP给出了解释，但不能很好地解释为什么我国当前的M2/GDP会达到如此高度，且已远超绝大部分国家和地区。秦朵（1997）、刘明志（2001）、曾令华（2001）、余永定（2002）、尉高师和雷明国（2003）指出，中国居民的消费储蓄习惯在很大程度上决定了M2/GDP的高比值。不过本文认为，虽然高储蓄能够诱致高投资，但若高投资能够带来更有效率的产出则并不意味着M2/GDP比值会上升。刘亦文和胡宗义（2010）以及郑家琳（2013）认为，中国汇率缺乏弹性下的"出口导向型"增长模式使得外汇占款过高，进而基础货币投放过度是M2/GDP高比值的一个重要原因。但本文认为，与高储蓄率相似，外汇占款带来的基础货币投放仍然不意味着 M2/GDP 比值一定会上升。也就是说，高储蓄率和外汇占款过多等应该仅是 M2/GDP 高比值形成的重要条件。另外，何运信等（2015）认为，收入差距的扩大是推动我国 M2/GDP 长期上升的一个不可忽视的重要因素。不过，目前并没有证据表明，我国收入差距一直在持续扩大。王磊和朱太辉（2016）则从弗里德曼的货币需求函数推导出，中国的高货币化率主要是经济快速增长带来的财富积累增加和金融市场不够发达导致投资渠道有限且收益率较低造成的。不过该研究并没有给出金融市场不够发达的原因。杜子芳则（2005）从宏观层面上揭示了现阶段我国货币供应量过大的主要原因是货币的总沉淀率过高，以及由此造成的有效供应量不足。不过，该研究并没有给出具体原因。

当前，越来越多的研究认为，我国以商业银行为主导的间接融资模式的国有企业属性使得其与政府间以及其他非银行系统的国有企业间保持着千丝万缕的联系，由此引致的信贷行为的扩张是我国 M2/GDP 扩张的重要原因。具体说来，李扬（2002）指出，国有企业存在的预算软约束问题以及其他制约经济发展的因素限制着资本市场的发展，致使中国资本市场对间接融资市场的替代程度较小，这是造成中国 M2/GDP 比值较高的主要原因。Wei & Wang（1997）通过证据证明，中国的银行贷款支持国有企业，这种"软预算约束"削弱了旨在促进私营部门的增长或推动国有部门进行重组的政策措施的有效性。张杰（2006）认为，政府对银行体系的控制是导致我国高货币化结果的基本原因。刘明志（2001）、余永定（2002）、钟伟和黄涛（2002）、谢平和张怀清（2007）认为，由此形成的银行不良贷款上升在导致 M2 上升的同时并没有伴随着 GDP 的上升，因而出现二者比值的提高。张春生和吴超林（2008）对商业银行资产负债表的分析及实证检验表明，商业银行的存贷差极高的不良资产是导致 M2/GDP 升高的最主要因素。王兆旭和纪敏（2011）通过实证研究指出，在当前经济发展模式下，外汇占款导致的基础货币被动投放、信贷软约束下的货币创造、经济发展过程中因改革不完备而增加的货币需求均是 M2/GDP 偏高的原因。黄桂田和何石军（2011）认为，利率和汇率管制降低了持币成本，直接增加了货币需求，其导致的政府投资和对外经济结构扭曲则间接地增加了货币需求，金融抑制至少导致了现有的 M2/GDP 偏高 30%。彭方平等（2013）指出，金融市场与制度的不成熟，加之亚洲金融危机之后相对大多数发展中国家较低的通胀率，使得信贷驱动的经济增长并没有引起超高的通货膨胀，是造成我国高货币化的重要原因。Pan&Shi 等（2016）发现，在私有企业比重越高的地区，整体信贷贡献率越高，该结论统计上显著且稳健，这反过来说明了由于政府隐性担保与关系型贷款的存在，信贷资源过多集中于低效率的国企部门，为了维持经济增长，政府不得不释放过多流动性。徐斯旸和查理（2017）的研究表明，国内投资对国内信贷有着显著推动作用，净出口累加值对外汇占款具有显著推动作用，最终导致货币供给增加，进而提升了货币化水平。总结起来，在预算软约束条件下，由银行主导的金融体系比市场主导的金融体系创造更多的货币是理解高 M2/GDP 的关键（张一和张运才，2016）。

通过上述事实和已有文献回顾可见，如果说改革开放初期的金融深化是 M2/GDP 期初上升的原因，高储蓄率和外汇占款增加等是其不断上升的重要条件，则政府通过银行等金融系统或明或暗地对投资的干预和金融抑制就是造成 M2/GDP 不断上升的最主要原因。

二、经济增长中的高货币化：一个数值模拟分析

（一）模型框架

在一个国家经济增长的过程中，M2/GDP 比值的上升是比较正常的，但当 M2/GDP 变得越来越大时，这种经济增长的模式以及可持续性就会存疑。为了对我国现有增长模式的缺陷和经济转型的必要性进行一个清晰地理解，构建如下简单模型。在该模型中，假设 GDP 按照如下模式进行增长：

$$dY(t)/dt = kY(t)[N - Y(t)] - D(t) \tag{1}$$

其中，t 是时间，$Y(t)$ 是产出水平，$D(t)$ 是产出变化的反向制约力量，这里用债务水平表示，债务规模越大，对经济增长的制约作用也越强[1]。N 是产出上限或负载能力，k 是产出增长率系数。为了简单起见，假设 $R = D(t)/Y(t)$，系数 R 代表着杠杆率[2]。进而（1）式可以转换为：

---

[1] 该假设实际上表明债务规模是有边界的，这个边界由危机决定。
[2] 这地方要注意的是，杠杆率有微宏观之分，微观杠杆率是企业财务上的资产负债概念；宏观杠杆率是在没有国家资产负债表数据时，为了分析的方便，经常用债务/GDP 比例来粗略代替杠杆率。后者虽然不是真正的杠杆率，但与大量研究一致，本文认为其可以在一定程度上说明问题。

$$dY/dt = kY(t)[N - Y(t)] - RY(t) \qquad (2)$$

可以发现，（2）式具有 Logistic 曲线特征[①]。在产出达到均衡状态时 $dY(t)/dt = 0$，经过简单运算得到：

$$Y^* = N - \frac{R}{k} \qquad (3)$$

Y^* 是均衡产出水平。假设杠杆率 R 的变化可以用下式表示：

$$R = r(1 - a\frac{Y}{N}) \qquad (4)$$

系数 a 是对行为主体风险偏好倾向的一个度量：当 $-1 < a < 0$ 时，描写的是创新厌恶者行为。与现实相对应，可以将其理解为政府主导下的投资驱动型经济增长模式。系数 a 越小，行为主体的创新偏好就越弱，政府主导下的投资驱动型偏好就越强烈，相应的杠杆率值 R 也就越高；当 $0 < a < 1$ 时，描写的是创新爱好者行为。系数 a 越大，行为主体越偏好创新，杠杆率 R 也就越低，经济运行也就越安全。与现实相对应，可以将其理解为市场主导下的投资驱动型经济增长模式。结合我国现实，若系数 a 由负转正，则行为主体开始逐渐转变偏好，行为开始趋于理性，在宏观上可以理解为经济由政府主导向市场主导转变。观察（4）式可以发现，此时，经济增长所带来的并不是杠杆率的增加，而是杠杆率的下滑。这背后的原因在于，当市场主导模式取得成功时，大量曾经从事过剩产能的企业开始从旧行业退出，创新活动开始变得频繁，新的技术或创新产品将不断出现，产品开始供不应求，行业的利润率快速上升，在社会层面上，利润率的增加将会逐步覆盖掉原有增长模式所积累起来的债务，杠杆率 R 亦逐步下滑。

由公式（4）也可以看出，当 $a = 0$ 时，系数 r 等于杠杆率 R 值，即 r 是行为主体创新或投资偏好为 0 时正常的杠杆水平。一般情形下，经济体正常的杠杆率 r 可以由一国正常的债务水平和金融结构体系等来表征[②]。因此，若系数 r 表示正常的杠杆率，则 R 就可以看作是在此基础上根据经济环境特征，由政府、非金融类企业和个人的金融行为和商业银行的信贷创造能力的互动行

---

① 该曲线有着变化的报酬率，一开始报酬递增，过了拐点之后，开始递减。本文认为这种假设方式基本符合现实情形。也就是说，在一种增长模式下，由于债务、资本边际效率等的制约，GDP 不能无限扩张，存在着一个上限。

② 例如，德国的 M2/GDP 比英法等国家高，这并不代表德国的货币投放、物价水平等高于英法，这主要是受其融资结构的影响。德国是典型的间接融资模式占主导的国家，靠间接的银行融资而非资本市场直接融资，这使得其 M2/GDP 也就相应的较高。也就是说，在一定的约束条件下，其有一个稳态值。我国的融资模式是很典型的以间接融资模式为主。

为,并由此形成的现实杠杆率。将 R 值的表达式代入(3)式可以得到:

$$Y^* = \frac{1 - r/kN}{1 - ra/kN} N \qquad (5)$$

为了更具体、更详细地说明问题,接下来对系数进行赋值运算。为了简单起见,令,在认可我国是以间接融资模式为主导的经济体的基础上,本文选择 $r=1$、$r=2$ 和 $r=3$ 三种情形,据此做一简单数值模拟,具体情形如下。

表1 不同情形下的数值模拟

情形1：$kN=10$,$r=1$					
a	$a=-0.8$	$a=-0.5$	$a=-0.1$	$a=0.1$	$a=0.5$	$a=0.8$
$Y*/N$	5/6	6/7	90/101	10/11	18/19	45/46
R	5/3	10/7	110/101	10/11	10/19	5/23
情形2：$kN=10$,$r=2$					
a	$a=-0.8$	$a=-0.5$	$a=-0.1$	$a=0.1$	$a=0.5$	$a=0.8$
$Y*/N$	20/29	8/11	40/51	40/49	8/9	20/21
R	90/29	30/11	110/51	90/49	10/9	10/21
情形3：$kN=10$,$r=3$					
a	$a=-0.8$	$a=-0.5$	$a=-0.1$	$a=0.1$	$a=0.5$	$a=0.8$
$Y*/N$	35/62	14/23	70/103	70/97	14/17	35/38
R	135/31	90/23	330/103	270/97	30/17	15/19

资料来源:作者自制

(二)几种情形的探讨

首先,假设基本杠杆率 r 不变,可以将其理解为货币政策、社会融资结构不变的情形。由表1的数值模拟可知,若 $N_{a1} = N_{a2}$,则 $Y_{a1}^* < Y_{a2}^*$、$R_{a1} > R_{a2}$,其中 $-1 < a_1 < a_2 < 1$。由此可见,在产出上限或负载能力既定的情况下,系数 a 越大,实际产出就越多,债务风险相对较小,经济体的杠杆率也相对较低;系数 a 越小,实际产出相对就越少,债务风险越高,杠杆率也就相对较高。这表明,在基本杠杆率 r 和产出上限 N 一定的情况下,市场驱动型投资模式能够比政府驱动型投资模式形成更高的实际产出水平,债务也较低,进而杠杆率 R 值也会维持在一个较低水平。反过来说,政府驱动型投资

模式会因为有更高债务水平的反向制约，实际产出会相对较低。这暗示了，由于受制于杠杆率的牵制，政府投资驱动比市场驱动经济增长更有效的一个重要前提是，所投资的行业必须具有非常广阔的市场空间 N 支撑，公路、铁路等各类基础设施以及房地产等相关行业最具代表性。为了了解这两种增长方式对于债务的具体影响，通过表 1 来进行观察，以 $r=1$ 为例，当 $a=-0.8$ 时，杠杆水平 R 值为 $5/3$，当 $a=0.8$ 时，杠杆水平 R 值为 $5/23$，前者竟是后者的 7.7 倍。因此，即使政府投资驱动比市场推动模式更为容易实现和操作，但在社会层面上所付出的代价却是更高的债务压力和杠杆率。

其次，探讨系数 a 不变的情形，可以将其理解为投资模式不变的情形。由三种情形的数值模拟可以发现，基本杠杆率 r 越大（r 从 1 到 3，这可以理解为利率水平降低而引致的央行货币扩张行为），实际产出 Y 与潜在产出上限 N 之间的距离就越远。即假设产出上限 N 相同，$N_{r=1}=N_{r=2}=N_{r=3}$，则 $Y^*_{r=1}>Y^*_{r=2}>Y^*_{r=3}$。这表明，在投资模式不变的情形下，经济处于低杠杆率时远比高杠杆率时实际产出水平更高。这意味着，当货币供给逐步宽松时，随着投资的增加，杠杆率会上升，产出的反向抑制增强，实际产出将会变低，这暗示了随着货币宽松程度的增加，投资效率会逐渐下滑，这与真实情形完全吻合。另外，通过表 1 还可以观察到一个现象，在系数 a 不变的情况下，随着基本杠杆率 r 的上升（如表 1 所示从 1 到 3），杠杆率 R 值也上升，由此，货币政策越宽松（r 增加），杠杆率 R 值越高，相应的危机也离得更近。

再次，探讨基本杠杆率 r 和系数 a 均变化的情形，可以将其理解为货币政策和投资模式均发生变化的情形。假设基本杠杆率 r 变大，这可以理解为 2008 年金融危机之后全球央行的低利率政策，通过商业银行的信贷增加货币供给能力；假设风险偏好系数 a 也变大，这可以理解为投资模式发生变化。根据表 1，选择两个极端情形，可以得到 $Y^{*r=1}_{a=0.8}=\dfrac{45}{46}N^{r=1}_{a=0.8}$，$Y^{*r=3}_{a=-0.8}=\dfrac{35}{62}N^{r=3}_{a=-0.8}$，假设 $N^{r=1}_{a=0.8}=N^{r=3}_{a=-0.8}$，则得到 $Y^{*r=1}_{a=0.8}\approx Y^{*r=3}_{a=-0.8}$。这表明，若低杠杆、市场驱动型投资模式与高杠杆、政府驱动型投资模式的产出上限相同，则前者的实际产出是后者的 1.73 倍。不过，根据表 1，就杠杆水平来说，后者却是前者的 12.6 倍，债务水平竟会上升到如此高度。这非常清晰地表明了政府投资驱动型增长模式的弊端以及转型的重要性。

与现实相结合，总结上述分析可以发现，建立在货币宽松、财政刺激基础之上的政府投资驱动型增长模式必将导致债务的不断增加，杠杆率 R 值的快速上升，资本收益率的不断走低以及经济增长速度的下滑。当然，本文并不是说这种情形一定不好，政府不应该做。如果经济下滑更多表现为周期性，即由于金融危机的原因，全球需求开始萎缩，产能出现过剩，那么，为了摆脱经济萎缩，政府就应该实施反经济周期政策，在铁路、公路和公共基础设施建设等方面多投入，扩大投资需求，降低产能过剩，强化需求管理，这其实也正是凯恩斯主义想要表达的。不过，此观点与我国目前的现实正日益变得背离。根据下文的实证分析，一是目前我国投资边际效率、资本收益率等下滑非常严重，继续强化政府投资带来的将是债务的继续增加，杠杆率 R 值的持续累加，风险会持续加大；二是若在经济下滑中，周期性并不是驱动经济下滑的主导性因素的话，若不及时实现经济转型、降低杠杆水平 R 值，而仅通过刺激来维系经济增长，则将延误经济转型良机，危机就可能离得更近。因此，由政府驱动型投资模式向市场驱动型投资模式转型变得尤为迫切。

三、经济增长中的高货币化困境：一个实证分析

（一）投资效率

（1）增量资本产出率（ICOR）。增量资本产出率（ICOR）是反映投资效率的经济指标，等于当年投资增量（I）/生产总值增加量（ΔGDP），该指标用来衡量一个经济体单位产出增长所需的投资量。一般而言，一个经济体的 ICOR 越高，其投资和生产效率就越低。正常情况下，资本密集型行业如铁路、公路和各类公共基础设施投资有可能拉高 ICOR。这些年来，我国经济阶段性投资效率下降问题确实存在，而且还比较明显（如图 2 所示）。1999 年 ICOR 值达到了阶段性高值 7.17，随着国企改革的落地和效率回升，ICOR 值也顺势开始回落，不过到了 2015 年，ICOR 值为 8.46，投资和生产效率降低到了改革开放以来的最低值。另外，横向对比来看，相对于相似增长阶段的发达国家而言，如 20 世纪 50 年代至 70 年代处于工业化向城市化转型时期的日本，其资本形成的 ICOR 基本维持在 2 的水平，明显低于中国

（中国经济增长前沿课题组，2012）。图2也同时展示了ΔM2/ΔGDP的变动趋势，令人惊讶的是，ICOR与ΔM2/ΔGDP变动趋势几乎完全一致。这反映了投资与高货币化之间的紧密相关性。

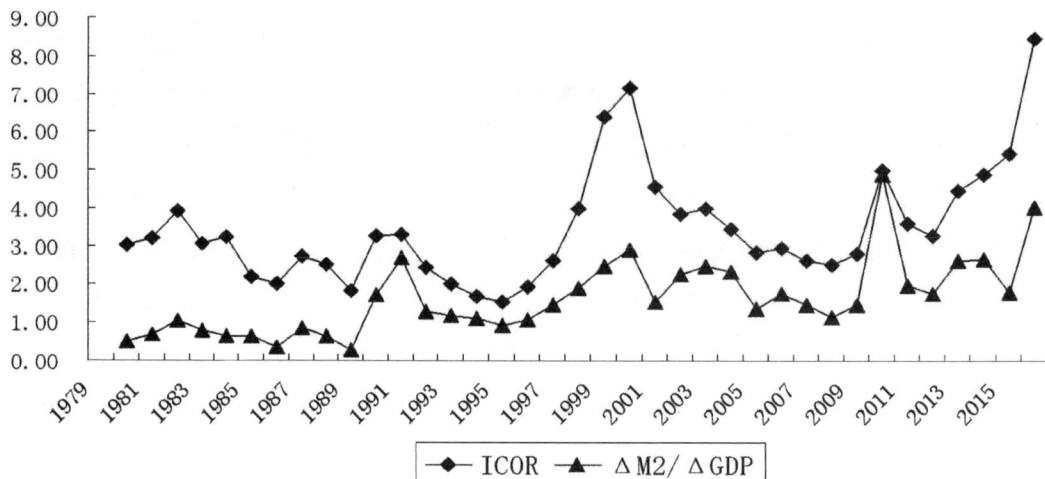

图2　1979—2015年ICOR与ΔM2/ΔGDP变动趋势（单位:%）

资料来源：ICOR数值通过《中国统计年鉴》相关各期数据计算整理得到，ΔM2/ΔGDP同上

（2）投资回报率（ROIC）。投资回报率（ROIC）是指平均一单位投资所能获得的投资收益或单位投资所能实现的边际投资收益，这是被普遍接受的用于衡量资本投资效率并为投资决策提供参考的指标。图3为"考虑存货"和"不考虑存货"的1978—2013年的资本回报率估计结果（白重恩、张琼，2014）。可以发现，一是"考虑存货"的资本回报率整体低于"不考虑存货"的相应结果。这是因为存货投资被纳入到了资本存量估计中，会使得分母变大，回报率降低；二是"考虑存货"的资本回报率的下降趋势相比于"不考虑存货"更为平缓，在20世纪80年代早期低10—15个百分点，近年来却仅低2—5个百分点，这其中的可能原因在于，相对于越来越巨大的投资规模，存货投资在其中所占的比重越来越低，使得这两种回报率之间的差距越来越小；三是在"考虑存货"后，虽然我国资本回报率在1978—2013年间有升有降，但2013年资本回报率基本与1980—1981年的水平相当，在"不考虑存货"估计中则呈现出较为明显的下降趋势。这其中的原因在于，产能过剩一直是困扰我国经济的一个重要因素，2008年金融危机使得过剩问题变得更为明显；四是"不考虑存货"的资本回报率的变化稍

稍领先于"考虑存货"的资本回报率，这在 1994 年左右表现的比较明显。这表明了前者因为没有存货的束缚，相对于后者来说反应更为灵敏。

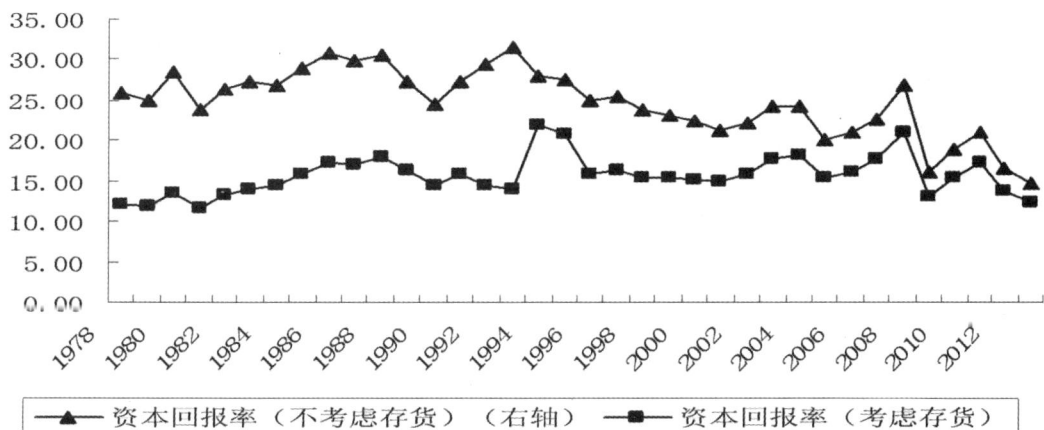

图3　1978—2013 年资本回报率变动趋势（单位:%）

资料来源：资本回报率数据来源于白重恩、张琼（2014）。

若将"不考虑存货"的资本回报率与 ΔM2/ΔGDP 进行比较可以发现（如图4 所示）①，这两者之间的变化趋势基本相反。也就是说，ΔM2/ΔGDP 越大，即多生产1 单位 GDP 所需要的货币增量越多，则资本回报率（ROIC）就越低，反之则反是。

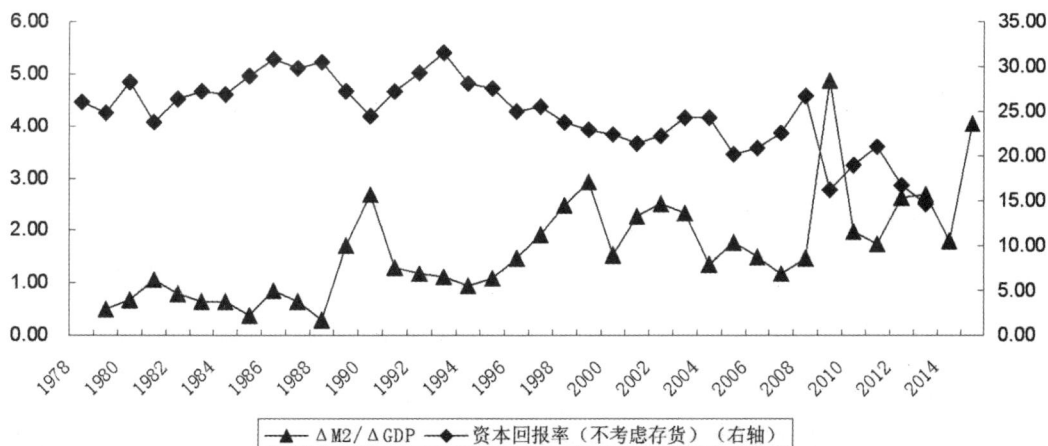

图4　1979—2015 年资本回报率与 ΔM2/ΔGDP 变动趋势

资料来源：ΔM2/ΔGDP 数据通过《中国统计年鉴》相关各期计算整理得到。

---

① 由于不论是否考虑存货，资本回报率的变化趋势基本一致，因此这里只是来说明这两者之间变化趋势的一致性。

（二）高货币化与资本效率

为了进一步确定货币扩张与资本效率之间的上述关系，本文对货币扩张与三个衡量资本效率的时间变量之间的关系进行计量分析。由于三个资本效率变量的原始时间序列均非平稳，因此我们先将其差分变成增量，进而估计 M2/GDP 的变化对增量资本产出率的变化以及对考虑和不考虑存货时的资本回报率的变化的影响。对这四个变量进行单位根检验，结果发现，Δ（M2/GDP）和两种 ΔROIR 均为平稳的时间序列，而 ΔICOR 仅在 DF 检验和带漂移项时的 ADF 检验下为平稳时间序列。因此，无法在 ΔICOR 和货币扩张之间构建 VAR 模型。进一步针对 Δ（M2/GDP）和两种资本回报率之间的关系进行 VAR 滞后阶数的检验，结果发现各种检验结果大多支持估计 Δ（M2/GDP）和两种资本回报率变化之间的关系时不采用滞后变量，即采用当期变量进行 OLS 估计①。我们分别以考虑库存的资本回报率变化 ΔROIR_ STOCK 和不考虑库存的资本回报率变化 ΔROIR_ NOSTOCK 作为因变量，把 M2/GDP 比重的变化 Δ（M2/GDP）作为解释变量进行 OLS 估计，结果分别如下面两个式子所示：

$$\Delta ROIR\_ STOCK_t = 1.148（0.431**）- 0.244（0.053***）\Delta（M2/GDP）_t$$

$$\Delta ROIR\_ NOSTOCK_t = 0.837（0.518）- 0.248（0.640***）\Delta（M2/GDP）_t$$

其中，括号中的值为标准误，"***"、"**"分别表示 1% 和 5% 的显著水平。根据 OLS 估计结果可知，不管是否考虑存货，货币扩张与资本回报率之间存在一个显著的反向关系。即 M2/GDP 的比重增加 1 个百分点，资本回报率下降大约 0.25 个百分点。不仅如此，与 VAR 滞后期数的检验结果一致，货币扩张的滞后项并没有与当期的资本回报率呈显著的联系。由于资本回报率和增量资本产出率之间的内在负向联系，尽管由于增量资本产出率缺乏平稳性，资本回报率变化和货币扩张变化之间的负向关系也间接反映了增量资本产出率与货币扩张之间的正向关系。

---

① 本文在这里并没有报告单位根检验和 VAR 滞后期数的检验结果。感兴趣的读者可以联系笔者索取。

四、结论与纠偏之道

本文通过数值模拟表明，政府驱动型投资模式尽管能够推动经济增长，但代价是杠杆率的快速上升和投资效率的下滑，而市场驱动型投资模式却并不必然如此。实证分析表明，M2/GDP 的比重每增加 1 个百分点，资本回报率（ROIR）下降大约 0.25 个百分点。随着债务风险的不断累积和经济增长速度的不断下移，我国经济结构和增长方式已到了转变的关键时期。为了实现此目的，结合上述分析，给出如下纠偏措施：

（1）由政府驱动投资向市场驱动投资转变，推动资源优化配置。根据情形 3，当 $r=3$ 时，$a=0.8$ 得到 $R=15/19$，$a=-0.8$ 得到 $R=135/31$。由此可见，在我国目前杠杆水平如此高的背景下，通过优化资源配置加快落实创新驱动发展这个国家战略，完全能够逐步摆脱债务束缚，并最终实现经济良性持续增长。具体说来，对于落后产能尤其是僵尸企业，要通过市场和政策手段坚决让其退出市场，对于国有企业要按照十八届三中全会精神进行市场化改革，坚决破除预算软约束。要注意的是，在这个过程中要多运用市场化手段和产业政策，尽量避免和减少政府之手直接干预；对于地方融资平台要强化监管，严格控制负债率，深化 PPP 项目合作的体制机制建设和市场化程度，强化政府与民企互动，保障资金的充裕度和收益率；对于由于"资产荒"带来的资产价格膨胀和资金的脱实入虚现象，关键的举措是通过新的央地税收分成和财税金融体制改革等弱化地方政府对于土地财政的依赖，弱化房价过高、上涨幅度过大所带来的经济社会影响。对地方政府放权让利，重建以创新和民生为导向的新的地方政府激励机制。

（2）政策既要讲求相机抉择，又要保持连贯性，稳定社会民众预期。通过供给侧结构性改革推动我国经济转型升级并不能一蹴而就，因此，经济转型的顺利实施必然需要与需求端管理相配合。但需要注意的是，对需求端快速、多变的调控政策并不利于供给端经济结构的顺利转型升级。不论是从扶持股市到打压股市、从严格房地产的信贷政策到全面放松对于房地产信贷的限制，甚至最后出台鼓励政策等，都让最终的承受者——企业乃至消费者很难有一个稳定的良性社会预期，紊乱的预期会严重阻碍企业技术创新行为的发生，增加经济运行成本，增加社会各行为主体的投机心态，导致更多的资金脱实入虚，制约供给侧结构性改革的顺利进行。另外，由于政出多门，各类政策之间缺乏协同性、体系化和集成性设计，导致很多政策一出台，就有可能面临着或者与其他部门的政策相冲突或者在实践中行不通、很难落地的窘境，最后很多政策只能束之高阁或再重新修改，这既延误了时机又弱化了政府信用，同样不利于供给侧结构性改革的顺利深入推进。由此，本文认为，尽管短期的需求端调控政策既是必要的也是必须的，但在实施过程中应尽最大可能的稳定企业和居民市场预期，短期政策要尽可能地服务于长期经济发展目标。

（3）扩大企业直接融资权重，驱动融资模式转换。扩大直接融资权重，一是可以改变我国目前以银行间接融资模式为主的金融结构，平衡掉畸形的、扭曲的且不可持续的融资模式。按照国际经验，系统降低企业资产负债率的最佳途径是加速发展以公司债和股票为主的直接融资，这也是美国 M2/GDP 非常低的一个重要原因所在。而要更好发挥股票市场和债券市场的融资功能，必须把对投资者权益的充分保护放到首要位置；二是可以解决实体企业融资难、融资贵问题。通过扩大直接融资权重既能够强化资本市场对于企业创新的扶持，又能够让创新能力强的优秀企业获得超额经济回报。与此同时，也能够让民众拥有更多优质金融资产；三是能够逐步弱化信贷软约束对于国企的变相补贴，降低金融抑制所造成的高货币化困境；四是能够推动经济发展模式转型。随着我国产业不断接近世界前沿，风险性增加，银行系统将不再是最优的融资渠道，资本市场在自主创新中的重要性将愈发明显。

（4）破除行政束缚，大力推动现代服务业发展。我国经济系统所存在的一个重要事实是供需不匹配：有供给的地方没需求，有需求的地方没供给。供过于求的典型代表是传统产业的产能过剩和房地产行业的库存过多，供不应求的典型代表是现代化服务业。前者是导致目前我国负债过多、经济出现困境的主要方面，而后者的短缺则更多来自于行政上的束缚或人为的抑制。抑制前者、发展后者是解决目前经济矛盾的重要方式。因此，我国下一步，一是要不断加快资源配置机制市场驱动和公共服务体系改革，逐步放开行政体制对于教育、医疗、电讯、养老以及金融等行业的进入限制，实施准入门槛降低政策，加大国企混改力度，推进服务业的开放发展和利用外资，推动公共服务均等化与量质提升；二是要不断促进人力资本投资与要素生产率提高，提升生产性服务业对于制造业的支撑能力，重塑制造业转型升级的内生增长动力；三是鉴于现代服务业对于制度供给、产权保护以及供给质量高低等高度依赖，因此需要政府在市场环境建设、制度供给等方面充分"有为"，化解民营资本的"后顾之忧"，而在企业市场化运作方面充分保持"无为"。

参考文献

1. PAN S. , SHI K. et al. Excess Liquidity and Credit Misallocation：Evidence from China［J］. Social Science Electronic Publishing，2016.

2. WEI S J. , WANG T. The Siamese Twins：Do State – owned Banks FavorState – owned Enterprises in China［J］. China Economic Review，1997，8（1）：19 – 29.

3. 白重恩、张琼：《中国的资本回报率及其影响因素分析》，《世界经济》2014 年第 10 期。

4. 杜子芳：《货币流通速度、货币沉淀率与货币供给量——我国货币供应量过大的原因分析》，《管理世界》2005 年第 1 期。

5. 戈德史密斯：《金融结构与金融发展》，三联书店上海分店 1994 年版。

6. 何运信、钟立新、耿中元：《收入差距、货币需求与中国高 M2/GDP 之谜》，《经济社会体制比较》2015 年第 6 期。

7. 黄桂田、何石军：《结构扭曲与中国货币之谜——基于转型经济金融抑制的视角》，《金融研究》2011 年第 7 期。

8. 刘亦文、胡宗义：《中国 M2/GDP 畸高之谜的再考察——兼论当前全球金融危机的实质》，《财经理论与实践》2010 年第 2 期。

9. 刘明志：《中国的 M2/GDP（1980～2000）：趋势、水平和影响因素》，《经济研究》2001 年第 2 期。

10. 李扬：《资本市场任重道远》，《中华工商时报》2002 – 01 – 12 版。

11. 彭方平、连玉君、胡新明、赵慧敏：《规模经济、卡甘效应与微观货币需求——兼论我国高货币化之谜》，《经济研究》2013 年第 4 期。

12. 秦朵：《改革以来的货币需求关系》，《经济研究》1997 年第 10 期。

13. 尉高师、雷明国：《中国的 M2/GDP 为何这么高》，《经济理论与经济管理》2003 年第 5 期。

14. 王磊、朱太辉：《高货币化率的非货币化解释》，《国际金融研究》2016 年第 12 期。

15. 王兆旭、纪敏：《我国 M2/GDP 偏高的内在原因和实证检验》，《经济学动态》2011 年第 11 期。

16. 谢平、张怀清：《融资结构、不良资产与中国 M2/GDP》，《经济研究》2007 年第 2 期。

17. 徐斯旸、查理：《总需求结构、内生性货币供给与中国货币化水平》，《财经问题研究》2017 年第 10 期。

18. 易纲：《中国金融资产结构分析及政策含义》，《经济研究》1996 年第 12 期。

19. 余永定：《M2/GDP 的动态增长路径》，《世界经济》2002 年第 12 期。

20. 郑家琳：《从与美日对比中看中国高货币化率未来出路》，《中国证券期货》2013 年第 9 期。

21. 张杰：《中国的高货币化之谜》，《经济研究》2006 年第 6 期。

22. 张春生、吴超林：《中国 M2/GDP 畸高原因的再考察——基于商业银行资产负债表的分析》，《数量经济技术经济研究》2008 年第 5 期。

23. 张一、张运才：《广义货币与国内生产总值比值增长的诱因与趋势：1978～2015 年》，《改革》2016 年第 4 期。

24. 钟伟、黄涛：《从统计实证分析破解中国 M2/GDP 畸高之谜》，《统计研究》2002 年第 4 期。

25. 中国经济增长前沿课题组：《中国经济长期增长路径、效率与潜在增长水平》，《经济研究》2012 年第 11 期。

26. 曾令华：《论我国 M2 对 GDP 的比例》，《金融研究》2001 年第 6 期。

江苏海洋经济监测体系与海洋发展指数研究

毛春元[①]　马清涛　刘　强

【摘　要】 江苏省是在我国经济发展中地位举足轻重的经济强省，2016 年江苏省的 GDP 总量排名全国第二，但增速排名第一，占全国 GDP 的 10.22% 江苏省的海洋经济却发展相对滞后，在沿海省市中排名没有经济总量靠前。2016 年江苏省海洋经济 GOP 占本省 GDP 的 8.5%，而全国的占比为 9.5%，相差一个百分点。江苏省的 GOP 仅占全国的 9.2%，而沿海地区只有 11 个省市自治区。江苏省相对落后的海洋经济与江苏省在全国的经济地位严重不符，制约着江苏省经济的均衡发展，一度成为影响江苏省经济进一步发展的重要制约因素。所以，集中全省社会力量发展海洋经济，建设"海上苏东"，不仅可以为江苏省经济注入新的增长动力而且也可以为江苏省整体经济的平衡发展做出杰出贡献。

本文以江苏省海洋经济发展的五年数据为依托，在大量阅读参考文献的基础上，构建了适合江苏省海洋经济监测与发展的指标体系，分为四个目标层，应用综合分析评估方法计算各目标层的和总的海洋经济发展指数，结合江苏省这五年来海洋经济统计相关数据，经实证计算、检验，得到了符合实际的海洋经济发展指数。在此基础上，提出了一些发展江苏省海洋经济对策与建议，为江苏省海洋经济的发展提供参考。

【关键词】 海洋经济　发展指数　江苏省

---

① 作者简介：毛春元（1962—　），男，无锡人，淮海工学院商学院副教授，主要从事社会经济统计与定量分析教学与研究。

21 世纪是海洋世纪，开发海洋资源、发展海洋经济是当今世界海洋国家和地区竞争的战略重点。从我国未来发展格局而言，加快发展海洋产业，促进海洋经济发展，努力建设海洋强国，对形成国民经济新的增长点，缓解资源和环境的瓶颈制约、拓展国民经济和社会发展空间将起到更加重要的作用。

党的十八大作出"建设海洋强国"的重大部署，对于推动经济持续健康发展，维护国家主权、安全、发展利益，实现全面建成小康社会目标、进而实现中华民族伟大复兴都具有重大而深远的意义，是中华民族永续发展、走向世界强国的必由之路。在中央政治局第八次集体学习建设海洋强国专题时，习近平强调建设海洋强国是中国特色社会主义事业的重要组成部分，对建设海洋强国的举措，提出"四个着力推动"的重要论断，即"要提高海洋资源开发能力，着力推动海洋经济向质量效益型转变；要保护海洋生态环境，着力推动海洋开发方式向循环利用型转变；要发展海洋科学技术，着力推动海洋科技向创新引领型转变；维护国家海洋权益，着力推动海洋维权向统筹兼顾型转变"。

近年来，我国海洋经济发展迅猛，在国民经济中的地位日益重要，产业规模扩大的同时，产业结构也得到了明显改善，社会经济效益获得了明显提升，为沿海地区经济社会发展做出了巨大贡献。但海洋经济快速增长的同时，也伴随着海洋资源的退化和海洋环境污染问题的加剧。渔业资源过度捕捞、海岸带过度开发、污染物大量排放等问题，成为海洋经济可持续发展面临的主要问题。在经济发展从高歌猛进的发展阶段进入到冷静、理性的新阶段，且这种新态势有长期的、不可逆转的趋势性，只有适应新常态，海洋经济的可持续发展才能真正得以实现。

一、江苏省经济发展与海洋经济发展的现状

（一）江苏省的经济发展现状

2016 年，面对复杂多变的宏观经济环境和艰巨繁重的改革发展任务，全省经济运行总体平稳、稳中有进、稳中有好，主要指标增幅保持在合理区间，转型升级步伐不断加快，新旧动力加速转换，发展质量稳步提升，民生

福祉持续改善。全省实现生产总值 76086.2 亿元，比上年增长 7.8%，第一产业增加值 4078.5 亿元，增长 0.7%；第二产业增加值 33855.7 亿元，增长 7.1%；第三产业增加值 38152 亿元，增长 9.2%。工业、服务业和消费这些指标均保持了稳定增速：全年规模以上工业增加值增幅基本保持在 7.7% 左右，服务业主营业务收入也保持两位数的稳定增长，社会消费品零售总额累计增速从 10 月份以来一直稳定在 10.9%。2016 年居民消费价格同比上涨 2.3%，下半年以来累计涨幅一直稳定在 2.3%，月度最低涨幅 1.9%，最高涨幅 2.6%，波动的幅度也不是很大。全年服务业增加值占 GDP 的比重达到 50.1%，消费对经济的贡献率进一步提高到 54.2%，同比提高 2.7 个百分点。产业结构正在调轻调优，从工业看，2016 年全省规模以上重工业生产放缓，相应的重工业增加值占规模以上工业比重也从 2015 年 71.7% 降到 2016 年的 71.4%。医药、汽车、仪器仪表等先进制造业增长较快，2016 年产值分别增长 12.3%、13.1% 和 14.1%，而我们整个规模以上工业产值增速是 7%，高耗能产业的产值增速只有 6.2%。如果从投资来看，计算机及办公设备、医药、新能源制造业等高技术行业投资呈现快速增长，增速分别达到 25.2%、23.5% 和 24%，高耗能的投资只有 4.1%，比上年回落 0.7 个百分点，占全部投资比重从 9.3% 降为 9%。2016 年外需总体仍然是低迷的，进出口仍为负增长，但降幅比上年有所收窄，出口的增速也有所回升。按人民币计价，2016 年全省进出口总额同比下降 0.7%，降幅比上年收窄 1.5 个百分点；进口下降 2.2%，比上年收窄 3.6 个百分点；出口全年增长 0.2%，回升了 0.1 个百分点。从对"一带一路"沿线国家出口看，同比增长 6.1%，高出全省出口 5.9 个百分点，比上年提升了 1.3 个百分点。2016 年我省利用外资大幅回升，实际使用外资增长 1.1%，比 2015 年回升了 14.9 个百分点，达到了 245.4 亿美元。"走出去"步伐加快，2016 年境外协议投资额 142.2 亿美元，同比增长 38%。2016 年，全省固定资产投资中，铁路运输业投资同比增长 323.2%，航空运输业投资增长 132%，环境治理业投资增长 22.8%。

2017 年前三季度，经济延续一季度以来稳中向好态势，主要指标走势回升趋稳，结构调整成效明显，新兴动能发展壮大，发展质效稳步提升，人民福祉持续改善。全省国民生产总值 62604.5 亿元，按可比价格计算，比上年同期增长 7.2%。其中，第一产业增加值 2135.1 亿元，增长 2.1%；第二产业增加值28879.3亿元，增长6.6%；第三产业增加值31590.1亿元，增长8.1%。2017年前三季度，全省实现农林牧渔业增加值2294亿元，比上年同期增长2.4%，同比提高1.6个百分点；全省规模以上工业增加值同比增长7.5%，比上半年回升0.1个百分点；全省服务业增加值同比增长8.1%，高于GDP增速0.9个百分点，占GDP比重达50.5%；全省完成固定资产投资37498.2亿元，同比增长7.5%，增速比上半年回升0.1个百分点；全省实现社会消费品零售总额23161.7亿元，同比增长10.9%；全省完成进出口总额29302.7亿元，同比增长20.2%；出口17950.5亿元，增长17.4%；进口11352.2亿元，增长25.1%；全省居民消费价格上涨1.8%。总的来看，前三季度全省经济运行稳中向好的态势持续发展，为完成全年目标打下了坚实基础。

（二）江苏省海洋经济发展现状

江苏省是我国海洋大省之一，拥有海岸线954km，管辖海域面积约3.75万km^2，海洋资源丰富，海岸类型多样，海洋资源综合指数位居全国第4，是全国海洋资源富集区域之一。从自然地理区位而言，它是中国南北海上交通的必经通道，地处长江和淮、沂、沭、泗河下游，是大江大河的入海口，具有便利快捷的对外联系通道，地理区位优势非常明显。从经济区位而言，江苏省沿海地区位于中国"T"形生产力布局（沿海经济带、长江经济带）或"π"形生产力布局（沿海经济带、长江经济带和新亚欧大陆桥经济带）的交汇处，作为沿海经济带的中枢、长江经济带的门户、新亚欧大陆桥的东桥头堡，经济区位优势非常明显。

自从1996年开始实施"海上苏东"发展战略，海洋经济取得了较快发展。2000年到2016年江苏省海洋经济发展的有关数据如表1所示。

表1 江苏省2000—2016年海洋经济产值、比重及其构成

年份	GOP（亿元）		GOP占GDP的比重（%）		江苏省GOP占全国GOP的比重（%）	江苏省GOP的构成（%）		
	江苏省	全国	江苏省	全国		一产	二产	三产
2000	146.0	4133.5	1.7	4.2	3.5	78.3	10.3	11.3
2001	172.0	9518.4	1.8	6.6	1.8	72.8	22.2	5.0

年份	GOP（亿元）		GOP 占 GDP 的比重（%）		江苏省 GOP 占全国 GOP 的比重（%）	江苏省 GOP 的构成（%）		
	江苏省	全国	江苏省	全国		一产	二产	三产
2002	221.5	11270.5	2.1	7.5	2.0	66.7	25.0	8.3
2004	565.2	14662.0	3.8	8.6	3.9	40.3	42.1	17.5
2005	739.6	17655.6	4.0	9.2	4.2	34.3	45.8	19.9
2006	1287.0	21220.4	5.9	10.1	6.1	5.1	42.5	52.4
2007	1873.5	25073.0	7.3	9.7	7.5	4.5	46.4	49.1
2008	2114.3	29662.3	7.0	9.9	7.1	4.1	45.8	50.1
2009	2717.4	32277.6	7.9	9.3	8.4	6.2	51.6	42.2
2010	3550.9	39572.8	8.6	9.6	9.0	4.6	54.3	41.2
2011	4253.1	45496.0	8.7	9.4	9.3	3.2	54.0	42.8
2012	4722.9	50045.2	8.7	9.3	9.4	4.7	51.6	43.7
2013	4921.2	54313.2	8.3	9.2	9.1	4.6	49.4	46.0
2014	5590.2	60699.1	8.6	9.4	9.2	5.7	51.8	42.6
2015	6406.2	64669.0	9.1	9.4	9.9	5.7	51.8	42.6
2016	6493.5	70467.0	8.5	9.5	9.2	5.7	51.8	42.6

从表1可知：

1. 总量上来看，2016年，江苏省GOP达到6493.5亿元，比2000年增长了近43.5倍，GOP的逐年增长反映了江苏海洋经济规模的不断扩大。特别是2006年有了一个大的飞跃。

2. 与全国的GOP相比，2016年江苏省GOP占全国GOP比重9.2%，比2000年的3.5%提高了近6个百分点，表明江苏省海洋经济在全国海洋经济中的地位和作用越来越显著，正在紧跟着江苏省经济对全国经济的贡献步伐。

3. 江苏省海洋经济在江苏省经济中的地位。江苏省GOP占地区国内生产总值（GDP）的比重由2000年的1.7%上升到2016年的8.5%，提高近7个百分点，说明江苏省海洋经济对全省经济的增长起到越来越重要的促进与拉动作用，正在逐步接近全国海洋经济对全国经济的贡献。

4. 江苏海洋产业结构来看，2000年江苏省海洋三次产业比重

78.3：10.3：11.3，发展到 2016 年的比重为5.7：51.8：42.6，特别是 2006 年有一个质的飞跃，三次产业的优化步伐显著加快，海洋三次产业比例日趋合理，海洋第一产业所占比重逐年降低，海洋第二、三产业所占比重呈持续上升趋势，海洋产业结构已经升级到"二、三、一"的中级阶段。

（三）江苏省沿海地区基础条件

1. 区位条件。战略地位重要，区位优势突出。本区位于我国沿海地区中部，是我国沿海、沿江、沿陇海线生产力布局主轴线的交汇区域。南部毗邻我国最大的经济中心上海，是长江三角洲的重要组成部分；北部拥有新亚欧大陆桥东桥头堡连云港，是陇海—兰新地区的重要出海门户；东与日本、韩国隔海相望。

2. 资源环境。土地资源较为丰富，后备资源得天独厚。本区人均土地面积2.31 亩，比全省平均水平多0.23 亩；沿海滩涂面积 1031 万亩，约占全国的1/4；有近百万亩低效盐田，通过结构调整可用于其他产业发展。沿海潮流通畅，风速大，风力资源丰富。拥有亚洲最大的海岸滩涂湿地，具有调节气候、减缓风暴潮灾害和净化环境等功能。临海地带人口密度低，仅为全省平均水平的1/2，开发空间较大。海岸类型多样，自然景观独特，拥有国家级珍禽自然保护区和麋鹿自然保护区，多处可建深水海港。海洋生物资源种类多、数量大，吕四渔场和海州湾渔场为全国重要渔场，海洋资源综合指数居全国第四位，是全国海洋资源富集区域之一。

3. 产业基础。本区劳动力资源较为丰富，基础设施体系初步形成。农业比较发达，是我省重要的大宗农产品和水产品生产基地；工业初具规模，纺织、机械、汽车、化工等已成为主导产业；建筑业较为发达，旅游业特色鲜明，海洋产业在部分领域具备明显的比较优势。

海洋经济作为江苏省沿海地区社会经济发展的重要组成部分，对江苏省社会经济发展具有巨大推动作用，同时江苏省社会经济发展对海洋经济发展具有重要支持作用。促进海洋经济与社会经济的互动协调发展，有利于进一步加快发展建设"海洋经济强省"，将江苏省沿海地区建设成为我国东部重要经济增长极；有利于进一步推进江苏省社会经济结构战略性调整，增强社会经济综合实力；有利于进一步拓展江苏省社会经济发展空间，增进经济社会协调发展；有利于进一步加快江苏省建设小康社会和提前基本实现现代化。

江苏省贯彻落实国家"一带一路"和长江经济带战略，统筹推进江苏沿海发展，加快推进海洋强省建设，"十三五"时期着力推进海洋经济转型升级，全力打造科技创新引领、集约集聚发展、海洋经济特色鲜明的现代产业高地，建成对"一带一路"和长江经济带建设起示范作用的开放合作门户。

二、江苏省海洋经济监测与海洋发展指数评价指标体系的建立

为了推进海洋经济发展，"坚持陆海统筹，制定和实施海洋发展战略，提高海洋开发、控制、综合管理能力"，"优化海洋产业结构"，"加强海洋综合管理"等国家层面的战略定位，一定要深入地对海洋经济监测评估和发展的全面的研究，实现对海洋经济整体发展水平的综合评价，科学、全面和有效表征海洋经济发展变化的发展轨迹。有鉴于此，本课题在区域层面建立了江苏省海洋经济监测、发展指数的评价指标体系，设定了江苏省海洋发展指数指标权重确定方法，原始数据无量纲化处理方法和指数合成方法；测算了近几年以来江苏省海洋发展指数，并作了相应的分析与研究。

（一）建立海洋经济监测与计算发展指数的必要性

海洋经济监测指标体系设计是实施海洋经济宏观调控的基础。"指标"反映了被研究对象某一方面典型特征的概念和具体数值的综合；"指标体系"则是系统、全面、科学、客观真实地反映被研究对象内在本质的若干个相互联系的指标所组成的有机体。指标可以将系统解构为诸多相互关联的因素，通过指标的名称和数值实现对具体因素的"质与量"的定义；同时，还可以按统计因素的具体内容获得指标的统计数据，来掌握系统在某一方面发展演化的内在规律。指标的监测功能是指标的动态反映功能，也就是指标对其所代表的系统的特征能在时空两个维度上做出正确的反映。海洋经济监测指标体系，是通过一系列具体指标的设置与测度，实现海洋经济监测研究中"质"与"量"的统一。目的是能够正确评价当前海洋经济运行的状态；准确预测未来发展的趋势；及时反映海洋经济调控的效果；系统把握海洋经济发展的立足点；实现从经济规模、发展速度为主的增长方式向经济与环境资

源协调统一的发展方式的转变。

编制海洋经济发展指数，首先应明确海洋经济发展指数的内涵，海洋经济发展指数体系建设的基本目的是有效表征海洋经济发展变化轨迹。据此，将海洋经济发展指数定义如下：海洋经济发展指数（Ocean Development Index）是对一定时期某个地区海洋经济整体发展水平的量化评价。旨在全面度量并真实反映海洋经济发展的轨迹，监测并反映发展问题，以全面反映海洋经济的成长与景气状况为目标，力求涵盖海洋经济发展的各个领域，以客观数据指标分析为主，客观、公正地度量海洋经济发展状况。

（二）指标体系设计原则

1. 科学性和全面性。海洋经济是国民经济的一个重要组成部分，其指标体系必须与国民经济核算体系相衔接，才具有可比性和科学性。设置的指标要科学合理并涵盖宏观经济管理的重要方面，能真实、准确和全面地反映海洋经济的发展现状和运行状况，涵盖海洋经济宏观、中观、微观的各类要素。

2. 代表性和具体性。海洋经济统计监测指标体系旨在全面反映经济情况的同时，力求选取代表性指标来反映海洋经济运行监测的重要方面和内容。设计的指标不仅要反映发展的全貌，也要围绕海洋经济发展过程中有重要影响或重要特征的因素做重点反映。

3. 可操作性和衔接性。指标的定义要明确、严谨和唯一。要尽可能依托现有统计制度，突出指标的实用性，注重可操作性，尽可能减少指标数据获取的工作量，减轻数据获取的难度。同时指标的设置应与现行的统计制度相衔接，在指标定义、监测频率等方面要充分与统计局统计制度、部门统计制度进行对接。

（三）指标体系构成

1. 指标体系构建的思路

近年来，江苏省海洋经济呈现总量平稳发展，结构不断优化，发展方式逐步转变等特点。本文结合江苏省海洋经济发展的特点和趋势，重点研究设置反映江苏省海洋经济发展特色和优势的监测指标。

一要增加涵盖江苏省海洋经济总体发展趋势的指标，如反映海洋经济总量的海洋生产总值等指标。

二要突出反映江苏省海洋经济发展的特点和属性，如海洋经济科技投入等。

三要把保持海洋生态环境放在优先位置，增加如海洋能源消耗等。

四要设立能反映海洋经济基础设施的指标。

选择当前适用的指标体系，必须充分考虑指标的可获取性。通过对现有海洋经济统计资料的研究，为全面准确反映江苏海洋经济发展状况和内部构成，最终确定将江苏省海洋经济监测与评估指标体系分为包括地区经济发展、海洋经济发展、海洋资源与环境和海洋人才与技术等四个准则层共19个指标。从四个准则层来看，各个准则层既能从整个维度全面考察江苏省海洋经济发展状况，每个准则层又可以独立成章地反映江苏省海洋经济特定方面的发展现状，使海洋经济监测与评估指标体系能够全面反映江苏省海洋经济的经济总量以及发展特点和趋势。具体来说，指标体系更加注重海洋经济向质量效益型的转变；更加注重海洋对社会民生做出的重要贡献；更加注重海洋资源开发对经济社会发展的支撑作用；更加注重海洋科技创新的引领作用；更加注重海洋生态环境保护和海洋开发方式的转变；更加注重海洋综合管理的保障服务能力。

2. 指标体系的框架

海洋经济监测指标体系需要建立一个多层次、多目标、多功能和综合性的评价体系，应涵盖海洋经济发展与运行的各个方面。根据江苏省海洋经济发展的实际情况，结合理论学者研究成果和相关文献应用结果，以及海洋经济发展指数的计算结果意义，江苏省海洋经济监测指标体系和发展指数指标体系共包括四个层次，分别是地区经济发展、海洋经济发展、海洋资源与环境和海洋人才与技术。每一个层次又有若干个指标，详细内容如表2所示。

（四）海洋经济发展指数的计算方法

1. 指标的无量纲化

解决多目标评价问题，一般采用"多目标归一"，即采用某种函数形式合成一个目标值，将多目标评价转为单目标评价。常用的有两类方法：一是加权综合指数法，适用于目标实现程度评价和一个地区纵向动态比较评价，无量纲化主要采取指标实现数除以目标数，或报告期除以基期，其中目标实现程度评价可同时用于纵向、横向比较，无量纲化主要采取目标值法、发展指数法（基期法）；二是综合评分法，适用于某年国家间、地区间比较的综合评价，无量纲化主要采取极值法、功效系数法、标准化法。

2. 指标体系赋权

指标体系中各层次权数的赋权方法目前主要有层次分析法、变异系数法、复相关系数法、主成分分析法、级差最大化的组合赋权等五种方法。根据江苏省海洋经济统计现状，结合五种分析方法的数据要求、处理难度及赋权方式等，考虑到海洋发展指数指标体系的多目标性、复杂性等特点，以及评价指标体系应具有的通用性和稳定性，为建立一个较为稳定的指标权重体系，本文选取层次分析法（AH法）确定指标权重。层次分析法一般包括建立层次结构、专家评分、一致性检验、确定各级权重等步骤。为了得到指标权重，本文邀请了我院一些海洋和海洋经济专家进行指标体系各指标权重的评分，并按照层次分析法计算步骤，得出权重计算表。

表2　江苏省海洋经济监测指标和海洋经济发展指数指标体系

目标层	准则层	指标层	单位
海洋经济监测与评价体系	地区经济发展（A1）	地区 GDP（X1）	亿元
		地区人均 GDP（X2）	元/人
		人口自然增长率（X3）	%
		居民人均可支配收入（X4）	元
		社会消费零售总额（X5）	亿元
	地区海洋经济发展（A2）	海洋生产总值（X6）	亿元
		人均 GOP（X7）	元/人
		GOP 占 GDP 比重（X8）	%
		海洋第三产业生产总值占 GOP 比重（X9）	%
	地区海洋资源与环境（A3）	人均海域面积（X10）	km^2/人
		海洋港口泊位数（X11）	个
		海洋港口吞吐量（X12）	万吨
		企业单位产值能耗（X13）	吨标准煤
		工业废水直排入海量（X14）	万吨
	地区海洋人才与技术（A4）	海洋领域 R&D 投入（X15）	亿元
		海洋科研机构数量（X16）	个
		年末涉海从业人员数（X17）	万人
		海洋领域发明专利授权数（X18）	件
		海洋科研机构从业人员（X19）	人

3. 计算发展指数

运用不同的指标无量纲化方法可以计算出不同的指数结果。其中，发展指数法反映的结果比较客观，应用广泛，本文选用此种方法进行计算。发展指数法计算方法如下：

（1）个体发展指数的计算

$$Z_i = \begin{cases} \dfrac{x_i}{x_0} \times 100\% & \text{正指标} \\[2ex] \dfrac{x_0}{x_i} \times 100\% & \text{逆指标} \end{cases}$$

式中：Z_i 为指标的评价值得分，x_i 为指标的原始数值，x_0 为指标的基期值。

（2）综合发展指数的计算

根据权重和指标无量纲化数值，可计算得出综合指数：

$$Y = \left(\sum_{i=1}^{n} y_i \omega_i \right) \times 100$$

准则层指数：$y_i = \left(\sum_{i=1}^{n} z_i \omega_i \right) \times 100$

其中，ω_i 是各层次的权重。

三、江苏省海洋经济发展指数的实证研究

江苏省海洋经济发展指数的实证研究以 2012—2016 年江苏省海洋经济发展为研究对象，以 2012 年为基期。

（一）数据的搜集

江苏省海洋经济发展指数的测算按年度进行，基础数据主要来源于各类统计年鉴与统计公报，如《江苏省统计年鉴》《中国海洋统计年鉴》及相应的统计公报。相应数据结果如表 3 所示。

（二）权重的计算

本课题用层次分析法（AHP 法）确定指标权重，主要步骤如下：

1. 建立层次结构

江苏省海洋经济计算发展指数的指标体系的构成如表2所示，目标层即为江苏省海洋经济发展指数，准则层分为四个层次，地区经济发展（A1）、地区海洋经济发展（A2）、地区海洋资源与环境（A3）、地区海洋人才与技术（A4）；每一个层次又选择若干的指标：地区经济发展有五个指标：地区GDP、地区人均GDP、人口自然增长率、居民人均可支配收入、社会消费零售总额；地区海洋经济发展有四个指标：海洋生产总值、人均GOP、GOP占GDP比重、海洋第三产业生产总值占GOP比重；地区海洋资源与环境有五个指标：人均海域面积、海洋港口泊位数、海洋港口吞吐量、企业单位产值能耗、工业废水直排入海量；地区海洋人才与技术有五个指标：海洋科研机构从业人员、海洋科研机构数量、年末涉海从业人员数、海洋领域发明专利授权数、海洋领域R&D投入。

表3　江苏省海洋经济发展指数的测算数据表

指标层	单位	2012 年	2013 年	2014 年	2015 年	2016 年
地区 GDP（X1）	亿元	54058. 22	59161. 75	65088. 3	70116. 38	76086. 17
地区人均 GDP（X2）	元/人	68347	75354	81874	87995	95259
人口自然增长率（X3）	%	2. 45	2. 43	2. 43	2. 02	2. 73
居民人均可支配收入（X4）	元	23212	24776	27173	29539	32070
社会消费零售总额（X5）	亿元	18411. 11	20878. 2	23458. 07	25876. 77	28707. 12
海洋生产总值（X6）	亿元	4722. 9	4921. 2	5590. 2	6406	6493. 5
人均 GOP（X7）	元/人	5972	6206	7032	8040	8130
GOP 占 GDP 比重（X8）	%	8. 74	8. 32	8. 59	9. 14	8. 53
海洋第三产业生产总值占 GOP 比重（X9）	%	0. 436893	0. 459949	0. 42562	0. 42562	0. 425618
人均海域面积（X10）	km^2/人	0. 000474	0. 000473	0. 000472	0. 000471	0. 000469
海洋港口泊位数（X11）	个	136	133	152	158	162
海洋港口吞吐量（X12）	万吨	23245. 41	26919. 33	28706. 16	30181. 55	31630. 25
企业单位产值能耗（X13）	吨标准煤	0. 515	0. 494	0. 459	0. 431	0. 428
工业废水直排入海量（X14）	万吨	236094. 4	220558. 6	204890	201529. 3	191714. 9
海洋领域 R&D 投入（X15）	亿元	2009956	2085245	2440990	2689082	3135469

指标层	单位	2012 年	2013 年	2014 年	2015 年	2016 年
海洋科研机构数量（X16）	个	11	10	11	11	11
年末涉海从业人员数（X17）	万人	192.4	194.9	197.1	200.1958	202.1481
海洋领域发明专利授权数（X18）	件	152	172	183	192	202
海洋科研机构从业人员（X19）	人	2900	2959	3161	3383	3520

2. 建立判断矩阵

根据江苏省海洋经济发展指标体系表构造判断矩阵，邀请一批专家填写其判断矩阵，对其进行层次单排序及一致性检验，从而得到每个判断矩阵对应的权重向量，也就确定了各层指标的权重，如表 4 所示。

表 4 江苏省海洋经济发展指标体系各层次的权重表

目标层	准则层	准则层权重	指标层	指标层权重
海洋经济监测与评价	地区经济发展（A1）	0.06	地区 GDP（X1）	0.51
			地区人均 GDP（X2）	0.13
			人口自然增长率（X3）	0.03
			居民人均可支配收入（X4）	0.06
			社会消费零售总额（X5）	0.27
	地区海洋经济发展（A2）	0.56	海洋生产总值（X6）	0.56
			人均 GOP（X7）	0.06
			GOP 占 GDP 比重（X8）	0.26
			海洋第三产业生产总值占 GOP 比重（X9）	0.12
	地区海洋资源与环境（A3）	0.12	人均海域面积（X10）	0.17
			海洋港口泊位数（X11）	0.07
			海洋港口吞吐量（X12）	0.36
			企业单位产值能耗（X13）	0.36
			工业废水直排入海量（X14）	0.04
	地区海洋人才与技术（A4）	0.26	海洋领域 R&D 投入（X15）	0.50
			海洋科研机构数量（X16）	0.03
			年末涉海从业人员数（X17）	0.28
			海洋领域发明专利授权数（X18）	0.13
			海洋科研机构从业人员（X19）	0.06

（三）实证计算的结果

通过采用层次分析法赋权后，利用江苏省海洋经济发展指标体系的各准则层和指标权重，计算出各准则层以及目标层的发展指数。计算结果如表5和图1所示。

（四）实证计算的结论

发展指数计算完成后，便可根据目标层指数情况、准则层指数情况以及各指标的情况，开展各类相关的辅助决策分析。根据表4计算结果，可以得出以下结论：

1. 江苏省海洋经济发展指数呈现跳跃式的逐年增长态势，其中2014年和2015年二次跳跃式的发展，其跳跃速度非常快，增长速度达到10%，到2016年发展速度有所放缓，只有4%。

2. 江苏省海洋经济发展指数中，四个准则层中，也相应产生了2014年和2015年二次跳跃式的发展，其跳跃速度非常快，特别是地区海洋人才与技术这一个准则层发展更快，带动了海洋经济的比较快的发展。

3. 地区海洋人才与技术的发展比较快得益于海洋领域R&D投入与海洋科研机构从业人员的较快速度的增长，研究成果比较好转换成生产力，促进了海洋经济的发展。地区海洋人才与技术综合的实力提升，海洋领域R&D投入与海洋科研机构从业人员研发投入的稳定增长，对未来海洋经济高质量的持续健康发展提供技术保证。

表5　2012年到2016年江苏省海洋经济发展综合指数及各准则层指数表

指数值　　年份	2012	2013	2014	2015	2016
江苏省海洋经济发展指数	100	103.57	112.72	122.86	126.85
地区经济发展（A1）	100	110.15	121.38	130.94	143.63
地区海洋经济发展（A2）	100	101.97	110.59	122.92	122.23
地区海洋资源与环境（A3）	100	107.31	114.21	119.47	122.39
地区海洋人才与技术（A4）	100	103.80	114.60	122.45	134.98

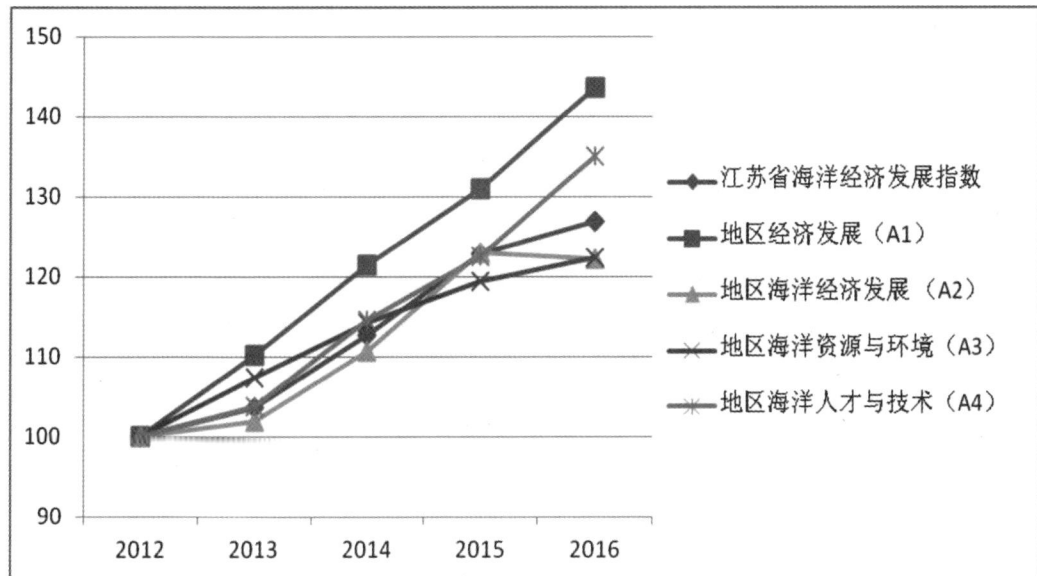

图1　2012年到2016年江苏省海洋经济发展综合指数及各准则层指数

4. 地区经济的快速发展，带动了海洋经济的发展，对海洋经济的发展起了很大的推动作用。在2012年到2016年中，地区经济发展指数均排在第一位。

5. 在地区海洋资源中基础建设稳步推进，海洋港口数量稳步增长，五年内增加了26个，港口吞吐量快速增长。五年来，港口吞吐量增加了8384.84万吨，增长了36%。

6. 地区海洋经济有了稳定的增长。五年来，GOP增加了521.5亿元，增长了8.7%，在江苏省GDP中的占比在8.5%左右小幅度的波动，除了2015年超过了9%。但是与全国占比还存在一定的差距，全国2016年的占比为9.4%。在江苏省的GOP中，三产的比重是逐年有所下降，只有42%多一点，全国的占比差距很大，2016年全国的占比为55%。

7. 与全国海洋经济发展指数相比，江苏省海洋经济发展指数在2014年、2015年、2016年均高于全国的指数，虽然计算发展指数的指标体系有些差异，计算结果欠一些可比性，但也可从一个侧面说明江苏海洋经济的发展与江苏省经济发展一样走在全国前列。

8. 五年来，江苏省的区域经济发展稳步上升。随着江苏省生产总值和人均生产总值的大幅提升，在海洋经济的可持续发展方面有了更多的投资和建设。此外，城镇居民人均可支配收入和社会消费品零售总额的增加表明了人们对商品和服务的大量需求并具备较强的支付能力，从而间接刺激了海洋经济的发展。

四、江苏海洋经济发展的对策与建议

为了江苏省海洋经济更好的发展，要坚持聚力创新、聚焦富民，主动适应并引领海洋经济发展新常态，加快供给侧结构性改革，以构建现代海洋产业体系为重点，以海洋科技创新为支撑，以海洋产业绿色发展为导向，以涉海基础设施和公共服务为保障，以改革开放为动力，打造创新引领、富有活力的全国海洋先进制造业基地、海洋科技创新及产业化高地、海洋产业开放合作示范区和海洋经济绿色发展先行区，拓展蓝色经济空间，初步建成海洋经济强省，为"强富美高"新江苏建设提供强力支撑。

具体建议如下：

（一）积极发展海洋战略性新兴产业

着力发展海洋可再生能源业，优化海上风电开发布局，积极发展离岸风电。支持盐城、南通、连云港海上风电开发，加快建设千万千瓦级风电基地。鼓励发展海洋药物和生物制品业。海洋生物制品重点推进系列多肽、壳聚糖、海藻多糖、医药用及食品用新型海洋生物酶、海洋渔用疫苗、海洋化妆品等产品研发及产业化；海洋生物材料重点推进海洋功能材料、海洋医用辅料等新型海洋生物材料研发及产业化；海洋药物重点推进抗菌、抗病毒、降血糖等海洋创新药物和海洋现代中药研发及产业化，逐步打造完整的海洋药物和生物制品产业链条。积极发展海水淡化与综合利用业。

（二）提升发展海洋现代服务业，大力发展海洋交通运输业

以沿海、沿江主要港口为主枢纽，组建省港口集团，加快形成分工合作、协调发展的港口物流发展格局。优先发展海洋旅游业。整合开发江苏海岸带旅游资源，建设山海神话文化旅游、大潮坪生态旅游和江风海韵休闲度假旅游三大旅游精品，加快形成以沿海为主、江海联动的海洋旅游发展格局。南通市突出江海风光特色，打造特色鲜明的江海旅游目的地；盐城市围绕珍稀野生动物资源和滨海湿地生态资源，强化盐城国家级珍禽自然保护区

和大丰麋鹿国家级自然保护区品牌效应，打造我国沿海最佳生态湿地休闲旅游目的地；连云港市重点推动连岛海滨旅游度假区、海州湾国家海洋公园建设，保护性利用秦山岛、竹岛、羊山岛、开山岛、前三岛，积极发展海岛旅游，延伸辐射陆域纵深和近岸海域、海岛、渔村，构建"山、海、城、港"互融互动的滨海旅游新格局，打造"一带一路"交汇点的重要旅游节点。

（三）转型发展海洋传统产业，重点推进海洋渔业转型升级

加快调整现代海洋渔业产业结构，着力建设海洋"蓝色粮仓"。开展海洋水产品标准化健康养殖，推广无公害水产品产地认定和产品认证，加强海洋水产品主导产品良种培育和原种保护。继续改善海洋捕捞作业结构，提升渔业装备技术水平。推进远洋渔业发展，巩固提高过洋性渔业，加快发展大洋性渔业。大力发展海洋水产品精深加工，重点推进海门南极磷虾产业园、海峡两岸（射阳）渔业合作示范区等项目建设。坚持"调整存量、提升增量、优化总量、突出特色"导向，以连云港徐圩石化产业基地等为主要承载地，推动苏南及沿江地区绿色先进的重化工项目向沿海地区转移升级。推进连云港徐圩新区石化产业基地建设，重点建设5000万吨级炼化一体化、PTA、甲醇制烯烃等重大石化项目，打造世界一流石化基地。依托大丰港城经济区、滨海港城经济区、如东洋口港经济开发区等载体，适度发展临海重化工业，打造一批大型化工新材料、精细化学品、盐化工、生物化工生产和研发基地。

（四）推进海洋生态文明建设

1. 强化海洋生态建设和修复

建立海洋生态红线制度，将重要、敏感、脆弱海洋生态系统纳入海洋生态红线区管辖范围并实施强制性保护和严格管控。引导离岸、人工岛式围填海，加强岸线分级分类管理。加强对连云港、射阳、滨海、响水等沿海侵蚀性岸线生态整治修复。落实秦山岛、竹岛、连岛、羊山岛、兴隆岛、永隆沙等海岛整治修复项目。深化海洋生态补偿制度，加大对海洋保护区（海洋公园）、海洋生态红线区等重点生态功能区生态修复建设的转移支付力度。开展蓝色海湾整治行动，推进重点海湾综合治理，以改善海湾生态环境质量为核心，提高自然岸线恢复率，改善近海海水水质，增加滨海湿地面积。

2. 推进海洋经济绿色发展

大力发展环境友好、科技含量高、资源能耗低、污染物产生量少的涉海行业，重点发展海洋药物和生物制品、海洋可再生能源、海洋新材料、海洋绿色食品和海洋节能环保等产业，逐步淘汰对生态环境损害大的涉海企业和产品。提高海洋生物资源利用效率，大力推广高效生态养殖模式。严格执行伏季休渔规定、落实海洋捕捞"零增长"制度和渔船数量及功率指标双控制度，有效保护渔业资源。

（五）提升港口综合能级

加快长江下游重要的江海联运港区和连云港港区域性国际枢纽港、南京长江区域性航运物流中心、太仓集装箱干线港"一区三港"建设，增强港口公共基础设施保障能力，积极推进航道、防波堤、锚地等港口公共基础设施建设。完善沿海港口功能，加强港产城联动开发，提升综合通过能力，重点加快建设连云港徐圩港区30万吨级原油码头等深水大型码头。推进沿江港口资源和码头结构调整，加快已建码头挖潜改造和提升等级。

（六）建设"智慧海洋"

推进海洋产业与信息化融合发展，以大数据为支撑、应用为驱动、服务为导向，搭建"智慧海洋"架构，重点加强沿海地区沿岸海洋环境观（监）测体系建设，构建海洋环境实时在线监测体系。建设涉海行业共享网、公众服务网和岸海接入网，增强涉海部门间业务协同通信能力。建立分布式海洋大数据中心，构建集云计算、云数据和云服务于一体的海洋云，面向海洋经济、资源开发、海洋环境保护等开展数据挖掘分析，逐步形成智能感知、智能调度、智能决策、智能服务的"智慧海洋"发展体系。重点依托苏州、扬州、盐城大数据产业基地建设，吸引一批从事海洋大数据业务的研发机构、企业，构建服务江苏沿海、面向国际的海洋数据交流平台和海洋科学数据中心。依托海洋大数据产业基地建设，打造海洋空间地理信息系统和海洋数据公共服务平台。推动北斗导航信息系统在海洋开发领域应用。

（七）主动融入"一带一路"海洋经济合作进程

鼓励江苏企业参与国际渔业资源共享和市场竞争，加强与海上丝绸之路沿线国家水产养殖业合作，发展海外渔业产品精深加工，建成远洋捕捞、海外养殖、加工物流并举，布局合理、装备优良、配套完善、管理规范、支撑有力的海外渔业产业体系。加强与海上丝绸之路沿线国家港口和港区对接，推动电子口岸互通和信息共享。依托我省海洋船舶、海工装备产业综合优势，与海上丝绸之路沿线国家开展研发合作，积极引进海洋船舶、海工装备高端管理团队、专业营销团队和技术领军人才。发挥我省新能源海水淡化领域领先优势，支持企业走出国门推广新能源海水淡化成套设备，在沙特、阿曼、马尔代夫、斐济等水资源匮乏国家承揽海水淡化建设工程。推进与海上丝绸之路沿线国家开展海洋可再生能源产业合作，重点加强海上风电项目合作，支持南通、连云港、盐城等市开展邮轮旅游开发，筹建一批跨境丝绸之路主题旅游项目。

本课题依托 2012 到 2016 年江苏省海洋相关数据，对江苏省海洋经济系统进行了定性和定量分析，参考许多学者的研究结果，构建了江苏省海洋经济发展的监测指标体系，并以此指标体系测算了江苏省海洋经济系统发展指数和各个子系统的发展指数，得出的结论是江苏省海洋经济发展指数在这五年间持续稳定的增长，最后提出了江苏海洋经济发展的一些建议，有助于江苏省海洋经济更加稳定可持续快速的发展。

参考文献

1. 曲探宙. 我国海洋科技创新发展的回顾与思考 [J]. 海洋开发与管理, 2017, 34 (10): 6-9.

2. 李华, 高强, 吴梵. 环渤海地区海洋经济发展进程中的生态环境响应及其影响因素 [J]. 中国人口·资源与环境, 2017, 27 (08): 36-43.

3. 吴尔江. 新常态下广西海洋经济发展的思考 [J]. 市场论坛, 2017, (07): 15-18.

4. 柯蓉, 张贺. 长江经济带城乡一体化与城市转型发展 [J]. 浙江社会科学, 2017, (06): 45-56.

5. 杨洪丽. 中国海洋软实力建设研究 [D]. 山东师范大学, 2017.

6. 洪伟东. 深圳市海洋生态经济发展空间布局研究 [D]. 吉林大学, 2017.

7. 易爱军. 新常态背景下海洋经济可持续发展问题研究——以连云港市为例 ［J］. 淮海工学院学报（人文社会科学版），2017，15（04）：86 - 90.

8. 崔力拓，鲁凤娟，李志伟，秦津，王连龙. 河北省海洋经济与海洋资源环境协调发展研究 ［J］. 中国环境管理干部学院学报，2017，27（01）：45 - 49.

9. 海洋经济发展的新风向标——解读《2016 中国海洋经济发展指数》 ［J］. 海洋世界，2016，（12）：40 - 45.

10. 韩增林，胡伟，钟敬秋，胡渊，刘天宝. 基于能值分析的中国海洋生态经济可持续发展评价 ［J］. 生态学报，2017，37（08）：2563 - 2574.

11. 张然. 中国县域海岛综合承载力与经济发展研究 ［D］. 青岛大学，2016.

12. 张呈，虞卫东，贝竹园. 上海市海洋经济发展指数研究 ［J］. 海洋经济，2016，6（01）：52 - 58.

13. 狄乾斌，高群. 辽宁省海洋经济发展质量综合评价研究 ［J］. 海洋开发与管理，2015，32（11）：74 - 78.

14. 郭力泉，叶芳，应晓丽，刘超，俞仙炯. 舟山城市科技竞争力研究——基于 16 个沿海城市的比较 ［J］. 海洋开发与管理，2015，32（11）：56 - 60.

15. 李锋，徐兆梨. 环南海五国三省区海洋经济竞争力评价与合作策略 ［J］. 湖南科技大学学报（社会科学版），2015，18（05）：66 - 72.

16. 崔凤，张一. 沿海地区海洋发展综合评价指标体系构建意义及其定位 ［J］. 湘潭大学学报（哲学社会科学版），2015，39（05）：128 - 132.

17. 王凤娇. 基于混频数据模型的中国海洋经济增长测度研究 ［D］. 中国海洋大学，2015.

18. 肖汝琴. 基于海洋生态资本的区域可持续发展研究 ［D］. 青岛大学，2015.

19. 郑莉，蔡大浩，杨娜. 基于可持续发展的海洋经济评价体系实证研究——以环渤海地区为例 ［J］. 海洋经济，2015，5（01）：21 - 31.

20. 何广顺，王占坤，赵锐，郑莉. 中国海洋发展指数研究与测度 ［J］. 海洋经济，2014，4（06）：1 - 7.

科技创新对江苏经济增长的贡献

——基于 13 个地级市面板数据的考量

崔长胜　何计文[①]　方　华　胡伶捷

【摘　要】科技创新作为一种创造和应用新知识和新技术、新工艺，采用新的生产方式和经营管理模式，开发新产品，提高产品质量，提供新服务的"革命性过程"，可有效增加需求、推动产业结构优化升级和提升要素的生产效率。本研究以江苏省 13 个地级市为研究对象，通过对江苏省科技创新与经济增长实际的把握，运用索罗余值法实证检验了科技创新对江苏经济增长的贡献。结果表明：随着创新驱动战略的实施，江苏经济发展的动力逐步由要素驱动向创新驱动转变；同时，科技创新在江苏经济发展中发挥作用的程度存在较大的空间差异。

【关键词】科技创新　经济增长　贡献度

一、引言

创新是一个民族进步的灵魂，是一个国家或地区兴旺发达的不竭动力。经济社会发展的历史表明，一个国家或地区经济社会发展所取得的每一次重大跨越都闪耀着创新、特别是科技创新的璀璨光芒。第一次工业革命以来社会生产的发展和社会财富的积累都以清晰的逻辑和不争的事实证明了这一点，正如马克思在《共产党宣言》中所讲到的那样，"蒸汽和机器引起了工业生产的革命，现代大工业代替了工场手工业……资产阶级在它的不到一百

---

①　作者简介：崔长胜（1964—　），男，连云港市人，连云港市统计局副局长，高级工程师，主要从事区域经济和外向型经济研究。何计文，男，江苏徐州人，淮海工学院商学院副教授，经济学博士。

年的阶级统治中所创造的生产力，比过去一切世代创造的全部生产力还要多，还要大"。因此，科技创新在经济社会发展中所发挥的作用是无比巨大的，谁率先采用科技创新的优秀成果，谁就能率先占据发展的制高点，并引领经济社会的发展。

党的十八大以来，面对世界经济形势、产业结构发生深刻性变化和国内经济下行的压力，我国提出了创新驱动的发展战略。党的十九大报告也着重指出，创新是引领经济发展的第一动力，是建设现代化经济体系的战略支撑，要瞄准世界科技前沿，实现基础性、前瞻性等科技创新重大突破，从而为国家建设和地区发展提供有力支撑。在这样的时代背景和发展要求下，江苏作为我国东部沿海发达省份，省委省政府出台的《江苏省贯彻落实国家创新驱动发展战略纲要实施方案》，吹响了"聚力创新"的号角，提出了"锁定科技创新'第一方阵'，缩小与创新型国家和地区绝对差距，实现经济社会发展由要素驱动、投资驱动向创新驱动转变"的目标。为实现这个宏伟目标，我们首先要弄清的是目前科技创新在江苏经济发展中所发挥的作用如何。在新时代的发展环境下，江苏如何依托自身的经济优势和政策条件，发挥科技创新在经济发展中"第一生产力"的作用，实现经济发展动力的转型，从而引领中国经济的发展？只有弄清这些，才能有效发挥科技创新对江苏经济社会发展的促进作用，这即是本研究的目的所在。

二、科技创新的内涵与要素构成

按照熊彼特的理解，所谓创新就是一种具有"革命性"的变化，一种具有创造性的破坏过程，即一种打破旧有的生产要素组合，重新建立起一个新的生产要素组合的过程。[①] 根据这一理解，科技创新就是指一种创造和应用新知识和新技术、新工艺，采用新的生产方式和经营管理模式，开发新产品，提高产品质量，提供新服务的综合过程。它是原创性科学创新和技术创新的总称，在推动经济社会发展中具有十分重要的意义。经济社会发展的历史雄辩地证明，一个国家或地区经济社会发展所取得的每一次重大跨越都凝

---

① ［美］约瑟夫·熊彼特著. 何畏等译. 经济发展理论——对于利润、资本、信贷、利息和经济周期的考察［M］. 北京：商务印书馆，1990：268 - 297.

结着科技创新的巨大贡献。在生产过程中，如果用"投入—产出"的比例关系来对科技创新的作用进行一种量化衡量的话，那么科技创新的巨大作用就在很大程度上表现为一定的量的投入能得到更多的产出，或一定的产出只需要更少的投入。假设某一生产的投入为资本和劳动力两种生产要素，生产产出为　，且生产函数为　，那么科技创新在生产中的作用在生产曲线上的反映就是促进等产量曲线的内移（如图1所示），这也是我们说"科学技术是第一生产力"的原因，也是我们积极鼓励在生产过程中运用科技创新成果的重要原因。

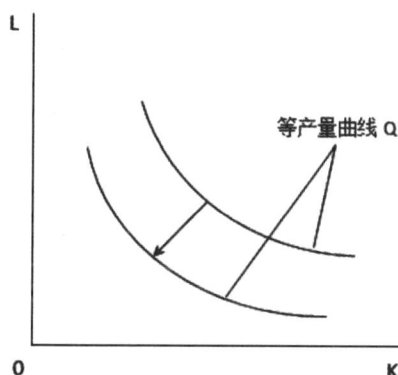

图1　创新促进等产量曲线内移示意图

科技创新作为一个动态的变化过程，从其构成要素来看，主要包括科学发明、技术创新和技术扩散三个紧密联系的环节。科学发明往往又是通过研究与开发获取的，因此，科技创新也可理解为研究与开发、技术创新和技术扩散三个环节的统一。

所谓的研究与开发，就是指为了增加知识总量以及运用这些知识去创造新的应用而进行的系统的创造性工作，它又可以分为基础研究、应用研究和试验开发三个阶段或三种类型。技术创新，就是指技术发明在生产上的应用，是生产者或企业家对生产要素和生产条件的重新组合，这个过程尤为重要，体现着理论到实践的飞跃，是技术进步得以实现的重要环节。同时，根据创新中技术变化程度的不同，技术创新又可以分为渐进性创新和根本性创新两种形式，尤其根本性创新，它以新知识和新理念为基础，往往可以在技术上获得重大的突破。技术扩散则是指新技术通过一定的渠道向潜在的采用者转移，并最终在生产中取得广泛应用的过程。这个过程对于技术进步也是至关重要的，它体现着量变与质变的辩证统一。从经济社会发展的角度来看，技术创新只有经过量的扩展，才能显示出它所应有的经济意义，在技术进步的过程中，这种量的扩张正是在技术扩散的过程中实现的。因此，科技创新是研究与开发、技术创新和技术扩散三个环节的紧密结合与有机统一。

三、科技创新驱动经济增长的作用机理分析

在经济发展的过程中，消费需求的增加、产业结构的调整和要素生产效率的提高都可有效促进经济的增长，科技创新作为一种创造和运用新技术、开发新产品、提高产品质量的过程，可以有效促进消费需求的增长、产业结构的调整和要素生产效率的提高，从而促进经济的增长。

（一）科技创新有效促进需求的增加

需求价格的下降和有效供给的增加，都可以促进需求的扩大，而科技创新恰恰可以在很大程度上实现产品需求价格的下降和有效供给的增加。首先，科技创新通过生产技术、生产流程、生产工艺等的创新，可以有效促进生产成本的下降，从而降低产品的需求价格，并直接影响到消费者的消费行为，在既定的预算约束下扩大产品的消费需求范围和空间。其次，互联网通讯、物联网技术、大数据工程等现代化科技创新成果的运用，一方面可有效缩短消费者与产品之间的时空距离，一方面可以增强消费者对产品市场的敏感度，提高产品搜索的效率，从而提高消费者和产品之间的匹配程度，降低消费者的交易成本，进而扩大消费者的消费需求。第三，在国家深入推进供给侧结构性改革的背景下，科技创新可以大大提高消费产品的层次、丰富消费产品的种类、提升产品的科技含量，从而在很大程度上满足新时代消费者对消费产品的需求，促进消费规模的扩大。第四，科技创新作为一种"革命性"的过程，还可以在很大程度上影响人们的消费行为习惯，改变原有的消费偏好，从而创造出新的消费需求。最后，科技创新成果的应用与普及，还可以大大改变产品仓储、物流环境和产品的销售方式，提高产品供应商服务消费者的水平，从而有效改善消费环境，促进消费规模的扩大。

（二）科技创新有力推动产业结构的优化升级

产业结构优化的历史过程表明，科技创新是推动产业结构优化升级的核心动力。因此，要依靠科技创新发展高效率、低成本、少污染产业，实现产业结构转型。第一，依靠科技创新加快传统工业的改造步伐。通过产业园区等重要载体，提高产业集聚程度，并通过技术孵化和扩散平台，不断提高高新技术向传统产业的渗透水平，开发新的产品、设备，并不断提高新产品的市场占有水平，振兴传统工业。第二，依靠科技创新改造农业生产。农业现代化是传统农业转型发展的必由之路，截至目前我国仍有很大面积的农业生产效率低效，仍处在传统农业发展阶段。在这种形势下，生物技术、基因技术和工程灌溉技术等农业科技创新成果的应用，可以有效改善农业生产的技术水平，提高农业生产的效率。第三，科技创新可有效促进高新技术产业和新兴产业的发展。科技创新的发展可加快信息技术、生物技术、新材料技术和航天技术以及新能源技术等以技术为重点的项目的实施，从而促进产业结构由资本密集型向技术密集型演进，进而促进产业结构的转型和经济社会的跨越式发展。

（三）科技创新有效提升要素的生产效率

结构决定功能，功能体现效率。科技创新可有效改变资本、劳动力、自然资源、人力资源、信息资源的结构，提高要素的配置效率。首先，科技创新通过新的关联方式和关联结构，大大提高了要素结构化重组的效率，实现用较少的资源消耗生产出更多的产品的生产目标。第二，科技创新可有效促进各类生产要素的流动，如促进科技力量富余的要素存量向创新要素不足的中小企业流动。同时，科技创新成果的应用还大大提高了一线劳动者的劳动素质和劳动技能，进而促进技术性劳动力资源在不同生产部门之间的流动，提高要素的资源配置效率。第三，科技创新还可以在很大程度上实现要素之间的合理替代，即通过技术进步代替劳动力资源的短缺和资本要素的不足，从而提高生产的效率。

四、江苏省科技创新及其对经济增长的贡献

（一）江苏省科技创新与经济增长现状

近年来，随着国家创新驱动发展战略的全面实施和江苏省"聚力创新"发展方略的深入推进，全省科技创新取得了丰硕的成果，经济增长在"三期叠加"的宏观大环境中实现了重大跨越。

1. 研发投入逐年增加。从全省情况来看，R&D 经费支出从 2009 年的 680.00 亿元增长为 2015 年的 1801.23 亿元，年均增速 18%，R&D 支出占地区生产总值的比重从 2009 年的 2.00% 提升到 2015 年的 2.56%，高于全国同期水平[①]；从各地级市的情况来看，区域间的差别较大，苏南地区的南京、无锡、苏州 R&D 投入遥遥领先其他各市，年均增速分别为 17%、12%、17%，增速虽略低于全省的年均增速，但其先发优势明显，R&D 支出占地区生产总值的比重均高于全国和江苏省的水平；苏北地区的宿迁、盐城、淮安、徐州、连云港的 R&D 投入年均增速较快，分别高达 48%、31%、29%、21%、23%，但在投入总量上依然偏小，R&D 支出占地区生产总值的比重均低于全国和江苏省的水平；苏中地区的南通与苏南地区的镇江，R&D 投入的年均增长速度与全省的年均增速基本一致，R&D 支出占地区生产总值的比重也与全省的水平基本相当（如表 1 与表 2 所示）

表1　2009—2015 年江苏省及各地级市 R&D 经费支出情况

单位：亿元

年份 地区	2009	2010	2011	2012	2013	2014	2015
南京市	110.97	145.50	178.83	209.97	236.35	262.86	290.65
无锡市	121.27	144.00	177.50	200.23	217.89	224.00	236.96
徐州市	31.75	43.00	56.62	64.66	74.52	86.87	98.05

---

① 根据国家统计局数据，2015 年全国 R&D 支出占 GDP 的比重为 2.07%.

地区＼年份	2009	2010	2011	2012	2013	2014	2015
常州市	60.10	68.50	84.14	99.05	112.08	127.94	140.56
苏州市	150.96	215.00	252.92	300.00	334.50	360.54	385.81
南通市	45.23	66.00	85.68	103.31	121.94	141.32	156.85
淮安市	10.11	13.50	20.28	24.35	32.34	39.29	46.67
盐城市	15.38	20.50	33.63	46.66	57.35	65.97	76.61
扬州市	34.41	41.00	51.07	60.00	68.62	81.35	91.18
镇江市	32.12	39.30	50.83	60.63	71.13	81.31	89.45
泰州市	27.96	35.00	46.50	55.24	62.84	76.18	86.64
宿迁市	3.01	6.50	9.79	15.40	20.30	26.06	31.04
连云港市	10.56	13.50	18.16	22.38	27.32	31.65	36.95
全　省	680.00	840.00	1071.96	1288.02	1440.00	1630.00	1801.23

数据来源：根据江苏省统计年鉴（2010—2016）整理得出。

表2　2009—2015 年江苏省及各地级市 R&D 经费支出占地区生产总值比重情况

单位：%

地区＼年份	2009	2010	2011	2012	2013	2014	2015
南京市	2.62	2.90	2.91	2.92	2.93	2.98	2.99
无锡市	2.43	2.50	2.58	2.65	2.80	2.73	2.78
徐州市	1.33	1.50	1.59	1.61	1.65	1.75	1.84
常州市	2.39	2.30	2.35	2.50	2.52	2.61	2.67
苏州市	1.95	2.34	2.36	2.50	2.58	2.62	2.66
南通市	1.57	1.93	2.10	2.27	2.37	2.50	2.55
淮安市	0.90	1.00	1.20	1.27	1.46	1.60	1.70
盐城市	0.80	0.90	1.21	1.50	1.64	1.72	1.82
扬州市	1.85	1.86	1.94	2.05	2.07	2.20	2.27
镇江市	1.92	2.01	2.20	2.31	2.39	2.50	2.55
泰州市	1.69	1.75	1.92	2.04	2.05	2.26	2.37
宿迁市	0.36	0.64	0.75	1.02	1.16	1.35	1.46
连云港市	1.12	1.17	1.29	1.40	1.51	1.61	1.71
全　省	2.00	2.10	2.20	2.33	2.43	2.46	2.56

数据来源：根据江苏省统计年鉴（2010—2016）整理、计算得出。

2. 专利申请授权量快速提高。从全省情况来看，专利申请授权量从2009 年的85803 件增长为2015 年的245120 件，年均增速19%，其中发明专利从2010 年的7210 件增长为2015 年的36015 件，年均增速高达38%，实用新型发明专利从2010 年的41161 件增长为119513 件，年均增速24%；从各地级市的情况来看，在绝对数量上，苏州一马当先，专利申请授权量从2009 年的39288 件增长为2015 年的62263 件；无锡、南京、南通与常州紧随其后，增长较快，年均增速分别高达24%、27%、16%、28%；苏北各地级市的专利申请授权量虽然在数量上仍然落后，但发展速度极快，宿迁、连云港两市的增长速度分别高达64% 和34%，远远高于全国的水平（如表3所示）。

表3　2009—2015 年江苏省及各地级市专利申请授权数量情况

单位：件

地区 ＼ 年份	2009	2010	2011	2012	2013	2014	2015
南京市	6591	9150	12404	19484	19484	22844	28104
无锡市	9364	26448	34077	39828	39828	27937	34776
徐州市	2400	4928	6821	10647	10647	8468	8599
常州市	4857	9093	11390	18207	18207	18152	21585
苏州市	39288	46109	77281	81666	81666	54709	62263
南通市	10722	22644	31335	22086	22086	12391	25970
淮安市	1011	1170	1984	4573	4573	6663	9365
盐城市	1928	2499	3234	4718	4718	4549	7840
扬州市	2524	3790	5344	11416	11416	11843	13948
镇江市	4064	6562	7404	9809	9809	12707	14136
泰州市	2785	4198	5606	8309	8309	9118	13383
宿迁市	269	509	884	4488	4488	4306	5151
连云港市	890	1274	2042	4410	4410	6341	5144
全　省	85803	137100	197764	235231	235231	193687	245120

数据来源：根据江苏省统计年鉴（2010—2016）整理得出。

3. 科学研究成果日益丰富。2012 年以来，研究与发展课题项目数逐年增加，从2012 年的97602 项增加到2016 年的138251 项，其中科研单位的研究与发展课题项目数从 2012 年的 4831 项增加为 2016 年的 6817 项，高等院校的研究与发展课题项目数从 2012 年的 44383 项增加为 2016 年的 67670 项，从事科技活动的人数从 2012 年的 61939 人增加到 2016 年的 75776 人；科学著作从 2012 年的 135 种增加为 2016 年的 207 种，科学论文从 2012 年的 7877 篇增加为 2016 年的 9966 篇；科研人才后备力量逐步增强，接受高等教育毕业生人数从 2012 年的 50.86 万人增长为 2016 年的 52.52 万人，接受研究生教育毕业生人数从 2012 年的 3.84 万人增长为 2016 年的 4.37 万人（如表 4 所示）。

表4　2012—2016 年江苏省科学研究基本情况

年份　内容	2012	2013	2014	2015	2016
研究与发展课题（项）	97602	107690	118467	122629	138251
其中：科研单位（项）	4831	5430	5657	6490	6817
高等院校（项）	44383	48980	55018	59887	67670
高校从事科技活动人数（人）	61939	65116	68815	73204	75776
研发机构科学著作（种）	135	163	162	133	207
研发机构科学论文（篇）	7877	8021	8443	7970	9966
普通高校毕业生人数（万人）	50.86	51.41	52.04	52.69	52.52
研究生毕业人数（万人）	3.84	4.03	4.17	4.28	4.37

数据来源：根据江苏省统计年鉴（2013—2017）整理得出。

4. 经济增长实现重大跨越。2012 年以来，江苏省各地级市的经济均实现了较快速度的增长。从地区生产总值来看，苏北地区的淮安和宿迁增速较快，地区生产总值分别从 2012 年的 1920.91 亿元、1522.03 亿元增长为 2016 年的 3048.00 亿元、2351.12 亿元，人均地区生产总值分别从 2012 年的 39992 元、31827 元增长为 2016 年的 62446 元、48311 元；高新技术产业产值从 2012 年的 45041.48 亿元增长为 2016 年的 67124.65 亿元，年均增速 10.49%，其中，宿迁、盐城地区发展最快，高新技术产业产值分别从 2012 年的 389.76 亿元、1302.54 亿元增长为 2016 年的 949.61 亿元、3044.15 亿元，年均增速分别高达 24.94% 和 23.64%（如表 5 所示）。

表5 江苏省经济增长与高新技术产业发展基本情况

年份 地区	地区生产总值（亿元）		人均地区生产总值（元）		高新技术产业产值（亿元）	
	2012	2016	2012	2016	2012	2016
南京	7201.57	10503.02	88525	127264	4739.55	5902.61
无锡	7568.15	9210.02	117357	141258	5665.21	6548.72
徐州	4016.58	5808.52	46877	66845	3016.11	5177.46
常州	3969.87	5773.86	85040	122721	3555.22	5453.78
苏州	12011.65	15475.09	114029	145556	11888.80	14470.32
南通	4558.67	6768.20	62506	92702	3822.80	7072.89
淮安	1920.91	3048.00	39992	62446	956.49	1909.00
盐城	3120.00	4576.08	43172	63278	1302.54	3044.15
扬州	2933.20	4449.38	65691	99151	3106.72	4520.07
镇江	2630.42	3833.84	83651	120603	2814.42	4586.86
泰州	2701.67	4101.78	58378	88330	2639.27	5310.75
宿迁	1522.03	2351.12	31827	48311	389.76	949.61
连云港	1603.42	2376.48	36470	52987	1144.58	2178.43

数据来源：根据江苏省统计年鉴（2013—2017）整理得出。

（二）江苏省科技创新推动经济增长的实证

从上述数据分析可知，近年来江苏省的经济增长取得了骄人的成绩，同时也理论性地分析了科技创新对经济增长的促进作用。那么具体到江苏，科技创新对经济增长的贡献度到底是多少呢？本研究将基于江苏13个地级市的面板数据，运用索罗余值法对这个问题进行研究。运用此法，首先是估算各地级市的资本存量。

关于这一问题，大量学者进行了研究，方法也不尽相同，但最为常用的一种方法是由 Goldsmith 于1951年所开创的永续盘存法，其基本公式为：

$$K_t = I_t + (1 - \delta) K_{t-1}$$

其中，K_t 表示 t 时期的资本存量，K_{t-1} 表示 $t-1$ 时期的资本存量，I_t 表示时期 t 资本形成额，δ 表示 t 时期的折旧率。

根据这一算法，在确定基期资本存量、各时期资本形成额及各时期折旧率的情况下，就可以推算出时期的资本存量。如张军，章元（2003）[①]；何枫，陈荣，何林（2003）[②]；单豪杰（2008）[③]；雷辉（2009）[④]；徐杰，段万春，杨建龙（2010）[⑤]；古明明，张勇（2012）[⑥]；林仁文，杨熠（2013）[⑦]；沈利生，乔红芳（2015）[⑧] 等都运用此方法对中国的资本存量进行了估计。虽然他们的估算结果因对基期资本存量的确定和各年折旧率的不同而呈现一定差异，但他们思考的方法却给本研究以重要的启发。

在本研究中，最初的设想是运用这一方法对江苏省各地级市的资本存量进行估算，但因部分数据缺失和部分数据获取的有限性而未能进行。受张军，章元（2003）用上海的资本存量数据对国家缺失的资本存量数据进行估算的启发，本研究进行逆向思考，即用国家的资本存量数据来对江苏省各地级市的资本存量数据进行估算，这可以在很大程度上解决数据的缺失问题，从而为研究提供可能。具体思路如下：

首先，根据多位学者运用永续盘存法估算出的国家资本存量的结果，以1978 年为基期，对结果进行整理，取其平均值作为国家资本存量的数值，并根据取得的均值，运用永续盘存法，补齐所缺的数据，得到1978—2016年国家资本存量的一个估计（如表6 所示）。

表6　国家资本存量估计（1978 年不变价）

单位：亿元

年份	张军估算	何枫估算	古明明估算	林仁文估算	沈利生估算	估算平均
1978	12461.65	14072.00	7528.30	7994.15	8663.00	10143.82
1979	13524.41	15186.14	8032.24	8621.17	9354.20	10943.63
1980	14411.07	16423.83	8415.71	9328.23	10138.20	11743.41
1981	15140.15	17564.05	8769.90	9957.26	10859.10	12458.09
1982	15916.32	18892.28	9339.90	10655.04	11662.80	13293.27

① 张军，章元. 对中国资本存量 K 的再估计 [J]，经济研究，2003 (7)：35 - 43.
② 何枫，陈荣，何林. 我国资本存量的估算及其相关分析 [J]，经济学家，2003 (5)：29 - 35.
③ 单豪杰. 中国资本存量 K 的再估算：1952—2006 [J]. 数量经济与技术经济研究：2008 (10)：17 - 31.
④ 雷辉. 我国资本存量的测算及投资效率的研究 [J]. 经济学家，2009 (6)：75 - 83.
⑤ 徐杰，段万春，杨建龙. 中国资本存量的重估 [J]. 统计研究，2010 (12)：72 - 77.
⑥ 古明明，张勇. 中国资本存量的再估算和分解 [J]. 经济理论与经济管理，2012 (12)：29 - 40.
⑦ 林仁文，杨熠. 中国的资本存量与投资效率 [J]. 数量经济与技术经济研究，2013 (9)：72 - 87.
⑧ 沈利生，乔红芳. 重估中国的资本存量：1952—2012 [J]. 吉林大学社会科学学报，2015 (7)：122 -
133.

年份	张军估算	何枫估算	古明明估算	林仁文估算	沈利生估算	估算平均
1983	16988.37	20375.88	10031.10	11457.56	12586.90	14287.96
1984	18413.34	22149.18	10959.59	12493.85	13762.90	15555.77
1985	20380.84	24205.08	12243.62	13736.59	15171.70	17147.57
1986	21365.07	26471.67	13875.62	15095.46	16728.40	18707.24
1987	24535.98	29072.65	15597.20	16687.50	18554.40	20889.55
1988	26850.46	31904.13	17492.68	18382.46	20528.70	23031.69
1989	29191.42	34352.99	18875.27	19540.52	22062.30	24804.50
1990	31282.65	36913.87	20156.03	20682.66	23613.50	26529.74
1991	33490.47	39849.63	21761.48	22132.56	25505.50	28547.93
1992	36164.78	43413.38	23910.91	24175.81	27702.50	31073.48
1993	39290.53	47809.26	26867.45	26969.05	30704.60	34328.18
1994	43042.01	52980.65	30716.23	30344.35	34184.50	38253.55
1995	46999.36	58861.97	34764.94	34170.67	38195.70	42598.53
1996	51290.68	65361.75	39001.31	38320.26	42618.60	47318.52
1997	56182.12	72254.44	43287.07	42511.90	47090.20	52265.14
1998	62078.76	79841.14	48117.81	47046.57	51994.70	57815.80
1999	68246.32	87967.29	53017.29	51737.80	56967.00	63587.14
2000	74793.35	96861.75	58317.73	56830.95	62427.00	69846.16
2001	82069.71	106858.13	64317.88	62489.42	68556.10	76858.25
2002			71519.63	69232.56	75575.20	72109.13
2003			81278.52	77773.79	84501.70	81184.67
2004			93435.20	87646.07	95044.40	92041.89
2005			109588.21	98633.17	106856.10	105025.83
2006			129669.10	111740.12	120952.40	120787.21
2007			154406.81	126632.56	137113.00	139384.12
2008			185878.74	143400.60	155379.00	161552.78
2009				165742.74	180633.00	173187.87
2010				190280.34	208871.70	199576.02
2011					238781.50	238781.50

年份	张军估算	何枫估算	古明明估算	林仁文估算	沈利生估算	估算平均
2012					272345.90	272345.90
2013						297547.62
2014						323881.20
2015						343914.33

数据来源：除平均值一列，其余数据均来源于张军、何枫、古明明、林仁文、沈利生他们的研究，并以 1978 年为基期进行了相应的调整，具体文献参考本研究的引文注释。平均值一栏数据根据学者的研究计算得出，其中 2013—2015 年的数据是本研究在 2012 年的基础上运用永续盘存法计算得出。

第二，以 2006 年为基期，根据国家的 GDP 平减指数和固定资产价格指数对国家的 GDP 和资本存量 K 和资本形成额 I 进行调整，根据江苏省各地级市的平减指数对各地级市进行调整。然后运用如下公式，估算各地级市 2006—2015 年的资本存量和资本形成额。

$$K_{it} = \frac{GDP_{it}}{GDP_t} \cdot K_t, \quad I_{it} = \frac{GDP_{it}}{GDP_t} \cdot I_t$$

其中，K_{it} 为江苏省各地级市每年的资本存量，I_{it} 为各地级市每年的资本形成额，GDP_{it} 为各地级市每年的地区生产总值；K_t 为国家每年的资本存量，I_t 为国家每年的资本形成额，GDP_t 为国家每年的国内生产总值。

第三，以 2006 年为基期，调整从各地级市的统计年鉴中可查询到的各年资本形成额的数值，然后分别将各地级市的数值与上文估算得到的资本形成额进行对比。从对比的结果来看，两者之间的差距并不大（如表 7 所示）。又因在计量分析中，为消除异方差的影响，经常是对数值取对数后再进行估计，这样两者的差距将会变得更小，从而将更加减小误差对估计的影响。据此，研究认为在数据大量缺失的情况下进行这种估计是相对可行的。

表 7 2013—2015 年江苏省各地级市资本形成额估计值与统计值的对比

单位：亿元

年份\地区	2013		2014		2015	
	估算值	统计值	估算值	统计值	估算值	统计值
南京	2578.80	2476.85	2839.26	2667.34	3103.31	2955.58
无锡	2970.60	3018.11	3214.19	3481.88	3442.40	3444.66

地区 \ 年份	2013		2014		2015	
	估算值	统计值	估算值	统计值	估算值	统计值
徐州	1427.53	1571.07	1577.42	1693.08	1727.27	1607.15
常州	1463.07	1649.28	1610.84	1756.80	1759.03	1738.08
苏州	4396.19	4425.26	4761.07	4953.49	5118.15	4956.08
南通	1710.35	1873.18	1889.94	1993.24	2071.38	2047.73
淮安	648.78	681.93	719.50	683.37	793.60	665.46
盐城	1150.77	1199.51	1276.20	1292.22	1410.20	1292.23
扬州	1071.22	1107.89	1189.06	1305.50	1311.53	1311.24
镇江	996.55	1151.36	1105.17	1140.88	1211.27	1125.58
泰州	981.14	1061.98	1087.10	1078.45	1197.99	1081.26
宿迁	449.06	461.69	497.55	552.19	547.31	540.95
连云港	516.34	493.43	569.01	593.59	630.46	592.14

数据来源：表中数据均以2006年为基期，估计值一栏的数据是根据上文所述的方法整理计算得出，统计值一栏的数据是根据江苏省统计年鉴2014—2016年整理计算得出。因2012年以前的数据缺失和2016年的数据暂时未获得，故本研究只比较了近三年（2014—2016）来的数据。

在获得各地级市资本存量的基础上，根据 C–D 生产函数模型，江苏省各地级市的地区生产总值 GDP 与资本 K、劳动力 L 和技术进步率 TFP 之间的关系可表示为：

$$GDP = TFP \cdot K^{\alpha} L^{\beta}$$

其中，α 表示资本产出份额，β 表示劳动力产出份额，$0 < \alpha < 1$，$0 < \beta < 1$，且 $\alpha + \beta = 1$。

为求得 TFP，通常的做法是方程两边同时取对数，如此则有方程：

$$Ln\,GPD = Ln\,TFP = \alpha Ln K + \beta Ln L$$

又 $\alpha + \beta = 1$，所以方程可进一步改写为：

$$Ln\left(\frac{GDP}{L}\right) = Ln\,TFP + \alpha Ln\left(\frac{K}{L}\right)$$

即有：

$$Ln\,TFP = Ln\left(\frac{GDP}{L}\right) - \alpha Ln\left(\frac{K}{L}\right)$$

由此，技术进步率 TFP 的求解问题就转化为 $\frac{GDP}{L}$，$\frac{K}{L}$，三个数值的确定问题。根据统计资料的数据，在获得各地级市每年的资本存量的基础上，研究运用"索罗残差法"对各地级市的技术进步率进行估算。

我们不妨令 $Y = Ln\left(\dfrac{GDP}{L}\right)$，$X = Ln\left(\dfrac{K}{L}\right)$，根据面板回归的计量分析要求，为避免伪回归或虚假回归的出现，首先对数据进行单位根检验，以确保数据的平稳性和估计的有效性。检验结果显示，在5%的显著水平上 $Y \sim I(1)$，$X \sim I(1)$，即 Y，X 都是一阶单整序列。

在单位根检验通过之后，接着对 Y，X 进行协整检验。通过检验结果可知，在5%的显著水平上 Y 和 X 之间存在着协整关系。

在序列通过平稳性检验和协整检验之后，接着进行模型形式的确定，即在混合模型、固定效应模型、随机效应模型三种模型中确定论文的模型是哪一种形式的模型。经 F 检验和 Hausman 检验之后，确定研究应建立个体固定效应模型，并运用计量分析软件 eviews6.0 得到模型的估计方程：

$$\hat{Y} = -0.8651 + 0.5639X_{it}$$

$$(89.66, \ 0.000)$$

$$R^2 = 0.96, \ \overline{R^2} = 0.97, \ DW = 1.86$$

然后，将得到的 α_i 代入 $LnTFP = Ln\left(\dfrac{GDP}{L}\right) - \alpha Ln\left(\dfrac{K}{L}\right)$，于是得到各地级市每年技术进步率的增长率，并据此得到科技创新对各地级市经济增长的贡献度（如表8所示）。

表8 2006—2015年技术进步对经济增长的贡献度

单位:%

地区＼年份	2006	2007	2008	2009	2010	2011	2012	2013	2014	2015
南京	3.03	4.56	4.19	7.17	4.35	4.78	6.98	4.77	6.07	7.10
无锡	3.79	5.10	6.13	4.48	5.48	6.40	9.13	7.38	8.32	9.09
徐州	-0.73	-0.14	0.47	0.60	1.19	1.86	2.12	2.93	3.74	5.62
常州	2.80	3.89	4.57	3.43	3.87	5.94	4.03	5.40	6.80	5.18
苏州	4.95	8.18	4.29	6.56	6.62	8.45	5.79	6.90	8.68	10.8
南通	0.47	1.93	1.25	2.03	2.94	2.57	3.27	4.11	6.27	4.88

年份 地区	2006	2007	2008	2009	2010	2011	2012	2013	2014	2015
淮安	−2.15	−3.53	−1.24	−1.15	−0.28	−0.09	1.46	2.21	1.97	2.71
盐城	0.20	0.51	1.24	2.19	3.08	2.39	2.15	3.16	2.43	3.20
扬州	1.47	1.15	1.71	3.18	2.02	2.78	4.55	6.74	4.76	5.35
镇江	4.36	3.11	3.88	7.41	3.49	4.31	5.62	4.40	5.70	6.58
泰州	0.35	0.83	1.42	3.84	2.19	2.79	4.11	2.97	3.93	5.33
宿迁	−2.89	−2.85	−3.41	−1.79	−1.70	−1.66	−0.04	0.46	0.91	1.76
连云港	−2.26	−1.94	−2.19	−0.92	−0.77	−0.42	0.87	1.42	1.94	2.81

数据来源：根据计量结果及江苏统计年鉴2006—2016年统计数据计算整理得出。

五、主要结论及提升科技创新推动经济增长的对策建议

（一）主要结论

1. 从全省总体状况上来看，随着创新驱动战略的实施，科技创新在经济发展中所发挥的作用越来越重要，经济发展的动力由要素驱动逐步向创新驱动转变。

2. 从区域分布空间来看，科技创新在经济发展中所发挥的作用的程度存在较大的空间差异。苏南地区的苏州、无锡、南京、常州、镇江具有明显的先发优势，科技创新对经济发展的贡献度显著；而苏北地区的徐州、宿迁、淮安、连云港、盐城，除盐城之外的其他地区虽然在不断进步，且科技创新在区域经济发展中所发挥的作用也越来越大，但相对于苏南地区仍有较大差距；苏中地区的扬州、泰州、南通因靠近苏南和上海，天然地具有接受先发地区的辐射优势，发展情况良好。

（二）提升科技创新推动经济增长的对策建议

1. 优化科技创新制度环境。制度创新和政策环境的优化是促进各类科技资源融合、共享，推动科技和经济发展的关键，合理优化的政策和制度可以推动高校、科研院所和企业的创新活力，支撑江苏经济社会的发展。首

先，加快科技行政管理部门职能转变，提高整合科技资源、组织重大科技活动的能力，推进科技管理体制改革；以公正、公平、公开为基准，促进科技评审和评估制度改革；面向市场的应用研究和试验开发等创新活动，以获得自主知识产权及其对产业竞争力的贡献为评价重点，简化评价指标，促进科技成果评价和奖励制度改革。引导高校、科研院所从以学科专业为基础的研发途径向以市场为导向、以产品为主线的综合研发模式转变，加大成果转化比重，完善职称评价机制。其次，建立科技资源管理协调机制。积极建立政府与高校、科研院所联席会议制度，加强信息交流与沟通协调，促进科技资源整合和产学研结合；整合政府部门资源，进一步理顺相关部门的职责与分工，改革科技资源的管理方式，确定一个主要部门集中管理科技经费，改变科技经费多头管理与分散使用的状况，最大限度地发挥政府科技投入的聚集和引导作用。第三，健全知识产权保护机制。积极建立健全以专利、商标、版权、商业秘密等为主要内容的知识产权体系，大力提高知识产权创造、管理、运用和保护能力；加快建立健全社会化、网络化的知识产权中介服务体系，提供优质知识产权公共服务，促进自主创新成果的知识产权化、商品化、产业化；建立行政保护、司法保护、权利人维护、行业自律、中介机构服务和社会监督共同发挥作用的知识产权保护体系，完善自主知识产权保护和运用的政策措施，建立知识产权预警、监管系统及执法协作、涉外应对和以行业协会为主导的国际知识产权维权援助机制，加大知识产权保护和市场监管力度，有效保护权利人的创新权益。

2. 加快完善科技创新体系。发挥江苏高等院校众多和乡镇企业规模较大的优势，加强产业内部科技创新机构和科技创新能力的建设，形成以企业、科研院所与大专院校为一体的科技创新体系。首先，增强企业作为科技创新主体的责任意识，积极引进国内外大型科研公司来江苏建设科技研发中心，建设具有地区特色和成熟的技术创新机构。其次，增强对科研院所和大专院校等研究机构的科技资源进行整理的力度，发挥科研经费的集聚优势，建设一批具有国际水平的科研机构和实验室，并着力建成全国重点项目的科研基地。第三，积极发挥政府在科技创新建设过程中的引导作用，积极打造先进的中介服务组织和服务平台，建立一整套包括产业技术评估中心、创业发展中心、技术市场预测中心、信息供给中心和科技成果推广机构等的技术服务体系。

3. 建立多元化的科技创新投入体系。要不断增加研究与开发（R&D）经费的投入，提高其占地区生产总值的比重，积极引进一批、着力培养一支高素质的研发人才和研发团队，提高科学研究与新技术开发能力，从而提高生产的质量和效益。特别是苏北地区更应加快步伐，增加研发投入，提高经济发展质量。从 2009—2016 年的 R&D 投入情况来看，苏南地区的南京、无锡、常州、苏州四市的投入不仅绝对数量高，其在地区生产总值中的比重也高于全省的水平；而苏北地区的徐州、淮安、宿迁、盐城、连云港五市不仅绝对数量少，且在地区生产总值中所占的比重也低于全省的水平；苏中地区的扬州、泰州、南通三市虽然投入的绝对数量较低，但其在地区生产总值中的比重较高，基本与全省的水平一致（如图 2 所示）。因此，在未来的发展中，全省仍需继续加大科研投入。

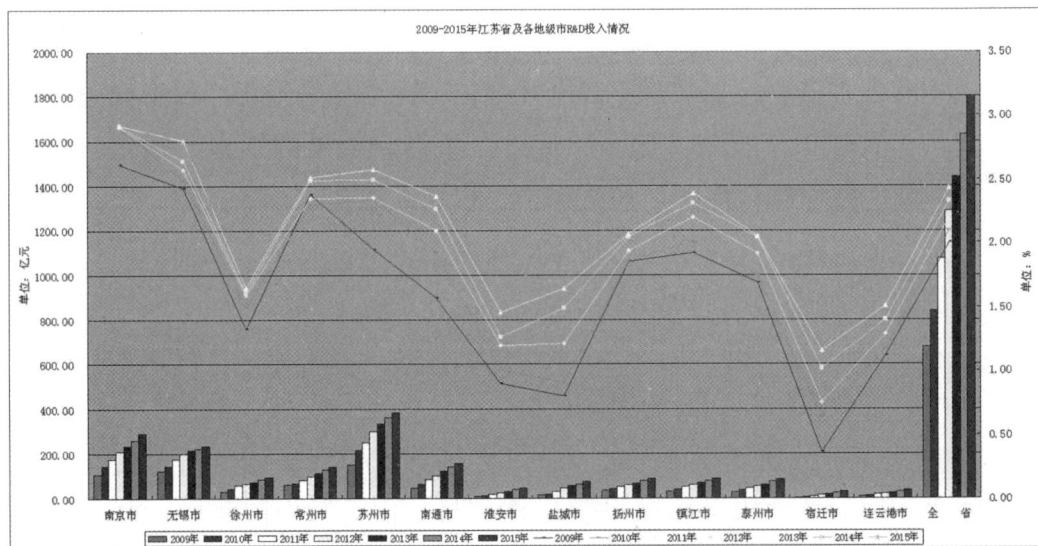

图 2　2009—2015 年江苏省及各地级市 R&D 投入情况

首先，要加大政府创新资金的投入。省财政和市财政应不断增加科技投入，同时适量增加一定数量的专项基金，支持重大的具有自主知识产权的高新技术研究和支持科技型中小企业及民营企业的技术创新。其次，要推动企业成为科技投入的主体。支持和鼓励大型企业集团提取一定数量的资金，集中用于共性、关键性和前沿性重大科技问题的研究和产业化的投入。第三，扩大科技信贷投入。省内和市内金融机构要充分发挥信贷的支持作用，积极探索多种行之有效的途径，提高对科技型企业的信贷服务水平。同时，积极建立风险投资基金，支持创业公司从事技术创新风险较大项目的研究。第四，积极创造条件，吸引国外风险投资公司及各类投资主体来江苏投资兴业，以加大对科技型企业的支持力度，努力实现江苏经济发展由要素驱动向创新驱动转变，从而提高江苏经济发展的质量与效益。

4. 着力培养科技创新人才。首先，积极开发科技创新人才的培养思路，完善科技人才培养机制。政府和企业共同努力建立人才聚集区，通过科技人才政策的机制体制，突破制度上的局限，以达到人才的集聚效应，由此建立全面的吸引人才的开放环境。政府和行业组织在调研企业内部稀缺人才的基础上，成立专门技能人才培训基地，积极培养重点产业急需的科技人才。地方政府、特别是苏北地区的政府应积极制定优厚的政策吸引和鼓励国内外科技人才来本地区从事兼职、顾问以及讲演学术交流活动，打破原有的科技人才管理模式，形成开放式的人才流通模式，推动人才"柔性"流动。其次，积极转变科技人才培养的方式，营造良好的科技创新人才培养环境。一是在物质环境层面上，政府加大投入建设科技创新配套公共设施，增加科技人才培训经费；政策上鼓励人才创新，完善科技人才成长模式，改革人员体制使之更有利于人才发展。二是在文化环境层面，需要政府、企业、社会组织以及广大劳动者共同努力，形成重视科研开发、技术创新人才，崇尚科技改变生产力的科技创新社会氛围。第三，加强专业科技人才队伍建设。发挥高等院校和科研机构的力量和雄厚的人才优势，把科技创新和人才培养有机结合。大力培养科技领域学术、技术人才，使两院院士和获得国家发明奖的科研人员以及在经济、科技、教育等领域的领军人物发挥带头作用，加快高层次、高素质的科技人才队伍的建设。另一方面各产业集群在产业内部培养一支具有专业技能的实用型科技人才队伍。采取多种方式培养年轻的、有潜质的技术人员，如学校进修学习、企业实践交流和出国培训等方式，造就一支专业的实践性强的技术人才队伍。企业应积极建立结构合理、灵活开放、市场和劳动就业紧密结合的职业培训体系，全面提高职工素质；以高等职业技术教育为主导，加速各类中等职业技术教育的发展，培养高级工人和技师队伍；完善和应用职业技术评价标准，严把持证上岗关，强化职业技能考核评比，全面提高产业技术工人的素质。

参考文献

1. ［美］约瑟夫·熊彼特. 经济分析史［M］. 北京：商务印书馆，1991.

2. 张军，章元. 对中国资本存量 K 的再估计［J］，经济研究，2003，（7）.

3. 古明明，张勇. 中国资本存量的再估算和分解［J］. 经济理论与经济管理，2012，（12）.

4. 何枫，陈荣，何林. 我国资本存量的估算及其相关分析［J］，经济学家，2003，（5）.

5. 雷辉. 我国资本存量的测算及投资效率的研究［J］. 经济学家，2009，（6）.

6. 单豪杰. 中国资本存量 K 的再估算：1952—2006［J］. 数量经济与技术经济研究，2008，（10）.

7. 沈利生，乔红芳. 重估中国的资本存量：1952—2012［J］. 吉林大学社会科学学报，2015，（7）.

8. 林仁文，杨熠. 中国的资本存量与投资效率［J］. 数量经济与技术经济研究，2013，（9）.

9. 林谦. 截面相关条件下面板数据协整回归估计方法研究［M］. 成都：西南财经大学出版社，2015.

10. 唐启义. DPS 数据处理系统——实验设计、统计分析及数据挖掘［M］. 北京：科学出版社，2010.

11. 江苏统计年鉴（2007—2017）

法 学

危害食品药品安全犯罪的罪数形态

宋祥林　周小纯　李佳杰[①]

【摘　要】在危害食品药品安全犯罪案件中，行为人除了单纯的生产、销售行为之外，往往还有假冒注册商标、虚假宣传等行为，对此需要从牵连犯的角度予以分析。生产销售伪劣产品罪与危害食品药品安全犯罪的四个主要罪名之间存在法规竞合问题，单一的危害食品药品安全犯罪行为同时还会触犯非法经营、投放危险物质罪等罪名。当危害食品药品安全犯罪的个案在并列的意义上符合法定的数个犯罪构成时，则应依法予以数罪并罚。

【关键词】牵连犯　竞合犯　择重处罚　双重处罚　数罪并罚

司法实践中，由于危害食品药品安全犯罪方式方法的多样性，侵犯法益的复杂性等原因，司法人员往往会面临对所办案件涉及一罪或数罪的认定问题。因此，如何在准确理解危害食品药品安全犯罪涉及的法律规定基础上，正确认定具体案件的罪数形态，对于有效打击此类犯罪，最大化的实现法律效果和社会效果的相统一显得尤为重要。

一、危害食品药品安全犯罪的牵连犯问题

按照刑法理论通说，牵连犯是指行为人为了达到某个犯罪目的而先予实

---

①　作者简介：宋祥林，连云港市人民检察院检察长；周小纯，连云港市人民检察院政治部主任；李佳杰，连云港市人民检察院干部。本文系 2017 年最高人民检察院检察应用理论课题"危害食品药品安全犯罪法律适用问题研究"的部分研究成果，发表于《人民检察》。

施了相关手段行为，且手段行为和目的行为触犯了不同的罪名，但最终应择一重罪论处的情形（手段与目的的牵连犯），或指行为人先实施了某个目的行为，但目的行为造成了某种结果，且目的行为与结果行为都触犯了法定罪名，但最终应择重论处的情形（原因与结果的牵连犯）。

（一）典型的危害食品药品安全犯罪牵连犯情形

危害食品药品安全犯罪的牵连犯情形在司法实践中是比较常见的。根据最高人民法院、最高人民检察院于2014年11月18日公布实施的《关于办理危害药品安全刑事案件适用法律若干问题的解释》第七条第一款的规定可知，违反国家药品管理法律法规，没有取得或者使用伪造、变造的药品经营许可证，非法经营药品，情节严重的，依照非法经营罪定罪处罚。据此可知，如果行为人先伪造、变造、买卖药品经营许可证，后经营质量合格药品，则所形成的便是伪造、变造、买卖国家证件罪与非法经营罪的牵连犯，且属于手段与目的牵连型的牵连犯；如果行为人先伪造、变造、买卖药品经营许可证，后生产、销售假药、劣药，则所形成的便是伪造、变造、买卖国家证件罪与生产、销售假药罪或生产、销售劣药罪的牵连犯，也属于手段与目的牵连型的牵连犯。对于因危害食品药品安全犯罪而引发的牵连犯的个案，一般情况下应当按照法律规定的生产、销售不符合安全标准的食品罪或生产、销售有毒、有害食品罪或生产、销售劣药罪或生产、销售假药罪来定罪量刑，但同时应将手段行为触犯伪造国家机关公文、证件、印章罪作为酌定从重情节对待，即在目的行为所对应罪名的法定刑幅度内酌情从重处罚，从而体现罪责刑相适应原则和刑罚个别化原则。

（二）非典型的危害食品药品安全犯罪牵连犯情形

一是貌似牵连犯而实非牵连犯的情形。从最高人民法院、最高人民检察院于2002年8月16日公布实施的《关于办理非法生产、销售、使用禁止在饲料和动物饮用水中使用的药品等刑事案件具体使用法律若干问题的解释》第二条的规定可知，当行为人非法使用法律法规禁止在饲料或动物饮用水中使用的药品用于商业性饲养活动的，应依据我国刑法第二百二十五条的规定以非法经营罪对该行为追究刑事责任。同时，根据最高人民检察院、公安部于2008年6月25日公布实施的《关于公安机关管辖的刑事案件追诉标准的规定（一）》可知，对于在养殖供人食用的动物过程中，非法使用盐酸克仑特罗（"瘦肉精"）等明确禁止用于饲料和动物饮用水的药品以及含有此类药品的饲料的行为，应当以生产、销售有毒、有害食品罪予以立案追诉。那么，对于在商业性饲养活动过程中非法使用了上述禁止使用药品的行为，既能构成非法经营罪，又能构成生产有毒、有害食品罪时应如何处理？笔者认为，现有司法解释或规定将前述行为以法规竞合犯论处是可取的。因为，商业饲养活动本身并不违法，只是在饲养过程中非法使用了法律禁止使用的药品，该饲养行为才与非法使用禁用的药品行为而被一起认定为非法生产行为，因此在这个过程中所谓的手段行为与目的行为的牵连情形并不存在。

二是貌似牵连犯而实为牵连犯的情形。从司法实践来看，在危害食品药品安全犯罪的个案中，往往还会涉及虚假广告罪或假冒注册商标罪等。针对行为人为了更好地生产、销售伪劣商品而在生产、销售伪劣商品过程中假冒已有注册商标的行为，实践中有几种不同观点：一种观点认为上述行为系两个独立的犯罪，应该数罪并罚；另一种观点认为假冒注册商标的行为既可以用于合格商品上，也可以用于伪劣商品上，因此行为人在生产、销售伪劣商品过程中假冒他人注册商标的，应当按照法规竞合犯来择一重罪处罚;[①] 还有一种观点认为，这种行为属于想象竞合犯，应从一重罪予以处罚。[②] 刑法第一百四十一条至第一百四十四条规定的危害食品药品安全犯罪的四个具体罪名，在广义上都属于生产、销售伪劣商品罪，故前述罪数形态问题便完全有可能形成于危害食品药品安全犯罪的司法实践中。危害食品药品安全犯罪的个案司法很可能涉及危害食品药品安全犯罪的某一具体罪名与假冒注册商标罪或虚假广告罪的关系问题。对此，首先要解决的问题是：作为讨论对象的事件是否属于一个行为。显然，当行为人在生产、销售伪劣商品过程中采取假冒注册商标或虚假广告行为时，生产、销售伪劣商品的行为已经存在。可见，在上述讨论对象的事件中存在两个行为，即生产、销售伪劣商品和使用假冒注册商标或者实施虚假广告。对此，在上述事件罪数形态问题的认定上可以明确排除法条竞合犯和想象竞合犯，要么按照数罪并罚来认定，要么按照牵连犯来处置。但由于两个行为之间具有手段和目的的关系，故最终按牵连犯处置为宜。

---

① 高铭暄、马克昌主编：《刑法学》，北京大学出版社、高等教育出版社 2011 年版，第 442 页。
② 张明楷：《刑法学》，法律出版社 2011 年版，第 731—732 页。

二、危害食品药品安全犯罪的竞合犯问题

竞合犯是指两个以上的具体罪名的犯罪构成要件同时适用于同一犯罪事实，其基本特征是同一犯罪中的部分或者全部事实要素被数个刑法规范重复评价。具体来说，当一个行为触犯的两个以上法条之间存在罪名从属或者交叉的逻辑关系时，是法条竞合；不存在上述逻辑关系的，则是想象竞合。①在本文中，笔者主要对危害食品药品安全犯罪竞合犯的类型和法律适用问题进行论述。

（一）危害食品药品安全犯罪竞合犯的主要类型

一是危害食品药品安全犯罪的法规竞合犯。刑法规定的危害食品药品安全犯罪的四个具体罪名与生产、销售伪劣产品罪之间是法规竞合关系，即危害食品药品安全犯罪所包含的具体罪名不过是"生产、销售伪劣产品罪"的特殊表现而已。因此，对于在现行刑法第三章第一节所形成的法规竞合犯，自然是择一重罪处罚，通常是特别法优于普通法。从司法实践来看，也会存在以下的个案情形：行为人虽然实施了生产、销售有毒、有害食品的行为，但其生产、销售的食品并没有达到有毒、有害的程度，只是不符合食品安全标准。对于这样的个案只能按照生产、销售不符合安全标准的食品罪予以定罪量刑，即在法规竞合的关系之中"由特殊返回一般"。应当注意的是，不仅刑法规定的生产、销售不符合安全标准的食品罪和生产、销售有毒、有害食品罪与生产、销售伪劣产品罪是法规竞合关系，而且生产、销售不符合安全标准的食品罪和生产、销售有毒、有害食品罪之间也是法规竞合关系，因为有毒、有害食品属于广义上的不符合安全标准的食品。此外，在司法实践中还会遇到这样的个案情形：行为人实施了生产、销售不符合食品安全标准的食品行为，但是其及后果只能造成一般食物中毒事故或其他一般食源性疾病。对于此类案件，实践中可以按照生产、销售伪劣产品罪予以处置，即同样是法规竞合关系中的"由特殊返回一般"。如被告人闫某乙作为被告单位

---

① 参见陈兴良、周光权：《刑法学的现代开展》，中国人民大学出版社 2006 年版，第 383 页。

安阳市鑫德利肉制品有限公司负责人，安排员工给该公司338头生猪注水。后该批生猪经检验检疫为不合格，且经物价评估公司评估该批活体商品猪案发时市场价值总计人民币503620元。法院经判决认为，被告单位安阳鑫德利肉制品有限公司在被告人闫某乙的直接负责下，对屠宰前的生猪活体进行注水，生产注水猪肉，以次充好，其行为已构成生产、销售伪劣产品罪，且系犯罪未遂。①

二是危害食品安全犯罪的想象竞合犯。想象竞合一般也被称为观念的竞合，是指行为人基于一种犯罪意图，实施了一个犯罪行为，而实际上触犯了两个以上罪名的情形。有学者提出，当行为人实施生产、销售有毒、有害食品的行为时，其同时也触犯了投放危险物质罪，此种情形属于想象竞合犯，应当从一重罪处置。②这说明危害食品安全犯罪的想象竞合犯问题是存在的。但这里学者所针对的是，行为人原本是出于投放危险物质来危害公共安全的目的而实施的生产、销售有毒、有害食品行为。在现行刑法中，生产、销售有毒、有害食品罪与投放危险物质罪并不属于刑法分则的同一章节，并且二者在犯罪构成上也难以形成交叉，因此对此类情形应当以想象竞合犯来处置。同样的，对于实践中存在的一种争议，即对于具体的危害食品药品安全犯罪，如生产、销售有毒、有害食品罪，生产、销售假药罪等，因其危害对象的不特定性，且均可能引发大型公共危机事件，从而同时构成以危险方法危害公共安全罪，亦属于想象竞合犯。对此，笔者认为同样应以行为人是否具备以生产、销售伪劣食品药品的方式来危害公共安全的目的来考量，当行为人不具备这种目的时便不构成以危险方法危害公共安全罪的想象竞合犯。

（二）危害食品药品安全犯罪竞合犯的法律适用

竞合犯的问题也完全有可能形成于危害药品安全犯罪的个案中。有学者认为，在行为人对假药与劣药发生认识错误的情况下，应在重合的范围内认定为生产、销售劣药罪③。这里应注意的是，不仅刑法第一百四十一条所规定的生产、销售假药罪与第一百四十二条所规定的生产、销售劣药罪与第一百四十条所规定的生产、销售伪劣产品罪之间是法规竞合犯的关系，而且第

① 参见：《〔2016〕豫0526刑初674号刑事判决书》。
② 张明楷：《刑法学》，法律出版社2016年版，第745页。
③ 张明楷：《刑法学》，法律出版社2016年版，第742页。

一百四十一条所规定的生产、销售假药罪与第一百四十二条所规定的生产、销售劣药罪之间也是法规竞合犯的关系，因为假药属于广义上的劣药，在"重合的范围内"即在"劣药"上认定犯罪，实质上也是在法规竞合的关系之中"由特殊返回一般"。

但在危害食品药品安全犯罪的法规竞合犯的最终处置中，也会发生"特别法优于普通法"的例外，即最终按照普通法的规定予以定罪量刑，亦即按照"重法优于轻法"来追究刑事责任，这也是前文所说的对于在现行刑法第三章第一节所形成的法规竞合犯"通常"是"特别法优于普通法"。但在适用"重法优于轻法"时也要防止在刑罚轻重比较上发生错误判断。以危害药品安全犯罪为例。按照刑法第一百四十一条的规定，对生产、销售假药的行为，按照不同后果和情节，分别作出了处三年以下有期徒刑或者拘役、处三年以上十年以下有期徒刑、处十年以上有期徒刑、无期徒刑或者死刑三个不同层次的量刑区间，同时处以相应的财产刑。在 2014 年 11 月 18 日最高人民法院、最高人民检察院公布实施的《关于办理危害药品安全刑事案件适用法律若干问题的解释》第三条中，从四个方面对刑法第一百十一条规定的生产、销售假药行为的"其他严重情节"作出了明确规定；《解释》第四条则从八个方面对生产、销售假药的"其他特别严重情节"予以了细化。而在刑法第一百四十条关于生产、销售伪劣产品罪的规定中，则按照销售金额的不断提高，逐次提高了相应的量刑幅度。这里需要注意的是，在 2014 年 11 月 18 日《关于办理危害药品安全刑事案件适用法律若干问题的解释》公布实施之前，最高人民法院、最高人民检察院《关于办理生产、销售假药、劣药刑事案件具体应用法律若干问题的解释》并没有对生产、销售假药罪的销售金额作出规定，这就使得在 2014 年 11 月 18 日之前，当行为人因生产、销售假药的销售金额超过一定数额时会适用生产、销售伪劣产品罪来定罪处罚。如被告人杨甲实施生产、销售假药行为，且销售金额 829919.00 元。法院经判决认为，其行为构成生产、销售假药罪和生产、销售伪劣产品罪。因销售金额在 50 万元以上，生产、销售伪劣产品罪的刑罚高于生产、销售假药罪，故对杨甲应以生产、销售伪劣产品罪定罪处罚[①]。而在 2014 年 11 月 18 日两高公布实施的《关于办理危害药品安全刑事案件适用法律若干问题

---

① 参见：《〔2014〕友刑初字第 12 号刑事判决书》。

的解释》中，明确将生产、销售假药的销售金额纳入刑法第一百四十一条规定的"其他严重情节"和"其他特别严重情节"中。这样一来，就使得在现有法律规定中，对生产、销售假药罪的刑档逐次高于生产、销售伪劣产品罪，类似被告人杨甲的行为将直接以生产、销售假药罪予以处置。

前文所述的牵连犯和竞合犯均是危害食品药品安全犯罪的一罪问题。需要注意的是，有关司法解释所涉及的一罪形态并非是单一的，而是综合了法规竞合犯、想象竞合犯和牵连犯。具体来看，根据最高人民法院、最高人民检察院《关于办理危害食品安全刑事案件适用法律若干问题的解释》第十三条的规定可知，行为人在构成生产、销售不符合安全标准的食品罪或生产、销售有毒、有害食品罪同时，又构成其他犯罪的，应依照处罚较重的罪名来定罪量刑。上述《解释》还特别指出，行为人实施的危害食品安全行为虽然不构成生产、销售不符合安全标准的食品罪，但是构成生产、销售伪劣产品罪的，依照其他相关犯罪定罪处罚。此处，若是在现行刑法第三章第一节之内，所谓"构成其他犯罪"只能是指构成生产、销售伪劣产品罪。此时，所形成的罪数形态属于法规竞合犯，应依据特别法优于普通法或重法优于轻法的原则来定罪量刑；若是在现行刑法第三章第一节之外，所谓"构成其他犯罪"，则形成的罪数形态便可能是想象竞合犯，也可能是牵连犯，最终应按"双重处罚"的原则予以究责。同样的，在最高人民法院、最高人民检察院《关于办理危害药品安全刑事案件适用法律若干问题的解释》第十条中也作出了类似规定，即当行为人触犯了危害药品安全犯罪的具体罪名时，其行为又触犯了生产、销售伪劣产品罪、侵犯知识产权罪、非法经营罪、非法行医罪、非法采供血罪等其他具体罪名的，应当依据处罚较重的相关规定予以处罚。若将前述规定作分解式理解，则实施生产、销售假药、劣药犯罪与生产、销售伪劣产品犯罪之间将形成法规竞合犯，实施生产、销售假药、劣药犯罪和非法经营犯罪之间将形成想象竞合犯，实施生产、销售假药、劣药犯罪与非法行医、非法采供血等犯罪之间将形成牵连犯。

由上可知，法律在对危害食品药品安全犯罪的牵连犯、想象竞合犯和法规竞合犯的处置上分别适用"双重处罚"和"择重处罚"。所谓"双重处罚"，就是在个案行为所触犯的数个罪名中选取较重或最重的罪名予以定罪，且将个案行为触犯其他罪名作为较重或最重罪名的酌定从重处罚情节，这主要适用于牵连犯和想象竞合犯，因为牵连犯和想象竞合犯所侵犯之法益往往具有多样性。而"择重处罚"就是在个案行为所触犯的数个罪名中选取较重或最重的罪名予以定罪量刑,这主要适用于法规竞合犯,因为法规竞合犯所侵犯之法益通常单一即"一般之中的特殊而已"。其中,对危害食品药品安全犯罪的牵连犯、想象竞合犯予以"双重处罚",主要是本着罪责刑相适应原则来充分发挥对危害食品药品安全犯罪的预防作用。

三、危害食品药品安全犯罪的数罪问题

危害食品药品安全犯罪的数罪问题所讨论的是危害食品药品安全犯罪的个案在并列的意义上符合法定的数个犯罪构成而应予数罪并罚的情形。这里之所以强调"在并列的意义上",是因为如果个案不是"在并列的意义上"符合法定的数个犯罪构成,则其将引起前文所讨论的牵连犯等问题,而在牵连犯等情形中,个案所触犯的罪名行为之间存在着包含或派生等非属"并列"的关系。

危害食品药品安全行为构成数罪,即应予以数罪并罚的情形在实践中是完全可能存在的。如行为人在实施生产、销售伪劣食品过程中,其行为既构成生产、销售不符合安全标准的食品罪,又构成生产、销售有毒、有害食品罪,或如行为人既生产、销售伪劣药品,既构成生产、销售劣药罪,又构成生产、销售假药罪,又如行为人不仅生产、销售不符合安全标准的食品和有毒、有害食品,同时又生产、销售假药或劣药等。而在法律将运输、储存增设为危害食品药品安全犯罪的行为类型之后,行为人既运输、储存不符合安全标准的食品或有毒、有害食品,又运输、储存劣药或假药的。应当注意的是,构成数罪并罚的危害食品药品安全的个案可以是形成于"一个行为"或"一次性行为"即"一次作案",如在法律增设运输、储存这两种犯罪行为类型后,行为人将不符合安全标准的食品和有毒、有害食品装在一起非法运输,或如行为人将不符合安全标准的食品或有毒、有害食品与劣药或假药放在一起非法储存。如被告人闫冬冬伙同他人生产"挺身而粗""植物伟哥""袋鼠精"等 10 种产品,经安徽省食品药品监督管理局认定为"假药";其同时生产的"睾丸酮"和"阿根挺虫草胶囊"保健品被认定为有毒、有害

食品。① 这种"一个行为"或"一次性行为"在并列的意义上同时触犯数个罪名而应予以数罪并罚的现象，可称之为"一揽子行为"。对于危害食品药品安全犯罪的"一揽子行为"，司法实践中不可选取整个犯罪事实的主要部分来定罪量刑，而将非主要部分作为主要部分所对应罪名的酌定从重情节，因为这种做法贪图"便宜行事"，却违背了罪刑法定原则和罪责刑相适应原则，从而不利于危害食品药品安全犯罪的预防。

在危害食品药品安全犯罪的个案构成数罪并罚之中，还有这样一种特殊情形，即作为食品药品监管部门的工作人员，不仅利用职权包庇相关危害食品药品安全犯罪行为，而且还直接参与实施具体的危害食品药品安全犯罪行为，对此，应当对该监管人员以食品药品监管渎职罪和其直接参与实施的危害食品安全犯罪予以数罪并罚。也就是说，作为食品药品监管部门的工作人员，其利用职权实施的包庇危害食品药品安全犯罪的行为不是对危害食品药品安全犯罪的帮助行为，同样其直接参与实施的危害食品药品安全犯罪行为也不能被其实施的食品药品监管渎职犯罪行为所吸收，而是应在其行为同时独立符合数个犯罪构成的意义上来审视问题，即应按照数罪并罚对待。

参考文献

1. 王治国：《全面稳步开展检察机关提起公益诉讼工作更好加强公益保护促进依法行政严格执法》，载《检察日报》，2017 年 7 月 19 日。

2. 吴卫星：《论我国环境保证金制度及其合法性问题》，载《河海大学学报（哲学社会科学版）》，2014 年第 2 期。

3. 李俊红：《建立我国环境责任强制保险的必要性与可行性分析》，载《法制与社会》，2006 年第 20 期。

---

① 参见：《〔2015〕埇刑初字第 00374 号刑事判决书》。

检察机关诉前主导机制研究

董月明　任进强　司西霞[①]

【摘　要】"以审判为中心"诉讼制度改革过程中，检察机关受到来自审判机关"以审判为中心"和侦查机关"以侦查为中心"的双面夹击。公检法三机关均具有保证法律正确实施的职责，检察机关作为刑事诉讼的中间环节，必须要和侦查机关之间构建新型的诉侦关系以适应"以审判为中心"的需求，建立检察机关诉前主导机制可以有效地促进解决这个问题。检察机关通过进一步强化引导取证、诉讼监督和诉前证据、案件过滤，构建引导、监督和过滤的新型诉侦关系，形成"大控方"格局，促进有效指控犯罪和预防冤假错案，提高检察公信力。

【关键词】侦诉诉讼关系　诉前主导　引导　监督　过滤

党的十八届四中全会通过的《中共中央关于全面推进依法治国若干重大问题的决定》提出要"推进以审判为中心的诉讼制度改革，确保侦查、审查起诉的案件事实证据经得起法律的检验。全面贯彻证据裁判规则，严格依法收集、固定、保存、审查、运用证据，完善证人、鉴定人出庭质证，保证庭审在查明事实、认定证据、保护诉权、公正裁判中发挥决定性的作用"。[②]"以审判为中心"诉讼制度改革推行后，审判机关适用证据规则日趋严格化、庭审渐趋实质化，对公诉案件质量产生了倒逼作用。但在实践中侦查机关"以侦查为中心"的办案思维仍然根深蒂固，部分案件的侦查质量难以适应"以审判为中心"的要求，导致作为刑事诉讼中间环节的检察机关受到来自

---

① 作者简介：董月明，江苏省连云港市人民检察院副检察长；任进强，江苏省连云港市人民检察院公诉处处长；司西霞，江苏省连云港市人民检察院公诉处副处长。

② 习近平：《关于〈中共中央关于全面推进依法治国若干重大问题的决定〉的说明》，人民出版社2014年版，第23页。

审、侦的双面夹击。此种形势倒逼检察机关和侦查机关之间必须要构建一种新型的诉侦关系来应对"以审判为中心"诉讼制度改革的需求。笔者认为建立检察机关诉前主导机制比较符合实际情况并能满足现实需求。

一、诉前主导机制概述

（一）诉前主导机制的司法背景

当前理论界和实务界对如何建立检察机关诉前主导机制没有定论，但对检察机关应当在诉前程序或审前程序中发挥主导作用已成共识。中国政法大学卞建林教授主张检察机关能否发挥诉前主导和审前过滤作用，是探讨以审判为中心的诉讼制度改革的关键。[①] 2016 年 10 月最高人民法院、最高人民检察院、公安部、国家安全部、司法部联合下发的《关于推进以审判为中心的刑事诉讼制度改革的意见》和 2017 年 2 月最高人民法院出台的《关于全面推进以审判为中心的刑事诉讼制度改革的实施意见》中均对检察机关应当发挥诉前主导和审前过滤作用予以体现。司法实践中，审判机关将检察机关和侦查机关作为指控犯罪的"大控方"予以对待。近年来，最高人民检察院也一直倡导各级检察机关要充分发挥诉前主导和审前过滤作用，确保有效指控犯罪和充分保障人权，近几年的最高人民检察院年度工作报告中均有检察机关主导诉前程序或审前程序的表达。[②]

上述可见，检察机关主导诉前程序事实上已经进入刑事诉讼改革的视野。检察机关在提起公诉前，通过引导侦查取证、强化诉讼监督和严格证据、案件过滤等功能，进一步密切诉侦关系，形成追诉犯罪和保障人权合力，以适应"以审判为中心"刑事诉讼制度改革的需求，并确保案件质量和

---

① 参见卞建林教授于 2016 年 11 月 29 日在最高人民检察院检察理论研究所举办的"检察改革与检察工作创新"研讨会的发言："公诉部门能否发挥诉前主导和审前过滤作用，是探讨以审判为中心的诉讼制度改革的关键。"

② 参见《最高人民检察院 2016 年工作报告》，其中提到 2016 年"检察机关将推进以审判为中心的诉讼制度改革，全面贯彻证据裁判规则，充分发挥审前主导和过滤作用，健全听取辩护律师意见机制，防止案件'带病'起诉，确保侦查、起诉的案件事实清楚、证据确实充分"。参见《最高人民检察院 2017 年工作报告》，其中提到 2017 年"检察机关充分发挥审前主导和过滤作用，探索建立重大疑难案件侦查机关听取检察机关意见和建议制度，对侦查机关不应当立案而立案的，督促撤案 10661 件。全面贯彻证据裁判规则，对不构成犯罪或证据不足的，不批准逮捕 132081 人、不起诉 26670 人……"

指控犯罪的顺利进行。

（二）诉前主导机制与检警一体化的异同

诉前主导机制所涉关键问题实为检警关系问题。纵观世界各国的刑事诉讼制度，在检警关系的设置上主要存在两种模式：一是检警合一模式；二是检警分立模式。大陆法系国家主要采取检警合一模式，而英美法系国家多实行检警分立模式，两种模式各有其特点。[①] 检警合一模式强调检察机关是法定的侦查机关、形式上的侦查主体，集侦查职能与控诉职能于一身。警察机关是帮助检察机关行使侦查权而设的"辅助机关"，在侦查过程中要接受检察机关的指挥、命令。[②] 可见，检警合一模式下侦查人员全程在检察官的指挥、命令下开展侦查工作，其自身不具有独立的侦查权。

我国目前没有建立起检警合一的检察指挥侦查模式，笔者所探索的检察机关诉前主导机制也未突破现有体制框架，不同于检警一体化模式。建立检察机关诉前主导机制并不仅是立足检察本位，更是立足于整个刑事诉讼程序本位，以解决构建一种满足刑事诉讼规律的新型诉侦关系的现实需求为根本目的。诉前主导不是检察强行干预侦查，也非检察领导、指挥侦查，而是检察机关通过对现有法律法规框架内一系列制度的有效执行或是建立相关的新制度，在尊重侦查机关的专业化分工、不影响侦查机关专业侦查优势发挥的前提下，利用检察机关自身的法律专业优势，对侦查取证活动进行引导和监督，对程序进行净化，对证据和案件进行过滤，通过正面规范引导和反面刚性规制两种手段，促进侦查机关侦查思维和办案理念的自行转变，以适应"以审判为中心"的需求。

（三）诉前主导机制与以往实践做法的异同

我国现行检警关系模式属于检警分立模式，但又不完全等同于英美法系检辩对抗模式下密切合作程度较高的检警关系。[③] 我国《宪法》和《刑事诉讼法》规定的检警之间是平行关系，组织机构各自独立，刑事诉讼中"分工

---

① 宋维彬：《论我国检警关系之改革：兼评新刑事诉讼法对检警关系之修改》，载《刑事法评论》2014 年 1 期。

② 参见万毅：《侦诉一体化：我国检警关系之重塑》，载《新疆大学学报（社会科学版）》2003 年第 3 期。

③ 参见宋维彬：《论我国检警关系之改革：兼评新刑事诉讼法对检警关系之修改》，载《刑事法评论》2014 年 1 期。

负责、互相配合、互相制约"。实践中，中国社会的现实情况导致公安机关权力过大，检察机关对侦查机关主要采取"引导侦查"等正向引导或配合措施，一些刚性的监督措施或者严格的证据、案件过滤手段运用不足，二者之间明显配合有余但制约不足，侦诉关系存在诸多问题，如：侦查机关未受到来自审判机关的直接压力兼之检察机关传递的压力不足，导致"以侦查为中心"的办案思维仍未转变，重打击轻保护、重实体轻程序、有罪推定等错误司法理念仍运用在执法办案中，与"以审判为中心"刑事诉讼制度改革的要求相悖；侦查机关执法不规范、取证不到位，检察机关又未能及时发挥好引导作用，导致案件从侦查源头上存在质量问题；检察机关对侦查活动监督不力，无法发挥出通过诉讼监督促进侦查活动质量提高的作用；检察机关未能有效运用好法律赋予的非法证据排除、羁押必要性审查、不起诉等多项诉前过滤机制，对证据和案件诉前过滤不严，进而在保障人权、防止案件"带病"起诉等方面发挥作用不足。

诉前主导机制不同于检察机关上述以往采用的"引导侦查"等做法，其不仅仅有正面引导侦查的手段，也有强化诉讼监督和诉前证据、案件过滤的反面规制手段。具体设想是：在互相配合、互相监督制约的原则下，一方面检察机关加大引导侦查力度，通过各种侦查规范指引活动，帮助侦查机关按照"以审判为中心"的要求依法规范侦查活动；另一方面检察机关通过纠正侦查违法、控制刑事强制措施、过滤证据和案件等措施，刚性监督侦查取证活动，倒逼案件侦查取证质量的提高。充分运用法律规定的合法有效手段加强对侦查活动的反面刚性规制，是诉前主导机制区别于以往司法实践的一大特点。

二、建立诉前主导机制的必要性分析

（一）有利于构建符合刑事诉讼规律的诉侦诉讼关系

检察机关的审查起诉职能上承侦查、下启审判，承担着追诉犯罪和诉讼监督的双重职责，承载着打击犯罪和保障人权的双重使命，在刑事诉讼中的地位作用非常重要。我国《刑事诉讼法》规定"分工负责，互相配合，互相制约"是侦、诉、审三者之间关系的定位。但在实践中侦查机关和审判机关之间几乎不存在直接联系，无法直接互相制约，公、检之间配合制约以及二者作为控诉的整体和法院间的配合制约才是侦、诉、审配合制约的实质形式，"以审判为中心"刑事诉讼制度改革要求将诉前程序视为一个整体，侦查和公诉共同承担追诉职能，侦查作为起诉的准备程序，服从并服务于起诉工作，并不违背法律规定。在侦诉关系中，互相配合制约确立的是其内部关系，该关系应服务于"保证法律正确实施"这一根本目的。另外，检察机关的法律监督职能也决定了其在刑事诉讼中的地位是中立的，其不仅要打击犯罪，还要保障人权。比较而言，公诉机关以其专业素养和法律经验组织并完善证据体系，在保障人权的同时最终确定控诉的内容和证据，以尽可能完整的指控体系将证据呈现在法庭之上，出席法庭，接受关于证据和观点的质疑并进行答辩，其与审判者直接发生联系，更加熟悉证据原则和裁判程序，更有机会让审判者接受控诉观点；侦查机关擅长的是将犯罪事实和涉案当事人相对应的过程，通过快速反应并依法使用强制力，在有限的时间内收集、固定证据，使其成为刑事诉讼的基础，其本质上是一个有罪推定的过程，这种思维方式并不适合审判过程中的无罪推定原则。因此，以公诉机关为主导进行证据取舍，无疑更有利于保障人权和控诉的成功；且在诉前程序中，凸显审查起诉职能的主导地位，重新构建符合刑事诉讼规律的侦诉诉讼关系，有助于推动刑事诉讼构造从"以侦查为中心"向"以审判为中心"的顺利转变。

（二）有利于推进"以审判为中心"刑事诉讼制度的改革

诉前主导机制的理论基础和内在动力缘于"以审判为中心"的刑事诉讼制度改革。"以审判为中心"落实到具体案件中，核心便是全面贯彻证据裁判规则。证据是整个指控体系的核心，若欲其充分发挥出证明案件事实的作用，则必须要保证取证的及时性、合法性和完整性，应严格依法收集、固定、保存和审查、运用证据，确保证据经得起法律的检验。虽然我国现行法律法规及相关司法解释对证据的收集固定和保存已有明确规定，但实践中因取证不及时错失取证良机致使证据后续难以取得或者取证不合法、不到位、程序不规范等现象大量存在，侦查机关关注能否破案多于证据的收集、固定，一旦破案后取证和固证力度都会大大降低，造成一些案件"带病"移送审查起诉，难以顺利指控。建立诉前主导机制，不仅可以保障案件侦查活动及时依法有效开展，从源头上保证案件质量，而且可以通过公诉部门发挥出诉前对侦查取证的主导作用，进一步加强诉、侦协作配合和监督制约，逐步转变侦查机关的司法理念，将其办案思维从查明案件事实转变到证明案件事实，将办案模式从以口供为中心转变到以客观性证据为中心，逐步树立起围绕"以审判为中心"的标准进行侦查取证的证据意识。

三、诉前主导机制的构建路径

（一）建立相对明确的类案证据标准引导侦查

我国《刑事诉讼法》对侦查终结、提起公诉、判决的证据标准都要求必须达到"证据确实、充分"的程度。公诉机关基本按照法院的判决标准来把握提起公诉的标准，也必然希望侦查机关提供和诉、审标准一致的证据体系，"以审判为中心"将侦诉视作审前程序统一体也再次强调公诉机关以公诉的证据标准要求侦查是妥当的也是符合刑事诉讼规律要求的。但在实践中，侦查主体多样化、侦查水平差异化、案件出口不统一等因素导致案件侦查终结的证据标准良莠不齐。实践中侦诉关系涉及的绝大多数问题和分歧也集中在证据标准上，如能建立较为详细的类案证据标准来引导侦查，检察机关的主导作用将会更容易深入到侦查活动中。诚然从千差万别的个案中提炼出具有共性的证据标准极其不易，但仍可尝试就实践中的常见罪名和常见问题进行归类总结，供侦查机关参考。

（二）提前介入引导侦查

有效的提前介入活动可将证据裁判原则通过个案贯彻于侦查阶段。首先，提前介入应更注重对重大、疑难、复杂案件的主动、及时介入，一方面要对侦查活动的合法性进行引导和监督，引导侦查人员严格依法侦查、取证，同时对不适格的证据及时进行过滤，排除非法证据，补强瑕疵证据；另一方面在确定犯罪嫌疑人之后以庭审的标准引导侦查机关全面取证，避免由于侦查人员在犯罪嫌疑人作出有罪供述后忽略旁证和间接证据的取得，导致案件移送审查起诉后再要求其补充证据时错过最佳取证时机从而使证据灭失等情况的发生。其次，提前介入应更突出对侦查取证方向和具体取证行为的引导。"以审判为中心"要求侦查模式由"由供到证"转变为"由证到供"，检察机关应引导侦查机关弱化口供在案件侦查中的作用，强化对实物证据的调查、收集和运用，以言辞证据为辅，以对物证、书证、DNA 鉴定、指纹鉴定等客观性证据的收集为主。提前介入必须落实对侦查机关的具体引导取证工作，根据犯罪构成和定罪标准，提出明确的取证方向，列明具体的调取证据范围，但需注意只能通过对案件证据的补充和完善提出建议来主导侦查和取证行为，不能越权对案件如何处置作出轻率承诺或决定性表态。

（三）通过强化侦查监督职能和捕诉一体化理念主导侦查

检察机关的审查逮捕职能对侦查取证活动可起到较强的制约作用，且因其诉讼阶段的前置性，对规制侦查取证活动也能起到较好效果。探索建立健全重大疑难复杂案件侦查侦监公诉会商、侦监公诉信息共享、公诉派员列席侦监疑难案件讨论、对捕后补充侦查事项跟踪监督等制度，从案件批捕环节抓起，引导侦查机关注重取证质量。侦查监督部门应严格审查案件是否符合逮捕的证据标准，对不符合证据标准的报捕案件依法坚决不予以逮捕，并以案件庭审的证据标准列出详细的补充侦查提纲，引导侦查机关继续侦查取证。对符合逮捕条件、予以逮捕的案件，也应根据案件庭审的证据标准列出详细的补充侦查提纲来引导后续的侦查取证工作。实践中，大量存在犯罪嫌疑人被逮捕之后侦查机关便"放心了"而怠于补证直接移送审查起诉的现象，对此，检察机关在受理曾报捕的案件时，要审核侦查机关是否对侦监部门的补充侦查意见进行了落实，如果没有进行任何调查或者主要内容调查不到位的，则可要求侦查到位后再行移送审查起诉。

（四）通过侦查合法性审查制度和证据过滤制度主导侦查活动

对侦查合法性的审查是检察机关行使法律监督权的首要之义。检察机关应充分运用检察职能对侦查活动是否合法进行即时有效的监督，强调证据来源的合法性、程序的正当性，及时纠正侦查违法活动；发现有应立案而未立案或者不应立案而立案的情况，及时由侦查监督部门启动立案监督程序；发现侦查人员有刑讯逼供、贪污贿赂、渎职侵权等职务犯罪行为，及时将线索移送监察委处理。通过对侦查违法不当行为及时纠正来规制侦查行为的合法性和有效性。诉前证据过滤是倒逼后续案件侦查取证活动质量的一种有效手段。公诉机关在审查起诉过程中对证据能力严格审查，以庭审标准适用公诉证明标准，对不适格的证据依法予以排除或者督促补强可以倒逼取证的合法规范性。

（五）通过补充侦查制度强化诉前主导侦查

补充侦查制度是提升案件质量和案中规制侦查取证活动的有力手段，也是检察机关主导诉前程序的关键环节。检察机关应当充分运用好补充侦查权，在补充侦查环节将检察机关主导侦查取证的作用发挥到最大。审查起诉期间，公诉人应及时对案件进行审查，并列出具体缺失或不适格的证据，及时要求侦查机关予以补强或者自行进行补充侦查。对于影响定案的关键性证据，公诉人应亲历进行调查核实，关键物证要见物、关键现场要复勘、关键证言要复核、律师意见要听取、视听资料要播放，以此增加内心确信，也可将公诉人对定案证据的刚性要求传递到侦查机关。对于确需退回侦查机关补充侦查的案件，应当加强退查说理。退查提纲中除列明需要补查的事实和证据外，亦应对退查的缘由、目的和补查的重点、具体事项、需要注意问题等进行充分、透彻的说理。公诉人和侦查人员就退查的方向、目标、效果等进行当面沟通，向侦查人员明确为什么要补、补什么、如何补、补到什么程度等，对个案的补证活动进行具体化引导和规制。退查后，公诉人与侦查机关应保持常态沟通，对案件事实和证据的补充侦查及时予以引导，对侦查机关在办案中容易出现及出现频率较高的问题提前提出建议，以庭审标准引导取证，力求在审查起诉期间充分发挥出检察机关主导诉前程序的作用。

（六）依法行使不起诉权，以案件过滤规制侦查取证

不起诉作为终结诉讼的方式之一在刑事诉讼中具有极其重要的地位，其所包涵的疑罪从无、人权保障等价值取向契合审判中心主义的本质需求。但在实践中，起诉是常态，不起诉较少，不起诉中酌定不起诉和存疑不起诉较多，法定不起诉较少。"以审判为中心"背景下，法定不起诉当是检察机关主导侦查活动极其有效的合法手段。如同审判机关对公诉案件因为事实、证据等原因所作的无罪判决是对公诉案件质量的否定一样，绝对不起诉处理也

意味着检察机关对侦查机关的案件法律认识、事实证据、法定程序等方面的否定性评价，使得侦查机关不得不考虑检察机关的认识，不得不遵循公诉的思路，侦查工作不得不向"以审判为中心"靠近，对密切侦诉配合和规制侦查活动大有裨益。

检察机关诉前主导机制运行良好可以润物细无声地推动"以审判为中心"的诉讼制度改革，但是需要一支高素质的检察队伍履行职责。需要完善相关配套制度，加强检察官的专业化、职业化建设，以确保检察机关有能力主导诉前程序，切实保障有效指控犯罪，防范冤假错案，提升检察公信力。

参考文献

1. 习近平：《关于〈中共中央关于全面推进依法治国若干重大问题的决定〉的说明》，人民出版社 2014 年版。

2. 宋维彬：《论我国检警关系之改革：兼评新刑事诉讼法对检警关系之修改》，载《刑事法评论》2014 年第 1 期。

3. 万毅：《侦诉一体化：我国检警关系之重塑》，载《新疆大学学报（社会科学版）》2003 年第 3 期。

社会学

知识主义社会是以知识为运行轴心的社会形态

杨东升[①]

【摘 要】知识主义是指建立在知识经济基础上，实行按知分配，知识阶层成为社会主体，以理性和科学为主导，工作家庭化、生活学习化的一种理论体系和社会制度。知识主义社会的特征主要有：科学知识作为经济生活的出发点和归宿，知识技术专家成为权力的拥有者，劳动与闲暇一体化渐成趋势。知识对社会发展起着推动作用，知识是社会的轴心，知识成为一种再生性资源；社会对知识发展产生重要影响，知识的产生越来越依赖于社会的各种制度，知识的生产和传扬越来越靠社会的教育水平，知识的发展和进步越来越依赖于社会的经济增长。知识主义社会的经济结构的表现为，知识和信息正在取代资本、自然资源而占据主要地位，占有知识并利用知识创造财富的个人占据主导地位，分配形式是按知分配；知识主义社会的政治结构的表现为，知识阶层将逐步成为社会的主体，知识和信息的权益必须用法律明确；知识主义社会的文化结构的表现为，通过教育投资形成的人力资本远远超过物力资本，人们的业余文化生活内容以科学技术知识的学习和创造为重要内容，人们的思维方式以理性和科学为主导；知识主义社会的家庭结构的表现为，家庭规模小型化，工作家庭化。

【关键词】社会学 知识 社会形态 知识主义社会

人类在 20 世纪这 100 年经历了许多重大的事件，比如，两次世界大战之后，社会生产力获得了迅速提高，但资源和环境也遭到严重的破坏，可持

---

① 作者简介：杨东升（1961— ），男，江苏赣榆人，连云港市哲学社会科学界联合会主席、党组书记、研究员，研究方向为经济社会学。

续发展已经成为人类的共识；经济发展有过 30 年代的大危机，也有过蓬勃发展的黄金时代；随着世界全球化的进展，贸易、投资和金融自由化已经成为不可改变的大趋势；科学技术革命迅速发展正预示着新的突破，等等。但是，最重要的莫过于随着信息技术的发展，人类迄今为止所使用的生产工具将发生革命性的变革，从而导致知识经济的出现，使人类步入知识主义社会。这是 21 世纪世界经济发展的重要特点，预示着经济增长方式将会实现重大的转变，它将改变人类的命运。因此，在新世纪、新千年的初期，一个国家和民族如何制定新的发展战略，能否抓住知识经济发展的机遇，是在新世纪能否处于优势地位的关键；每个人只有不断提高自身科学文化素质和技能，适应知识主义社会发展的要求，才能成为竞争中的强者。

一、知识主义社会的概念和特征

（一）知识主义社会概念的由来

联合国经济合作与发展组织在 1996 年发表的《以知识为基础的经济》的报告中首次正式使用了"知识经济（Knowledgebased economy）"的概念。此后，各国学者纷纷在"知识经济"范围内进行了大量的研究和探讨。我国学术界对知识经济的研究逐渐深入，并与我国的现代化建设紧密地联系起来，使学术探讨适应社会需求。但是，这些探讨大都集中在经济学领域。而"知识经济"不仅在经济学领域，而且在哲学、政治学、社会学领域都值得我们认真探讨。

从社会学角度审视知识经济，可以把以知识为核心的社会看作"知识主义社会"。早在 1962 年，美国学者马克·卢普在《美国的知识生产与分配》一书中提出了"知识社会"的概念。但这一概念与我们今天所说的知识作为社会中轴的"知识主义社会"仍有较大的距离。70 年代后，以丹尼尔·贝尔为首的后工业社会理论家们开始逐渐把对后工业社会的描述集中于"知识"和"信息"范围，从而影响了一大批从事科学社会学研究的学者。1984 年秋在德国达姆施塔特技术大学召开了以"知识社会"为主题的科学社会学国际大会，会后出版了《知识社会——科学知识对社会关系日益增长的影响》一书。1993 年，世界管理大师彼得·德鲁克在他的新作《后资本主义》中提出，我们正进入知识社会，他认为，知识社会是一个以知识为核心的社会。这些使人们增加了对科学知识与社会之间关系的关注。但直到1996 年经济合作与发展组织报告发表后，知识经济、知识社会等问题才引起人们的广泛关注。

笔者之所以用"知识主义"命名未来的新社会，是因为在这个未来的新社会中，知识不是专指人们学习的作为人类实践经验的概括与总结的知识，而是指一种新的理论体系、新的意识形态和新的社会制度。作为理论体系，知识主义包括知识的生产、知识的传播、知识的消费、知识的交换、知识的管理等理论体系；作为意识形态，知识主义是一种以知识为本、以人为本的理念，知识就是财富，知识就是力量，科技创业家、知本家成为人们追求的对象，尊重知识、尊重人才成为社会的普遍价值观；作为社会制度，知识主义是指建立在知识经济基础上，实行按知分配，知识阶层成为社会主体，以理性和科学为主导，工作家庭化、生活学习化的一种社会制度。

当代世界正在进行知识经济革命，这场新型的革命首先从美国爆发，已经波及包括中国在内的许多国家。中国从 20 世纪末期开始，国家高度重视推进信息化和知识化，大力推进创新型国家建设，以抢占知识经济制高点，探索一条以信息化带动工业化，以知识化推动现代化的国家富强之路。这是中国正确的必然的选择，因为，如果中国还是走发达国家工业化、现代化的老路，必然永远跟在发达国家后面爬行。在 300 年前，当西方的英、法、德、美等国在大力推进工业化、城市化的时候，中国的清朝初年还在固守运行了两千年的封建制度，强化农业的主体地位，且标榜所谓的"康乾盛世"，但是，落后于世界潮流的中国，终将逃脱不了"落后就要挨打"的命运，备受发达国家列强的欺凌。在 21 世纪初期，中国只有同时推进工业化、城市化、信息化、知识化，走出一条新型的现代化道路，大力发展知识经济，在世界上率先进入知识主义社会，才能真正赶上并超过世界发达国家，实现中华民族的伟大复兴，使中国走出工业文明的低谷，重振隋唐农业文明的雄风，成为知识主义社会的强国，使中国人彻底甩掉工业文明时代"东亚病夫"的帽子，完全摒弃农业文明形成的夜郎自大、封建奴性的人性，成为知识主义社会里真正自由而全面发展的人。

（二）知识主义社会的特征

当工业经济替代农业经济时，人类文明开启了一个新的时代。今天，如果说知识经济正开始替代工业经济的话，人类文明也开启了一个重要的转折。丹尼尔·贝尔在《后工业社会的来临》一书中提出，当社会变革的源泉从科学研究和开发中产生，当社会生存和发展皆依赖于知识时，对这种新兴社会的名称，就不能像通常那样称为科学社会、信息社会，而应称之为知识主义社会。

知识主义社会是以科学知识渗入所有社会生活领域为基础的一种社会，最为显著的特征表现在：

1. 在经济生活领域，科学知识作为经济生活的出发点和归宿，并贯穿于经济活动的始终。比如，从生产、技术、科学三者的关系看，劳动力经济阶段，以生产实践为起点，又终于生产实践，生产对技术、科学的决定作用非常明显；资源经济阶段，技术起着决定性作用；而知识经济阶段，科学知识决定着技术和生产。又比如，经济分配领域，长期以来人们习惯于将按劳分配分解为计时工资与计件工资，在知识主义社会，这种分解虽不完全排除，但已不成为主要的占支配地位的形式，最主要的是依照劳动者在劳动过程中取得的业绩进行分配，而业绩的确定又是以其知识的创造与运用所取得的实际成就为中心内容。笔者称为"按知分配"。

2. 在政治生活领域，首先表现在权力结构发生变化。农业社会的权力结构是围绕着血缘关系展开的，个人的才能、知识结构不会对权力结构产生重大的影响。工业社会充满着变革性和流动性，撼动了农业社会以血缘为中心的权力结构，权力的稳定性被"帕雷托式"的精英循环所冲击，权力基本上是以个人的能力天赋为中心。而知识主义社会的权力结构则以知识为中心，形成了知识技术权力中心，即知识技术专家成为权力的拥有者。权力的分解、每一层次权力的分布皆以知识和技术为标准。每一级政府及其部门都产生自己的技术权势。其次表现在社会公众的政治参与也发生变化。由于信息网络技术的发展，以及这类技术应用的普及，社会公众的政治参与，一方面对大众传媒的依赖性增强，人们对信息的采集绝大部分依靠传媒，政治决断、政治意识基本上受大众传媒左右；另一方面表现为政治性的聚会弱化，公众之间的政治联系、政治交流可以不必通过面对面的互动。

3. 在文化生活领域，尤其显著的是劳动时间越来越缩短，劳动和闲暇的一体化渐成趋势。在科技革命的影响下，劳动者的工作时间与以往有很大的不同。人们在从事复杂的智力劳动时消耗着大量的知识积累，这就使得人们在劳动中和闲暇中都花费一定的时间进行技术的学习和知识的积累。因此，知识积累既是劳动过程的内容，又是闲暇时精神文化生活的内容，工作和闲暇的界限模糊了，闲暇的地位显得非常重要。这种变化在知识主义社会将达到高峰。劳动和闲暇在农业社会是完全分离的，到了工业社会后期又朝着融为一体的方向发展，在知识主义社会中，闲暇之中有劳动，劳动之中有闲暇，二者的一体化使得人们的精神生活更加充分，也使得文化生活的范围更加宽广。

二、知识与知识主义社会的相互关系

在将与知识经济相对应的社会界定为知识主义社会时，除了确认知识对社会生活诸领域的渗透和主宰外，还必须确认两个内容：一是知识主义社会中知识的特征和作用是什么；二是知识主义社会对知识本身产生何种影响。

（一）知识对社会发展起着推动作用

知识自身的进步与人们对知识的认识是同步的。在农业社会，人们对知识的认识似乎仅仅局限于从对客观事物经验性总结中得出。比如，当人们从制造石器、木器和房屋建造中积累出力学、建筑学知识时，对知识的特征的描述是实践经验性的。工业革命之后，随着实验科学的发展，人们对知识特征的描述除了实践性经验外，加上实验性经验，更有将这两种经验结合起来的理性综合。于是人们对知识的特征可以从以下一些方面进行概括：知识可以为社会所有成员共享；知识可以重复使用；知识可以再生；知识可以增值，等等。但知识主义社会对知识特征的概括更集中于以下两方面：

1. 知识是社会的轴心。知识在任何社会都有多种社会功能。在知识主义社会，知识的功能有别于其他社会，它成为决定变革方向的力量，成为社会发展策略的源泉，成为社会运行和社会控制的中心，成为社会生产力。正如拉多凡·里克塔所说知识已经不是首要的"社会意识因素"，而是一种生产力。社会生产力的其他要素都是以这种或那种方式将科学知识进行运用。塔尔科特·帕森斯是现代社会学的功能主义大师。他在对社会结构分析时，特别强调文化的整合作用，而在文化整合中又特别强调价值整合。知识主义社会中的知识之所以成为社会的轴心，其价值整合的作用非常突出。知识不仅控制社会诸要素，更主要的是它使社会生活诸要素能够依照知识所确定的价值原则发挥着各自的功能。所以，知识在知识主义社会的革命性特征之一是它使人类与生产力其他要素之间的关系发生了变化。

2. 知识成为一种再生性资源。知识的再生性在于它具有无限制复制扩散能力，可以以无成本或以极低的成本向社会活动的各领域、向世界各地扩散，而它作为资源则明显地表现在为经济、政治、文化等方面提供动力，可为任何国家和民族所利用。过去人们通常将农业经济视作劳动力经济，将工业经济视作资源经济，而将知识经济视作智力经济。事实上，在知识经济时代，知识是一种重要的资源。过去人们将土地、资本、劳动力列为最重要的生产要素，而在知识经济中，知识是最重要的生产要素。作为资源，知识的占有者在经济发展中占据有利的地位。工业经济时代，自然资源的占有和利用起着决定性的作用，而知识经济时代，虽然自然资源仍具有重要的作用，但知识所带来的利益远非自然资源可以比拟。作为生产要素的知识，一方面它与资金、土地等要素相结合产生巨大的经济利益，另一方面，它成为劳动力要素的核心内容。劳动力在所有经济形态中都很重要，但在知识经济中，劳动力的知识化使劳动力自身成为人力资本。因为知识使劳动力不仅成为使用工具从事生产的力量，而且使之成为生产知识、传播知识、应用知识的主体，有了这种作用，劳动力的意义与以往相比大不相同。

知识主义社会中知识的这两个重要的特征决定着知识的生产、分配和再生产。

从农业社会到工业社会初期，知识的生产大部分是闲暇者的业余爱好，但到了工业社会中后期，尤其是二战结束后，这种情况有了较大的改变，知识的生产在发达国家占有了大量的国家预算，并且成为推动私人投资的重要力量。今天，知识的生产几乎与任何一个大型企业相当。知识主义社会中知识的生产所发生的变化在于，它已经成为无需以劳动为中介的社会生产，与其他物质产品的生产有很大的区别。比如，控制研究、计划理论、决策理论等对社会的发展的作用非常显著，它们作为社会生产的产品是一种即时的生产，它不是利用自然的结果，而是利用社会自身的结果。因此，知识生产是知识自身的功能分化。

既然知识是一种资源，同时又是一种人们创造出的资源——社会产品，它的分配也必须通过一种制度安排来进行。许多物质产品的分配完全以法律的、行政的、技术的手段来实施，而知识的分配是在传播和使用中进行的，一切制度安排都是为了使传播和使用更为有效，都是为了调和传播和使用过程中的利益关系。

（二）社会对知识发展产生重要影响

一方面知识对社会发展起着推动作用，另一方面，社会又对知识产生重要的影响。知识主义社会对知识的影响主要表现在以下几个方面：

1. 知识的生产越来越依赖于社会的各种制度。传统社会中，知识的产生大都出于两种可能：自然和社会的挑战；知识自身的挑战。到了知识主义社会，当知识成为控制所有社会生活领域的庞大机体时，它对制度的要求非常苛刻。因为这时的知识的社会功能强化了，一切社会制度都必须满足知识在理论上和方法论上的原则的需要。满足知识生产朝着认识世界和改造世界相结合的这一方向发展的需要，同时还要满足知识自我改造的需要。社会制度对知识的影响主要体现在政治制度和文化制度方面。政治制度往往视知识为首要的社会意识因素，因而对于这种有可能对政治制度本身产生影响的社会意识进行规范。其实，在知识主义社会，知识固然有社会意识的某些特征，但它更多的是以一种生产力资源而作用于社会。社会政治制度固然要对所有社会资源作出制度安排，以使资源的使用更为有效合理，但对知识的生产应当是不作任何限制，而对生产出的知识进行滤化，取利除弊。

由于知识在很大程度上具有社会文化意识的特征，社会文化制度对知识的生产和传播产生重要影响。这种影响主要表现在价值的规定性、行为的约束性和生产的手段方面。任何社会制度背后都隐藏了社会通行的价值准则。文化制度使人们普遍认可的价值固定化，进而持久地指导人们的社会生活。知识的生产在这种价值观的指导下决定了生产的内容和发展的方向。社会文化制度一方面决定制约知识生产的内容，同时还以奖惩的手段鼓励或禁止某些知识的形成和传播，使知识的生产能够有效地与社会的良性运行相适应。

2. 知识的生产和传播越来越依靠社会的教育水平。传统社会中，知识可以为少数人所占有，知识与社会大众生活的联系不密切；知识主义社会中知识已渗入大众生活的所有领域，它的生产和传播又依赖于社会大众。这样，社会教育水平的高低直接对知识产生影响。教育对知识的作用：首先，教育担负了传授知识的功能，学校是系统传授知识的机构，将社会认为特别重要的知识、技术、价值观提供给年轻一代。在教育中人们掌握了各种各样的知识。其次，教育不仅传授了现存知识，而且还发展了新的知识和技术。因为教育激励人发明创造，开拓人的思维空间，启迪人的思想方法。教育还担负着培养人才的重任，由于教育源源不断地向社会输送各种各样创造知识、实践知识的人才，因此，知识发展一方面在教育过程中实现，另一方面则由教育培养的人才走向社会后实现。无论从何种意义上看，教育对知识的影响是至关重要的。

3. 知识的发展和进步越来越依赖于社会的经济增长。经济发展水平对知识影响的衡量表现在：经济发展水平高，能够提供满足知识传播和知识创新的条件，对知识的吸纳量则大，从而刺激知识的创造；经济发展水平低，知识的传播和创新则会因经济条件不足而受到阻碍，吸纳知识的量相对则小，激发知识创造的可能性则小，同时也使知识资源闲置的可能性增大。

（三）知识与社会发展的相互作用

综观知识和社会发展的历史，可以看到知识对社会的作用主要体现在：知识可以物化为现实的生产力；知识是人类一切崇高的精神价值的开拓者；知识积极地参与社会变革。当然，知识必须与其他社会因素相互作用，才能实现自己的作用。

知识的社会作用：首先，体现在它对生产力发展的特殊贡献上。人类在近几个世纪创造出来的巨大生产力，与知识的参与密不可分。知识虽不是生产力的独立要素，但知识渗透到生产力的各个要素中，可以物化为直接的、现实的生产力。一是知识为劳动者所掌握，提高劳动者劳动能力。二是知识还体现在生产工具的改进中。生产工具是生产力发展的主要标志。生产工具从根本上讲就是物化的知识。无论是手工机械、蒸汽机，还是电子乃至电子计算机，都表现为知识的产物，而且越来越受益于知识的指导。三是知识改变了劳动对象的状况，扩大了进行劳动生产的范围。随着知识的进步，将会有越来越多的自然物成为劳动对象。劳动对象中的"人工自然"部分，更是离不开科学知识，现在，人类越来越多地依赖于人工自然物。四是科学管理知识对生产过程进行有效的管理，使生产力诸要素有序地组织起来，最佳地运转起来，从而大大提高劳动生产率。因此，知识活动已成为社会生产的有机组成部分，知识已融合到社会生产活动的过程中。社会生产力的巨大发展，必须依靠知识的力量。其次，体现在对人类精神文化的巨大贡献上。精神文化的核心是真、善、美。知识是人类最崇高的精神价值的开拓者，人类在对真、善、美的统一追求中，极大地依赖于知识。知识本身是以真为目标的，知识的任务在于正确揭示事物的存在及其发展规律，发展真理，追求真理。善包含真，即正确反映客观事物及其规律，同时善还必须是符合人类的共同目的和需要。知识的崇高使命是既反映事物的存在及其规律，又符合人类的共同需要。美是以真为前提，以善为基础，知识活动本身就是进行美的创造的结果，具有审美意义。知识还不断促进人的思想观念的进步，从古代到近现代的历史，已证明了这一点。总之，知识以其无比巨大的力量向人类生活的各个方面进行渗透，进而全面革新社会的生产方式、生活方式及人们的思维方式，推动历史的前进。

然而，知识是随人类实践起源、发展和发生作用的，而人类的实践活动从开始就是社会的活动而不是单个人的活动，因此，知识的起源、发展和发生作用，离不开社会生活这个基础。知识在其发展的过程中，始终受到社会生产的推动。

知识主义社会中知识与社会的结构、社会制度、社会经济、政治、文化要素是一种相互作用、相互依存的关系，既要看到知识对这些要素、结构、机制的渗透和影响，同时也应站在促进知识进步的立场上看到社会对知识的促进和制约。总之，知识对经济发展的影响是巨大的，而经济发展水平也会影响知识的生产和传播。知识是社会的轴心由此可以显现。

三、知识主义社会结构

所谓社会结构，是指社会诸要素之间在相互作用过程中形成的相对固定关系。社会基本结构有许多分类，由于研究方法不同、世界观和立场不同，有不同的分类方法。笔者认为，社会结构包括经济结构、政治结构、文化结构、阶层结构、家庭结构等。

（一）知识主义社会的经济结构

经济结构是指一定历史发展阶段上的生产关系的总和，包括生产资料的占有关系，人们在生产过程中的相互关系和产品分配关系三个方面。生产资料的占有关系性质决定了经济结构的性质和经济结构中其他诸种关系的性质。因为经济结构是全部社会结构的基础，对社会结构的其他部分具有决定作用，因而是分析和理解全部社会结构的钥匙。

知识主义社会中，知识对经济结构产生的影响表现在三个方面：

1. 在生产资料的占有关系方面。农业社会、工业社会中，生产资料只是以土地、生产工具、资本等为主导内容。而在知识主义社会，知识和信息正在取代资本、自然资源而占据主要地位。世界银行副行长瑞斯查得认为，知识是比土地、资本、劳动力等更重要的经济要素。OECD 专家指出，体现于人力资本和科学技术中的知识已成为经济发展的核心。在企业资产中，包括专利、商标等在内的无形资产比例正大大增加。这些都说明知识主义社会中，作为占有的对象已发生了深刻的变化。由于对象不同，占有者的地位也大不相同。全球首富比尔·盖茨，1998 年底他拥有个人资产 600 多亿美元，在短短的 20 多年的时间里，他创造出的财富远远超过其他产业，是因为他占有了非常重要的资源，非常重要的生产要素——知识。

2. 人们在生产过程中所形成的关系方面。农业社会和工业社会中，人们在生产中所形成的关系从根本上说仍旧延续到了知识主义社会，但由于占有的对象发生了变化，或者说对知识的占有成为非常重要的方面，在生产过程中谁占据主导地位是由对知识的关系而决定的。以美国苹果公司为例，该公司首创个人计算机，从 1976 年推出 PC 机样机到 1981 年独占全球个人计算机市场，5 年间公司内部涌现出 300 多个百万富翁。生产过程中一方面公司的业绩不断上升，同时占有知识并利用知识创造财富的个人成为占据主导地位的一方。又比如，美国的明星企业 Netscape，10 多名员工，无任何传统意义的固定资产，但在不到一年的时间里市值升至 20 亿美元。由此也可以看到，尽管传统意义上的劳动者与所有者的关系仍然存在，但所有者占有的对象发生变化后，劳动者与所有者的关系也成为一种新型的关系。

3. 在分配关系方面。过去，分配是以对生产资料的占有为主要分配原则。而知识主义社会，分配关系发生了两个方面的变化：第一，占有知识并能够利用知识创造财富者在分配上处于有利地位。由于知识的应用和知识的生产是一种复杂的劳动，因此与其他劳动相比，这样的劳动在同样的时间内，常常能够借助先进生产设备和物质手段转移更多的生产资料的价值，同时创造出更多的价值，提高价值增值水平。在分配上就体现出知识生产和运用知识进行生产获取了更多的报酬。第二，在分配形式上，知识主义社会越来越趋向于实行按业绩和知识分配。工业经济时代实行的是岗位工资制，其基础是计时工资或计件工资，然而知识的创造和运用，很难用定时、定量的方法测量，只能采取年薪制或股份制的方法实行，即业绩工资制或股权工资制。因为知识主义社会中，最主要的是按照劳动者对企业的贡献进行分配，而贡献的确定又是以其知识的创造与运用所取得的成效为主要内容的。所以，知识主义社会的分配可称为"按知分配"。

总之，知识主义社会的经济结构由于知识的大量运用已经发生了重要的变化，但是，这种变化并没有改变其基础，而是使社会经济关系的载体发生了变化。

（二）知识主义社会的政治结构

政治结构是建立在一定的经济结构之上并与此相适应的各种制度与设施的总和。政治结构包括政治制度、法律制度、军队、警察、法庭、监狱、政府部门、政党等国家机构和政治组织。在政治结构中，国家政权是主要成分，也是全部政治结构的核心。在阶级社会，国家政权凌驾于整个社会之上，起着组织和控制社会政治、经济与文化等各方面的作用。在整个社会体系中，政治结构是经济结构的集中反映，居于主导地位，并直接和有效地为经济结构的良性运行服务。

政治结构从来都是以经济基础的变化作为自己变化的依据。知识主义社会的政治结构的变化，主要表现在以下几个方面：

1. 政治结构中权力结构和权力中心的变化。政治权力的产生与社会的占有方式联系在一起，当土地成为农业社会的物质生产中心时，权力是依附于土地的；当资本成为工业社会物质生产中心时，权力是依附于资本的。知识主义社会中，社会的主体已从土地和资本中分离出来，故权力的依附体也发生变化，权力越来越集中于知识的拥有者、创造者、使用者手中。知识主义社会中，知识阶层将逐步成为社会的主体，所有社会成员必须拥有足够的知识才能从事物质生产活动，没有知识寸步难行。知识分子在知识主义社会是一个庞大的社会群体，它已将工人阶级纳入其中。这表明在脑力劳动和体力劳动之间的界限随着知识的运用而不断消除，即没有纯体力劳动，也没有纯脑力劳动，社会的政治权力因这种融合而集中。权力结构是政治结构中的重要问题，农业社会的金字塔式，工业社会的科层式在历史发展过程中曾起到重要的作用。而知识主义社会，权力结构更趋向于分散式，由于社会物质生活知识化、信息化，人们的政治沟通已经成为在很短的时间内即可完成的事。同时，由于知识群体是一个庞大的复合体，权力的集中化很难满足决策的科学化的要求。因此，在权力结构上分散的距阵式将作为主要的形式，它有利于政治权力行使的有效性。

2. 法治领域的深刻变化。经济关系的变革对于全社会来说，是一种根本性的全面性的变化。由经济关系而引发社会政治结构的变革突出表现的领域是法治。由于信息、知识在社会经济活动中的地位与作用越发突出，而且信息、知识既是一种资源又是生产要素的中心内容，因此，知识主义社会中，知识、信息的权益问题成为十分敏感和尖锐的问题。在农业社会，当经济发展到一定水平时，村社之间的疆界非常重要，因此必须明确划定；工业社会中，资本的占有甚为重要，因此，必须从法律上明确下来；尽管在知识主义社会，上述内容仍不是可有可无，但相对于知识和信息而言，它们的重要性已处于次要位置。知识主义社会中，有关信息、知识的权利和义务必须加以明确的规定，否则，就会出现矛盾和冲突。关于知识产权、著作权的有关法律制度正是知识主义社会的急切呼唤。与此同时，其他技术领域也需要相应的法规，如保护生态，节约能源等等。

（三）知识主义社会的文化结构

文化结构是建立在一定的经济政治结构之上并与此相适应的科学、教育、文化、卫生、体育和社会意识形态的总和。社会意识形态，包括政治思想、法律思想、道德、艺术、哲学、宗教等社会观点和思想体系。

1. 教育的重大变化。美国社会学家 A·英格尔斯认为：无论一个国家引入了多少现代化的经济制度和管理方法，无论这个国家如何仿效最现代的政治和行政管理制度，倘若贯彻实施这个制度的人，没有从心理、思想和行动方式上实现由传统人到现代人的转变，从而真正能够顺应和推动现代经济和政治管理的健全发展，那么，这个国家的现代化只能流于形式，徒有虚名。在知识主义社会，教育起着至关重要的作用。各国国力的强弱，经济发展是否能够保持，越来越取决于劳动者的素质，取决于知识分子的数量和质量。重视教育，提高人的现代化素质，已成为世界各国政府的共识。美国和其他OECD 成员国的实践表明：社会成员不仅需要正规教育，掌握必要的专业知识，更需要获得和应用新的理论及分析知识的能力，他们赖以工作的本领越来越依靠所掌握的知识和技能。1979 年诺贝尔经济学奖获得者、美国著名经济学家舒尔茨在《教育的经济价值》中指出：教育和知识的进步是经济发展的主要源泉，教育作为经济发展源泉，其作用是远远超过被看作是实际价值的建筑物、设施、库存物等物力资本。在他的代表作《人力资本投资》中指出：有技术知识的人力和缺少技术知识的人力对经济发展的贡献存在差异，这种差异源于他们所受的教育、训练的不同，而这种不同又起因于社会和个人对人力资源教育、训练投资的程度不同。因此，社会和个人投资在人力本身的花费如同投资在固定资产上一样，是能使社会和个人产生更高收入的形式。知识主义社会需要教育，同时对教育的要求也相应提高。因此，教育需要许多方面的改革。首先，必须改革教育的内容，将大量的新知识加进教育的内容之中，而且必须不断地更新。其次，必须改革教育的方法与手段，将许多新技术引进课堂。如电化教学、多媒体教学、远程教学这些教育的新手段。由于技术手段的进步，过去无法实现的个体化的因材施教，今天已经可以实现，教育的针对性和效率可以大幅度地提高。然而，更深刻的变革还在于教育制度本身。由于技术更新周期的缩短，学习已经不只是学生的事。全民教育，继续教育，边工作边学习，活到老学到老，已经成为现实生活的需要。因此，组织学习将是未来的政府和企业的最主要的任务。显然，面对着这样的全新的环境，教育从体制到内容都必须进行全面的重新设计。

2. 文化的变化。随着技术运用的普及，人们的工作方式、生活方式、休闲方式也发生巨大的变化。电视的普及，Internet 的普及，大大改变了人们的业余生活，闲暇与工作的界限模糊了，人们的业余文化生活内容往往以科学技术知识的学习和创造为重要内容。知识主义社会中，人们参与社会管理和公益事业的自觉性和积极性也得到充分体现，人的生存和参与社会活动的权利得到充分的保护。在最广泛的基础上，有更多的社会成员参与对社会生产和社会生活的管理，全体社会成员共同积极发挥着工作的主动性和创造性，尽己所能。人们生活在一个有着自由和充满知识性、理智性的法治社会环境里。

3. 思想观念的变化。思想观念是社会文化结构的灵魂。知识主义社会中，人们的价值观念、思维方式、审美情趣等都会随着社会物质生活的变化而变化。人们的价值观念具有很多新的特色：为适应更为复杂丰富的社会需要，新的价值观念必须充分体现寻求个体创造与群体协调、情感与规范的合理平衡，并且在鼓励自主创造的同时，发掘传统价值观念的合理性。知识主义社会，各种知识、文化自主发展与全球意识的兴起，人类在充分尊重各种文化的自主性的同时，必须注重从全球意识的角度来处理和协调自身的发展。人们的价值观念必须自由开放，但绝不意味着放荡不羁，随心所欲，丧失严肃生活的选择和思考。恰恰相反，在多样化、不断发展的价值观念指导下，人们生活的意义是每作出一项抉择时必须为此承担义务和责任，必须对每一项抉择的后果深思熟虑。知识主义社会中人们的思维方式是以理性和科学为主导。一日千里的知识潮在思维方式领域形成了巨大的冲击力。脑科学的发展，促进了人类对大脑的认识和充分开发利用；人工智能的研究又促进了人类创造思维的发达；认识科学的探索强化了人类思维的根基。

（四）知识主义社会的家庭结构

家庭结构指的是各种类型的家庭及其内部的相对固定关系，是家庭中代际结构和人口结构的统一组合形式。家庭结构是人类社会最稳定的社会结构之一，与其他各种社会结构均有密切关系。可以通过家庭结构，直观地了解到家庭成员在家庭关系层次中的分布状况，成员之间的联结纽带，以及他们之间的相互作用、相互影响的状态。知识主义社会中家庭的结构和功能有两个显著的特点。

1. 家庭规模小型化。家庭结构一般有三种类型：主干家庭、联合家庭和核心家庭。农业社会中，大部分家庭为联合家庭，只有这种形式才能抵御来自自然和社会的挑战。工业社会中，家庭形式主要是核心家庭，但也有一些主干式家庭。知识主义社会中，家庭绝大部分为核心家庭，因为核心家庭规模小、人数少，只有一个核心，即夫妻关系。之所以家庭规模日趋小型化，原因在于知识主义社会中家庭功能越发简单化。在知识成为社会轴心的情况下，社会生活受信息化、智能化的影响，人们之间的社会互动、情感交流可以通过电话、网络等工具完成。家庭的主要功能为性生活、情感交流和人口的再生产，无需联合式、主干式家庭承担社会教育、社会生产的功能。同时，由于知识主义社会人们的观念发生了深刻的变化，过去以家庭为栖息地，以生育子女为养老的观念日益淡化。比如，中国随着物质生活水平的提高和社会保障制度的建立，自愿不育的队伍逐渐扩大，这是人们选择多样性的表现，也使家庭小型化。

2. 工作家庭化。家庭功能一般包括经济功能、性生活功能、教育功能、精神生活功能和抚养、赡养功能等。农业社会，家庭规模庞大，人们信守千古不变的祖训，家庭功能达到了极限，一应俱全。工业社会，现代生产制度将家庭的生产功能夺去，同时，社会教育的普及，家庭的教育功能也逐渐弱化。在知识主义社会，许多生产形式的出现，带来了就业方式的革命，导致家庭内外部关系与以往大不相同，家庭的功能出现一个新的重要的变革。高科技浪潮，以势不可挡的气势迅速蔓延到工厂和办公室，再经由市场和大众传播工具渗透进社会的各个领域，直到最后挤进一个又一个的家庭。托夫勒的"电子家庭"一说迅速融入大众语言之中，人们纷纷从工厂和办公室走出来，重新回到原来的劳动地点——家庭中去，家庭再次成为人们工作的场所，重新获得了生产劳动的功能，工作家庭化成为现实。正如托夫勒所预见的：这个新文明将带来新的家庭形式，改变了我们的工作、爱情和生活的方式。在科学技术的迅速发展改变着人们的生活方式的情况下，现代人在家里工作绝不仅仅是农业社会家庭生产职能的简单恢复，而是在更新的基础上的复归，前者是一种社会化的生产，而后者则是一种个体生产，两者存在着质的差别。工作家庭化是知识主义时代发展的必然，其原因是家用计算机的产生，使工作家庭化成为可能。自从1976年美国苹果公司生产出操作简单、功能齐全、价格低廉的个人计算机后，人们的工作方式开始了变革。个人计算机的推广，意味着个人第一次能够在家里拥有高效计算机对外联络，进行工作。这是一个靠计算机运行的社会。同时，随着计算机技术的发展，通讯技术也突飞猛进，奠定了工作家庭化的技术基础。电话、电脑和电视机这三者的组合技术，产生一种集成的信息和通讯系统，它可以转移数据，使人与电脑之间立即沟通，发生相互作用，从而使得许多人变成"电信工作者"。随着通讯事业的发展，交通和通讯在经济效益方面的差距日益显著，这也直接促进了工作家庭化的发展。目前大部分科学技术高度发达的国家，正面临着严重的交通问题。因此从巨大的工作中心转移出某些劳动者，使他们在家中运用电子计算机和通讯工具进行工作，而不用上下班往返，其相对的经济利益十分巨大。工作家庭化既是科学技术发展和应用的结果，也由它本身具有适应社会发展需求的特点。比如，它可以大为减少房地产等方面的开支，也将降低污染程度并减少为此而支付的净化费用，这对政府和公司的雇主具有很大的吸引力。工作家庭化又一次为丈夫、妻子和孩子，提供了不仅在一起生活，而且在一起工作的极好条件，他们可以有更多的时间在一起相互理解，增进感情，从而有助于家庭结构的稳定。

新时代残疾人社会保障和扶贫开发
绩效评估的指标体系建构研究

张　元　魏范青①

【摘　要】残疾人群体的获得感、幸福感和安全感的绩效评估指标体系建构，事关习近平新时代能否全面建成覆盖全面、城乡统筹、权责清晰、保障适度、可持续的多层次社会保障体系。从系统论和协同论角度看，需要建构党委领导、政府主导、市场配置、社会参与和公民支持的新时代中国特色社会主义残疾人社会保障和扶贫开发的绩效评估方法和制度保障体系。将技术经济学的研究方法引入到对残疾人社会保障制度和扶贫开发绩效评估研究中，构建一套科学的绩效评估指标体系，在社会保障方面，分为城镇残疾职工参加社会保险人数、最低生活保障人数、残疾人托养服务机构及托养人数。在扶贫开发方面，分为扶持贫困残疾人人数、各类扶贫资金投入、农村贫困残疾人危房改造和受益人数4 个指标。存在绩效评估的指标数过于单薄，绩效评估指标体系的构建比较单一，绩效评估指标的纵向比较不足，要注重从数量和质量两个维度对绩效评估指标体系的优缺点进行系统性描述。

【关键词】新时代　残疾人社会保障　扶贫开发　绩效评估　指标体系建构

---

① 作者简介：张元（1983—　），男，安徽桐城人，淮海工学院马克思主义学院副教授、博士，大连理工大学马克思主义学院博士后，主要从事残疾人社会保障制度建设等方面的研究；魏范青（1976—　），男，山东莒南人，淮海工学院法律与公共管理学院副教授，主要从事政治学与公共管理研究。［基金项目］江苏高校哲学社会科学研究资助项目"残疾人特惠保障制度的绩效评估研究"（编号：2015SJB672）；2017 年度连云港市残疾人事业发展研究课题"残疾人社会保障体系发展困境与协同治理研究"；江苏省社会科学基金重点项目"基于国家治理现代化的统一战线功能定位与机制建构研究"（编号：17DJA002）的阶段性研究成果。

十九大报告指出："保障和改善民生要抓住人民最关心最直接最现实的利益问题，既尽力而为，又量力而行。坚持人人尽责、人人享有，完善公共服务体系，保障群众基本生活，不断满足人民日益增长的美好生活需要，不断促进社会公平正义，形成有效的社会治理、良好的社会秩序，使人民获得感、幸福感、安全感更加充实、更有保障、更可持续。"① 残疾人群体的获得感、幸福感和安全感的绩效评估指标体系建构事关我党我国在习近平新时代能否实现"决胜全面建成小康社会，夺取新时代中国特色社会主义伟大胜利"，要"按照兜底线、织密网、建机制的要求，全面建成覆盖全面、城乡统筹、权责清晰、保障适度、可持续的多层次社会保障体系"。② 从系统论角度看，习近平新时代残疾人社会保障和扶贫开发的制度优化和绩效评估方法建构是一项涵括社会经济、法律、政策和民族文化等在内的系统性工程体系，这需要建构党委领导、政府主导、市场配置、社会参与和公民支持的新时代中国特色社会主义残疾人社会保障和扶贫开发的绩效评估方法和制度保障体系。

一、新时代残疾人社会保障和扶贫开发绩效评估方法

社会保障是"民生安全网、社会稳定器，与人民幸福安康息息相关，关系国家长治久安"。③ 社会保障体系主要包括体系的构成要素及各要素之间的地位及相互影响关系，它是一个综合性的概念，是由多个变量构成的指标体系，通过对指标体系的计算从而得出综合的评价指数。建立残疾人社会保障体系的目的是进行定量性的描述和量化测评，以便于进行纵向和横向比较分析，并预测发展趋势，为政策和措施的完善与调整提供相应的政策支撑。但残疾人的（特惠）保障制度的绩效评价对于研究者和管理者来说都是一个崭新的课题，既要有系统技术分析的思想，更好地结合残疾人的社会保障理

---

① 习近平.决胜全面建成小康社会，夺取新时代中国特色社会主义伟大胜利［M］.北京：人民出版社，2017.
② 习近平.决胜全面建成小康社会，夺取新时代中国特色社会主义伟大胜利［M］.北京：人民出版社，2017.
③ 《党的十九大报告辅导读本》编写组编著.党的十九大报告辅导读本［M］.北京：人民出版社，2017：343.

论，更重要的是要体现出绩效评价的核心内容如公平、公正、效益、效率等。这些带有价值规范的内容非常地抽象，没有办法进行度量，我们在绩效评估体系设计时必须将之转化为与之有关的用等级尺度表示的信息，并且以定量的形式表现出来。

复杂系统和复杂科学的发展对以综合评价为目的指标体系国内非常多，如社会发展指标体系、城市综合竞争力指标体系、小康社会指标体系、现代化发展体系等。但我国残疾人社会保障的基础信息资源管理系统因涉及面广、起步比较晚，再加上主观性指标体系的信息渠道窄等原因，致其发展严重滞后。现在残疾人社会保障的客观指标是我国统计部门研究的重点也是我们进行绩效评估的主要依据。客观性指标是以客观事实为基础观测到的各种数据，其所反映的既定事实，是对客观条件或某种过程的客观描述，如康复机构数量、专项彩票公益助学项目、就业人数等。

目前，所有的数理统计方法及其衍生的方法几乎都可以用于综合评价，其中简单综合评价法主要有两种：一种是总分法，一种是简单平均法，这种方法直观明了，但没有将评价指标体系中的各要素的地位及其重要程度体现出来，不太符合客观实际。复杂的评价方法有 AHP（层次分析）、SSM（综合评分法）、RSR（秩和比法）和主成分分析及因子分析法等。

由于残疾人的指标体系面广，收集的变量比较多，这些变量间存在着较强的相联关系，而且各变量之间存在重复的信息，由于多重共线问题会引起极大的误差。主成分分析法和因子分析法正是解决此问题最有效的多元统计方法，它能提取变量信息，减少分析维度，从而使问题更加简单直观，并给予综合指标所包含的信息以适当的解释，从而更深刻地揭示事物发展的内在规律。因此，我们根据中国残疾人事业发展的统计公报的十一个指标体系为观测点，以《第二次全国残疾人抽样调查资料》《中国统计年鉴（2008—2013）》《中国劳动与社会保障统计年鉴（2008—2013）》《中国社会统计年鉴（2008—2013）》为基础资料，构建如下指标体系：一是社会保障。城镇残疾职工参加社会保险人数、最低生活保障人数、残疾人托养服务机构及托养人数。二是扶贫开发。扶持贫困残疾人人数、各类扶贫资金投入、农村贫困残疾人危房改造受益人数等 4 个指标。

二、新时代我国各省份残疾人社会保障的绩效评估分析

首先，对我国各行政区（由于数据采集来源于 24 个省份，某些数值有缺省）的就业保障状况进行分析和评价，具体步骤：第一步，采用 SPSS19.0 软件采集各行政区域的数据表，在此基础之上采用标准化方法将原始数据进行标准化处理，从而使数据的指标具有可比性，消除变量在数量级或量纲上的影响；第二步，根据标准化的数据矩阵求出协方差或相关矩阵，求出协方差矩阵的根特征和特征向量；第三步，确定主成分，给主成分所蕴含的信息给予解释；第四步，利用 SPSS 软件可以自动生成因子荷载及其旋转表，利用主成分的特征值计算主成分的权重，根据各决策区的因子得分与主成分权重的乘积作出综合评价。

表 1　社会保障原始表

地区	城镇参加社会保险人数	城镇社会养老保险人数	城镇社会医疗保险数	最低生活保障人数	农村最低生活保障人数	城镇最低生活保障人数	残疾人托养服务机构数	残疾人托养人数
安徽	84000.00	178000.00	300000.00	512000.00	397000.00	115000.00	81.00	2638.00
北京	65600.00	26100.00	49000.00	41900.00	19900.00	22000.00	80.00	1207.00
福建	49800.00	.	134300.00	269000.00	231000.00	38000.00	110.00	4028.00
甘肃	.	126000.00	19000.00	448000.00	334000.00	114000.00	47.00	28000.00
广东	442600.00	.	.	369900.00	278000.00	91900.00	385.00	12828.00
广西	46200.00	178700.00	168800.00	476400.00	406000.00	70400.00	30.00	1151.00
海南	8100.00	52100.00	50300.00	60500.00	46100.00	14400.00	6.00	410.00
河北	98000.00	55000.00	48000.00	415000.00	.	.	147.00	4391.00
河南	250000.00	292000.00	384000.00	871000.00	675000.00	196000.00	46.00	2858.00
黑龙江	70000.00	125000.00	157000.00	302000.00	140000.00	162000.00	101.00	4337.00
湖北	81117.00	225319.00	303029.00	714881.00	530260.00	184621.00	209.00	20914.00
湖南	200802.00	200802.00	301479.00	.	866748.00	.	111.00	3499.00
江苏	277300.00	305800.00	410700.00	318100.00	226500.00	91600.00	1122.00	98200.00

地区	城镇参加社会保险人数	城镇社会养老保险人数	城镇社会医疗保险数	最低生活保障人数	农村最低生活保障人数	城镇最低生活保障人数	残疾人托养服务机构数	残疾人托养人数
江西	108700.00	114500.00	229200.00	366000.00	258500.00	107500.00	21.00	1263.00
辽宁	194533.00	117170.00	100444.00	343211.00	158744.00	184467.00	218.00	31421.00
内蒙	64000.00	.	135000.00	301000.00	93000.00	209000.00	110.00	2770.00
青海	4966.00	8242.00	12800.00	28500.00	22800.00	5700.00	41.00	603.00
山东	.	225300.00	166000.00	429400.00	351700.00	77700.00	440.00	15600.00
山西	101500.00	201346.00	227074.00	304720.00	67034.00	237686.00	88.00	1964.00
陕西	67300.00	89400.00	199900.00	388800.00	316900.00	71900.00	128.00	8192.00
上海		.	.	18058.00	2802.00	15256.00		5443.00
四川	132600.00	264100.00		879900.00	738000.00	159700.00	177.00	.
天津	64012.00	32871.00	31141.00	56632.00	23045.00	33587.00	86.00	1313.00
新疆	56300.00	81600.00	95300.00	205300.00	147300.00	57900.00	110.00	2031.00
浙江	163600.00	78500.00	.	177800.00	149900.00	27900.00	757.00	97200.00

表 2 社会保障标准化表

地区	城镇参加社会保险人数	城镇社会养老保险数	城镇社会医疗保险数	最低生活保障人数	农村最低生活保障人数	城镇最低生活保障人数	残疾人托养服务机构数	残疾人托养人数
安徽	-.34908	.40598	1.10428	.70124	.53507	.22014	-.43771	-.44629
北京	-.52955	-1.29769	-.99134	-1.28163	-1.05382	-1.09965	-.44159	-.49934
福建	-.68451	.	-.27916	-.32373	-.16437	-.87259	-.32517	-.39477
甘肃	.	-.17724	-1.24181	.43129	.26962	.20595	-.56965	.49385
广东	3.16800	.	.10186	.03367	-.10768	.74202	-.06856
广西	-.71982	.41384	.00888	.55108	.57299	-.41279	-.63562	-.50142
海南	-1.09350	-1.00608	-.98048	-1.20318	-.94343	-1.20750	-.72876	-.52888
河北	-.21177	-.97356	-.99969	.29209	.	.	-.18158	-.38131
河南	1.27902	1.68458	1.80560	2.21549	1.70640	1.36963	-.57353	-.43814
黑龙江	-.48639	-.18845	-.08964	-.18454	-.54779	.88713	-.36009	-.38331
湖北	-.37736	.93670	1.12956	1.55698	1.09655	1.20815	.05902	.23118

地区	城镇参加社会保险人数	城镇社会养老保险数	城镇社会医疗保险数	最低生活保障人数	农村最低生活保障人数	城镇最低生活保障人数	残疾人托养服务机构数	残疾人托养人数
湖南	.79649	.66173	1.11662	.	2.51432	.	− .32129	− .41438
江苏	1.54677	1.83936	2.02852	− .11663	− .18333	− .11194	3.60207	3.09610
江西	− .10683	− .30622	.51316	.08541	− .04850	.11370	− .67055	− .49726
辽宁	.73501	− .27627	− .56183	− .01071	− .46881	1.20597	.09394	.62066
内蒙	− .54524	.	− .27332	− .18875	− .74582	1.55412	− .32517	− .44140
青海	− 1.12423	− 1.49798	− 1.29357	− 1.33815	− 1.04160	− 1.33097	− .59293	− .52173
山东	.	.93649	− .01450	.35283	.34420	− .30920	.95545	.03419
山西	− .17745	.66783	.49541	− .17306	− .85523	1.96121	− .41054	− .47128
陕西	− .51287	− .58773	.26853	.18158	.19757	− .39151	− .25532	− .24041
上海	.	.	.	− 1.38219	− 1.12586	− 1.19536	.	− .34232
四川	.12758	1.37166	.	2.25303	1.97185	.85449	− .06516	.
天津	− .54512	− 1.22175	− 1.14044	− 1.21949	− 1.04057	− .93522	− .41830	− .49541
新疆	− .62076	− .67522	− .60478	− .59241	− .51703	− .59018	− .32517	− .46880
浙江	.43162	− .70999	.	− .70841	− .50608	− 1.01592	2.18563	3.05903

我们首先将衡量残疾人就业保障绩效水平的 8 个指标进行标准化，以消除变量在数量级或量纲上的影响，然后我们根据标准化的数据矩阵求出了相关的矩阵。

通过相关矩阵，我们会发现城镇残疾人职工参与社会保险人数、城镇残疾人社会养老保险数等变量之间直接的相关性比较强，而且存在信息上的重叠，需要进一步进行信息浓缩。

表3　相关矩阵

相关	城镇参加社会保险人数	城镇社会养老保险数	城镇社会医疗保险数	最低生活保障人数	农村最低生活保障人数	城镇最低生活保障人数	残疾人托养服务机构数	残疾人托养人数
城镇残疾职工参加社会保险人数	1.000	.751	.714	.509	.426	.527	.653	.696

相关	城镇参加社会保险人数	城镇社会养老保险数	城镇社会医疗保险数	最低生活保障人数	农村最低生活保障人数	城镇最低生活保障人数	残疾人托养服务机构数	残疾人托养人数
城镇残疾社会养老保险数	.751	1.000	.939	.795	.718	.678	.527	.540
城镇残疾社会医疗保险数	.714	.939	1.000	.803	.758	.597	.508	.505
最低生活保障人数	.509	.795	.803	1.000	.964	.689	.039	.093
农村最低生活保障人数	.426	.718	.758	.964	1.000	.471	.026	.069
城镇最低生活保障人数	.527	.678	.597	.689	.471	1.000	.059	.121
残疾人托养服务机构数	.653	.527	.508	.039	.026	.059	1.000	.983
残疾人托养人数	.696	.540	.505	.093	.069	.121	.983	1.000

接下来我们进行 KMO 和球形 Barlett 检验。KMO 主要是检验变量间的偏相关是否较大，而球形 Barlett 检验是判断相关阵是否单位阵。由 Barlett 检验可以看出，应拒绝变量独立的假设，说明变量之间具有较强的相关性，而 KMO 的统计量为 0.604 小于 0.7，说明各变量间的重叠度并不是非常高，但作为因子分析模型还是可以的。

表4　KMO 和 Bartlett 的检验

取样足够度的 Kaiser – Meyer – Olkin 度量		.604
Bartlett 的球形度检验	近似卡方	303.738
	df	28
	Sig.	.000

在此基础之上，我们进一步进行因子分析，将错综复杂的关系变量综合为少数几个因子，以再现原始变量与因子之间的相互关系，并对初始因子的载荷矩阵进行旋转后，使因子与原始变量的关系进行重新分配。

在解释的总方差中，给出了 8 个成分的方差贡献率和累计贡献率，我们会明显地发现初始特征根中前两个主成份大于 1，我们默认提取前两个主成分，前三个主成分的累积方差贡献率达到 87.324%。因此，前两个足以表明携带的相关原始信息量非常多，通过方差的最大正交旋转后，我们发现各因子仍然保持正交的状态，但我们发现在旋转后两个公因子的方差贡献率均发生了变化，第一公因子由 61.594% 调整为 50.209%，第二公因子由 25.736% 调整为 37.116%，彼此之间的差距有所缩小，信息量进行了重新分配，但累计方差贡献率仍然为 87.324%，这和旋转前完全相同。

表 5　解释的总方差

成份	初始特征值			提取平方和载入			旋转平方和载入		
	合计	方差的%	累积%	合计	方差的%	累积%	合计	方差的%	累积%
1	4.928	61.594	61.594	4.928	61.594	61.594	4.017	50.209	50.209
2	2.058	25.730	87.324	2.058	25.730	87.324	2.969	37.116	87.324
3	.596	7.454	94.778						
4	.242	3.029	97.807						
5	.119	1.485	99.292						
6	.050	.623	99.915						
7	.007	.085	100.000						
8	4.611E−9	5.764E−8	100.000						

提取方法：主成分分析。

表 6　旋转成分矩阵 a

	成分	
	1	2
城镇残病人参加社会保险人数	.524	.718
城镇社会养老保险人数	.818	.517
城镇社会医疗保险人数	.818	.487
最低生活保障人数	.985	.016
农村最低生活保障人数	.916	−.013
城镇最低生活保障人数	.768	.089

	成分	
	1	2
残疾人托养服务机构数	.010	.988
残疾人托养人数	.055	.982

提取方法：主成分。

旋转法：具有 Kaiser 标准化的正交旋转法。

a. 旋转在 3 次迭代后收敛。

进行方差最大旋转后，因子载荷矩阵结果如上图，表格按照系数大小进行了排序，而且过小的系数也被抑制输出，使结果更加清晰易读。由表中我会得出如下结论：在第一公因子中，在 X_2，X_3，X_4，X_5 具有较大的载荷，主要从城镇残疾社会养老保险数、城镇残疾社会医疗保险数、最低生活保障人数、农村最低生活保障人数来反映残疾人的社会保障的绩效水平，我们可以命名为残疾人社会保障绩效制度因子。在第二公因子中，在 X_7，X_8 具有较大的载荷，主要从残疾人托养服务机构数、残疾人托养人数来反映残疾人社会保障的绩效水平，我们可以命名为残疾人社会保障托养服务因子。

我们通过 SPSS 软件分析，将各省份的公因子进行分值比较，分值情况见下面图表。通过下面的列表，我们会非常清晰明了的知道各省市在社会保障绩效中各因子的得分情况，在残疾人社会保障绩效总制度性因子中分值最高的是河南省（2.26529），依次排序为湖北省（1.34156）、安徽省（0.77629）、广西（0.44168）、江西省（0.23568），这说明在 2014 年残疾人社会保障绩效总量中，这 5 个省份的工作是排在前列的。但在残疾人就业绩效的托养服务排名发生了变化，江苏省排在第一位（3.49848），依次为辽宁省（0.52972）、湖北省（−0.11624）、山西省（−0.14488）、北京市（−0.21241）。

表7　社会保障绩效中各省份的因子得分

地区	REGR factor score	1 for analysis 1	REGR factor score	2 for analysis 1
	均值		均值	
安徽		.77629		−.36901
北京		−1.17949		−.21241
福建		.		.

地区	REGR factor score	1 for analysis 1	REGR factor score	2 for analysis 1
	均值		均值	
甘肃		.		.
广东				
广西		.44168		− .60042
海南		− 1.09900		− .47500
河北		.		.
河南		2.26529		− .22177
黑龙江		.00037		− .27883
湖北		1.34156		− .11624
湖南		.		.
江苏		− .12591		3.49848
江西		.23568		− .35567
辽宁		− .03804		.52972
内蒙		.		.
青海		− 1.34457		− .46310
山东		.		.
山西		.39967		− .14488
陕西		.04077		− .27253
上海		.		.
四川		.		.
天津		− 1.14116		− .23109
新疆		− .57238		− .28724
浙江		.		.

由于上述两个公因子是从两个不同方面反映了残疾人社会保障绩效的不同水平，单独使用某一公因子很难全面做出综合评价，因此，考虑按各因子对应的方差贡献率比例为权数计算如下综合得分，相应程序如下：

COMPUTER Score = 50. 209/87. 324 * FAC1_ 1 + 37. 116/87. 324 * FAC2_ 1. EXEC。

排在前三位的省份分别为江苏省（1. 4145）、河南省（1. 20802）、湖北省（0. 7223）。

在综合评价得分中，江苏省在各项公因子的分值中在制度性因子中占优，但这公因子主要反映绩效的量，而第二公因子中托养服务却远远领先于其他省份，这体现了江苏省在残疾人社会保障绩效中的软实力很强。但必须注意到我国残疾人口较多的河北省、山东省及中西部的一些欠发达地区省份在对残疾人的社会保障方面做得不够好，需要政府重视及加强保障力度，积极改善他们的生活水平和质量。

三、新时代我国各省份残疾人扶贫开发的绩效评估分析

首先，对我国各行政区（由于数据采集来源于 24 个省份，某些数值有缺省）的残疾人扶贫开发状况进行分析和评价。具体步骤：第一步，采用 SPSS19. 0 软件采集各行政区域的数据表，在此基础之上采用标准化方法将原始数据进行标准化处理，从而使数据的指标具有可比性，消除变量在数量级或量纲上的影响；第二步，根据标准化的数据矩阵求出协方差或相关矩阵，求出协方差矩阵的根特征和特征向量；第三步，确定主成分，给主成分所蕴含的信息给予解释；第四步，利用 SPSS 软件可以自动生成因子荷载及其旋转表，利用主成分的特征值计算主成分的权重，根据各决策区的因子得分与主成分权重的乘积作出综合评价。

表8　扶贫开发绩效原始表

地区	扶持贫困残疾人人数	农村危房改造户数	农村危房改造资金	农村危房改造受益人数
安徽	158000. 00	.	7195. 30	14000. 00
北京	9197. 00	731. 00	592. 35	803. 00
福建	1588. 00	1195. 00	.	12335. 00
甘肃	116000. 00	10000. 00	12000. 00	.
广东	46600. 00	1486. 00	.	1655. 00
广西	48400. 00	7583. 00	6225. 56	9303. 00

地区	扶持贫困 残疾人人数	农村危房 改造户数	农村危房 改造资金	农村危房 改造受益人数
海南	7000.00	2622.00	1950.45	2724.00
河北	206000.00	3468.00	4095.40	4389.00
河南	168000.00	2233.00	463.50	3135.00
黑龙江	19000.00	.	.	.
湖北	111745.00	1200.00	946.75	1525.00
湖南	86949.00	7639.00	5241.55	8430.00
江苏	31400.00	992.00	285.15	1133.00
江西	40600.00	4788.00	1248.63	5433.00
辽宁	68974.00	1486.00	867.20	1484.00
内蒙	41000.00	7473.00	8064.00	9152.00
青海	13200.00	2554.00	3178.55	2621.00
山东	119200.00	3721.00	.	4719.00
山西	98185.00	.	2069.30	2351.00
陕西	237200.00	4432.00	4042.73	5675.00
上海	.	.	.	.
四川	253900.00	3046.00	5238.37	3360.00
天津	23683.00	109.00	176.00	109.00
新疆	35300.00	6748.13	15280.00	15490.00
浙江	104600.00	.	3632.15	.

表9 扶贫开发绩效标准化表

地区	扶持贫困 残疾人人数	农村危房 改造户数	农村危房 改造资金	农村危房 改造受益人数
安徽	.98175	.	.75213	1.94059
北京	-1.02600	-1.04097	-.87314	-.97952
福建	-1.12867	-.87692	.	1.57217
甘肃	.41506	2.23612	1.93477	.
广东	-.52133	-.77404	.	-.79100

地区	扶持贫困残疾人人数	农村危房改造户数	农村危房改造资金	农村危房改造受益人数
广西	− .49705	1.38158	.51343	.90128
海南	− 1.05564	− .37240	− .53886	− .55446
河北	1.62940	− .07329	− .01089	− .18605
河南	1.11668	− .50993	− .90486	− .46352
黑龙江	− .89373	.	.	.
湖北	.35765	− .87516	− .78591	− .81977
湖南	.02308	1.40138	.27123	.70811
江苏	− .72642	− .94870	− .94876	− .90650
江西	− .60229	.39340	− .71160	.04496
辽宁	− .21945	− .77404	− .80549	− .82884
内蒙	− .59689	1.34269	.96595	.86787
青海	− .97199	− .39644	− .23657	− .57725
山东	.45823	.01616	.	− .11303
山西	.17468	.	− .50960	− .63700
陕西	2.05037	.26753	− .02386	.09851
上海	.	.	.	.
四川	2.27570	− .22249	.27044	− .41373
天津	− .83055	− 1.26088	− .97563	− 1.13309
新疆	− .67380	1.08641	2.74213	2.27028
浙江	.26124	.	− .12492	.

在前面将相关变量进行标准化后进一步进行因子分析，将错综复杂的关系变量综合为少数几个因子，以再现原始变量与因子之间的相互关系，并对初始因子的载荷矩阵进行旋转后，使因子与原始变量的关系进行重新分配。

表10　相关矩阵

相关	扶持贫困残疾人人数	农村贫困残疾人危房改造户数	农村贫困残疾人危房改造资金	农村危房改造受益人数
扶持贫困残疾人人数	1.000	.024	.025	-.026
农村危房改造户数	.024	1.000	.752	.900
农村危房改造资金	.025	.752	1.000	.926
农村危房改造受益人数	-.026	.900	.926	1.000

在解释的总方差中，给出了4个成分的方差贡献率和累计贡献率，明显发现初始特征根中前两个主成份大于1，我们默认提取前两个主成分，前三个主成分的累积方差贡献率达到93.071%，因此，前两个足以表明携带的相关原始信息量非常地多，通过方差的最大正交旋转后，我们发现各因子仍然保持正交的状态，但我们发现在旋转后两个公因子的方差贡献率均发生了变化，第一公因子由68.029%调整为68.027%，第二公因子由25.042%调整为25.044%，彼此之间的差距经过旋转后没有缩小，累计方差贡献率仍然为87.324%，这和旋转前完全相同。

表11　解释的总方差

成分	初始特征值			提取平方和载入			旋转平方和载入		
	合计	方差的%	累积%	合计	方差的%	累积%	合计	方差的%	累积%
1	2.721	68.029	68.029	2.721	68.029	68.029	2.721	68.027	68.027
2	1.002	25.042	93.071	1.002	25.042	93.071	1.002	25.044	93.071
3	.249	6.218	99.289						
4	.028	.711	100.000						

提取方法：主成分分析。

成份得分系数矩阵

	成分	
	1	2
Zscore：扶持贫困残疾人人数	−.003	.998
Zscore：农村贫困残疾人危房改造户数	.341	.017
Zscore：农村贫困残疾人危房改造资金	.345	.017
Zscore：农村贫困残疾人危房改造受益人数	.364	−.036

提取方法：主成分。

旋转法：具有 Kaiser 标准化的正交旋转法。

我们还可以利用上面的因子系数矩阵写出各公因子的表达式：

$$F_1 = -.003ZX_1 + .341ZX_2 + .345ZX_3 + .364ZX_4$$

$$F_2 = .998ZX_1 + .017ZX_2 + .017ZX_3 - .036ZX_4$$

虽然我们可以通过公式进行人工计算，但我们也通过 SPSS 软件分析，将各省份的公因子进行分值比较，分值情况见下面图表。由于上述两个公因子是从两个不同方面反映了残疾人扶贫绩效的不同水平，单独使用某一公因子很难全面做出综合评价，因此，考虑按各因子对应的方差贡献率比例为权数计算如下综合得分，相应程序如下：

COMPUTER Score = 68.027/93.07 * FAC1＿1 + 25.044/93.07 * FAC2＿1. EXEC。

表 12　扶贫开发绩效中各省份的因子得分

地区	REGR factor score	1 for analysis 1	REGR factor score	2 for analysis 1
	均值		均值	
安徽		.		.
北京		−.97632		−.91624
福建		.		.
甘肃		.		.
广东		.		.
广西		1.16565		−.45605
海南		−.43939		−.94130

地区	REGR factor score	1 for analysis 1	REGR factor score	2 for analysis 1
		均值		均值
河北		−.00109		1.42727
河南		−.59004		.96277
黑龙江		.		.
湖北		−.82372		.30258
湖南		1.00852		.00661
江苏		−.94052		−.65444
江西		.02200		−.55398
辽宁		−.79513		−.20466
内蒙		1.29873		−.53584
青海		−.35037		−.86190
山东		.		.
山西		.		.
陕西		.23344		1.79341
上海		.		.
四川		−.04935		2.00843
天津		−1.15627		−.74350
新疆		2.39386		−.63316
浙江		.		.

　　排在前三位的省份分别为新疆（1.58）、湖南省（0.7372）、陕西省（0.653）。

　　在综合评价得分中，我们发现得分前三名的省份，都位于中西部地区，特别是西部地区有两个省份入选，江苏省没有进入前三名。在这一指标绩效的衡量中，名次靠前的省份主要得益于近年国家加大对于弱势群体特别是残疾人改善基本生活条件投入有关。

四、存在问题及研究前瞻

本次研究所采集的数据均来源于各个省份中 2013 年残疾人事业发展的公报，其数据的标准化过程中有些省份没有按照中国残联的统计要求进行上报，导致某些数据缺失。因此，在分析时可能造成一些省份在主成分提取分析时被排除的现象。

（一）绩效评估的指标数过于单薄

从全国范围内来说，残疾人的社会保障和扶贫开发工作是一个巨大的系统工程，各省区域之间在这方面的差别非常大。"残疾人群体分为低保障型、高保障型和高救助型。低保障型残疾人享受社会保障较少，占残疾人群体的大多数，高保障型残疾人群体情况最好，享受较高比例的低保和救助。"在扶贫开发的绩效评估方面一些经济不太发达地区的排名却能靠前，这说明这些省份近几年这方面的工作的投入度逐步提高，产生的效果也非常明显。主成分分析法适用于多指标综合评价，可以解决数据信息浓缩的问题，还可解决量纲和累加时如何确定权重系数等优点，但由于本研究在某方面的绩效评估的指标数过于单薄，其实质上不太适合用于主成分分析，但为了保持与其他指标分析的一致性而采用了统一的分析方法。

（二）绩效评估指标体系的构建比较单一

从各省区域来说，在 7 个指标体系中得分都各不相同，发展的程度也不相同，社会保障和扶贫开发的绩效也不同。在指标体系的构建方面，有很多的指标过于单一，不一定能够反映出绩效的实质情况，但残疾人的绩效评估是一个崭新的课题，在做评估时已经发现需要改进的空间很大，指标的选择需要进一步优化。要注重学习和借鉴西方发达国家较为完善的残疾人社会保障和扶贫开发的制度及其绩效评估体系，建构习近平新时代中国特色社会主义残疾人社会保障制度体系。

（三）绩效评估指标的纵向比较不足

在绩效评估中仅仅对各省份分区域进行了分析和评估，并没有对我国残疾人特惠保障制度的绩效作一个总体的评价，每一个指标体系内部各要素之间没有进行纵向比较，数据仅采集于 2013 年相关统计，最好的研究方法是采集近 10 年的数据，通过纵向和横向分析得出的结论才更具有说服力。

（四）注重从数量和质量两个维度对绩效评估指标体系的优缺点进行系统性描述

在社会保障和扶贫开发方面，还存在诸多问题：一是尚未形成独立完整的社会保障和扶贫开发制度体系。二是供需矛盾突出，特惠保障制度、社会保障体系和扶贫开发之间的融通存在壁垒。三是残疾人保障金的投入与监管存在问题。四是城乡之间的保障差距呈扩大趋势。六是法制机制不健全等。绩效评估指标体系的构建是社会保障和扶贫开发绩效评估的核心内容，是重要的量化手段。本研究中的指标体系是否科学合理需要进一步在理论与实践过程中验证，且这一指标体系很难将残疾人的社会保障和扶贫开发都进行量化和精确计算，特别是在量化时采用的方法不完全具有通用性和普适性，这些都需要在实践中不断地改进、优化和完善。

参考文献

1. 习近平. 决胜全面建成小康社会，夺取新时代中国特色社会主义伟大胜利［M］. 北京：人民出版社，2017.

2.《党的十九大报告辅导读本》编写组编著. 党的十九大报告辅导读本［M］. 北京：人民出版社，2017：343.

3. 张元，魏范青. 我国残疾人社会保障机制创新研究［J］. 淮海工学院学报（人文社会科学版），2017（1）：102 – 105.

教育学

论后现代主义对教师职业尊严的
解构与重构策略

——基于教师立场的思考与建议

刘　燕①

【摘　要】当前，教师职业尊严维护陷入了严重的现实困境，动摇其根基的深层文化力量是后现代主义。后现代主义的商品化观念颠覆了教师职业价值，知识自我化解构了教师先行功能，彻底消解权威解构了教师个体权威，知识消费方式弱化了教师导引功能。为抵抗后现代主义对教师职业尊严的瓦解，教师必须更新教育职业理念、提高自身职业素养、涵养科学职业尊严观、加强教育行为自律，以谋求在新的水平上重构教师职业尊严。

【关键词】后现代主义　教师尊严　解构　重构策略

"教师职业尊严"是个多义范畴：既包含教师这一行业的职业尊严，也包含教师作为主体的个体尊严。前者以教师这一职业在社会各行业中的地位重要与否以及社会对教育行业评价的高低为衡量自身达到水平的重要指标；后者不仅通过教师个体的社会地位和人际评价的高低反映出来，还表现在教师的尊严感的高低，即为教师自我意识到的尊严水平以及真实享受到的尊严状态。于此可见，教师职业尊严是由多重因素错综影响形成的社会现象，社会发展与文化变革带来诸多变动不居的因素随时解构了现有的教师职业尊严水平，也生成了建构教师职业尊严的新生元素。在中外文化交流不断拓展交流的渠道、丰富交流的内容和深化交流的主题的进程中，一股不可忽视的文

---

① 作者简介：刘燕（1975—　），女，江苏连云港人，连云港师范高等专科学校副教授，硕士，主要从事大学生心理健康和教师教育研究。

化潮流——源自西方的后现代主义文化思潮也传入我国，文化传播的惯性力量借助于本土环境的适宜属性——我国有着与后现代主义最初在西方得以萌生滋长的类似的文化土壤，其蕴含的"商品意识""经济价值""现世利益"等观念日趋浓郁并广泛蔓延，其对现有事物的价值与合法性的批评、否定和怀疑的态度顺势得到呼应。当后现代主义裹挟着人们不断质疑批评历史的或现存的社会观念、文化传统甚至价值体系的时候，教师尊严也难以避其锋芒。后现代主义文化改变着青少年学生对自我与教育、学生与老师之间关系的经验感受、理解方式和价值判断。这些变化在学生的精神世界引发了一种相对隐蔽却更加深重的危机，即对教育和教师作为重要他者的弱化甚至否认，对现有教师职业尊严形成了不容忽视的挑战。当然，我们要说的是教师职业尊严不是不可以挑战，而是我们需要认识和确定面临的是怎样的挑战，以及在挑战和应战的冲荡之中，应该如何抓住转机以实现具有实践意义和现实价值的教师尊严的完善或重构。

一、教师职业尊严面临的现实困境

20 世纪 80 年代以来，教师的行业地位及教师尊严在国家呼吁、制度保障、法律巩固和文化培育、待遇提高等多重力量的推动下日益得到提升。教育法律法规中的"全社会应当尊重教师"之类的文本表述，传递出时代对弘扬尊师重教文化的呼唤信息。教师节的设立、教师薪酬的正常化和不断提高，使教师有了畅言职业尊严的底气与自信。这些法律法规、行政文件的目的之一，是去除较长一段历史时期内对教师的职业价值和社会地位的遮蔽，在新的时代环境中重塑尊师重教文化传承，以激励教育工作者为教育事业、国家建设辛勤劳动和赤诚奉献。应该说，有关法律和政策的制定实施，有效地促进了教师职业尊严的提升。然而，随着教师这一职业的生存空间与文化环境的变化，教师职业尊严建构及维护逐渐陷入困境，面临停滞不前甚至式微的局面。

（一）教师职业尊严受到学生及家长的双重冲击

一般来说，社会及民众往往以"蜡烛、园丁、工程师"等隐喻符号塑造教师崇高的为人师表的形象，在审视教师群体或者和教师交流过程中，容易把教师视为"极端的奉献者"，即教师应该以殉道者的身份尊重学生、民众和社会，而不能为自己的个人尊严、权益作辩解，更毋庸声言提高自己的尊严和强化自己的权益。一旦教师和学生产生矛盾冲突，若是学生过失在先，则以学生是受教育者为理由，主张教师对学生的错误行为予以原谅，至多主张教师通过批评教育促其改正；教师如果坚持深究或者处罚学生，则批评教师不够宽容大度，甚至反过来批评教师专业能力不强，不能处理好师生关系。若是教师过失在先，则口诛笔伐，大加鞭挞，动辄称破坏了教师形象。在与学生的合理冲突中，教师容易成为道德审判的对象，被"预先"剥夺了尊严。这种单向苛刻的评判眼光，纵容了学生的错误行为，损伤了教师教育学生的专业合法权利。甚至一些女老师"如果没有办法管住高年级男学生，就会处于很尴尬的境地，学生不怕教师，甚至顶撞；女老师为保住自己的饭碗，感觉很无奈，只能忍受这种'扭曲'的师生关系"。溺爱孩子的家长更容易护短，在孩子与老师发生冲突或者孩子受到责罚时，往往不问青红皂白地将矛头指向教师。"学生不服管，教师觉得自己对学生进行管教名正言顺，在这种情况下，管教学生往往会发生师生冲突，个别教师在这种情况下情绪冲动会体罚学生，但体罚学生往往得不偿失，甚至遭到学生或家长的殴打。"[①]"仅在去年一年（2008 年——笔者注），接二连三发生的教师被打、被殴、被逼疯乃至被逼死等与尊师重教相违的惨案……"[②]

（二）教师职业尊严承受学校内部的潜在剥蚀

建立健全符合教育发展与改革需求的管理制度，通过科学管理激发教师工作积极性，提高工作效率，推动教育质量的提升，是现代教育的内在要求。然而，有些学校制定管理制度往往不是从学校教育工作的实际情况和现实需要出发，而是从便于控制教师、利于发挥权力作用出发，形成的管理制度隐含着伤害教师尊严的元素；即便建立了科学合理的管理制度，有些执行者要么带着懒政意识将制度机械化，要么为了凸显行政权威将制度粗暴化，人为造成了教师尊严的损伤。如在职称评定、荣誉授予等关乎教师的根本利

---

① 彭虹斌. 农村中小学师生关系考察——基于湖北省洪湖市 A 镇的历史人类学调查［J］. 教育科学研究，2011（2）：47－52.

② 吴维煌：让学校成为师道尊严的捍卫者［J］. 教学与管理，2009（25）：43－45.

益问题上，相关政策制定与执行往往有意无意地向行政管理岗位倾斜，造成普通教师在竞争中处于劣势，在扼杀普通老师工作积极性的同时，也销蚀着他们的职业尊严；在绩效工资方面借着促进竞争、优者多得的名义，让教师陷入琐碎的经济账的纷争中，不仅未能有效激发教师积极性、创造性，反而生出"二桃杀三士"的副作用；校务公开的内容不分适当与否，"一些涉及教师个人较为敏感的考核结果，如所教班级考试分数、个人绩效考核成绩、职称评聘成绩甚至师德考评成绩等都公诸大庭广众之下，使一部分教师的自尊心受到严重损害，给教师本人及学校工作带来了无法预料的负面影响。"①

（三）教师职业尊严的回馈逻辑被扭曲

教师职业尊严不是从事教师这一职业的人与之俱来的精神待遇，它具有鲜明的回馈性：作为职业尊严，它是社会与公众对教师职业满足社会需要的程度和推动社会发展的能量的回馈；作为个体尊严，它是教师道德水准、知识水平和专业能力作用于学生、家长和社会的回馈。荀子说："礼者，所以正身也；师者，所以正礼也。无礼何以正身？无师，吾安知礼之为是也？"②韩愈说："师者，传道授业解惑者也。"教师在道德引领、心智启迪和知识传播等方面发挥不可替代的作用，自然能获得社会及民众的尊敬。新的历史时期，国家、社会对教师的职业价值高度重视，采取提高教师的经济待遇、授予教师各种荣誉、加大教师专业化建设等一系列举措，激励教师服务敬业乐群、教书育人，为国家强盛、社会发展作出贡献。然而，部分教师把手段作为目的，把措施误为宗旨，不把心思放在工作奉献上，到处钻营谋取经济利益，通过不正常手段获取职称晋升和各种荣誉称号，而社会上的一些人则把对教师的尊重狭隘化为对教师职称职务、经济待遇和荣誉称号的尊重。教师尊严的回馈机制被两方面的力量扭曲成了暗流，反过来助推了教师不安心本职工作、不关注学生发展而只关心个人利益的歪风。最终的结果是，极少数教师为了金钱、荣誉不顾廉耻，职业荣誉感丧失殆尽，严重破坏了教师队伍形象。

---

① 魏居桥. 校务公开要保护教师尊严 [J]. 教学与管理，2010 (5): 22.
② 梁启雄. 荀子简释 [M]. 北京：中华书局，1983: 21.

二、后现代文化观念：解构教师职业尊严的深层力量

上述漠视教师专业权威、一味追求经济利益、重视行政效率忽视人文关怀等现象仅仅是消解教师尊严的外在表象，隐伏于其背后的深层原因或本质影响是在社会流变中人们日益嬗变的后现代文化观念。西方后现代主义出现于20世纪50年代末至60年代初期，随着我国的改革开放对外来文化的接纳，后现代主义也裹挟在强大的西方文化思潮中进入了我国。而我国当代"'文化大革命'的剧烈震荡和商品经济大潮的有力冲击，以阶级斗争为中心转化为以经济建设为中心，商品化原则成为社会的中心原则，现代社会的信息化、程式化、电脑化，文化工业化和生活虚假化"① 的社会现实，则为后现代文化的顺利移植、扎地生根提供了适宜的背景，曾艳兵称之为"东方后现代"："虽然不能说我们有同西方一样的后现代主义，但我们不能否认我们有中国的后现代。相反，我们不可能有完全等同于西方的后现代主义，我们所有的只可能是中国的后现代，我干脆将它命名为东方后现代。"② 这些思想观念使得人们自觉或不自觉地动摇着教师受到社会尊重的思想先进、道德崇高、知识先行等重要基础，使教师职业尊严经受着一场前所未有的强力撞击和深度解构。

（一）后现代主义的商品化观念颠覆了教师职业价值

产生于后工业时代的商品经济大潮中的后现代文化放弃对深层意义和精神价值的寻绎，带有浓烈的消费意识，往往以带有鲜明的"商品化"倾向的视角看待周围世界，将一切都视为"商品"。在"商品化"意识的控制下，人们用经济标尺衡量教师职业，并据此形成对教师职业的价值评判。无需讳言，经济创造力是专业能力也是教师职业价值重要的构成成分，教师的经济收入（工资水平）应该是教师对社会贡献的相应回馈。但是"商品化"观念导致将"经济量"作为称量教师职业价值的终极因素，不仅导致对教师职业功能的功利化认定：能带来经济量增长的老师及其执教的学科被认为创造

---

① 曾艳兵. 东方后现代［M］. 桂林. 广西师范大学出版社，1996：12 – 16，7.
② 曾艳兵. 东方后现代［M］. 桂林. 广西师范大学出版社，1996：12 – 16，7.

者，主要承担文化知识专递功能的老师和相关学科则被认定为消耗者；也导致对教育岗位和工作的功利化认定：能带来显性效益的教育岗位或工作受重视，而那些作用于学生身心之上历久才能显现效益的甚至学生在校期间根本显现不出效益却对学生有深远意义的岗位或工作则受到厌弃。我们看到的是把教师职业定格在经济网络中的节点上，使现代教育在一定程度上已经蜕变成为经济教育，"商品化"观念不仅漠视了教师职业对教师本人自我价值实现的生命意义，以及教师职业生涯中感受到智慧与人格的价值，更抹杀了教师职业的核心价值——敬业乐群、教书育人，在抛弃教师职业价值的多样性的同时，在更深层面上对教师的职业价值作了否定。当教师对学生的道德引领、价值观培育、人生成长的重要他者等功能和价值被解构以后只剩下"增值"和"消费"时，教师队伍出现了分流：那些呕心沥血教书育人、全心全意关心学生成长的老师，因为缺乏"经济创造力"完全依赖工资收入，受到社会的轻视；而那些追求高收入荒芜了课堂"公田"肥了有偿家教"自留地"的老师，将职业道德底线一再放低，更会受到社会的谴责。无论身处哪一分流中，教师职业尊严都被稀释在经济的潮流中了。

（二）后现代主义的知识自我化解构了教师先行功能

现代主义致力于寻求统摄世界的"真理"，希望能够把握现象世界的本质，实现现实世界和认知世界的统一，故而强调知识的客观性、普遍性和确定性。后现代主义则走向反本质化、消解深层意义的路径，力图破除中心性、终极价值，强调知识的主观性、自我化和变动性。在现代主义的知识观念下，教师在引导学生探寻知识行动中具有先天的合法性：假定学生的学习最高目标在于寻求隐藏于客观世界现象背后的本质规律，或者寻求实现人生价值的终极真谛，热爱客观的、具有普遍意义的、确定的知识，教师的职业行为被当然地认定为有效的知识传递或发现引导行为。而后现代主义知识观所追求的知识自我化、去真理化，其本质是"后现代知识不再以知识本身为最高目的。知识失去了'传统的价性'，而成为商品化的重要领域"。[①] 于是，传统的教师知识先行功能（教师控制知识获取的渠道、有解释知识的权威性，教师是知识的代言人）受到质疑：教师还是无可置疑的知识权威和求

---

① 王岳川，尚水．后现代主义文化与美学 [M]．北京：北京大学出版社，1992：19，126，22.

知先行者吗？教师传递或发现的知识具备有效性吗？所持有的知识受到了怀疑，这样的老师不值得怀疑吗？这类问题还可以继续追问下去，直至呈现这样的追问：知识有价值吗？我们还注意到，现实中很多跟随老师学习的人并非为了发现真理贡献社会，而是为了某种责任或义务，或者为了某种身份标识，或者只为了享受轻松的生活方式而选择生存在学校中。这些追问和对知识态度的转向造成了学习者的不确定性，进而产生对教师态度的不确定性。教师的职业职责与指向是确定的，而教师职业的服务对象（学生）的选择和倾向却是不确定的。"尊师重教"的核心在于对教师传递知识、带领学生发现知识的职业行为的尊重与肯定，当教师传统的角色功能被解构、行动合法性被质疑时，教师容易陷入失语状态，教师尊严也不再拥有现实的肯定性。

（三）后现代主义的解构权威观念解构了教师个体权威

自启蒙运动人性解放的神话创生以来，人的自我意识、人的价值日益显扬，"我"成为个体的主宰，主体性、主体意识觉醒并逐渐强化，外在的权威受到挑战。强调自我、弱化外在权威对人的主体地位的排挤、消除非理性对人的压抑有积极的意义。然而，后现代主义沿着现代主义的破除权威之路走到尽头，无视并彻底否定权威，"从'上帝之死'到'作者之死'和'父亲之死'，……我们取消了文化，消除了知识的神秘性，消解了权力语言、欲望语言和欺诈语言的结构"。[①]

后现代解构权威的观念给教师的个体权威带来巨大冲击。教师以社会代言人的身份在学校组织中对学习者行使管理教育的权力，在意识形态、伦理道德或科学真理等方面给予学习者规划引领的权力，以往都是合法的、权威的，如今经历着一场痛苦的"祛魅"，不再神圣和神秘。借用一句话说，教师的"道德的崇高和伟大失去了以往的威严，……多元的差异，多样的自由，边缘的行动，歧异的思想成为伦理生活的现实"。[②] 教师的职业行为仅仅被视为一种职业行为，而不是一种信仰尤其是自我信仰的再现、传递和再生。不仅如此，后现代主义的彻底消除权威还包括取消知识的权威性，否定知识背后隐含的意义和内涵，以平面化的方式削平知识的深度。这与教师持

---

① 王岳川，尚水．后现代主义文化与美学［M］．北京：北京大学出版社，1992：19，126，22.
② 金生鈜．德性与教化——从苏格拉底到尼采：西方道德教育哲学思想研究［M］．长沙：湖南大学出版社，2003：300.

有的知识观念构成深层矛盾和对立，导致教师权威要么消失在与学习者的巨大差异中，要么消失在学生不经任何意义标准筛选而吸纳的包含大量噪音和碎片的信息中。

（四）后现代主义知识消费方式弱化了教师导引功能

后现代主义诞生的信息时代也是一个消费文化盛行的时代，"知识为了出售而被生产，为了在新的生产中增殖而被消费"，[①] 知识消费方式有其独特的表征。首先，知识传播不再依赖口耳相传、印刷书写相传，而是大量借助高科技手段如电脑、网络等媒体传播，教师作为知识传播中介的地位遭遇到了冲击，甚至有被电脑、网络取代的危险。其次，知识发现不需要教师提供的思路线索或价值标准作为引领，经过学习者的检索、对比、思考进入大脑，现在只要在电脑、网络上做简单的输入搜索，就能快捷获得并纳入视野。如此一来，教师引领学习者发现知识过程中蕴含的方法选择、思维锻炼和意志磨炼等价值被效率的快捷性过滤得一干二净，在高效的电脑、网络面前，教师不再具备优势，"数据库成了明日的百科全书，其所存信息，超过了任何听者的容量和接受力。数据库成为后现代人的本性"。[②] 再次，记录知识的平台、方式也产生了彻底转变，知识不需要经过反复学习巩固深刻地记忆在大脑里，也不需要精心整理抄写在笔记本上，可以存储在电脑、手机、网络上，教师对知识的加工策略、整理智慧风采不再。只要具备媒体工具、知道路径和知晓语言（语音输入技术甚至不需要学习者懂得文字），学习者获得知识的速度、广度和感受知识与现实生活的切合性方面可能比教师还要快速。

上述后现代主义观念对教师的冲击和结解，不但更改了教师的职业生存方式和工作伦理，而且深刻地动摇着教师的职业尊严，在缺少理性约束、明智选择的学习者面前，教师以及教师所代表的知识话语体系在学习者成长经历中的影响价值和塑形功能趋于弱化或不在场，"师严然后道尊，道尊然后民知敬学"[③] 的崇敬情怀又从何谈起呢？

[①]（法）让—弗朗索瓦·利奥塔尔. 后现代状态——关于知识的报告 [M]. 车槿山译. 北京：三联书店，1997：3.

[②] 王岳川，尚水. 后现代主义文化与美学 [M]. 北京：北京大学出版社，1992：19，126，22.

[③]（清）朱彬. 礼记训纂 [M]. 饶亲农点校. 北京：中华书局，1996：553.

三、重构教师职业尊严的基本策略

后现代文化一旦产生，只要社会文化土壤不变，就不会停止，其影响力在短时间内也不会消失。无论在任何社会成员和生命个体都应该受到尊敬的话语背景中，还是在教师作为特殊的工作者要对学习者的生命与成长负责因而更应该接受学习者尊敬的话语背景中，教师职业尊严都应该极力避免在后现代主义的消解、解构中彻底走向虚幻和破灭，必须深刻思考并积极行动，在新的社会文化空间里实现自我重构。在此，站在教师立场和视角提供一些策略建议。

（一）观念层面：更新教师职业理念

即便面临后现代主义的诸多冲击，教师仍然不能放弃对传统职业精神与内涵的坚守，不仅需要继续将崇信敬业乐群教书育人的职业品格、掌握渊博的学科知识和教育理论学识、具备引领学生切合社会需要不断发展创新的职业能力纳入到自己的职业理念中，而且要在后现代主义滋生蔓延的当代社会情境下为自己的职业理念增加新的血液，以实现教师职业尊严的新平衡。在笔者看来，教师尊严重构面临两个关键问题。一是教师得到的外部尊严来自学生、家长和社会，而学生对教师的尊敬更为直接和现场化，一旦对教师尊严形成消解力量，造成的冲击也最为激烈，协调师生关系成为教师尊严重构的关键。二是后现代主义对教师尊严的消解本质是不同文化之间的思想观念和价值取向的冲突和对立，以合适的文化立场和交流方式抵抗消解力量是教师职业尊严得以重构的关键。关于前者，美国教育学家多尔提出的教师要成为"平等中的首席"的理念值得借鉴。多尔认为教师应该"是内在于情景的领导者，而不是外在的专制者"。"平等中的首席"形象要成为可能，就"要以对话为基础，通过关切而富有批判性的社区之中的对话"。① 关于后者，哈贝马斯提出交往合理化的理念富有启发性。哈贝马斯认为主体之间的相互"不理解"致使主体之间本来进行的"对话"变成了"争辩"，应该通

---

① （美）多尔（Doll，W. E. Jr.）. 后现代课程观［M］. 王红宇译. 北京：教育科学出版社，2000：238 - 239.

过合理化交往走向一条平等的、以理服人的对话渠道，最后通过对话，与真理觌面，以真理在握者胜，并达到双方的沟通理解。[①] 多尔的理念要求教师加强与学生的平等对话、真诚交流，哈贝马斯的理念要求教师要加强与后现代主义的对话与沟通。据此，后现代主义情境下重构教师尊严应该将建设新型师生关系、推崇教育民主平等置于重要位置，教师需要确立教育即师生交往行动、教学即师生对话过程的理念。唯有如此才能保障教师尊严建立在与学生心灵交流的基础上，让学生对教师的尊敬发自肺腑而不是来自外在力量的强制，让教师获得的尊重是在可亲前提下的可敬而非学生盲从于权威或者制度赋予的可敬。

（二）素质层面：提高自身职业素养

无论在哪一个社会阶段，影响教师职业尊严的建构水平和维护效益的核心要素都是教师专业素养。一般来说，教师专业素养越高，则职业情意和荣誉感越强，解决教育问题能力越强，对学生的成长影响也越积极越大，也就越容易获得学生、家长和社会的尊重。因此，面对职业尊严受到的冲击和消解，教师应该不断提高专业素养以应对后现代主义的挑战：后现代主义颠覆教师的职业价值，教师则需要巩固并强化自身敬业乐群教书育人的职业价值，这就需要教师强化职业信念，稳定职业理想，加强思想修养，提高育人本领；后现代主义解构教师的知识先行功能，教师则需要广泛学习、终身学习，优化知识结构，紧跟当代知识的发展前沿，将知识的深刻性与应用性紧密相连，以夯实自身先行者的根基；后现代主义消除教师个体权威，教师则需要热爱学生，不仅关心学生知识增长、能力提高，更要关心学生心灵成长、生活变革，使学生点燃青春之火，追寻并实现生命的价值，以强化自身作为影响学生发展的重要他者的角色功能；后现代主义消解教师的引领功能，教师则需要不断更新学习方式，提高发现知识、整理知识的能力，积极探索、努力创生新知识，以自己吸收先进知识的切实行动为学生树立学习典范。唯有如此，教师才能创造崭新的职业外在价值以满足社会发展和学生成长对教师的必然要求，通过自身不断的努力获得与"律师""医生"等职业同样的专业地位，得到来自学生、家长和社会的更多的尊重与敬意。

---

① 王岳川. 后现代文化研究［M］. 北京：北京大学出版社，1992：166，引言.

（三）主体层面：涵养科学职业尊严观

中国自古就有尊师重教、讲究师道尊严的传统，甚至将教师与"天地君亲"并置，把教师尊严抬高到无以复加的地步。受这样观念影响，一些教师师长权威至上和伦理霸权的意识浓烈，漠视学生的主体地位和个性价值，在师生关系上撕开了难以弥合的口子，反而招致学生的对立与憎恨。将此现象与后现代主义对教师职业尊严的解构现状结合起来看可以发现，追求职业尊严存在着一个适合的强度问题，过分索求尊严与一味淡化尊严均将置教师职业尊严于消解的尴尬境地。因而，涵养科学职业尊严观既是消除传统师道师尊观念负面影响又是抵抗后现代主义消解教师尊严的客观需要。在笔者看来，科学的教师职业尊严观主要包括以下方面的内容：（1）要认识到教师职业尊严是教师劳动付出获得回报，并非天赋尊严。任何职业尊严都是建立在对生命、人格尊重的基础上，衍生出对某一职业的从业人员身份角色的尊重；从业人员要想获得社会于他人的尊重，必须以较高的道德修养、优秀的职业能力和出色的工作实绩为社会、他人做出贡献，教师职业尊严同样如此。与其他行业尊严同样重要，教师职业尊严并不具有特殊性，这要求教师要寻求适度的尊严感期待值，方不至于因苛求尊严的获得导致尊严感的降低，也不至于放任尊严的消解而导致职业尊严沦丧。（2）要认识到教师职业尊严是基于人际平等交往而生发的人与人之间的态度倾向，人格平等是建构新型教师职业尊严的认识基础、心理动力。这不仅要求教师与学生交往、对话的过程中，要将教育民主平等是获得学生尊重的根本理念和现实保障。"师生之间是否民主平等是中国教育与西方教育的差异之处，而西方这种崇尚自由与平等的教育代表着世界教育的发展方向，师生在平等的前提下成为朋友是教育学上的新趋势。"① 教师在重视自己的价值和尊严同时，要尊重学生的人格和价值。还要求教师在与社会的交流互动的过程中，要以对他人的尊重获得尊严回馈，使自身职业尊严的建构与提升与其他行业、从业个体的尊严建构与提升形成良性互动。（3）要认识到教师因学生而存在，教师职业尊严的实现与获得，本质上是一个与学生的动态建构过程。这意味着，经过服务学生和经由科学观念引领、有效实践推动、适度心灵追求而获得的教师

---

① 李石岑. 中国教育与西洋教育之异点 [J]. 教育杂志, 1924 (5): 4-6.

职业尊严状态，有可能被消解，有可能被维持，也有可能被强化。要想将职业尊严保持在较高的水平上，教师应该跟随社会经济文化的变革步伐与学生日新月异的成长需求，以不断革新的眼光和科学的策略审视职业尊严的建构问题。比如，要不断改进与学习者、他人的平等对话，完善与师生之间的交流渠道和模式；要不断研究、了解学习者，把握学习者的心灵需求和个性特点，实现与学习者的动态共鸣；要不断更新民主意识，指导学习者学会理性地挑战权威，而不是带着彻底颠覆的理念横扫一切；要坚持与学习者共同学习、一起进步、携手发展，在与学习者建立的学习共同体、创业共同体和价值共同体中增强互信、互助和互尊；等等。

（四）行动层面：加强教育行为自律

教师职业行动的约束力量来自两个方面，一个方面是他律，比如我国颁布的一系列教育法律法规、政策纲要包含着对权利和义务界定，实则是对教师行动的约束与规范。其中蕴含着推动教师职业尊严建构的精神和内容，如《中华人民共和国教师法》《中华人民共和国教育法》等法律中均有要求教师遵守宪法、法律和职业道德，为人师表，关心、爱护全体学生，尊重学生人格，不断提高思想政治觉悟和教育教学业务水平等条文。就当前教师职业尊严生态状况看，冲击与争执的焦点不在教师是否自觉遵守教育法律法规上，而在教师的教育行动游离在法律边缘陷入道德旋涡。如极少数教师面对师生冲突不是自觉反思化解冲突，而是极力维护自己的脸面，无视学生的合理诉求，辱骂、中伤甚至殴打学生；在和学生、家长的交往中谋取经济利益甚至搞情色交易，道德沦丧；为了晋升职务职称，行贿受贿，抄袭文章，学术腐败；为了出名出位尔虞我诈，明争暗斗，狗咬狗一嘴毛；等等丑态不一而足。教师的这些缺乏自律的行为正是人生价值失落、职业深度消失、人格尊严消解和理想信仰缺位的具体表现，为后现代主义解构教师职业尊严找到了合适的突破口。这说明仅有法律法规的文本作为他律力量还不够，教师必须乐于将国家、社会以法律法规、政策纲要的形式表达的对自身职业的要求转化为行动的自觉，即由他律变为自律，自己的教育行动才会不断得到修正与改造，深化内涵，提高质量，从而获得国家、社会的认可和学生与家长的尊重。

后现代文化在西方已经开始出现没落，人类精神家园的建构面临新的选择。后现代主义思潮"裹挟着那弥漫周遭的虚无主义浸渍了人类精神领域，致使 20 世纪思想舞台上真实与虚妄的冲突愈演愈烈。至此，人类对真理、良善、正义的追求不断被语言所消解，生命的价值和世界的意义消泯于话语的操作之中"。① 这种文化状态也许只在后现代主义的理论著作中被描述着而不会成为现实，人类终将建构新的价值体系和意义世界以迎接未来。但是，处在当代社会变革中，教师作为建构职业尊严的主体，如果不正视后现代主义对教师职业尊严的解构，采取应对性策略，那么，在教师职业尊严走向幻灭之后，下一步被解构的将是整个教师职业。行动，自觉自律的专业行动，是教师在新的水平上重构职业尊严的必然选择，也是唯一选择。

---

① 王岳川. 后现代文化研究［M］. 北京：北京大学出版社，1992：166，引言.

数字化生态学校：
一种新型办学模式的实践建构

王建华①

【摘　要】本文根据实践所得，基于学校的特色文化建设和历史传承，提出了"数字化生态学校"的概念，梳理了建设思路、顶层设计、推进实施、价值反思，重点围绕创建生态育人环境、构建生态课程模型、搭建生态学习平台、重建生态评价体系，概括了数字化生态学校建设的路径和策略，分析了成效，对以适合的教育为导向推进学校办学模式及其结构性改革具有理论意义和实践价值。

【关键词】模式　文化　课程　生态　数字化

作为校长，我一直在思考和追问教育的价值和学校办学的意义。随着教育全球化的发展和课程改革的推进，教育在关注人才培养的同时，更多的是思考如何培养面向未来面向世界的合格公民。

伴随着"互联网＋"战略的提出与信息化水平的提升，一场基于新技术、新理念、新模式的教育改革扑面而来。工业时代学校赖以建立的基本假设正在受到挑战，新兴的互联网技术，诸如云计算、大数据、语音识别、深度学习、数据可视化技术等，使得教育教学比以往更能接近学生的真实能力与水平，使得育人方式从理念、方法到技术均在发生着变革与重构。

正是在这样的思考下，2014年9月我们启动了"数字化生态学校"的探路性建设。四年来，我们以建构"数字化生态学校"为核心，以培养"具有真善美品质的未来公民"为育人目标，积极探索办学模式和育人体系

---

① 王建华（1970—），男，连云港市大庆路小学校长，中学高级教师，研究方向：基于互联网＋思维下的教育改革。

的"双重变革"，尝试建立一个多元化、多层次的学校文化，进而丰富学校数字化办学理念的内涵，打造大庆特有的适合教育，推动教育信息化实现跨越式发展，实现学校办学模式的弯道超车。

一、寻根、自省、定位和重塑学校办学模式

"十二五"期间，信息技术进入教育领域，使得教育形态发生了巨大的变化，许多学校通过加强"数字化学校"建设走出了一条特色兴校之路，从办学条件、办学理念到办学质量等，都在发生可喜的变化。但是我们也清醒的感到，目前的"数字化学校"的概念，存在着严重的方向性问题。很多学校热衷对数字化设备的更新换代，对信息技术用于教育教学的认识始终停留在"技术感性"的层面，违背了教育是人类活动的公理，忽略了教育技术"创造性、具身性与合目的性"的特征。至今，还没有哪所学校仅凭信息技术就可以实现学校的"脱胎换骨"或跨越发展，"教育没有发生结构性的改变"。

因此数字化不应成为我们的终极办学目标，它更多的是桥梁，是纽带，是技术手段，因为教育首先是人的发展，学校一切工作的出发点都是围绕人的发展展开的。

学校教育的核心，不是单纯意义上的全面发展，而是通过教育提供更多的可能与空间，帮助孩子选择适合自己的成长路径，建立走向成功的自信，唤起孩子对未来美好人生、理想与梦想的追求。所以学校教育的本源，需要建立一种让孩子尽可能释放自己的充满个性与人文情怀的生态环境，和智慧一起成长。

从这个意义上说，需要我们重新定义学校办学模式，构建出灵活、开放、终身的个性化教育的新生态体系。基于我们已有的认识和经验，我们提出了"数字化生态学校"的建设构想。它的核心在于：通过互联网与教育领域的深度融合，实现教育无处不在，学习随时随地。即更加开放、多元的育人方式、融合创新的泛在学习、基于"互联网＋"及大数据下透明高效的校务治理、丰富多彩充满人文气息的校园文化、方便周到多向度的校园生活。简而言之，"要做一个数字化、多元化、生态化、国际化的学校"。

二、数字化生态学校的文化内涵与模型建构

(一) 核心概念

从数字化学校到数字化生态学校,改变的不只是一个概念,更多的是办学思维与结构的转变。数字化生态学校的内核是教育生态。

生态(Eco-)一词源于古希腊,意思是指家(house)或者我们的环境。简单的说,生态就是指一切生物的生存状态,以及它们之间和它与环境之间环环相扣的关系。

从教育的意义,我们理解的生态是创设适合自然成长、自主发展的教育环境,以培养学生形成和谐、阳光、健康、向上的学习与生活品质。

从未来的角度,我们理解的生态是指用数字化技术建设的物型课程,包括学习场地和场所,以及营造的学习环境与文化氛围,使其具有感染力,学生置身其中就如同铁块进了磁场,不由自主地被吸引,被磁化……以适合学生个性素质发展,形成面向未来、面向世界的必备品格、关键能力和价值观念。

所以,数字化生态学校正是我们基于特色文化发展而凝练的校本化实施和创新设计,是以数字化为牵引,促进教育理念、教学模式、课程体系、教育评价的深刻变革,努力实现更加开放、更加适合、更加人文、更加平等、更加可持续的教育。

数字化生态校园扩展了数字化办学的功能,催生了新技术与大数据在教育领域中的广泛使用,进一步加速了学校教育的科学理性的形成,并不断强化育人过程中的规律性、竞争性和开放性。当这种规律性、竞争性和开放性与关注师生的自我生成、自我发展和自我实现的理性相结合时,学校的教育理念就会走向注重教师之间、学生之间、师生之间、师生与社会之间互动的教育生态理性。毫无疑问,教育生态理性的形成过程,就是学校教育不断走向实现学生全面发展的过程。

（二）数字化生态学校的模型建构

基于学生发展的全面性，我们从整体角度来建构数字化生态学校模型，主要包含物理层、应用层、信息层和理念层四个层次。

1. 物理层是指网络和数字化设施以及具备这些设施的实体，构成数字化生态学校的基础平台。

2. 应用层是指运行在物理层之上的数字化信息资源和以育人、教学、管理为核心的应用系统。主要包括：管理信息系统、学生评价系统、办公自动化系统、网上教学系统、资源管理系统以及知识库、信息库，等等。

3. 信息层主要包括信息技能、信息意识和信息学习。其中，信息技能是指信息获取、信息检索、信息表达、信息交流、信息处理等技能。信息意识是指人的信息敏感程度，是对信息的价值和作用的一种正确认识、合理评价和有效管理。信息学习是指对信息的归纳、抽象，将纷杂无序的信息转化成为有序的知识，独立学习，形成自己的知识结构。

4. 理念层是指教育理念重构。包括学校文化、教育理念、人才培养、教学模式、教学方法、教学内容组织、教学管理、教育评价等观念，以及规则、方法和行为的总和。

其中，物理层是实现数字化生态学校的前提和保证。应用层构成数字化生态学校的"软环境"。信息层体现数字化生态学校中"人"的状态。人是数字化生态学校的主体，人如何来使用和操纵物理层和应用层，如何从所提供的网络和信息服务中有效学习，是数字化生态学校建设中不可忽视的内容。信息层体现数字化生态学校物理层和应用层的效果、内容、形式和运行方法，决定了资源的组织利用，推动理念层的形成。理念层代表数字化生态学校的目标，实现教育理念的重构，决定了其下各个层次的结构和内容。

在数字化生态学校的建设过程中，我们逐步厘清学校的

办学使命和建设的两个焦点问题：

一是建设目标：办更现代的大庆、更开放的大庆、更立体的大庆、更文明的大庆、更质量的大庆，让每一个生命都能自由地生长；二是核心理念：自主，多元，共赢。前者解决的是办什么样的数字化生态学校，后者解决的是怎么办。在这个理念的指导下，学校以项目建设和校本化实施为抓手，开创数字化生态学校建设的新平台、新领域。

三、数字化生态学校的实施路径和推进策略

（一）创建具有数字气息的生态育人环境

我坚信，好的土壤一定能培养出好的植物。对学生而言，环境就是最好的教育土壤，一进我们的校园，就可以感受到浓浓的数字科技气息。我们建设了融数字化与生态化为多向度的数字化学习场，由数字农植园、数字气象站、噪声测试仪等15处场所组成。我们认为，学校不是花园，而是花园式的教育，所以每一处景观都配有独特的"故事"介绍，让学习内容在校园成"象"、成"型"、成"景"。

学校是立在观念上的，对此我们从校门到校内每寸土地，从平面到立体，从春季走向四季，从传统走向现代，在不断改造我们的学校，用文化传递我们对生态建设的理解。正如我在博文《走进春天》中阐释的"向空间求发展，办充满绿色与阳光的立体大庆"。

比如校门的改造。校门是师生进出感受文化的第一场所，也是联通校内外世界的桥梁，是学校精神面貌与办学思想的折射。改造前后有四个重大细节变化：第一个重大变化是整体结构，我们以校门为中轴线，采用对称、立体、呼应手法设计；第二个重大变化是加入儿童气息，校名改为学生书写、墙上增加两座男女孩雕像，体现以儿童为中心的教育立场；第三个重大变化是数字化气息，动静结合，体现学校的动态发展，增设电子屏、荣誉墙、橱窗；第四个重大变化是立体绿化，由红叶石楠、瓜子黄杨与金镶玉竹组成四季常青，寓意学校发展节节高，迈向常青藤；我们自主设计的镶嵌式花架，是原先设计没有的。此举基于两个思考：安全、绿色，定期更换四季应景的

花草，增加校园景色的新鲜感。

再如细节改造。操场一角，有四处变化：①原有石桌石凳以及墙裙改为木质；②增设花架；③门面房窗户改为书架，漂流花香与书香；④架设风车，增加校园灵动感，辅以太阳能供电，为夜晚社区开放提供照明。同时通过我们的解读赋予海棠树新的内涵，让海棠树成为学校一种精神文化。

另外校内改造。学校文化是立体的，在种植花草树木的同时，需要山石与水，取其厚重与灵动，对此进行了三处改造。①直对正门，原是一棵冬青，现改为泰山石，寓意学校发展稳如泰山，蒸蒸日上。上书"有容乃大　积善成庆"，是我们对大庆的文化解读。尊重生命，冬青移至生态园，继续焕发勃勃生机。②墙上设计安装了悬挂式花箱，采用物联网技术进行浇灌。③安装太阳能数字气象站。走进大庆路小学就能感受到数字化生态气息，迎面就看到 LED 屏幕上显示着温度、湿度、大气压力、PM2.5、风速、风向等 8 项监测数据。这是学校投资近 30 万元建设的太阳能数字气象站和人工观察点，全天 24 小时动态监控学校周边的空气质量，学生社团根据学校气象站观察数据开展相关研究和发布信息。比如监测 PM2.5 值在 100 以上，学生社团就可以发布今天大课间长跑暂停，提醒做好防雾霾准备；通过后台大数据，学生发现学校周边的空气质量优良率达 320 天左右，远超全市平均数值 263 天，其中优秀率达 50%。"我们有意识地让学生参与到这项工作中，用数字化手段培养学生生态环保意识。"

走进大庆，你会发现，学校每个角落都有绿色环保与数字科技的气息，四年来我们不断在思考与实践。"在大庆，每天都是新的"，已不仅仅是理念，更是一种行动。

同时我们倡导打开校门办教育，与环保、科协等部门联合开展的"垃圾减量""水资源与环境""科普周"等主题实践活动，与社区、家长联合开展的"夕阳红志愿者""家长爱心义工社团"，形成了多元、共享、交互的育人环境和建设合力。这种力量，成为学校生态建设工作不可或缺的组成部分。

（二）构建基于核心素养的生态课程模型

数字化生态学校建设需要课程支撑，外化于形内化于心，我们自主探索，着力打造课程基地，完善数字化生态课程架构。

比如科技馆：以"自然、人与科技"为主题，将生态教育与数字化体验有机融合，由 3D 数字化报告厅、物联网创新实验室、科技体验馆、云校园展馆和植物园等重要功能场所组成。

再如 STEM 创客空间：将环保科普教育与数字化体验有机融合。场馆 90 平方米，分里外两间，由加工区、操作区、创意区和打印区等重要区域场所组成。这一场馆的建设既方便了课程的深入实施和集中展现，也能让更多的同学参与到活动中来，促进学生核心素养发展。

另外我们还建设物联网创新实验室、科技体验中心、电子阅读区等场馆，整个设施环绕校园，彰显着我们的办学追求"教育无处不在，学习随时随地"。

同时我们从面向现代化、面向世界、面向未来的理念出发，将"生态"有效地融合于各学科的教学过程来营造一种新型教学环境，提出了"数字·多元"建构式生态课堂的教学主张，探索融合正式与非正式学习、联结课堂与课外学习、结合学校与家庭教育的基于电子书包（Pad）的新课堂教学模式、方法和策略。

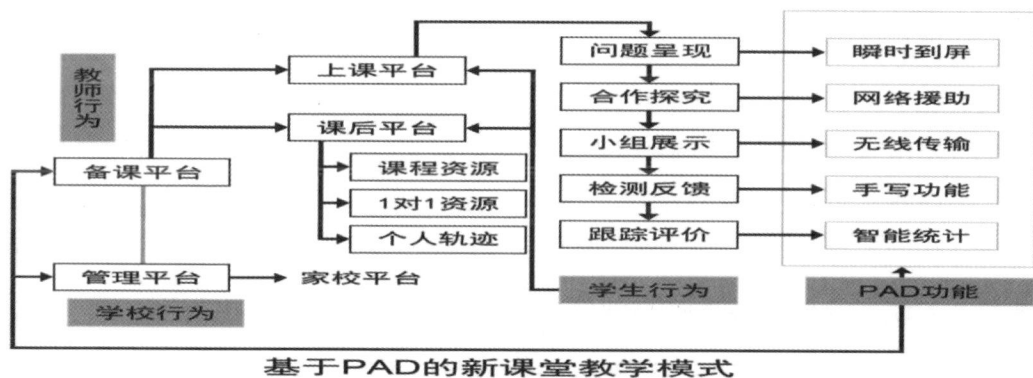

基于PAD的新课堂教学模式

（三）搭建具有科技特色的生态学习平台

我们积极探索基于互联网＋时代的教育特质，开发感知生长网、家校通、健康监测和移动管理平台等，以点对点的信息推送方式让家长、社会更及时、准确的了解学校、学生，同时，进行有效互动，联合多种力量推动数字化生态学校建设。

比如数字农植园：学生不仅可以近距离观察农作物生长的环境，比如温度、湿度、水等，有利于学生获得植物生长的直观感受，弥补了学生在学习中仅限课本和资源匮乏的不足，而且让学生了解了智慧农业的原理，体会到信息化节能的魅力。"只要下载了客户端，师生就可以线上线下感受和体验数字农植园里各种植物生长的过程。"

"数字化手段不仅切实解决了学校耗能问题，实现了生态建校的目标，而且让学生参与其中，真正明白生态环保的意义。"

此外，我校还借助建设数字化生态学校这一契机，主动创造条件让学生参与，培养学生的节能意识。为了让学生有节水意识，学校设计建造了雨水回收生态系统，将雨水净化后，用作绿化用水。每当下雨时，屋顶上的雨水就会顺着收集管道流入雨水收集池中，这是校园景观鱼池、绿化浇灌等的主要水源。

学生看在眼里，不仅逐步形成节约的意识，而且有的孩子回家还会用同样的方法节水。雨水回收生态系统客观上也实现了节水。目前，大庆路小学共建有 3 处雨水收集点，蓄水达 36.5 立方米，每年能节约用水 1000 多立方米，真正做到节能减排，绿色环保。物联网社团的王硕、姜可欣等同学，经过长期的观察、搜集材料和研究，制作模型，对学校的雨水回收和利用系统提出了改进意见，学校进一步优化了雨水池的净化和综合利用。

让我们感到收获更大的是，学校的生态建设为学生的科技创新提供了最好的研究平台，2015 年基于物联网技术设计的《守护开山岛》获得全国一等奖，2016 年学生制作的雨水回收和综合利用系统模型充分利用物联网技术，先后获得了 2017 年全国中小学物联网创新设计一等奖，连云港市青少年科技创新大赛市长奖第一名，形成的小论文，也获得了团省委、省科技厅等举办的江苏省少年科学院小课题研究成果评比二等奖，团省委、教育厅、环保厅等举办的优秀环保小课题一等奖。

此外，环保路灯智能控制系统、声光控延时感应系统等都让师生在使用过程中，体验到了环保、节能、科技与创新。

为了进一步提高学生的生态意识，我们还先后开发了环保与节水校本课程，以及数字化学习校本课程《科技星空》，设计了水与环境、植物与环境、新能源与环境等专题学习内容。

（四）重建更加多元的生态评价体系

先分享两个案例：

举草莓的男孩：这是一张看起来很普通的图片，一个男孩手拿一颗草莓。可是我要告诉你，这是世界上独一无二的草莓，因为它产自我校的感知生长数字农植园，而且是农植园结出的第一枚果实。面对这个特殊的果实，如果您是校长，您会怎么做？那天恰巧是学校运动会，我让分管校长在会场上宣布，把这颗特殊的草莓奖给第一个获得冠军的孩子。"哇"，全场孩子一片欢腾。这个孩子就是运动会草莓大奖的得主。

安娜丽莎：来自美国，一个充满个性的孩子，转了三个学校都没入她的法眼。到我的学校转了一圈，她说就在这里了，因为这里有很多有趣的地方。我送了她一张智能感应卡，让她和管理农植园的孩子一样自由进出。这是她临回国前我送她的特别礼物：在农植园开心的采摘自己的劳动成果。

作为校长，我常常想，我们要善于在平凡中创造惊喜，让教育生动起来，人文就会在孩子的心头萌发。这也是我们建设生态学校的价值和意义所在。

我们整合了数字技术和传统评价手段，构建了由学生品德行为表现、学业发展水平、实践创新能力等6个维度24项指标的教育质量生态评价体系。

我们把关注学生发展作为学生核心素养的重要监测点，以"互联网＋养成教育品质提升暨'好习惯银行'储蓄平台"作为评价工具，希望通过相对全面、科学的评价体系，切实扭转唯分数论的片面教育质量观，建立全面、全程、全员的科学质量观，不仅关注对学生学业水平的评价，也关注对学生品德发展、身心健康和学习生活幸福感的评价。

四、数字化生态学校的实践反思

我们提出的数字化生态学校，是基于学校文化，是对课程建设的价值思考。我们要做的不是追逐潮流，而是具有前瞻性做好我们现在正在做的有意义的事，让每一个孩子以自己的方式脱颖而出，形成他的核心素养。

《中国环境报》《新华日报》《扬子晚报》《江苏环境》、连云港电视台等媒体先后对我校进行了专题报道，产生了社会效应和积极意义。2016年11月10日《连云港日报》以"学习工具撬动核心素养"为题进行了纵深报道，其中刊首语这样评价：

"从科技教育到 STEM 课程建设，从科技节活动到科技社团建设，从创客文化推广到学习方式的变革，大庆路小学逐渐形成了一套融合了观察、记录、思考、交流、体验、合作、展示、探究、操作的好玩的 STEM 教育载体，让 STEM 教育润泽每个学生，激发学生的生命活力，让核心素养落地生根。"

省环保厅季炳贤副厅长在视察中对我校给予了高度评价，提出了殷切希望。这也给了我们动力、压力与前行的力量。

我们坚信：基于"数字化生态学校"的探路性改革，具有时代意义和实践价值，将为当前教育改革提供更多的导向，有利于孩子获得自主成长的适合教育环境，更便于教师及时关注每个孩子的学习状态、学习品质和发展情况，从而促进"每个孩子"的核心素养发展和能力提升。

对此我们将不断实践、探索，真正发挥数字化生态学校建设的价值，从而适应未来，赢得未来！

参考文献

1. 冯恩洪. 创造适合学生的教育［M］. 天津：天津教育出版社，2011.

2. 林崇德.21 世纪学生发展核心素养研究［M］. 北京：北京师范大学出版社，2016.

3. 托德·威特克尔等. "互联网＋"时代，如何做一名成长型教师［M］. 北京：中国青年出版社，2016.

4. 刘邦奇等. 数字化校园：理念、设计与实现［M］. 合肥：中国科学技术大学出版社，2014.

5. 李希贵. 面向个体的教育［M］. 北京：教育科学出版社，2014.

6. 成尚荣. 核心素养的召唤与校长的积极应答［J］. 江苏教育，2011（01）.

7. 叶澜. 重建课堂教学过程观［J］. 北京：教育研究，2002（l0）.

8. 赵琦. 基于平板电脑的移动学习资源设计研究［D］. 武汉：华中师范大学硕士学位论文，2012.

9. 张新平. 义务教育优质学校办学标准研究 ［M］. 北京：科学出版社，2015.

10. 孙孔懿. 学校特色论 ［M］. 北京：人民教育出版社。2007.

11. 朱永新. 站在教育结构性变革的门口 ［J］. 人民教育，2016（20）.

12. 余胜泉. "互联网＋时代的未来教育" ［J］. 人民教育，2018（01）.

融合：儿童交往的和谐之道

——小学生"冷暴力"现象的原因分析与解决策略

季华艳[①]

【摘　要】影响儿童同伴关系的因素很多，"冷暴力"就是其中之一。"冷暴力"给学生的身心发展带来的伤害很大，但由于"冷暴力"伤害的隐蔽性，教师在班级管理中，更多地关注学生之间肢体的伤害，对于学生的语言等"冷暴力"伤害往往会忽视。因此，教师在关注学生身体伤害时，同时也应重视班级中学生同伴间的"冷暴力"伤害，引导儿童正确处理同伴关系，引领儿童身心健康发展。本文主要分析儿童同伴间"冷暴力"产生的原因及预防的策略。

【关键词】"冷暴力"　儿童交往　原因分析　解决策略

楔子：由一个案例引起的思考

去年，我接手了一个新班级。开学之初，我对班级中的学生重新安排了座位，当安排到一个孩子时，与她同桌的学生坚决不与她同坐。问其原因，同学们竟七嘴八舌地向我报告：她会拿别人东西。她很脏。我们以前的老师也不喜欢她……

我告诉孩子，现在她长大一岁了，你们所说的这些我想今年她一定会改正的。我又找她的同桌进行个别教育，好不容易才把她的座位落实好。后来，观察了一段时间，我发现课后同学们不和她说话，也不和她玩耍。除了

---

① 作者简介：季华艳，连云港市宁海中心小学教师，曾主持多个省市级课题，有多篇论文获奖。

向我告她的状，同学们几乎不理会她。她自己也不爱说话，每天一个人孤孤单单地玩。

这个孩子被同伴排除在外，她虽没有受到同伴带来的身体伤害，但是她的心理却受到了很大的伤害。儿童同伴间的"冷暴力"伤害由于其隐蔽性和潜在性，往往被我们忽视。因此我们在谴责以身体伤害为主的暴力时，同时也应看到我们的校园中也存在"冷暴力"的伤害。

一、诠释："冷暴力"的内涵

（一）"冷暴力"的定义

冷暴力，顾名思义，它首先是暴力的一种，是指不是通过殴打等行为暴力解决问题，而是表现为语言的嘲讽、故意忽视、躲避、冷漠、轻视、疏远和漠不关心等，致使他人精神上和心理上受到侵犯和伤害。

同伴间的冷暴力的表现是多种多样的。根据其表现出来的特征，笔者将其大致可分为冷漠型、威胁型、嘲讽型、孤立型等六种。

（二）"冷暴力"的分类

类型	行为表现特征
冷漠型	对"受害者"，采取漠不关心的态度，采取三不理政策。从而冷落"受害者"
孤立型	"施暴者"把"受害者"孤立起来，不与他交流，不与他游戏，把他当作空气看待，从而影响其他同伴对其接纳水平
威胁型	对"受害者"动不动就采取语言上的威胁，有"老大"的味道，使"受害者"产生害怕心理
控制型	"施暴者"对"受害者"的行为进行控制，指使"受害者"做他不愿意做的事情，从而限制了"受害者"的行为，剥夺了"受害者"的人身自由
嘲讽型	对于儿童的生理缺陷等冷嘲热讽，甚至起绰号，侮辱儿童的人格，伤害了儿童的自尊心
训斥型	"施暴者"对"受害者"动不动就进行语言上的训斥，甚至是辱骂

二、追本求源：同伴"冷暴力"的产生的原因分析

（一）内因：儿童个人品行不良

伴随着我国经济的飞速发展，人们的思想观念也在不断更新，社会环境也日趋复杂。这一切也波及儿童。加上独生子女越来越多，造成小学生心理问题日益增多，表现出他们在行为、认知和情感的反常、偏执和扭曲。

1. 行为表现反常

笔者对我校 15 个班，723 名学生进行了问卷调查，问卷采用不记名方式，让学生填写自己的真实想法。你最不想和班级中哪位同学交往，写出你的原因。回收调查问卷 719 份，有效率 99.4％。统计结果表明，受到同伴"冷暴力"的儿童达到 35 人，原因如下表：

图表标题

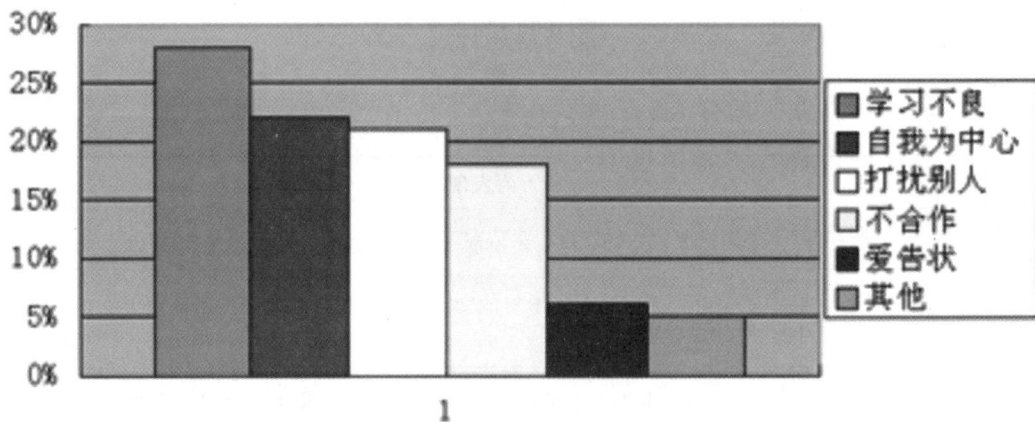

以上的统计结果表明，遭受同伴"冷暴力"的儿童在自身的行为品行上存在缺失，自制力一般较弱，因而在群体交往中容易被同伴排斥，遭受各种类型的"冷暴力"。

2. 认知存在偏执

通过平时的班级观察、访谈了解到，遭受同伴"冷暴力"的儿童对学习的认知能力差，学业成绩不理想。在班集体的学习活动中，远离全体，独自

游戏、玩耍。甚至个别儿童常常以捣乱班级秩序为荣，妨碍同伴学习，故意挑起事端，造成同伴交往冲突，因而引起班级其他同伴的强烈反感，遭受"冷暴力"。

3. 情感压抑扭曲

笔者观察、走访发现，遭受同伴"冷暴力"的儿童心理健康存在问题，如厌学、逃学、焦虑、抑郁等种种外显的和内隐的心理行为问题。这就造成他们在与同伴的交往中容易以自我为中心，造成同伴交往冲突。有的儿童还表现出对同伴交往的麻木和冷漠，集体荣誉感和同伴友谊感淡漠。

（二）归因：家庭教育氛围

社会学习论认为儿童通过观察榜样所表现的行为及其后果而习得社会行为。父母的冷漠行为必然将使孩子的冷漠行为得到强化，而且他们也通过模仿哥哥姐姐的行为卷入这种强化循环中。父母的不良教养方式是子女心理、精神、行为问题的重要危险因素。施加"冷暴力"的儿童，其父母通常是冷漠型的。可见，良好的家庭环境、教育方式及亲子关系无疑对儿童行为表现起决定作用。

1. 家庭失和，导火交往危机

【案例1】

小芳的父母经常闹矛盾，开始小芳常常听到父母的争吵，后来演变成父母开始对对方实施冷战，即"冷暴力"。小芳夹在父母中间，左右为难。在与同学交往中，她表现出不愿与人交往。

家庭氛围的失和，造成家庭成员之间交往的异化。小芳经常生活在这样的家庭氛围中，必然对她的心理造成不利影响，从而逐渐地使她对待同伴交往缺乏信任和安全感，性格变得孤僻、冷漠和不合群。久而久之，被周围的同伴排除在外，成为同伴"冷暴力"的施加者和受害者。

2. 家长失度干预，扭曲交往性质

有的家长对孩子的保护欲太强，不愿意孩子与别的同伴交往，生怕孩子在交往中学到不良行为，从而造成孩子的性格孤僻，自我中心表现强，不愿意与同伴交往，成为同伴"冷暴力"的施加和受害者。

【案例2】

小强的父母每天忙于赚钱，小强从小都是爷爷、奶奶带。爷爷也经常外出做工，奶奶还要忙种田。奶奶怕小强与同村的小伙伴玩，会养成不好的习惯，就经常把他关在家里，一个人玩。如果家里没有人，小强只能一个人看电视和玩耍。

在这样的家庭教养方式中，小强没有与同伴交往的经验，不会与同伴交往。因此在班集体生活中，他对同伴交往表现的冷漠，总是形单影只，独自玩耍、做游戏。他在给予同伴冷暴力的同时，自身也遭受同伴的冷暴力。

（三）诱因：学校教育氛围

教育作为培养人的活动，决定了教师的劳动必然带有强烈的示范性。小学生具有模仿性强的特点。他们不仅从老师那里学习知识，而且还学做人的道理。所以学校内部领导和教师、教师与教师之间、教师与学生的交往都是学生学习交往的范例。为此，教师群体的矛盾冲突，教师对学生的不公正行为，教师对学生过激的教育方式，都会给学生认识上留下错觉，导致与同伴交往中出现不正常的心态和行为。

1. 冷落教育，潜移默化模仿

班级中每个孩子都有自己的与众不同的性格，但班级中也总会有那么两三个学生，让老师头疼。平时总是在班级中做点小动作，扰乱班级秩序，激起同学矛盾。老师每天都要处理与他们相关的琐事。面对这样的学生，有的老师采取冷教育，平时对待他冷漠，视而不见。学生也会模仿老师的做法，久而久之，他们与同伴交往就会出现"冷暴力"。

【案例3】

小 J 是一名五年级学生，班级中的同伴都不愿与她交往。笔者通过访谈班级中的学生得知，她平时穿的衣服总是脏兮兮的，手伸出来黑乎乎的，平时上课总是做各种小动作，学习成绩又很差。老师起初还教育她要注意个人卫生，上课提醒她认真听课，可是她依然我行我素，后来老师对她也就视而不见。渐渐地，同学们对她退避三舍，不再理睬。

本案例中，教师的冷教育，其实无形中给学生暗示，这个学生是老师眼中的差生，老师不想理会她。本来学生就对这个同伴有偏见，教师的行为更是火上浇油，错误引导学生模仿教师的行为，给同伴交往中施加"冷暴力"。教师对学生采取民主的态度，学生易形成情绪稳定、主动积极、态度友好的性格特征。教师对学生采取消极的态度，学生易形成紧张、冷淡的性格特征。

2. 错位表达，滋生不良心境

教师群体在交往中，也会遇到矛盾。有的教师自身就不善于交往，对其他同事交往表现的冷漠，造成与其他同事交往出现不和谐。这样的自身的交往氛围心境，有的教师会传达给学生，对学生无名采取冷漠、嘲讽等言语刺激，从而给学生的同伴交往滋生不良心境。

【案例4】

某位教师由于和其他教师在工作上有小矛盾，结果她不善于化解矛盾，憋在心里，不与其他同事交流，时间一长，这种同事之间的矛盾在其心里滋生出不良心境。因此，在平时的班级管理中，时不时就会感慨一下自己的心境，学生听得多了，也就会对同伴交往中产生怀疑、多心的心理，揣测同伴的心态，冷漠同伴，造成同伴交往实行"冷暴力"。

三、融合：建构其乐融融的儿童交往渠道

人本主义心理学家罗杰斯主张培养"完满的人"。儿童的躯体、心智和德行对儿童的未来发展都是至关重要、缺一不可的。因此，我们引领儿童的和谐交往，要注意关注学校、家庭和个人个要素，内外兼修，营造和谐的外界环境和心理内环境，最终促使儿童健康、快乐地成长。

（一）培养儿童良好的人际交往品质

1. 引导阅读，以知性体验完善心智模式

教师引导儿童阅读古今中外优秀的儿童著作，以提高他们的思想文化修养，促进自身精神成长。对学业不良而受到冷暴力的学生，引领他们走进优秀文学作品，在美文中滋养心性，激发情感，提升素养，丰盈精神。

【案例5】

笔者以儿童纯美系列为主要阅读内容，从主题导读和个性赏读两个方面开展阅读活动，并结合学生的年级段的必读科目和选读科目进行阅读实践。在班会中开展读书交流，可以摘录语段、谈感受、创意阅读等。

阅读活动的开展能使学生开阔视野，丰富知识，而且还能够树立远大的

理想，执着的追求。这样的活动能够积淀学生的底蕴，使他们能够受到美的熏陶，发挥创意，健全心智。

2. 创设交往机会，习得交往经验

对于小学儿童而言，一方面，我们尽量创造环境让孩子们进行"合作学习"，鼓励他们在知识的学习和其他学习活动中多交流和讨论，互相配合达成目标。另一方面，应允许他们玩打闹类游戏，形成同伴间的默契。

【案例6】

班会课，我会留给学生 10 分钟时间，让他们交流本周班级中发生的情况，并说说自己的想法。学生争先恐后说想法，在学生交流的过程中，笔者引导学生分辨是非，习得同伴交往方法和策略。

这种活动开展以来，班级中的同伴交往的矛盾大大减少，即使遇到突发情况，学生也能够理性地处理，全班学生的交往氛围非常友好。给他们交往的机会，让他们在同伴交往中磨合，就会习得交往能力。

（二）帮助孩子化解交往危机

教师要和家长密切配合，了解日常生活中孩子的同伴小团体生活情况，并通过儿童和其周围的同伴及时了解和发现儿童交往过程中的矛盾、冲突现象。对于儿童的交往冲突，我们要理性分析，同时教孩子化解冲突的方法。

1. 学会"移情"

斯宾塞认为人们是由于从实验中得到了关于自然后果的知识才能够使自己不走错路。儿童之所以不再去实践曾经给他带来痛苦的行为，是因为他通过"惨痛的经验"理解该行为所产生的后果。所以我们要让孩子学会用想象的状态来体会他人此时的情绪和心情，让孩子真正懂得"己所不欲，勿施与人"。

2. 退一步海阔天空

在同伴交往中一旦受到伤害要冷静对待，不要也采取过激行为，相信同学之间没有真正的仇恨，要学会暂时忍耐，"退一步海阔天空"，切不能"以牙还牙"。如果矛盾发生时自己无法解决就回避，可以寻求老师或家长的帮助。

3. 班级核心人物的辅导工作

每个群体行为的产生都会有一个核心人物起主导作用。班主任在矫正群体行为的同时，对核心进行个别心理辅导至关重要。群体中核心人物心理障碍问题扫除了，其余自然而然地就慢慢解决了，这就是所谓的"擒贼先擒王"。

（三）营造适合儿童和谐交往的宏观环境

1. 打造高素质的教师队伍

班杜拉的社会学习理论告诉人们，教师的言谈举止会潜移默化地影响学生的品德和行为。"皮格马利翁效应"也让我们坚信：如果教师对学生充满期待，满怀关爱，学生往往会取得意想不到的进步。因此良好校园交往环境的创建需要一支具有高素质的教师队伍，教师的示范能向儿童彰显一种尊重他人，与他人和谐相处的艺术。

（1）关注教师的身心健康状况

学校管理者应体察教师的身体状况，而且有责任在自己的职权范围内竭尽全力解决教师超负荷劳动的问题。同时提高教师心理健康重要性的认识。再次，注重教师的长期培训。学校要给教师提供条件，通过各种途径帮助教师"充电"，使他们不断更新教育观念，提高自身素质，使教师不断加强自身修养，遇事冷静，善于克制。

（2）建立合理的教师评价机制

对教师的评价应客观、公正，使教师群体形成团结协作、奋发向上的精神，从而提高教师的心理满意度，使他们保持良好的心态。同时，对教师的评价也应更全面，将教师日常行为，如用语等也列入考核范围之内，严格规范教师的教育行为。

2. 建立健康的校园交往氛围

（1）转变传统的德育教育观念

现实生活中，我们看到孩子有不文明的行为。如果是本班的学生，班主任可能会及时进行教育。如果不是本班的孩子，可能就睁只眼闭只眼也就过去了，多一事不如少一事。而若不是班主任，那或许走得就更心安理得了，思想教育不是我的责任。我们每位教师都应该认清德育教育的重要性，应该明白对学生的道德教育并非是专门一学科、一教师的工作，而是全体教职工共同努力的目标。每个教育者在每时每刻都对学生有道德教育的责任和权利。

（2）建立充满爱心的班集体

人是群体性生活的，具有很强的归属感。一个充满爱心的班集体，有利于学生之间的友好交往，形成互相关心、尊重和信任的气氛。当学生感到被集体接受和肯定时，更容易接受集体的价值观和规范。采取文明的方式，根据师生意见制定学校和班级的学生行为规范，由集体监督。既约束学生的行为，又使学生发展对道德规范必要性的洞察力和承担这些规范的义务。同时，集体中健康的舆论导向和积极向上的气氛，也影响学生品格的发展。

四、结束语：在融合中走向和谐

儿童"冷暴力"行为的产生有其特定的心理产生机制，它也许开始是一个人的行为，但随着对周围人的影响，慢慢地变成了一个群体的行为。班主任要关注儿童的同伴交往关系，培养儿童良好的同伴交往品质。从而让儿童远离同伴间的"冷暴力"，让每个孩子都能拥有一个快乐的童年。

参考文献

1. 李燕燕、徐轶丽．同伴指导研究综述．社会心理科学，2003．

2. 徐丽华．儿童教育概论［M］．浙江教育出版社，2004．

3. 张文新．儿童社会性发展［M］．北京师范大学出版社，1999．

4. 廖红、张素艳．儿童友谊质量研究．心理学，2002．

5. 赵瑞民．学生交往冲突行为主体的类型、归因及对策［J］．教育探索，2005．

6. 于海琴、周宗奎．儿童的两种亲密关系：亲子依恋与友谊．心理科学，2004．

7. 江新华．美国人格教育的"12点·综合法"及其启示［J］．外国教育研究，2006．

管理学

考虑回收情况下再制造产品专营店模式研究

王　凯[①]

【摘　要】初步研究了再制造产品专营店模式，在回收情况下对该模式进行深入分析。首先，求得该模式下的制造商、新产品经销商与再制造产品的最优决策价格。其次，分析了经销商既销售新产品也销售再制造产品的模式。再次，从价格、销售量、回收率等角度将两种模式进行比较研究。最后，通过数值仿真对两种模式进行比较，并得到企业选择再制造产品专营店模式的前提条件。

【关键词】再制造产品　专营店模式　原始经销商模式　Stackelberg 博弈

一、引言

在 OEM（原始设备制造商）再制造模式中，OEM 一般将再制造产品与新产品交由同一经销商，由该经销商将两种产品销往市场（本文称为原始经销商模式）。目前诸多再制造文献也基于该经销模式[②]。随着再制造行业的发展，市场上出现了更多的再制造产品销售模式，比如再制造产品专营店模式。在该模式下，再制造产品由专门的经销商进行销售。有些企业为了自身的发展，会充当再制造产品的专营店，再制造商也会通过该类经销商销售再制造产品。TonerGreen 是一家网上商店，专营复印机等再制造产品[③]。日立

---

① 作者简介：王凯，淮海工学院商学院讲师、博士。
② Savaskan R C, Bhattacharya S, Wassenhove LN. Closed – Loop Supply Chain Models with Product Remanufacturing [J]. Management Sci, February 2004, 50 (2)：239 – 252.
③ http://www.tonergreen.com.

建机目前年收购旧工程机械约 6000 台，经专业厂整机修复或拆卸零部件修复后，再由再制造产品经销商出售[①]。北京欧瑞福等公司专营济南复强公司再制造的斯太尔系列产品，大众、奥迪、通用等再制造发动机系列产品[②]。有些再制造企业自创专营店，目的是寻求产品的销路。常熟柏科电机公司除了销售新电机产品外，还创建了专营超市销售再制造电机产品[③]。与原始经销商模式相比，再制造产品专营模式拥有专业化经营优势，但同时也缺乏市场、顾客与品牌优势。对于制造商、再制造产品专营店以及原产品经销商来说，再制造产品专营店模式与传统经营模式相比孰优孰劣，再制造产品专营店模式能否有更大的发展空间，值得深入研究。

从已有研究看，经销商在闭环供应链中既销售新产品也销售再制造产品。Savaskan[1]分析了逆向物流的最优渠道结构问题，证明经销商负责逆向物流职能的渠道结构优于制造商负责逆向物流的渠道结构，甚至更优于将逆向物流职能外包给第三方物流提供商的渠道结构。Savaskan 等[④]研究当经销商存在竞争时，在直接回收和非直接回收（经销商回收）两种情形下，分析了制造商回收废旧产品的逆向渠道选择和前向战略性产品定价选择之间的相互关系。从国内研究看，姚卫新等[⑤]比较了闭环供应链渠道模式，并将渠道模式划分成五种类型。黄祖庆，达庆利[⑥]将闭环供应链分为五种不同的决策结构，研究了该供应链在不同决策结构下的收益以及与集成式"超组织"结构相比的效率损失。葛静燕、黄培清[⑦]考察了在经销商负责销售新产品与再制造产品的情况下，两阶段闭环供应链中节点企业（即制造商和经销商）为了取得各自最优利润，如何确定各自的批发价、零售价以及废旧产品的回收价格和回收转移价格。易余胤[⑧]在制造商领导的斯坦克尔伯格博弈、经销商领导的斯坦克尔伯格博弈、制造商和经销商纳什均衡博弈等三种博弈结构下建立了再制造闭环供应链博弈模型，研究和对比了不同渠道权力结构对均衡

① http：//detail. china. alibaba. com/buyer/offerdetail/797173769. html
② http：//auto. gasgoo. com/News/2008/12/16100414414861. shtml
③ http：//www. ccm－1. com/Article/211/504/2012－02－13/19954. html
④ Savaskan RC and Wassenhove LN. Reverse Channel Design：The Case of Competing Retailers ［J］. Management Sci，January 1，2006，52（1）：1－14.
⑤ 姚卫新. 再制造条件下逆向物流回收模式的研究 ［J］. 管理科学，2004，17（1）：77－80.
⑥ 黄祖庆，达庆利. 直线型再制造供应链决策结构的效率分析 ［J］. 管理科学学报，2006（4）：51－57.
⑦ 葛静燕，黄培清. 基于博弈论的闭环供应链定价策略分析 ［J］. 系统工程学报. 2008（1）：549－552.
⑧ 易余胤. 基于再制造的闭环供应链博弈模型 ［J］. 系统工程理论与实践，2009，8（29）：28－35.

回收率、批发价、零售价、渠道成员利润、渠道总利润的影响。王玉燕[①]基于制造商直接回收和经销商间接回收的双渠道回收结构，在无政府干涉和有政府干涉下分别建立闭环供应链定价模型，研究了闭环供应链的管理模式。王文宾等[②]研究供应渠道存在竞争情况下的定价决策。郭军华等[③]研究了不同回收结构下再制造闭环供应链的定价决策。Wu[④]建立由两个制造企业与一个零售企业组成的闭环供应链模型，重点研究了再制造服务对再制造闭环供应链定价决策的影响。Wang[⑤]建立由制造企业、再制造企业与销售企业组成的闭环供应链模型，分析了最优定价、最优服务水平决策等问题。

在上述研究中，经销商既负责销售新产品，也销售再制造产品。与上述研究不同的是，本文研究了再制造产品由专营店销售模式。对再制造产品专营店模式的研究有助于突破一般的销售模式研究框架，拓宽再制造的研究思路。

二、模型假设

再制造品与新产品有相同的产品质量[⑥]，但消费者对两种产品有着不同的支付意愿，经销商对新产品与再制造产品采取差别定价策略[⑦⑧]。再制造产品专营店与原始经销商两种模式下的新产品生产成本相同，再制造成本也相同，即，用 c_n 表示两种模式下的新产品生产成本，c_r 表示两种模式下的再制造成本，且 $c_r < c_n$[⑨]。废旧产品回收率受产品回收固定投入量影响，即 $I =$

① 王玉燕. 政府干涉下双渠道回收的闭环供应链模型分析 [J]. 运筹与管理，2012，3（21）：250-255.

② 王文宾，陈琴，达庆利. 奖惩机制下制造商竞争的闭环供应链决策模型 [J]. 中国管理科学，2013，6（21）：57-63.

③ 郭军华，李帮义，倪明. WTP 差异下再制造闭环供应链的回收模式研究 [J]. 管理学报，2015，1（12）：147.

④ Wu, C. H. Price and service competition between new and remanufactured products in a two-echelon supply chain [J]. Int. J. Production Economics, 2012, 140: 496-507.

⑤ Wang, B., Wang, J. Price and service competition between new and remanufactured products [J]. Mathematical Problems in Engineering, 2015.

⑥ Debo L, Toktay L, Wassenhove L. Market segmentation and product technology selection for remanufacturable products [J]. Management Sci, 2005, 51 (8): 1193-1205.

⑦ Ferrer G, Swaminathan JM. Managing new and remanufactured products [J]. Management Sci, 2006, 52 (1): 15-26.

⑧ Ferrer G, Swaminathan JM. Managing new and differentiated remanufactured products [J]. European Journal of Operational Research, 2010, 203 (2): 370-379.

⑨ Atasu A, Sarvary M, Wassenhove LN. Remanufacturing as a Marketing Strategy [J]. Management Sci, October 2008, 54: 1731-1746.

$B\tau^2$（$B>0$），其中 B 为回收固定成本系数。回收总成本为 $C(\tau)=I+A\tau q_1$[1]，A 为回收废旧产品的单位成本，q_1 为第一期市场对新产品的需求量。第一期新产品成本与第二期新产品成本相同，即 $c_1=c_n$①。基于实践，模型中假设制造商为领导者，再制造产品专营店与新产品经销商（经销商）为跟随者。

由文献[17,18]可知，Q 为市场潜在需求量，a_n 表示消费者对新产品的支付意愿。a_r 表示消费者对再制造产品的支付意愿。其中，$a_n\in[0,Q]$ 并服从 $[0,Q]$ 上的均匀分布；$a_r=\theta a_n$，$\theta\in(0,1)$ 表示相对于新产品消费者对再制造产品的接受度（简称消费者接受度）。由此可得，消费者购买新产品和再制造产品的效用函数分别为 $u_n=a_n-p_n$，$u_r=a_r-p_r$，这里 p_n 表示新产品价格，p_r 表示再制造产品价格。$u_n\geq0$ 表示该消费者愿意购买新产品，$u_r\geq0$ 表示该消费者愿意购买再制造产品，$u_n\geq u_r$ 表示该消费者更愿意购买新产品，而不是再制造产品。同理，$u_n<u_r$ 表示该消费者更愿意购买再制造产品，而不是新产品。根据文献②③的计算结果，得：

新产品需求函数为

$$q_n=Q-\frac{p_n-p_r}{1-\theta}\qquad(1)$$

再制造产品需求函数为

$$q_r=\frac{\theta p_n-p_r}{\theta(1-\theta)}\qquad(2)$$

三、再制造产品专营店模式

模型分为两周期。在第 1 期，制造商将生产的产品交由经销商销售（如图 1）。w_1 表示第 1 期新产品的批发价格，p_1 表示第 1 期新产品的零售价格，q_1 表示第 1 期新产品的销售数量。

① 徐峰，盛昭瀚，陈国华. 基于异质性消费群体的再制造产品的定价策略研究［J］. 中国管理科学，2008，16（6）：130 - 136.
② Ferguson M，Toktay L. The Effect of Competition on Recovery Strategies［J］. Production Oper. Management，2006，15（3）：351 - 368.
③ Mitra S，Webster S. Competition in remanufacturing and the effects of government subsidies［J］. Int. J. Production Economics，2008，111（2）：287 - 298.

图 1　第 1 期无再制造产品的情况

在第 1 期，制造商利润函数为

$$\pi_M(w_1) = (w_1 - c_n)q_1 \tag{3}$$

经销商利润函数为

$$\pi_D(p_1 \mid w_1) = (p_1 - w_1)q_1 \tag{4}$$

可以求得，在第一期，最优产品批发价为 $w_1^* = \dfrac{Q + c_n}{2}$，产品最优销售

价为 $p_1^* = \dfrac{3Q + c_n}{4}$，产品最优销售量为 $q_1^* = \dfrac{Q - c_n}{4}$，制造商最优盈利为

$\pi_M^{1*} = \dfrac{(Q - c_n)^2}{8}$，经销商最优盈利为 $\pi_D^{1*} = \dfrac{(Q - c_n)^2}{16}$。

在第 2 期，制造商既生产新产品，又以比例 τ 回收第 1 期的废旧产品从事再制造。第 1 期的经销商（新产品经销商）仍只销售新产品，新产品批发价格为 w_n，销售价格为 p_n；再制造产品以批发价格 w_r 交由专营店销售，销售价格为 p_r（如图 2）。

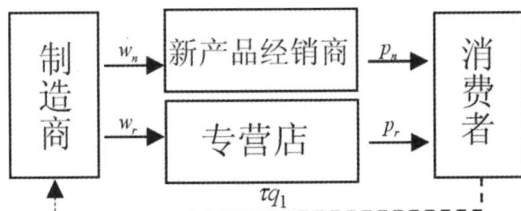

图 2　再制造产品专营店模式

制造商的利润函数为

$$\pi_M(w_n, w_r, \tau) = (w_n - c_n)q_n + (w_r - c_r)q_r - B\tau^2 - A\tau q_1^* \tag{5}$$

$$s.t.\ \tau q_1^* - q_r \geq 0 \tag{6}$$

新产品经销商利润函数为

$$Max\pi_{D1}(p_n \mid w_n, w_r, \tau) = (p_n - w_n)q_n \tag{7}$$

再制造产品专营店的利润函数为

$$Max\pi_{D2}(p_r \mid w_n, w_r, \tau) = (p_r - w_r)q_r \tag{8}$$

命题 1 再制造产品专营店模式下，在第二期，新产品最优批发价格为

$$w_n^* = \frac{c_n + Q}{2}$$，再制造产品最优批发价格为

$$w_r^* = \frac{\Delta(4 - \theta)(\theta Q + c_r + A) + 16B\theta[(3 - 2\theta) + c_n]}{2[\Delta(4 - \theta) + 16B(2 - \theta)]}$$；新产品最优销售价格为

$$p_n^* = \frac{2(\Delta + 8B)c_n + [3\Delta(2 - \theta) + 16B(3 - 2\theta)]Q + \Delta(A + c_r)}{2[\Delta(4 - \theta) + 16B(2 - \theta)]}$$，再制造产品

最优销售价格为

$$p_i^* = \frac{\theta(\Delta + 16B)c_n + \theta[\Delta(5 - 2\theta) + 16B(3 - 2\theta)]Q + 2\Delta(A + c_i)}{2[\Delta(4 - \theta) + 16B(2 - \theta)]}$$。

证明：见附录。其中，$\Delta = \theta(1 - \theta)(Q - c_n)^2$，下同。证毕。

推论 1 废旧产品最优回收率随着单位回收成本的增加而降低，随着回收规模成本的增加而降低。

证明：由附录式（A.24）可得该推论。证毕。

推论 2 随着回收规模成本的上升，制造商的再制造意愿变大。

证明：类似于推论 1，故略。证毕。

四、原始经销商模式

模型分为两周期。第 1 期的情况与再制造产品专营店模式相同。w_1 表示第 1 期新产品的批发价格，p_1 表示第 1 期新产品的零售价格，q_1 表示第 1 期新产品的销售数量。在第 2 期，制造商既生产新产品又以比例 τ 回收第 1 期的废旧产品从事再制造，并将两种产品批发给第 1 期的经销商，批发价格分别为 w_n，w_r。经销商的新产品与再制造产品的销售价格分别为 p_n 与 p_r（如图 3）。

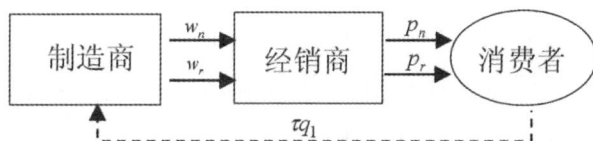

图 3 原始经销商模式

制造商的利润函数为

$$Max\pi_M(w_n, w_r, \tau) = (w_n - c_n)q_n + (w_r - c_r)q_r - B\tau^2 - Aq_1^* \tag{9}$$

$$\text{s. t. } \tau q_1^* - q_r \geq 0 \tag{10}$$

经销商的利润函数为

$$Max\pi_D(p_n, p_r \mid w_n, w_r, \tau) = (p_n - w_n)q_n + (p_r - w_r)q_r \tag{11}$$

命题 2 原始经销商模式下，在第二期，新产品最优批发价格为 $w_n^* = \dfrac{c_n + Q}{2}$，再制造产品最优批发价格为 $w_r^* = \dfrac{\Delta(\theta Q + c_r + A) + 8B\theta(Q + c_n)}{2(\Delta + 8B)}$；

新产品最优销售价格为 $p_n^* = \dfrac{c_n + 3Q}{4}$，再制造产品最优销售价格为 $p_r^* = \dfrac{3\Delta\theta Q + 24\theta QB + 8B\theta c_n + \Delta(A + c_r)}{4(\Delta + 8B)}$。

五、比较研究

推论 3 再制造产品专营店模式下的新产品最优销售价格低于原始经销商模式下的新产品最优销售价格，即 $p_n^{1*} < p_n^{2*}$。

证明：由命题 1 可得新产品最优销售价格 p_n^{1*}，由命题 2 可得新产品最优销售价格为 p_n^{2*}，由此可得

$$p_n^{1*} - p_n^{2*} = \frac{\theta(\Delta + 16B)(c_n - Q) + 2\Delta(A + c_r - \theta Q)}{4[\Delta(4 - \theta) + 16B(2 - \theta)]} \tag{12}$$

由附录式（A.18）可得 $c_n < Q$，由附录式（A.26）可得 $A + c_r < \theta Q$。在原始经销商模式下，同理可得 $c_n < Q$，$A + c_r < \theta Q$。因此式（12）小于零，即 $p_n^{1*} < p_n^{2*}$。证毕。需要说明的是，第 4 部分推论 3 中的上标 1 表示再制造产品专营店模式，上标 2 表示原始经销商模式，下同。

类似于推论 3 的证明过程，可得如下结论：

推论 4 再制造产品专营店模式下的再制造产品最优销售价格低于原始经销商模式下的再制造产品最优销售价格，即 $p_r^{1*} < p_r^{2*}$。

推论 5 再制造产品专营店模式下的新产品最优批发价格低于原始经销商模式下的新产品最优批发价格，即 $w_n^{1*} < w_n^{2*}$。

推论 6 再制造产品专营店模式下的再制造产品最优批发价格低于原始经销商模式下的再制造产品最优批发价格，即 $w_r^1{}^* < w_r^2{}^*$ 。

由假设可知，消费者购买新产品和再制造产品的效用函数分别为 $u_n = \alpha_n - p_n$，$u_r = \alpha_r - p_r$。很显然，如果消费者购买意愿不变，那么消费者效用随着产品销售价格的下降而上升。由此可知，相比于原始经销商模式，由于在再制造产品专营店模式下，新产品与再制造产品的销售价格更低，因此再制造产品专营店模式更有利于消费者福利的增加。

推论 7 再制造产品专营店模式下的新产品最优销售量高于原始经销商模式下的新产品最优销售量，即 $q_n^1{}^* > q_n^2{}^*$ 。

推论 8 再制造产品专营店模式下的再制造产品最优销售量高于原始经销商模式下的再制造产品最优销售量，即 $q_r^1{}^* > q_r^2{}^*$ 。

在既定的市场发展阶段情况下，对于不同模式下的相同产品来说，哪种模式下产品的销售量更多，则说明该模式下的产品市场份额较大，这也意味着该模式更有利于该行业的发展。由此可知，相比于原始经销商模式，由于在再制造产品专营店模式下，再制造产品与新产品销售量更多，因此再制造产品专营店模式更有利于新产品与再制造产品市场的发展。

推论 9 再制造产品专营店模式下的废旧产品最优回收率高于原始经销商模式下的最优回收率，即 $\tau_1^* > \tau_2^*$ 。

推论 10 $\lambda_1^* > \lambda_2^*$ 。

由文献[①]可知，拉格朗日乘子 λ 表示制造商的生产意愿。由此可知，再制造产品专营店模式下的制造商的再制造意愿高于原始经销商模式下的再制造意愿。

推论 9 与推论 10 进一步说明了再制造产品专营店模式更有利于鼓励生产商从事再制造，从而促进再制造市场的发展。

六、数值仿真分析

取参数 $Q = 1000$，$A = 100$，$B = 10000$，$c_n = 600$，$c_r = 300$。由于两种模式下，回收率 τ_1、τ_2，新产品销售量 q_n^1、q_n^2 与再制造产品销售量 q_r^1、q_r^2 均

---

① http：//zh. wikipedia. org/zh/

需大于零，因此，将上述参数取值代入其中可得：再制造产品专营店模式下 $0.55 < \theta < 1$；原始经销商模式下 $0.67 < \theta < 0.1$。故仿真时令 θ 在 $[0.67,\ 0.95]$ 内变化，以保证两种模式均成立。在此基础上，比较两种模式下的盈利情况。横坐标 x 表示消费者对废旧产品接受度 θ，纵坐标 π 表示盈利。

由图 4 得，制造商在再制造产品专营店模式下的盈利高于在原始经销商模式下的盈利。这表明再制造产品专营店模式更有利于制造商获利。

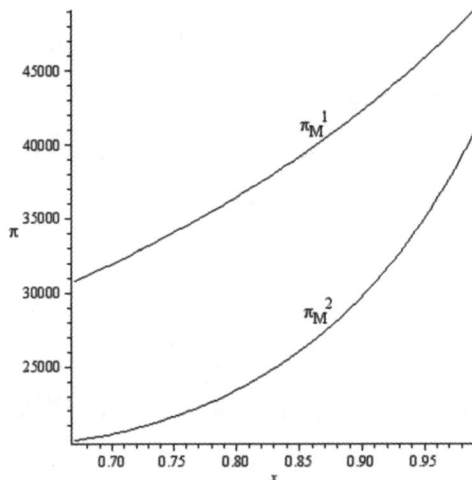

图 4　两种模式下制造商盈利的比较

由图 5 得：新产品经销商在原始经销商模式下的盈利高于在再制造产品专营店模式下的盈利。这表明原始经销商模式更有利于新产品经销商获利。

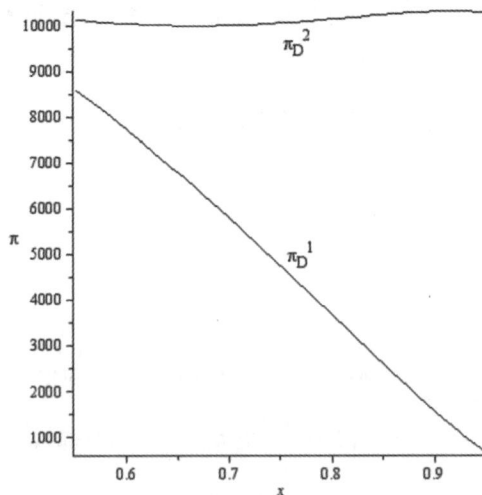

图 5　两种模式下经销商盈利的比较

由图4、图5可得，两种模式相比，再制造产品专营店模式对制造商有利，对新产品经销商不利，而原始经销商模式对新产品经销商有利，对制造商不利。然而，从总盈利角度看（制造商盈利、新产品经销商盈利与再制造产品专营店盈利之和，图6中下标 T 表示总盈利），即使再制造产品专营店模式对新产品经销商不利，新产品经销商仍有可能选择再制造产品专营店模式。

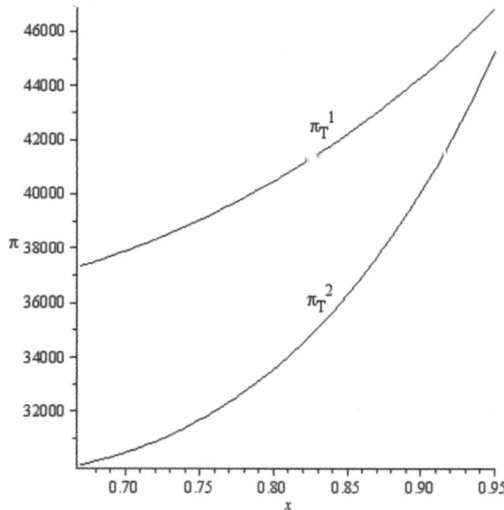

图6　两种模式下总盈利的比较

当 $\theta \in [0.67, 0.95]$ 时，再制造产品专营店模式下的总盈利高于原始经销商模式下的总盈利（如图6），即 $\pi_M^{1*} + \pi_{D1}^{1*} + \pi_{D2}^{1*} > \pi_M^{2*} + \pi_D^{2*}$。此时，虽然新产品经销商不愿意接受再制造产品专营店模式，但制造商基于市场领导者地位，可将自身的部分盈利和再制造产品专营店的部分盈利转移支付给新产品经销商，以弥补新产品经销商在再制造产品专营店模式下的损失。

命题3　制造商与新产品经销商选择再制造产品专营店模式的前提条件为 $\dfrac{\pi_D^{2*} - \pi_{D1}^{1*}}{\pi_M^{1*} - \pi_M^{2*} + \pi_{D2}^{1*}} \leqslant \delta < 1$。

由 $\pi_M^{1*} + \pi_{D1}^{1*} + \pi_{D2}^{1*} > \pi_M^{2*} + \pi_D^{2*}$ 可得 $\pi_M^{1*} - \pi_M^{2*} + \pi_{D2}^{1*} > \pi_D^{2*} - \pi_{D1}^{1*}$，即制造商在再制造产品专营店模式下多获得的盈利高于新产品经销商在原始经销商模式下多获得的盈利。δ 即为若制造商与新产品经销商选择再制造产品专营店模式，制造商在保证自身盈利的情况下，支付给新产品经销商的盈利占能支付的盈利的比例。显然，$0 < \delta < 1$。

命题 3 指出，只有当 $\pi_D^{2*} \leq \pi_{D1}^{1*} + \delta(\pi_M^{1*} - \pi_M^{2*} + \pi_{D2}^{1*})$ 时，即经销商的支付比例 $\delta \in \left[\dfrac{\pi_D^{2*} - \pi_{D1}^{1*}}{\pi_M^{1*} - \pi_M^{2*} + \pi_{D2}^{1*}}, 1\right)$ 时，新产品经销商在再制造产品专营店模式下的盈利所得才不低于在原始经销商模式下的盈利，此时新产品经销商才可能选择该模式。

结 论

在已有涉及再制造产品经销模式的闭环供应链的研究中，经销商既从事新产品的销售，也从事再制造产品的销售。本文则在考虑废旧产品回收情况下研究了再制造产品专营店的销售模式。在分析过程中，本文采用了理论分析与仿真分析相结合的方法。首先，本文给出了在再制造产品专营店模式下制造商、新产品经销商与再制造产品专营店的最优决策。其次，本文分析了经销商既销售新产品也销售再制造产品的情形。再次，本文从批发价格、新产品销售价格、再制造产品销售价格、废旧产品回收率等角度比较了再制造产品专营店模式与原始经销商模式。最后，本文通过数值仿真，主要分析了制造商与新产品经销商选择再制造产品专营店模式的前提条件。

值得一提的是，本文只是研究了再制造产品专营店的闭环供应链模式的一般特征。对该模型可拓展的研究方向为：讨论在该模式下的供应链的协调机制，并将其与集中式情况进行比较研究；研究在该模式下的制造商与新产品经销商的市场营销策略；从供应链合作等理论角度深入分析该模式；本文假设制造商为主导者，再制造产品专营店为跟随者，以后可以讨论再制造产品专营店为主导者，制造商为跟随者的情况。

附 录

命题 1 的证明。

根据 Stackelberg 模型，在第二期，制造商作为主导者，首先确定新产品

批发价格 w_n、再制造产品批发价格 w_r 以及废旧产品回收率 τ；新产品经销商与再制造产品专营店作为跟随者，将根据制造商的价格决策，分别制定新产品与再制造产品的最优销售价格 $p_n^*(w_n,w_r,\tau)$、$p_r^*(w_n,w_r,\tau)$。本文采用逆向归纳法进行证明。

第一阶段，给定制造商的新产品批发价格 w_n、再制造产品批发价格 w_r 以及废旧产品回收率 τ，新产品经销商制定新产品最优价格 $p_n^*(w_n,w_r,\tau)$，再制造产品专营店制定再制造产品最优价格 $p_r^*(w_n,w_r,\tau)$。

将式（1）代入式（7）得

$$\pi_{D1} = Q(p_n - w_n) - \frac{(p_n - w_n)(p_n - p_r)}{1-\theta} = Q(p_n - w_n) - \frac{p_n^2 - p_r p_n - w_n p_n + w_n p_r}{1-\theta} \tag{A.1}$$

用式（A.1）对 p_n 求一阶导得

$$\frac{\partial \pi_{D1}}{\partial p_n} = Q - \frac{2p_n - p_r - w_n}{1-\theta} \tag{A.2}$$

将式（2）代入式（8）得

$$\pi_{D2} = (p_r - w_r)q_r = \frac{\theta p_r p_n - p_r^2 - \theta w_r p_n + w_r p_r}{\theta(1-\theta)} \tag{A.3}$$

同理得 $\dfrac{\partial \pi_{D2}}{\partial p_r} = \dfrac{\theta p_n - 2p_r + w_r}{\theta(1-\theta)}$ （A.4）

由式（A.2），（A.4）得

$$2p_r - 4p_n + 2w_n + 2(1-\theta)Q = 0 \tag{A.5}$$

$$-2p_r + \theta p_n + w_r = 0 \tag{A.6}$$

联立式（A.5），（A.6）求解得

$$p_n = \frac{2w_n + w_r + 2(1-\theta)Q}{4-\theta} \tag{A.7}$$

$$p_r = \frac{\theta w_n + 2w_r + \theta(1-\theta)Q}{4-\theta} \tag{A.8}$$

$$q_n = \frac{2(1-\theta)Q - (2-\theta)w_n + w_r}{(1-\theta)(4-\theta)} \tag{A.9}$$

$$q_r = \frac{\theta w_n - (2-\theta)w_r + \theta(1-\theta)Q}{\theta(1-\theta)(4-\theta)} \tag{A.10}$$

第二阶段，制造商依据新产品经销商与再制造产品专营店的价格决策再制定最优批发价格 w_n^* ，w_r^* 与回收率 τ^* 。将式（A.9），（A.10）代入式（5）得：

$$\pi_M = (w_n - c_n)\frac{2(1-\theta)Q - (2-\theta)w_n + w_r}{(1-\theta)(4-\theta)}$$

$$+ (w_r - c_r)\frac{\theta w_n + \theta(1-\theta)Q - (2-\theta)w_r}{\theta(1-\theta)(4-\theta)} - B\tau^2 - A\tau\frac{Q-c_n}{4} \qquad (A.11)$$

由式（A.11）可得制造商利润函数的海塞矩阵为

$$\begin{bmatrix} \dfrac{-2(2-\theta)}{(1-\theta)(4-\theta)} & \dfrac{2}{(1-\theta)(4-\theta)} & 0 \\[3mm] \dfrac{2}{(1-\theta)(4-\theta)} & \dfrac{-2(2-\theta)}{\theta(1-\theta)(4-\theta)} & 0 \\[3mm] 0 & 0 & -2B \end{bmatrix}$$

由 $0 < \theta < 1$ ，$B > 0$ ，可知 $D_1 = \dfrac{-2(2-\theta)}{(1-\theta)(4-\theta)} < 0$ ，$D_2 = \dfrac{4(2-\theta)^2}{\theta(1-\theta)(4-\theta)^2} > 0$ ，$D_3 = \dfrac{-8B(2-\theta)}{\theta(1-\theta)^2(4-\theta)^2} < 0$ 。由此得海塞矩阵为负定的，经销商利润函数为凹函数，故存在最优解。其拉格朗日函数为：

$$L = (w_n - c_n)\frac{2(1-\theta)Q - (2-\theta)w_n + w_r}{(1-\theta)(4-\theta)}$$

$$+ (w_r - c_r)\frac{\theta w_n + \theta(1-\theta)Q - (2-\theta)w_r}{\theta(1-\theta)(4-\theta)} - B\tau^2 - A\tau\frac{Q-c_n}{4}$$

$$+ \lambda\left[\tau\frac{Q-c_n}{4} - \frac{\theta w_n - (2-\theta)w_r + \theta(1-\theta)Q}{\theta(1-\theta)(4-\theta)}\right] \qquad (A.12)$$

Karush – Kuhn – Tucker 条件如下：

$$-2(2-\theta)w_n + 2w_r + (2-\theta)c_n - c_r + 2(1-\theta)Q - \lambda = 0 \qquad (A.13)$$

$$2\theta w_n - 2(2-\theta)w_r - \theta c_n + (2-\theta)c_r + \theta(1-\theta)Q + \lambda(2-\theta) = 0$$

$$(A.14)$$

$$-8B\tau + (Q - c_n)(\lambda - A) = 0 \qquad (A.15)$$

$$\tau\theta(1-\theta)(4-\theta)(Q - c_n) - 4\theta w_n + 4(2-\theta)w_r - 4\theta(1-\theta)Q = 0$$

$$(A.16)$$

$$\lambda \geq 0 \qquad\qquad (A.17)$$

根据文献[16]，由于本文考虑的是两周期的情形，因此只讨论 $\lambda > 0$ 的情况。求解式（A.13）、（A.14）、（A.15）、（A.16）得

$$w_n^* = \frac{c_n + Q}{2} \qquad\qquad (A.18)$$

$$w_r^* = \frac{\theta Q + c_r + \lambda}{2} \qquad\qquad (A.19)$$

$$\lambda^* = \frac{16B(\theta - \theta^2)Q + 16\theta B c_n}{\Delta(4-\theta) + 16B(2-\theta)} - \frac{16B(2-\theta)c_r - \Delta(4-\theta)A}{\Delta(4-\theta) + 16B(2-\theta)} \qquad (A.20)$$

$$\tau^* = \frac{2(Q - c_n)[\theta c_n + \theta(1-\theta)Q - (2-\theta)(A + c_r)]}{\Delta(4-\theta) + 16B(2-\theta)} \qquad (A.21)$$

$$w_r^* = \frac{\Delta(4-\theta)(\theta Q + c_r + A)}{2[\Delta(4-\theta) + 16B(2-\theta)]} + \frac{16B\theta[(3-2\theta) + c_n]}{2[\Delta(4-\theta) + 16B(2-\theta)]} \qquad (A.22)$$

$$p_n^* = \frac{[3\Delta(2-\theta) + 16B(3-2\theta)]Q}{2[\Delta(4-\theta) + 16B(2-\theta)]} + \frac{2(\Delta + 8B)c_n + \Delta(A + c_r)}{2[\Delta(4-\theta) + 16B(2-\theta)]} \qquad (A.23)$$

$$p_r^* = \frac{\theta(\Delta + 16B)c_n + 2\Delta(A + c_r)}{2[\Delta(4-\theta) + 16B(2-\theta)]} + \frac{\theta[\Delta(5-2\theta) + 16B(3-2\theta)]Q}{2[\Delta(4-\theta) + 16B(2-\theta)]}$$

$$\qquad\qquad (A.24)$$

$$q_n^* = \frac{2(1-\theta)(\Delta + 8B)Q + \Delta(A + c_r)}{2(1-\theta)[\Delta(4-\theta) + 16B(2-\theta)]} - \frac{[\Delta(2-\theta) + 16B(1-\theta)]c_n}{2(1-\theta)[\Delta(4-\theta) + 16B(2-\theta)]}$$

$$\qquad\qquad (A.25)$$

$$q_r^* = \frac{[\theta c_n + \theta(1-\theta)Q - (2-\theta)(A + c_r)]\Delta}{2\theta(1-\theta)[\Delta(4-\theta) + 16B(2-\theta)]} \qquad (A.26)$$

新生代员工离职意愿影响研究

——基于先进制造企业数据分析

张宏远①

【摘　要】随着市场竞争的日益激烈，企业间的竞争演化为"人才的竞争"。新生代员工正在逐步成为职场主体。由于新一代员工区别于上一代人的特有成长经历及背景，形成他们与上一代人迥异的人生观、事业观、工作态度和行为等特点，也出现新生代员工主动离职率不断攀升，员工频繁跳槽等负面现象。因此，文章以先进制造企业新生代员工为研究对象，对影响离职意愿的影响因素进行定量研究并提出相应改善措施，促进企业健康发展。

【关键词】新生代员工　离职意愿　员工流失

一、问题的提出

21 世纪是知识、科技创新持续发展的时代。知识经济主要依靠的是员工，全球范围内都在展开员工争夺之战。要在激烈的市场竞争中立于不败之地，就必须给予人力资源管理高度的重视，拥有高素质人才是企业长远发展的关键。新生代员工正在逐步成为职场主体。根据现有文献总结来看，国内外对新生代员工的普遍定义是指 1980 年以后出生并已进入职场的群体。由于新一代员工区别于上一代人的特有成长经历及背景，形成他们与上一代人迥异的人生观、事业观、工作态度和行为等特点（Crampton 和 Hodge，

---

① 作者简介：张宏远，男，黑龙江尚志人，淮海工学院商学院讲师，南京大学商学院博士。主要研究方向为人力资源与创新创业。

2011；强国民，2008）。也正是新生代员工与上一代员工存在着差异和不同处，致使企业中的新生代员工主动离职率不断攀升，员工的频繁跳槽给企业带来了严重的负面作用。"新生代员工为何会流失，应该如何避免员工流失"已经成为企业管理者需要思考和解决的重要问题。根据智联招聘人才就业发展数据分析显示（全国 4367 家企业，其中外资：民营：国有 = 4：5：1），2016 年新生代员工流失率为 34.8%。合理的员工流动对于企业的健康发展是必须的，但企业员工流失率多少合适，理论界并没有统一的标准。因为不同环境、不同行业和不同企业的员工流失警戒线是不相同的。目前经过企业实践经验判断，已经有一些行业内达成共识的遵循标准：有关权威专家的研究表明正常的员工流失率一般应为 5%—10% 左右，劳动密集型的制造企业也应该控制在 15% 左右，其中主动流失率应该在 10% 左右，主动流失率在整体流失率中所占的比例为 78%。

中国经济进入新时代，发展实体经济特别是先进制造业的战略思想成为政府工作报告的关键内容。其中战略性新兴产业是经济体系中最有活力、最具增长潜力的部分。当今在逆全球化的冲击下世界经济和企业竞争日趋复杂，创新驱动力逐渐成为掠夺经济资源的关键因素。如何应对竞争挑战的多元化和创新驱动的高端化归根结底是人才资源竞争，新兴产业发展需将人才作为谋求竞争优势的基本战略。文章调研的新兴企业新生代员工主动流失情况生产人员为 20.8%，销售人员为 18.67%，技术人员为 14.06%，管理人员为 9.09%。上述数据表明主动离职率超过 10% 时，特别是新生代生产工人的大量流动已经为先进制造企业敲响警钟。因此，文章以先进制造企业的新生代员工为研究对象，在分析新生代员工自身特征的基础上，研究新生代员工流失的影响因素，并提出管理和激励新生代员工的方法，同时从组织层面提出如何将新生代员工融入组织的措施。

二、文献综述

（一）国外相关研究

国外对员工流失问题的研究起步较早，最早可以追溯至 20 世纪初。大约从 20 世纪 50 年代后，国外学者对员工流失问题的理论研究和控制方法探讨已经比较成熟。员工流失（Employee Turnover），也称员工离职，关于国内外对员工流失的内涵主要使用了 Mobley 的定义。Mobley 等（1979）学者认为员工流失行为是指从组织中获取物质收益的个体终止其组织成员关系的过程。一般我们把员工流失分成主动流失和被动流失。相对于被动流失而言，主动流失中有大部分是组织不愿意发生的，一般认为，组织中存在过高的主动流失对组织是不利的，所以对于企业来说，更关注的是员工的主动流失。主动流失是指流失的决策主要是由雇员做出，包括所有雇员主动辞职的形式。关于员工流失影响因素的研究，有学者 MargarctA. Deery（1997），提出影响员工流失的因素主要有待遇报酬、发展预期等；又有学者 DavidJ. Kennedy，MarkD. Fulford（1999）将影响员工流失的因素分为明显因素（收入、年龄、工作性质、事业心、未来发展的预期等）和不明显因素（性别、婚姻家庭状况、教育情况、任期等）。关于员工流失模型的研究，已存在了很多动因模型，例如：March – Simon（1958）模型、Price（1977）模型、Mobley（1977）模型、Mobley（1979）扩展模型、Price – Mueller（2000）模型等。现有的流失动因模型大多以 March – Simon 模型和 Price 模型为基础修正而成的。

最早有学者马奇、西蒙（1958）提出了员工流失总体模型，其在研究中"引入了劳动力市场"和"行为变量"，为之后的员工流失动因模型研究奠定了基础。之后又有学者 Mobley（1977）提出了中介链模型，通过模型分析了工作满意度与实际离职行为之间的关系。近年来，学者 Price&Mueller（2000）吸收经济学、心理学和社会学等学科的研究成果，得出目前对离职模型影响最大的 Price&Mueller 模型。该模型研究从大量实证研究中提取的环境、个体、结构和过程这四个变量对员工离职行为的影响，在解释员工离职心理变化的过程上有很好的预见性。目前，国外研究学者逐步扩大视野，将员工流失问题与组织的经济效益和管理结合起来研究，研究方法也从单纯的定性研究转向了定量研究。

（二）国内相关研究

相对国外员工流失理论的成熟，我国由于文化背景和历史原因对此研究的起步较晚，几乎是从 20 世纪 90 年代后期开始。随着我国市场经济体制改革，企业越来越有活力，竞争也越来越大，我国企业员工流失问题也日益严峻，因此，国内很多学者和企业对员工流失问题引起重视，并对这一问题逐步深入探讨。学术界最早是在 1999 年，经过企业实践调研提出了企业每年的员工流失率保持在 10% 左右属于正常的员工流动，如果超过这个比率，就会给企业带来负面影响。后来，又有学者张勉、李树茁（2001）研究发现工作满意度对员工的流失意愿有明显影响，它可能是人口、职业变量和流失意愿之间的中介变量。近年来，国内诸多学者也结合国内企业人力资源的特点，从不同角度对员工流失影响因素进行研究，如张德，张勉（2003）的研究认为员工流失的影响因素有薪酬待遇、个人因素、管理问题、传统文化的影响等。娄春晖（2004）认为影响员工流失的因素主要有性别、婚姻状况、年龄、教育水平和企业文化、管理风格、人际关系、培训机会、薪酬制度、工作性质、工作环境等。杨晓璐（2012）改进的 Price – Muller 模型，得到了 14 个因素构成的离职倾向动因模型，并根据不同的因素提出了相应的管理策略，以山西三家企业为对象进行案例研究，验证有效性及实用性。刘畅（2014）从工作、领导者和企业三个方面识别了八个影响新生代知识型员工忠诚度的因素，分别为工作内容和薪酬、领导者能力和风格、企业形象、制度、人际关系和环境。

（三）国内外相关研究评述

综合国内外已有文献，从内容和深度来看，国外针对性研究不多，这与不同国家间经济和社会发展情况有一定的关联。由于我国经济体制的特殊性，目前我国企业大致分为民营、国有和外资企业。这三种类型的企业通常是我国学者研究的重点。总的来看，我国目前存在的问题一直没有很好地将国外较成熟的理论与国内三种类型企业的紧密结合，即有些理论"水土不服"，针对我国实际情况的实证研究也非常少，缺少深入、系统的研究。因此，在现有的相关理论及研究成果的基础上，探究中国特色的影响变量，丰富适合国内企业的员工流失相关理论是我国学者以后的研究方向和发展趋势。但是国外学者提出的离职倾向动因模型还是为本研究开展提供了重要的理论依据。国内近几年对新生代员工关注越来越多，其离职倾向的探索也形成了一定程度积累，但仍存在一些不足：一是对于先进制造业企业关注不足。不同行业环境下，离职倾向因素的内容和重要性都可能存在差异，而已有文献仅涉及了知识型公司；二是研究框架受国外模型限制较大，系统地探索离职倾向的实证研究少。已有研究多应用国外成熟模型识别离职倾向的相关因素，忽略文化差异，研究方法以定性和案例居多，深入的实证分析缺乏。综上所述，本研究选择新兴产业公司作为研究焦点，参照已有研究思路，以新生代员工的自身特征作为切入点，借助大样本数据实证，辨识哪些因素影响该群体离职意向及不同因素的影响强度。

三、新生代员工离职意愿的影响因素分析

（一）基于访谈调研的离职原因分析

为了深入了解新兴产业公司员工流失的真实原因，在调研整体方案的设计中先采用访谈形式（"面对面访谈"和"电话访谈"），对新生代员工的离职意愿进行了调研。本次调研主要是随机抽取了部分企业，调查范围主要针对公司人力资源部、在职的新生代员工和已经离职的新生代员工。访谈提纲主要围绕"您所在部门的员工流失情况怎么样"，"您离职的主要原因是什么"，"您认为这些员工的流失主要受哪些因素的影响"。通过访谈结果进行整理和统计，经分析得出员工离职的主要原因为（1）工资偏低，对福利待遇不满意。（2）职位很难晋升，培训较少。（3）工作环境不好，工作时间不合理，加班时间太长，工作负荷大，压力也大，身心极度疲惫。（4）企业制度不完善，工作缺乏激情，缺少创新与表现自我的机会；公司的激励措施不完善，奖惩也不分明，自己在公司的成就感缺乏。（5）家庭原因。有两人分别是因为结婚和回乡工作而选择离职。

（二）基于帕累托的离职原因分析

为了进一步分析新兴产业公司新生代员工离职的关键影响因素和原因，对随机抽取的调研企业新生代员工的离职申请和离职面谈资料进行统计分析，抓住新生代员工离职的关键原因。基于"二八法则"，运用帕累托原理，做出制造业公司员工离职原因的帕累托图，如图1所示。

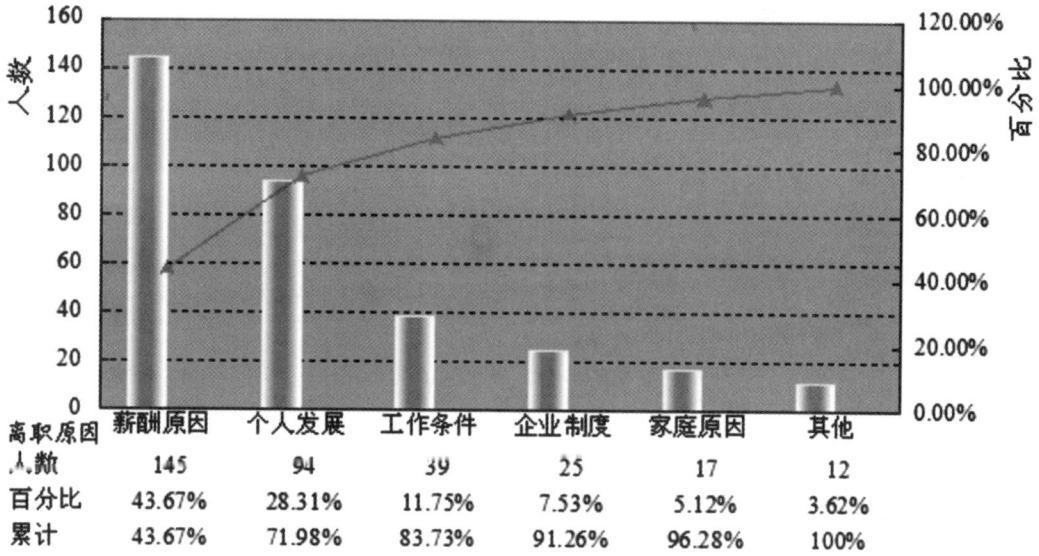

图1 新生代员工离职原因帕累托图

离职原因	薪酬原因	个人发展	工作条件	企业制度	家庭原因	其他
人数	145	94	39	25	17	12
百分比	43.67%	28.31%	11.75%	7.53%	5.12%	3.62%
累计	43.67%	71.98%	83.73%	91.26%	96.28%	100%

根据帕累托法则，在众多影响员工流失的因素中，20%的关键因素可能影响了80%的员工流失。企业不可能面面俱到，完全消除员工流失的影响因素，也无法控制员工流失，即使能勉强做到，也会因为成本过高而得不偿失。因此，对于企业来说，最合理的方式就是抓住其中20%的关键因素，并重点改善和突破，控制大部分员工的流失即可，从而达到事半功倍的管理效果。从图1中可知，对薪酬不满而主动离职的员工最多，其次是个人发展和工作条件，薪酬、个人发展和工作条件三个因素所导致的离职人数已经占了员工离职人数的大部分，这三个因素导致的员工离职约占83%。

（三）新生代员工离职的影响因素分析

影响员工离职的因素很多，但不同的企业都有其关键因素。为了更加系统地揭示新生代员工的离职倾向，本研究采用整合研究视角，综合了国内外相关理论分析基础上，结合实际企业离职原因调研，从企业制度、工作特性、工作条件、薪酬福利、同事关系、员工发展、企业文化、组织承诺等方面构建研究框架，识别触发该群体离职倾向的潜在因素，所有影响因素均来自于已有文献。文章归纳影响新生代员工离职的主要因素包括组织、个体和中间变量三个方面。

1. 个体相关因素

（1）性别。男性和女性所选择的职业类型及在家庭中所承担的责任不同，也会对员工流失产生一定的影响。性别对员工流失的影响主要通过职业类型及家庭角色等综合因素共同作用的。

（2）年龄。研究显示年龄与离职负相关，员工的年龄越小，离职率越高。年轻员工精力旺盛，适应能力强，进入新工作岗位的机会多，而且家庭负担轻，对所在企业的依附性不强。

（3）婚姻。根据相关学者研究发现，婚姻状况同员工离职率呈负相关。已婚员工比未婚员工离职率更低。婚姻意味着责任感的增加，婚后员工在离职时必须考虑家庭的承受能力，因此在做出离职决定时往往更为慎重。尤其有了小孩以后，抚养小孩的责任更成为影响员工离职的因素。

（4）受教育情况。受教育情况往往影响着一个人获取信息的能力和掌握的知识技能。受教育程度较高的人在社会关系中的人际网络较广，看到的新工作机会也较多。这在一定程度上会增加员工离职的意愿。另外一方面，随着知识经济的发展，社会对一些受过高等教育的员工的需求会越来越大，教育程度高的员工有更多的选择余地。

（5）入职时间。员工在企业的入职时间与员工离职之间存在着负相关的关系。在一个企业中获得的经验越丰富，资历越深，会使得员工倾向于留在企业中而很少离职，即任期越短，员工的流失率越高。当员工在一个企业里度过了比较长的时间会对企业产生一定的感情，另外在企业内长期建立的人际关系也会让员工不愿轻易离开企业。对于那些刚进入企业的新员工而言，离职不会带来人际关系损失而无所顾虑。

（6）职务。根据相关学者研究表明，在一个企业中，职务越高的人，离职的可能性越低。职务越高，意味着在企业中的权力越大，获得的利益也越多。通常高职位者可以控制的事务较多，对企业的满意度和忠诚度较高，离开企业的成本也比较大。通常职务同离职率成负相关关系。

2. 组织因素

（1）企业制度。当员工感到企业的政策制度很合理，自己在企业中也会有良好发展前途时，很少会离开组织。包括企业实行的晋升制度和培训制度，员工在企业组织中需要不断的学习提高，这既利于企业也利于员工个人发展。当员工长时间没有培训和学习晋升的机会，感觉不到自己的进步，很容易另寻其他的发展空间。绩效考核和薪酬制度，员工认为个人的薪酬待遇不够理想或不够公平，但一时又无法改变，比如同样的工作岗位，工资待遇却不同，会使员工产生不公平感，或者员工认为目前的工资不能体现出自己所付出的劳动，这些都会影响员工对于工作的满意程度，继而产生离职倾向，造成员工流失。

（2）企业文化。不同的企业文化也会对员工流失发生作用。当员工感到自己对企业文化缺乏认同，就难以融入这个企业，难以与企业发展目标相一致时，自然不愿在企业长久发展。

（3）企业内部的管理风格。根据普莱斯的研究（Price 1977），企业集权化程度与员工流失率成正比，企业内员工间的相互融洽程度及信息交流的畅通程度与员工流失率成反比。

（4）工作条件。员工觉得工作时间安排不合理，比如加班时间太长等，也会影响到员工流失。另外，工作环境是否舒适、安全等也会影响员工流失。

（5）工作特性。部分员工认为自己目前所从事的工作过于简单和枯燥，希望增加更多的工作责任或从事更加富有挑战性的工作来实现个人价值。

3. 中间变量

（1）工作满意度。当员工感觉到不满意的时候，个人的行为反应就可能是离开；而当员工感觉到满意度的时候，其反应就可能是留下。在工作满意度和员工流失之间存在着负相关关系。我们把员工对工作的满意度可以更细致地分为对工作本身的满意度、对薪酬福利的满意度、对同事关系的满意度、对员工个人发展的满意度、对企业制度的满意度等方面。

（2）组织承诺。组织承诺用于反映雇员和组织之间的心理契约。从此以后组织承诺就成为组织行为学的一个重要的研究课题。组织承诺指员工对组织的一种责任和义务。Michaels 和 Spector（1982）实证出组织承诺与离职呈显著的负相关，即组织承诺越高，离职倾向越低。

（3）离职意愿。指员工是否常有离开企业的想法，此变量是经过问卷调查而取得。离职意愿或离职倾向与离职行为有直接的关系，离职意愿可以表明员工在一定时期内变换其工作的可能性，同时也能说明在职员工的稳定程度。

四、研究设计与数据分析

(一) 问卷的设计与发放

本研究采用问卷调研方式收集数据进行实证研究。在设计问卷和寻找合适问题的过程中,论文参阅大量很多学者所用的问卷,并且为了增强问卷调查的信度和效度,本研究采取了以下措施:(1)借鉴以前成熟的量表。通过比较和分析,并结合论文研究的重点和公司的实际情况设计问卷。在对原有样本问卷进行修正和简化的基础上,得出本次调查问卷的 46 个题项。(2)为了提高调查的准确度,调查采用了匿名的方式,以打破答卷人的防备心,而获得较为真实的数据。(3)题项均采用 Likert5 级量表,要求被试者根据自身符合程度进行判断,判断标准从 5 到 1 分别对应"非常符合""比较符合""一般""不太符合""非常不符合"。根据以上方法,设计出本研究的调查问卷。设计的问卷包括三个部分:(1)个体背景特征。通过对文献的综述可以知道,很多个人因素都会对员工流失产生影响。根据研究目的,论文对性别、年龄、婚姻状况、受教育情况、入职时间、职务六个对流失影响较大的员工差异干扰变量进行考察;(2)员工工作满意度和组织承诺。包括企业制度、工作特性、工作条件、薪酬福利、同事关系、员工发展、企业文化、组织承诺八个方面的内容,被试者根据自己的实际情况对考察题项的符合或者不符合程度进行李克特 5 级量表计分;(3)员工离职倾向。被调查者根据个人情况对所描述的相关题项进行 5 级量表计分。论文使用的离职倾向量表参考了米切尔(2001)等人的离职倾向量表,并结合其他学者关于离职倾向的量表,最终采用包含五个题项(单维变量)的离职倾向量表。

本次调查所选对象主要是在新生代员工流失比较集中的部门和群体,比如生产部门、研发部门、销售部门等,群体主要是普通员工。具体通过问卷星和纸质版发放 1168 份,回收问卷 928 份,有效问卷 784 份,有效率为 67.12%。调研企业 112 家,主要集中在江苏、山东、广东和辽宁,涉及行业为新一代信息技术、新材料、高端装备制造、生物、节能环保等战略性新兴产业。有效问卷样本情况如表 1 所示。

表 1 有效样本的特征分析表

个体差异因素	项目	百分比（%）
性别	男	44.02
	女	55.98
婚姻	已婚	66.30
	未婚	33.70
受教育情况	博士及以上	1.09
	硕士	7.61
	本科	19.02
	专科	26.08
	高中及以下	46.20
入职时间	1 年以下	22.28
	1—2 年	34.78
	3—5 年	20.11
	5—10 年	10.33
	10 年以上	12.50
职务	中高层管理者	9.78
	基层管理者	19.02
	专业技术人员	26.09
	普通员工	45.11

（二）量表的效度检验

效度分析考察的是量表测量结果是否能真实反映测量对象的特征。文章采用的是因子分析方法对问卷的理论构思效度进行验证。

（1）KMO 测度和 Bartlett 球形检验

为了进行问卷的效度分析，验证是否适合进行因子分析是必须首先考虑的。具体结果如表 2 所示。

表2 KMO 和 Bartlett 的检验表

取样足够度的 Kaiser – Meyer – Olkin 度量		. 850
Bartlett 的球形度检验	近似卡方	6367. 567
	df	703
	Sig.	. 000

从表2中我们可以看到，制度量表 KMO 值为 0.850，说明问卷设计合理，很适合做因子分析。KMO 值大于 0.6 适合做因子分析，越接近1，表明量表进行因子分析的效果越好，巴特利特球体检验值为 6367.567，p < 0.001，达到了显著性水平，说明数据具有相关性，则适宜做因子分析。

（2）共同因子方差（共同性）。抽取共同因子方差是指因子解中每个变量被因子或成份解释的方差估计量。这些共同因子方差是用来预测因子的变量的多重相关的平方。数值小就说明该变量不适合作因子，可在分析中将其排除。一般大于 0.4 以上合适，即表示每个问卷项目的 40% 以上的方差都可以用公因子来解释。文章中设计的每个变量方差估计量大于 0.4。

（3）探索性因子分析。根据因子分析的过程，得到了经过降维处理得到的问卷公因。一般公共因子的累积方差贡献率至少 50% 以上。在 41 个潜在影响因素中，反映组织的社会形象、亲情形象、个体的工作兴趣等三个影响因素负载都不高，未超过 0.5，无法归于任何一类因子予以删除；其余 38 个影响因素按照其在不同因子上负载分布情况，归结得到八个因子，如表3所示累计方差解释达到 73.21%。

表3 旋转后的因子载荷矩阵

调查问卷题号	因子负载及其名称							
	1	2	3	4	5	6	7	8
Q1	. 647							
Q2	. 754							
Q3	. 593							
Q4	. 677							
Q5	. 864							
Q6	. 857							

调查问卷题号	因子负载及其名称							
	1	2	3	4	5	6	7	8
Q7	.763							
Q8		.682						
Q9		.763						
Q10		.778						
Q11		.536						
Q12		.626						
Q13			.844					
Q14			.836					
Q15			.849					
Q16				.731				
Q17				.734				
Q18				.790				
Q19					.893			
Q20					.710			
Q21					.509			
Q22						.536		
Q23						.611		
Q24						.786		
Q25						.677		
Q26							.521	
Q27							.561	
Q28							.625	
Q29							.708	
Q30							.675	
Q31							.692	
Q32								.826
Q33								.883
Q34								.860

调查问卷题号	因子负载及其名称							
	1	2	3	4	5	6	7	8
Q35								.890
Q36								.862
Q37								.908
Q38								.798

根据因子对应影响因素内容的不同，本研究对八个因子进行了重新命名。其中第一个因子含七个项目，反映了企业的各项制度，称为企业制度；第二个因子含五个项目，反映了员工工作成就感、灵活性和创造性等，称为工作特性；第三个因子含三个项目，反映了员工工作环境、工作时间、工作资源等，称为工作条件；第四个因子含三个项目，反映了员工对工资和福利待遇的满意程度，称为薪酬福利；第五个因子含三个项目，反映了员工与同事及上司之间的关系，称为同事关系；第六个因子含四个项目，反映了员工工作挑战性、个人职业发展、升迁机会等，称为员工发展；第七个因子含六个项目，反映了公司领导风格和公司前景、公司团队精神和企业文化等方面内容，称为企业文化；第八个因子含七个项目，反映的是员工对公司的承诺和忠诚度，称为组织承诺。

（4）验证性因子分析。对于因子分析后的测量模型，用 Lisrel 8.7 进行 1 阶和 2 阶验证性因子分析，模型的拟合指数为：$\chi2/df = 1.81$，小于一般认定的临界值 3；RMSEA = 0.03，低于 0.08 的临界要求；GFI = 0.92，NFI = 0.93，CFI = 0.97，均大于 0.9 的最低水平，表明测量模型拟合良好。因此，新生代员工离职意愿的测量明模型是一个 1 阶 7 维结构。

（三）量表的信度分析

问卷信度检验，论文采用内在信度来考查一组评价项目是否测量同一个概念，这些项目之间是否具有较高的内在一致性。研究选取 α 信度系数法，来考查调查问卷第二部分内动因的内在信度。利用统计分析工具 SPSS19.0 将调查结果分析处理后，计算 Cronbach α 内部一致性系数，输出结果如表 3 所示。Cronbach α 的值一般是介于 0 和 1 之间，越接近 1，说明信度越高。通常认为，0.60 左右是可以接受的信度系数。表 4 显示，经过 SPSS19.0 运算得到的调查问卷各维度的内部一致性系数均在 0.6 以上，表明问卷具有较好的内部一致性。

表4　内部一致性检验表

量表及其组成因素	项目数	Cronbach's Alpha
员工流失问卷表（5 级量表）	43	0.899
企业制度	7	0.877
工作特性	5	0.630
工作条件	3	0.639
薪酬福利	3	0.874
同事关系	3	0.721
员工发展	4	0.763
企业文化	6	0.873
组织承诺	7	0.962
离职倾向	5	0.699

（四）影响因素对离职意愿的作用机制分析

1. 描述统计及相关分析

为了明确各因子与离职意愿之间是否存在关系，本研究首先对影响因子进行了描述性统计，然后对影响因子与离职倾向进行了相关性分析。结果如表5 所示。

表5　各因素描述统计表

	均值	标准差	Pearson 相关性	显著性（双侧）
企业制度	3.0707	.68731	− .579 * *	.000
工作特性	3.3739	.50546	− .413 * *	.000
工作条件	2.8822	.73098	− .456 * *	.000
薪酬福利	2.7971	.75298	− .610 * *	.000
同事关系	4.1196	.65301	− .399 * *	.000
员工发展	3.1658	.65368	− .507 * *	.000
企业文化	3.4502	.71528	− .411 * *	.000

	均值	标准差	Pearson 相关性	显著性（双侧）
组织承诺	3.4502	.71528	− .360＊＊	.000
离职倾向	3.2120	.65024		

＊＊．在 0.01 水平（双侧）上显著相关。＊．在 0.05 水平（双侧）上显著相关。

从表 5 可以看出，各分项因素均与离职倾向在 0.01 水平上显著负相关，说明各分项因素对于制造业公司员工的离职倾向都存在一定影响关系。

2. 回归分析

为了进一步研究各分析因素与离职倾向之间的因果关系，论文把八个因素作为自变量，离职倾向作为因变量，应用 SPSS19.0 软件进行多元回归分析，先计算出方程的拟合度，再计算出自变量与因变量的回归系数，从总体上得出八个因素对离职倾向的影响程度。各因素与离职倾向模型回归如表 6 所示。

表 6 各因素与离职倾向模型回归汇总

模型	R	R2	调整后的 R2	F	Sig.
1	0.730	0.533	0.511	24.951	0.000

从表 6 中可以看到，R 为 0.730，说明八个自变量与一个因变量的多元关系为高度相关，R2 为 0.533，说明这八个因素能解释离职倾向中 53.3% 的变异。同时，得出 F 值为 24.951，F 统计值的显著概率为 0.000，更进一步的表示了至少有一个自变量的系数不等于 0，这也表明模型回归性显著。

通过 SPSS19.0 软件对数据的回归分析，各因素与离职倾向模型回归系数如表 7 所示。

表 7 各因素与离职倾向模型回归系数

模型	非标准化系数		标准系数 试用版	t	Sig.	共线性统计量 VIF
	B	标准误差				
（常量）	6.084	.291		20.937	.000	
企业制度	− .298	.077	− .315	− 3.870	.000	2.483

模型	非标准化系数		标准系数试用版	t	Sig.	共线性统计量 VIF
	B	标准误差				
工作特性	-.172	.077	-.173	-2.224	.027	2.259
工作条件	-.190	.085	-.210	-2.228	.027	3.312
薪酬福利	-.295	.061	-.341	-4.836	.000	1.862
同事关系	-.049	.062	-.055	-.789	.031	1.839
员工发展	-.246	.060	-.247	-4.124	.000	1.344
企业文化	-.112	.088	-.087	-1.247	.024	1.751
组织承诺	-.087	.101	-.072	-.840	.032	2.762

从表7可以看到，（1）各因素和离职倾向的标准回归系数分别是 -0.315、-0.173、-0.210、-0.341、-0.055、-0.247、-0.087、-0.072，而且八个回归系数的t值在0.05的水平上都很显著，且VIF方差膨胀系数小于10，说明自变量之间的相关性不高。（2）各因素回归系数的绝对值比较是：薪酬福利（|-0.341|）>企业制度（|-0.315|）>员工发展（|-0.247|）>工作条件（|-0.210|）>工作特性（|-0.173|）>企业文化（|-0.087|）>组织承诺（|-0.072|）>同事关系（|-0.055|），薪酬福利因素与离职倾向的回归系数的绝对值最大，说明薪酬福利对离职倾向的影响最大。其次是企业制度。另外，薪酬福利、企业制度、员工发展、工作条件、工作特性等与员工离职倾向均为负相关，即上述因素只有不断加强，才能不断降低企业员工的离职率。（3）得到方程的回归系数，把回归方程描述如下：离职倾向 = -0.341薪酬福利 -0.315企业制度 -0.247员工发展 -2.10工作条件 -0.173工作特性 -0.087企业文化 -0.072组织承诺 -0.055同事关系。

3. 方差分析

（1）对性别和婚姻状况的方差分析。研究分析新生代员工离职意愿在个体差异因素上是否存在显著差异。对于仅存在两个结果量的个体差异因素，如性别、婚姻状况，采用独立样本T检验的方法进行分析。

第一，性别对各因素的影响。通过独立样本T检验的方法分析性别对各动因的影响，置信区间设为95%。结果如表8所示。

表8 性别与各因素的方差分析表

	性别	N	均值		方差方程的 Levene 检验		均值方程的 t 检验		
					F	Sig.	t	df	Sig.（双侧）
企业制度	男	81	3.0582	假设方差相等	1.248	.265	-.217	182	.828
	女	103	3.0804	假设方差不相等			-.219	177.082	.827
工作特性	男	81	3.4049	假设方差相等	.101	.751	.737	182	.462
	女	103	3.3495	假设方差不相等			.742	175.714	.459
工作条件	男	81	2.9136	假设方差相等	.138	.710	.515	182	.607
	女	103	2.8576	假设方差不相等			.510	166.201	.610
薪酬福利	男	81	2.7860	假设方差相等	.310	.578	-.177	182	.860
	女	103	2.8058	假设方差不相等			-.177	173.842	.859
同事关系	男	81	4.1263	假设方差相等	1.702	.194	1.983	182	.051
	女	103	4.1356	假设方差不相等			1.976	169.652	.050
员工发展	男	81	3.1605	假设方差相等	.006	.937	-.097	182	.923
	女	103	3.1699	假设方差不相等			-.097	171.569	.923
企业文化	男	81	3.4815	假设方差相等	.066	.798	.525	182	.600
	女	103	3.4256	假设方差不相等			.527	174.395	.599
组织承诺	男	81	3.4815	假设方差相等	.066	.798	.525	182	.600
	女	103	3.4256	假设方差不相等			.527	174.395	.599
离职倾向	男	81	3.4222	假设方差相等	.250	.618	4.050	182	.000
	女	103	3.0466	假设方差不相等			4.047	171.369	.000

由上表可以看出：方差方程的 Levene 检验中，企业制度因素 F = 1.248，Sig = 0.256，Sig > 0.05；均值方程的 t 检验中，t = -0.217，df = 182，Sig > 0.05，说明性别对企业制度因素没有显著性差异。同理可得，各因素 T 检验的 Sig. 值均大于显著性水平 0.05，说明性别对各因素不存在显著性差异。均值方程的 t 检验中，离职倾向 F = 4.050，Sig = 0.000，Sig < 0.001，且男性的离职倾向均值（3.4222）明显大于女性（3.0466），说明男性比女性的离职倾向更高，新生代男员工更容易离职。

第二，婚姻对各因素的影响。通过独立样本 T 检验的方法分析婚姻对各动因的影响，置信区间设为95%。在方差方程 Levene 检验中，员工发展因素 $F = 3.955$，$Sig = 0.048$，$Sig < 0.05$。均值方程的 t 检验中，$t = -0.035$，$df = 143.524$，$Sig = 0.972$，$Sig > 0.05$，说明婚姻对员工发展因素没有显著性差异。同理各因素 T 检验的 Sig. 值均大于显著性水平 0.05（$Sig > 0.05$），说明婚姻对这些因素没有显著性差异。

（2）对受教育情况、入职时间等的方差分析。研究通过单因素方差分析来探究制造业公司员工流失动因在个体差异因素上是否存在显著差异。其中，对于存在多个结果量的个体差异因素，如受教育情况、入职时间等，采用单因素 ANOVA 分析其显著性。

第一，受教育情况对各因素的影响。通过单因素 ANOVA 分析受教育情况对各因素的影响，显著性水平为 0.05，数据结果说明不存在显著性差异，说明受教育情况对各因素和员工离职倾向的影响并不明显。

第二，入职时间对各因素的影响。通过单因素 ANOVA 分析入职时间对各因素的影响，显著性水平为 0.05，结果如下所示。

表9　入职时间对各因素的方差齐性检验表

	Levene 统计量	df1	df2	显著性
企业制度	1.251	4	179	.291
工作特性	1.747	4	179	.142
工作条件	.099	4	179	.983
薪酬福利	1.014	4	179	.401
同事关系	.219	4	179	.928
员工发展	1.386	4	179	.240
企业文化	.769	4	179	.546
组织承诺	.769	4	179	.546
离职倾向	2.098	4	179	.083

由表9看出，各因素的 Sig. 值均大于显著性水平 0.05（$Sig > 0.05$），说明方差相同，因此两两比较看 Scheffe 表。

表10 入职时间对各因素的 ANOVA 表

		平方和	df	均方	F	显著性
企业制度	组间	1.052	4	.263	.551	.698
	组内	85.397	179	.477		
工作特性	组间	.450	4	.113	.433	.785
	组内	46.515	179	.260		
工作条件	组间	4.654	4	1.163	2.217	.069
	组内	93.923	179	.525		
薪酬福利	组间	5.644	4	1.411	2.590	.038
	组内	97.515	179	.545		
同事关系	组间	.874	4	.218	.507	.731
	组内	77.162	179	.431		
员工发展	组间	.813	4	.203	.470	.757
	组内	77.381	179	.432		
企业文化	组间	1.454	4	.363	.706	.589
	组内	92.173	179	.515		
组织承诺	组间	.577	4	.144	.495	.739
	组内	52.122	179	.291		
离职倾向	组间	5.364	4	1.341	3.333	.012
	组内	72.010	179	.402		

由表10看出，离职倾向、薪酬福利的 Sig. 值小于 0.05（Sig < 0.05），则存在显著性差异，因此进一步看 Scheffe 表。其他因素的 Sig. 值均大于显著性水平 0.05（Sig > 0.05），则不存在显著性差异。

表 11 入职时间对各因素的 Scheffe 表

		N	均值	标准差	
企业制度	1 年以下	41	2.9512	.57818	
	1—2 年	64	3.0915	.75351	
	3—5 年	37	3.0579	.71067	
	6—10 年	19	3.2030	.51357	
	10 年以上	23	3.1366	.77827	
工作特性	1 年以下	41	3.3122	.45177	
	1—2 年	64	3.4063	.55431	
	3—5 年	37	3.4378	.37665	
	6—10 年	19	3.3474	.58058	
	10 年以上	23	3.3217	.59617	
工作条件	1 年以下	41	2.6585	.70525	
	1—2 年	64	2.9469	.70974	
	3—5 年	37	3.0180	.71122	
	6—10 年	19	3.1756	.79647	
	10 年以上	23	2.8148	.75873	
薪酬福利	1 年以下	41	2.6179	.50311	
	1—2 年	64	2.7552	.80615	
	3—5 年	37	2.7838	.79044	
	6—10 年	19	3.2456	.85953	
	10 年以上	23	2.9275	.69600	
同事关系	1 年以下	41	4.1951	.67485	
	1—2 年	64	4.0313	.67904	
	3—5 年	37	4.1261	.58453	
	6—10 年	19	4.1930	.69669	
	10 年以上	23	4.1594	.63460	

		N	均值	标准差	
员工发展	1 年以下	41	3.0854	.62402	
	1—2 年	64	3.2461	.69507	
	3—5 年	37	3.1216	.52249	
	6—10 年	19	3.1184	.67376	
	10 年以上	23	3.1957	.77956	
企业文化	1 年以下	41	3.4837	.67475	
	1—2 年	64	3.4818	.78686	
	3—5 年	37	3.2838	.66186	
	6—10 年	19	3.5789	.58891	
	10 年以上	23	3.4638	.76699	
组织承诺	1 年以下	41	3.3659	.55148	
	1—2 年	64	3.3660	.56223	
	3—5 年	37	3.2394	.47147	
	6—10 年	19	3.3684	.50015	
	10 年以上	23	3.2609	.58531	
离职倾向	1 年以下	41	3.4439	.51674	
	1—2 年	64	3.2087	.68868	
	3—5 年	37	3.2270	.64319	
	6—10 年	19	2.8105	.54762	
	10 年以上	23	3.1750	.71218	

从表 11 可得知，入职时间对离职倾向、薪酬福利有显著影响。其中，员工在入职时间上对离职倾向的认知程度存在差异。1 年以下（3.4439）的员工离职倾向最高，5—10 年（2.8105）的员工离职倾向最低，总的来说，5 年以下的员工的离职倾向比入职时间在 5 年以上的员工要高一些；员工在入职时间上对薪酬福利的存在差异，入职时间越短，对薪酬福利越不满意，入职时间 5 年以下的员工在薪酬福利方面要比入职时间在 5 年以上员工的不满意程度要高。

第三，职务对各因素的影响。通过单因素 ANOVA 分析职务对各因素的影响，显著性水平为 0.05，职务对离职倾向、薪酬福利和工作条件有显著影响。具体表现为：员工的不同职务对离职倾向的认知程度存在显著差异。普通员工（3.3590）的离职倾向要比其他职位的员工高，职务越低，离职倾向越高；员工的不同职务对离职倾向的认知程度存在显著差异，主要体现在薪酬福利和工作条件上。普通员工（2.6950）在薪酬福利方面要比其他职务的员工的不满意程度要高很多，也就是说职务越低，对薪酬福利不满意程度越高，员工离职倾向越高，员工越容易离职；普通员工（2.8353）在工作条件因素上要比基层、中高层管理者不满意程度要高，说明职务越低，员工对工作条件不满意程度越高，员工离职倾向越高，员工越容易离职。

4. 研究结论

通过上述实证分析可知，目前新兴产业公司的新生代员工离职意愿存在以下情况：（1）从因子分析来看，可以把 38 个指标分为八个因子，分别是企业制度、工作特性、工作条件、薪酬福利、同事关系、员工发展、企业文化、组织承诺。（2）从描述性统计来看，员工对薪酬福利和工作条件这两个因素的认同符合程度较低，说明员工对这两个因素的不满意程度较高，其次是企业制度和员工发展。（3）从相关分析来看，38 个指标中（除了个别指标）与员工离职倾向呈负相关关系，其中 Q16 工资待遇、Q4 培训制度、Q7 激励措施、Q2 工资制度、Q18 福利与离职倾向的负相关关系较强；八个因素都与员工离职倾向呈负相关关系，其中，薪酬福利、企业制度和员工发展因素与员工离职倾向之间的负相关关系较强。（4）从回归分析来看，薪酬福利和企业制度对离职倾向的影响最大。（5）从方差分析来看，性别对离职倾向有显著性差异，男员工比女员工的离职倾向更高。婚姻对各因素和离职倾向没有显著性差异。受教育情况对各因素及员工离职倾向没有显著性差异。入职时间对离职倾向存在的显著差异主要体现在薪酬福利因素上。5 年以下的员工的离职倾向比入职时间在 5 年以上的员工要高一些；入职时间越短，对薪酬福利越不满意，离职倾向越高。职务对离职倾向存在显著性差异主要体现在薪酬福利和工作条件因素上。职务越低，对薪酬福利不满意程度越高，离职倾向越高；职务越低，对工作条件不满意程度越高，离职倾向越高。

五、降低新生代员工离职意愿的改善对策

尽管文章研究是对新兴产业中的部分先进制造企业进行实地调研和数据分析，但对整个相似产业的新生代员工离职因素分析具有一定的代表性。因此，文章基于上述研究结论，提出降低新生代员工离职意愿的一些针对性建议，以求做到有的放矢，高效务实。

（一）从组织管理方面解决

1. 完善薪酬福利管理。对员工来说，薪酬不仅是自己的劳动所得，是自身价值的体现，也是公司对他们工作的肯定与认可。从论文的数据分析来看，在先进制造业企业的新生代员工离职影响因素中，薪酬是主要的影响因素之一。一是通过岗位分析，对每一岗位的任职资格、所承担的责任、工作环境等进行评估，重视公司内部员工薪酬的公平性，减少因人员偏好而产生的薪酬不公平情况。二是重视基层员工，减少基层新生代员工的流失显得尤为重要。从薪酬方面来讲，虽然公司进行了薪资定位和确保薪资的公平性，但基层员工还是处于公司最底层，整体的薪酬水平普遍不高，所以制造业公司应该从补贴、津贴方面来提高基层新生代员工的工资待遇。例如，给基层员工增加伙食补贴、住房补贴，各种奖金等，来拉高基层员工的收入，提高基层员工的满意度。三是为专业技术人才和基层管理人员设立"关键型人才"激励奖，公司给予获奖员工一定的物质奖励，如奖金、奖品等，这样不仅能增加关键员工的额外收入，而且能提高员工主动性和积极性，使得员工为公司更加效力。

2. 改善员工工作条件。企业需要给员工提供好的工作条件和良好的工作环境，让员工在生理和心理上感到舒适和满足，从而使得员工安心地在公司工作。例如：公司可以通过改善公司绿化环境、改善车间普通员工的工作环境、减少车间噪声、给车间员工安装空调、提供员工宿舍、给员工安排喝咖啡和喝茶时间等。同时，公司可以建立工作负荷、工作压力调查等定期了解普通员工的工作情况，及时解决一线员工工作繁重、工作压力大等问题。根据车间工作量的变化及时调整各部门各车间员工的工作时间与内容，以减

轻员工的工作负荷，提升员工工作满意度，从而减少员工流失。

（二）从员工管理方面解决

1. 关注员工发展。企业应尽可能挖掘员工的发展潜能，帮助员工描绘未来。遵循"把适合的人放到适合的岗位"的原则，无论是在员工横向发展，还是纵向发展上，公司都要尽力为员工创造更多的机会，让员工的能力得到更多的体现。一是注重员工横向发展。应把员工放在适合发展的岗位上，让员工投身自己感兴趣的工作中。例如，进行员工间岗位调动，为公司培养综合性人才。部门主管需要密切关注在本岗位表现力和能力较强的员工，如暂时还没有更高一级的岗位空缺，但发现员工对某个平级岗位有兴趣，管理层可以考虑他是否适合这个岗位。用新的岗位，新的挑战，激起员工的工作热情。同时，让员工学到更多的知识和技能，从而成功有效的提高员工各方面的素质，使得该员工为职位晋升做好充分准备。二是关注员工纵向发展。企业有必要建立合理的晋升制度，基于员工之间的公平竞争，不搞关系化，不搞特殊化，不打亲情牌，给员工公平竞争的机会和职业发展的舞台。例如实行竞争上岗，给基层员工提供纵向双重晋升通道。给员工提供管理和技能两条通道，来丰富员工向上发展的空间。员工在进入公司成为正式员工后，经过锻炼和培养，成为公司骨干员工，那么公司便要有意识地对这些员工进行培养和提拔，以满足公司和员工个人发展的需要。特别是基层普通员工可以根据自己的专业、技能、兴趣等选择更合适自己的职业晋升通道。公司在这方面可以与员工进行深入交谈，和员工共同商榷，制定一条正确的适合他们发展的职业道路。

2. 建立员工离职后的后续管理和预警机制。传统的观念认为，员工离职就与企业脱离了关系，不再对他们进行关注，更不用说离职后的管理了。但员工离职后的管理实际上对公司具有重要借鉴意义，可以从离职员工处获取离职原因，可以获取真实可靠的建议。一是建立离职员工的档案，对他们的职务、离职原因、对企业的建议、联系方式等进行登记，在适逢节日或企业的重大节庆日子时对他们进行短信问候，还可以寄送一些贺卡或宣传企业自身的台历等小礼物的形式维持与他们的联系。这样做的成本不高却可以起到笼络离职员工甚至是在职员工的人心。二是建立预警机制就是关注有离职倾向员工的变化情况，提前采取防范措施。做到提前预防，防患于未然。

（三）从制度管理方面解决

1. 完善公司的培训制度，为员工提供丰富的培训机会。员工培训既能提升员工个人能力也能让公司人才队伍不断壮大，只有对员工进行源源不断的培训，才能从长远上利用员工对公司的发展价值。实施"全员、全程、全方位、针对性"的成功培训体系和经验。全员即意味着所有员工都有机会参加各种培训。全程代表着从员工入职开始，培训要贯穿员工职业发展的整个过程。全方位指的是开设多方面的培训课程。针对性就是基于员工能力不同和工作需要来制定不同的培训课程和内容。

2. 完善公司的激励机制，重点加强对员工的精神激励。完善激励机制就是为了提高员工积极性，对于不同员工公司应当给予不同的激励措施。一是表扬性激励。在管理过程中管理者尽量少使用处罚性措施，多采用表扬性激励，使新生代员工有受尊重的感觉。二是关怀管理。对新生代员工给予关怀，新员工到岗一周内，上级主管需做到不低于两次的访谈，关心员工的工作状况及生活状态等。三是榜样示范激励。树立模范典型、表彰基层工作先进者，主要是激励基层员工，使全体员工在积极参与评比的过程中受感染、受教育。激励其他员工立足本岗，努力工作，开拓创新，树立积极向上的职业目标。

参考文献

1. 张建琦，汪凡. 民营企业职业经理人流失原因的实证研究——对广东民营企业职业经理人离职倾向的检验分析［J］. 管理世界，2003（09）：129 - 135.

2. 赵映振，刘兵，彭莱. 企业员工离职倾向影响因素的探索研究［J］. 人类工效学，2005（04）：58 - 60.

3. 刘永安，王芳. 影响员工离职意向的因素研究［J］. 企业经济，2006（06）：42 - 44.

4. 郭玲. 组织承诺对员工流失行为影响研究——W公司实证分析［J］. 商场现代化，2007（20）：283.

5. 厉守卫. 中小企业人才流失的原因及其对策 [J]. 职业圈, 2007 (18): 56-50.

6. 刘融, 文江. 中小科技型企业知识型员工流失诱因与对策 [J]. 技术与创新管理, 2010 (06): 696-699.

7. 侯艳蕾. 中小企业人才流失问题刍议 [J]. 中国商贸, 2010 (04): 76-77.

8. 陈冬云. 论当前中小企业员工流失的原因及对策 [J]. 福建轻纺, 2011 (04): 53-56.

9. 武国民, 张红兵. 浅谈中小企业员工流失问题 [J]. 中国外资, 2011 (12): 258-259.

10. 刘军勇. 再谈企业如何留住人才 [J]. 价值工程, 2011 (13): 137-138.

11. 曹红. 浅析员工流失成本计量 [J]. 冶金财会, 2011 (05): 44-46.

12. 张晶, 朱铮. 企业员工流失关键因素识别研究 [J]. 商业文化 (上半月), 2011 (03): 125-126.

13. 于正东, 杨艳玲. 中小企业知识型员工流失管理策略探讨——基于心理契约的视角 [J]. 边疆经济与文化, 2012 (02): 1-4.

14. 李青. 基于员工满意度的企业员工流失原因浅析 [J]. 商场现代化, 2012 (01): 40-41.

15. 金冬梅, 温志毅. 员工离职倾向影响因素研究——以"80 后"离职员工为例 [J]. 技术经济与管理研究, 2012 (03): 69-72.

16. 秦洁, 张新, 唐粼. 国内离职行为研究综述 [J]. 北京经贸, 2012 (06): 138-140.

17. 张爽, 崔雪, 沙飞. 江苏高技术企业工作满意度、组织承诺与离职意向的关系研究 [J]. 科技与经济, 2012 (04): 76-80.

18. 梁静. 降低员工流失率的实证研究 [J]. 科技视界, 2012 (20): 150-152.

19. 管雯. 民营企业员工流失与管理对策 [J]. 企业研究, 2012 (08): 89-90.

20. 贺婵娟. 知识型员工流失分析与对策 [J]. 合作与科技, 2013

（02）：50 – 51.

21. 张勉. 中国 IT 雇员流失动因模型的构建及实证研究［D］. 西安：西安交通大学, 2001.

22. 杨羚. 民营企业员工流失的影响因素研究［D］. 长沙：中南大学, 2005.

23. 张中丽. 民营企业雇员流失问题的人力资源管理对策研究［D］. 成都：西南交通大学, 2001.

24. 张翼. 民营企业员工流失的因素分析及对策研究［D］. 成都：西南交通大学, 2002.

25. Porter, L. W. , Steer, R. M. Organizational Work and Personal Factors in Employee Turnover and Absenteeism［J］. Psychological Bulletin, 1973.

26. Urbancov Hana, Linhartov Lucie. Staff Turnover as a Possible Threat to Knowledge Loss［J］. Journal of Competitiveness, 2011（03）：84 – 98.

大数据审计关联技术研究

张威威①

【摘　要】 大数据审计是新型信息化时代的产物，也是数据创新驱动的必然结果。解决大数据环境下数据关联问题是适应审计全覆盖、促进审计方式转变、提高关系性数据联系的有效前提。本文从数据挖掘的视角提出了构建审计数据关联规则的思路、关联模式以及关联数据技术应用面临的若干挑战。

【关键词】 大数据　关联数据　数据挖掘；关联规则

继物流网、数字城市、智慧城市之后，代表信息化的另一个热词"大数据"已然登上历史舞台；作为一项颠覆性的技术革命，大数据正在重新定义社会管理与国家战略决策：联合国于 2009 年制定了"数据脉动"计划，英国于 2010 年发起了"数据权"运动，美国奥巴马政府于 2012 年提出了国家层面的"大数据战略"等，我国政府则在 2014 年 9 月由国务院发布了《促进大数据发展行动纲要》，在顶层设计层面系统部署了大数据发展以及大数据在各行业以及国家层面上的创新应用。

由大数据驱动的管理创新和技术变革，不仅在中微观上蕴藏巨大的商业价值、科学研究价值和行业分析价值，也在宏观上具有社会管理与公共服务价值。2015 年江苏省审计厅提出"三提升一强化"行动计划，明确审计以技术创新为引领，积极研究审计新思路、新理念，重点构建以数据审计为核心的审计新范式、新平台，从而更好适应审计署关于审计全覆盖以及人财物统管要求。目前计算机技术在审计软件系统中仅仅作为数据处理功能的辅助

---

① 作者简介：张威威，连云港市东海县审计局副局长，江苏省审计学会理事。

性后台支持，缺乏数据整体技术的系统性转化和应用支撑，这主要由于审计处理过程中产生的数据以及与源数据库之间缺乏有效的关联，从而导致审计数据交互性较弱且数据的可重复利用程度较低，这是审计在大数据时代需要面对和解决的重要问题。

一、大数据和关联数据的基本涵义

（一）大数据

1. 概念和特征

大数据是一个开放性概念，它蕴含信息但不解释信息，但大数据会使人们从冰冷的计算机和运算规则中解放出来，从而认识更多的事物，发现更多的规律，获得更多的知识和洞察力。目前很多专家学者、咨询机构根据自身学科特点、分析角度和学识态度给予了相关定义，综合起来主要有两种观点：

一是数据库观点（资源角度）。如美国咨询机构麦肯锡公司在报告《大数据：创新、竞争和生产力的下一个前沿领域》中指出，大数据是无法在一定时间内使用传统数据库软件工具对其内容进行获取、管理和处理的数据集合[①]。Small 等人认为，"大数据"是指传统的数据库技术（关系数据库系统）无法很好地提供管理工具的海量、非结构化或半结构化数据集[②]。

二是技术性观点（工具角度）。如互联网数据中心（IDC）指出，"大数据"是为了更经济、更有效地从高频率、大容量、不同结构和类型的数据中获取价值而设计的新一代架构和技术，用它来描述和定义信息爆炸时代产生的海量数据，并命名与之相关的技术发展与创新。维基百科则指出，大数据是所涉及的资料规模巨大到无法透过目前主流软件工具，在合理时间内达到撷取、管理、处理、并整理成为帮助企业经营决策更积极目的的资讯[③]。

无论是名词性质的数据库观点，还是形容词性质的技术性观点，事实上

---

① Manyika, J. Chui M, Brown J. Big Data: The Next Frontier for Innovation, Competition and Productivity [R]. McKinsey Global Institute, 2011: 34
② 孟小峰，慈祥. 大数据管理：概念、技术与挑战 [J]. 计算机研究与发展, 2013 (1): 146
③ 夏翠娟等. 关联数据的发布技术及其实现——以 Drupal 为例 [J]. 中国图书馆学报, 2012 (1): 49

大数据的价值就在于数据本身的可利用性。相较于传统数据，大数据一般被学者概况为这样五类特征，即大量性（volume）、高速性（velocity）、多样性（variety）、不确定性（veracity）和价值性（value）。其中，前两种特征随着计算机技术运用的不断扩展会变得相对容易解决，而后三种特征则因为非结构化数据的多样性、数据的不确定性以及数据质量追求等原因，给现代审计带来的挑战愈来愈大；特别在审计全覆盖要求下，大数据将在审计方式、审计抽样、审计证据搜集、审计数据分析、总体审计模式的应用、审计报告模式及审计成果应用等方面要求审计技术和方法不断更新发展[①]（秦荣生，2014）。

2. 大数据审计分析理念的转变

大数据改变了传统的数据采集、存储和应用技术，其精髓在于促使人们在采集、处理和使用数据时思维的转变，这些转变将改变我们理解和研究社会经济现象的技术和方法。牛津大学教授维克托（2012）在其合著的《大数据时代》一书中指出，大数据的发展核心动力来自于人类测量、记录和分析世界的渴望，信息技术变革的重点在于"T"（技术）而不是"I"（信息），人们应该更多的关注于某项技术的思维转变。传统的审计分析思想应做三大转变：一是转变抽样审计思想，要全体不要抽样，即要采集、分析与某事物相关的所有数据，而不是依靠少量样本来分析总体；二是转变审计数据利用的思想，即要效率不要精确度，审计师要欣于接受数据的芜杂多样，而不过分追求数据的精确度，只要在总体上把握事物的发展趋势即可；三是不再深入探求事物的直接因果关系，转而关注和利用事物的相关关系，通过分析和厘清事物之间的相关关系，审计师可以找到事物的现状和未来发展趋势。

（二）关联数据的特点和分类

1. 关联数据的特点

关联数据是一种推荐的最佳实践，用来在语义网中使用 URI 和 RDF 发布、分享、连接各类数据、信息和知识，亦即互联网上发布和互联结构化数据。万维网之父、美国麻省理工学院教授蒂姆·伯纳斯·李于 2006 年提出

---

① 秦荣生. 大数据、云计算技术对审计的影响研究 [J]. 审计研究，2014（6）：25

"数据网络"思想，他认为数据网络的核心和关键就是关联数据，且数据内在的价值和效用将随着其链接到其他数据的增多而大大增加①。简而言之，数据之间的关联越是丰富，数据的价值越大。

由于互联网上充斥着大量不同标准的结构化数据和非结构化数据，因此如何将这些数据转为己用变得尤为重要。一般而言，处于大数据、互联网体系下的关联数据具有一致性、相关性、可靠性的特点，通过语义技术和关联技术将不同类型的数据转化为使用者需求的数据。如国内电商淘宝公司、金融业的四大国有银行、腾讯公司，以及国外的零售业巨头沃尔玛、百思买、BBC 新闻机构等，都试图在大数据中将客户分为不同类型，并通过客户端获取客户的基本资料和搜索习惯。一致性是关联数据的首要要求，也是关联的重要保证；相关性和可靠性则决定了获取数据的使用目的，只有质量可靠、性质相关的数据才能通过特殊的关联技术取得数据关联。

2. 关联数据的分类

关联数据的应用领域较为广泛。就政府审计而言，关联数据的应用目前仅限于系统内部，对系统外部的数据关联则较为薄弱。从数据库观点来看，由于数据口径、数据类型、数据状态等差异，审计师采集的数据并没有实现数据完全关联，这就导致数据的价值无法充分显现，甚至数据所反映的"事实"是错误的。这主要由于审计师对于数据关联的分类还不够清晰，从而导致数据分析和处理缺乏一致性，很显然这与大数据环境下对数据的关联性要求不相符。

对于当前政府审计数据集中和分析工作，从数据来源来分，可以将审计关联数据分为系统内和系统外，其中系统外数据指的是处于被审计单位信息系统外，但又与审计目标相关的、具有内在联系的外部数据。从内容上分，刘家义审计长（2014）则将关联数据分为五个方面②：一是纵向关联，即从中央财政到省市县乃至每个乡镇的资金关联以及从部门到项目具体执行单位的资金关联；二是横向关联，即从市财政、市发改委到一级、二级预算单位的各种专项资金关联；三是实体关联，即财政、金融和企业三方面的数据关联；四是行业关联，即财政与其他多部门、多行业的数据关联；五是综合关

---

① 李国杰等. 大数据研究：未来科技及经济社会发展的重大战略领域——大数据的研究现状与科学思考[J]. 中国科学院院刊，2012（6）.
② 文峰. 云计算与云审计关于未来审计的概念与框架的一些思考[J]. 中国注册会计师，2011（2）：34

联，即财政数据与业务数据、宏观经济数据的关联。无论从哪种角度来分，审计师都应该具备足够的能力解决好不同来源、不同类型、不同形式的数据之间的关联。

二、基于数据挖掘技术的大数据审计关联思路

在大数据环境中，由于审计数据牵涉到的部门多、数量大且不确定性较高，数据之间的关联性显得尤为重要，审计师必须采取某种技术手段，有效利用采集的数据才能达到最初的审计目标。本文认为，数据挖掘技术提供了建立数据关联的思路，该技术也被称为数据库中的知识发现（Knowledge Discovery in Database，简称 KDD），就其本质而言，数据挖掘仅仅是数据处理的中间过程，它能从大型的数据库和数据集合中发现比较有价值和有意义的数据，并通过既定定义或特定规则，将数据按照审计师的要求生成关联数据，从而达到最终审计目的。

（一）大数据关联规则的挖掘

数据的关联规则是指数据之间普遍存在的空间位置和时间序列的关联抽象。关联规则的挖掘就是指从海量数据中项集之间发现有趣的关联或相关，从而达到认识事物客观规律的技术方法[①]。审计师必须在无序、无对应或无逻辑的数据中间挖掘出数据的关联规则，且规则必须与审计目标呈现一定的关联性，才能更好为后续审计分析提供帮助。审计实践中发现，关联性更强的关联数据，其证明力更强，得出的审计结论更为精确，反之亦然。因此，审计师的目标就是能够寻求数据之间更为针对性的关联关系，从关联数据中挖掘出符合审计目标要求的属性，进一步为审计取证提供强有力的支持。一般而言，数据关联规则的挖掘分为四个步骤，即确定业务目标（对象）、数据准备、数据挖掘和结果表达及解释[②]，如下图所示。

---

① 马超飞. 基于关联规则的遥感数据挖掘与应用［D］. 北京：中国科学院遥感应用研究所，2002：22
② 万少飞. 基于社保的数据关联处理方法［D］. 广东：广东工业大学，2011：7

确定业务目标	数据准备	数据挖掘	结果表达
◆ 明确目标 ◆ 规则清晰	◆ 数据搜集 ◆ 数据整理	◆ 多维数据 既定模型	◆ 可视化 ◆ 关联规则 结论

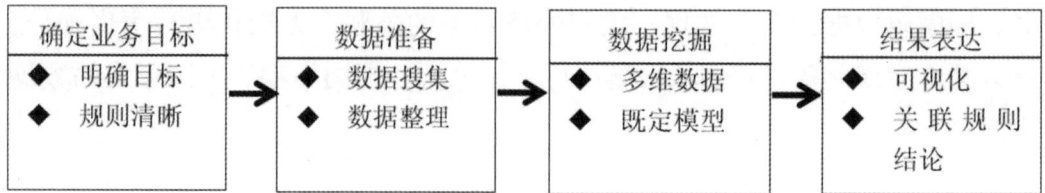

图1　数据关联规则的挖掘过程

1. 确定业务目标。审计对象的性质是审计师界定数据挖掘规则的重要着手点，因此审计师在执行具体审计方案的时候就必须明确审计对象的性质，这是大数据审计必须关注的重点。清晰地定义挖掘目标，对于挖掘规则目的的树立具有良好的指导意义，这是由数据挖掘技术的本质所决定的。同时，业务目标的确立也为规则算法的明确以及规则的生成给予结果上的保障。

2. 数据准备。大数据审计的难点就在于数据的搜集和整理。就该步骤而言，数据准备工作是做好数据挖掘的基础，通常包括数据清理、数据集成、数据选择和数据变换四个方面。一是数据清理。面对内部和外部不同信息源中数据呈现不同规范、不相一致甚至冗余的特点，必须要消除噪音数据，确保基础分析数据的统一规范；二是数据集成。将剔除冗余、消除噪音后的数据按照挖掘规则的要求加以集成，形成结构统一、相对完备的数据集；三是数据选择。根据审计目标要求，选择与业务对象相关的数据集，这在内容上决定了后续的数据挖掘质量；四是数据变换。在确保不损失完整信息表示的前提下，将数据转化成基于挖掘算法的审计分析模型。

3. 数据关联规则挖掘。审计师将转换的数据按照既定规则和算法进行挖掘，得出目标分析结论，该过程是数据挖掘算法执行的核心步骤。为确保各个信息源的数据得到关联，首先要确保数据库后台的数据是有关同一审计目标的信息，只有相关的数据融合才能确保数据被审计师整体利用。审计目标信息的融合是将多数据库信息进行的有效处理，从而得到比单一信息源更准确的审计结论，为此受数据规则的影响，规则算法的影响的适用性和准确性将得到更充分的体现。

4. 结果表达和解释。通过关联算法规则执行后的结果即为审计师所要实现的结果表达，若数据关联规则不易表达，则可以通过可视化的技术方法，将结果转化为审计师的意思表示。这样得出的数据挖掘结果，基本上会将隐藏在无规则数据中的信息以有价值的、新颖的且有潜在效用的模型及结构呈现出来。

（二）大数据审计关联规则挖掘的代表类型

数据关联规则的挖掘是关联数据建立的基础，因此必须主观上认识到数据之间存在的客观规则，利用合理有效的算法计算规则，才能更准确把握关联数据在审计中发挥的作用。审计实践中，为实现审计目标，审计师一般先通过采集的数据提取与审计目标相关联的关联因子，如数据特征、身份特征、地理位置、目标群特征等，再利用合理的测度来实现数据间的关联确认。事实上，这些关联因子取决于审计师主观上对于审计结论的预期，审计师往往通过关联数据得出预期结论，从而证实自己最初的审计判断。在大数据时代，海量的数据为关联因子的应用提供了丰厚的土壤，审计师通过数据挖掘技术也拓展了更多的关联规则，进一步将数据和审计目标紧密结合起来。这种通过关联因子挖掘的关联规则在审计应用上得到了众多的学者关注，也产生了很多具有代表性的关联规则类型。

1. 量化属性关联规则。按照关联规则中关联因子的类别不同，关联规则一般分为布尔型和数量型。前者是离散的、种类化的，显示关联因子之间的关系，常用于事务性数据库，如购物篮分析技术；后者则对数值型字段进行处理，是数量关联规则的应用形态，研究的是"属性—值"的关系。数量关联规则通过动态分割，将审计关联因子量化值划分为若干区间，再者或直接通过对原始数据进行相关处理，从而得出"属性—值"的关系；对于此类关联规则，如何有效的处理属性及其值是解决该类问题的重点和关键，如审计中经常用到的数值属性"收入""年龄""固定资产"等。

2. 限制关联规则。限制型关联规则指的是审计师通过赋予关联因子一定的约束条件来实现审计需求，如审计师指定的数据类型，数量上限或下限条件，自定义的 SQL 语句等。此类限制关联规则某种意义上是审计师根据自身需要和兴趣而量身定做的规则，不仅可以通过对数据库的预加工而提高审计效率，也可以通过完善软件集成模块提高算法精确性。

3. 因果关联规则。因果关联是 KDD 较为重要的一种知识类型，几乎在任何有逻辑性的领域都会有应用关系。审计师往往会假设事件 A 和事件 B 之间存在一定的因果关系，然后通过推理机制运用数据分析技术将二者进行关联。在应用因果关联规则的前提时最重要的一点，就是审计师需要对事件 A 和事件 B 之间的逻辑关系进行初步评估，然后再利用认证逻辑的分析办法将相应数据进行"对号入座"。

4. 多层关联规则。由事件 A 和事件 B 产生的关联规则一般为初级关联规则，这在数据较少的情况下容易实现。在大数据环境下，由于数据较多，审计师可合成的规则较为宽泛，一些事件不仅仅与另外单项事件产生关联，还会与其他事件产生关联，这样呈现多层的规则体系为审计师提供了层层递进的多层分析维度。如分析购买家用轿车时，审计师不仅要考虑收入层次因子的影响，还要考虑年龄、油价、家庭人数、通胀等因子。

（三）大数据审计关联规则应用模式

近年来，审计署在全国范围内相继统一组织和开展了债务审计和土地出让金审计工作，在社会上引起强烈反响。这是大数据时代离我们最近的两次全国性审计，也给国家审计人员带来了新的思考：一是数据获取技术，如何在海量的数据中提取我们需要的数据；二是数据分析技术，如何在无关联的数据库中挖掘出有用的信息从而服务于我们的审计目标？一般意义上，前者可以通过建立以审计署为中心的统一数据指挥运作平台、审计分析中心等机制而实现，后者则需要数据关联方法和技术的支撑。结合前文所述，基于"数值—属性"量化关联规则，本文提出了如下图所示的审计数据关联规则的应用模式。

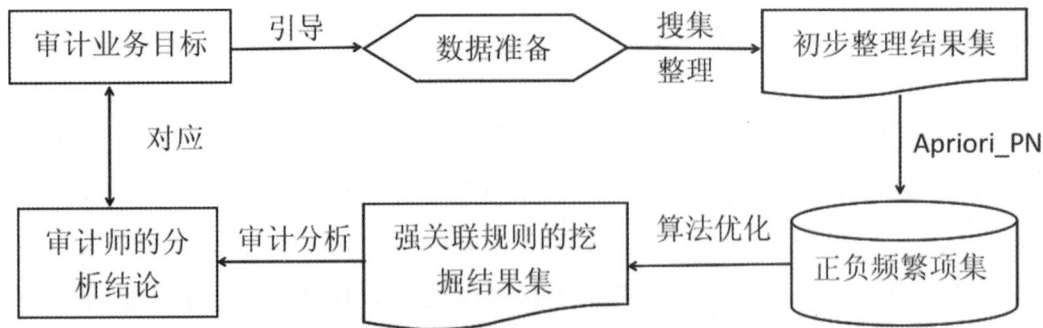

图2　审计数据关联规则应用模式

1. 审计业务目标。无论何种审计主体，在审计实践中首先必须制定审计业务目标，这是审计成果获得保障的有效前提。大数据审计中，受大数据五种特征的影响，审计师必须能够寻求与审计目标相一致的数据信息，否则审计的效率和效果会大打折扣。同时，审计目标也是检验审计师的审计分析结论是否值得信赖的重要标准。

2. 数据准备。通过统一的审计数字化指挥平台、各级审计数据中心及审计综合作业平台，将各级数据进行综合搜集和整理，初步形成整理后的有效数据集。由于审计数据的质量与关联规则的挖掘结果正相关，那么如何保证有效地进行数据搜集和整理是该模式取得效果的重要基础。

3. 正负频繁集合强关联规则集。频繁项集的产生通常是由 Apriori_ PN 算法得出，在执行该算法时，设定不同最小支持度的阈值，得出正负项集出现和未出现的次数，并在引入数值属性规则的关联条件中，辅以关联因子的优化，获取强关联规则的挖掘数集。该两项步骤是技术推导过程，需要审计师设定不同值域得出多项数据集合，才能更好利用关联因子得出挖掘规则。

4. 审计师的分析结论。审计师利用挖掘的关联规则结果，得出分析结论，从而证实最初审计设想并通过审计目标加以验证。审计分析结论的有效性取决于前步骤中的数据准备工作以及审计师自定义的规则性质，只有将两方面的工作统一起来，才可以说在规范性上合理利用了挖掘关联数据规则。

三、审计关联数据技术应用的挑战

目前，数据挖掘技术在审计领域的应用和研究还不够成熟，审计师对于关联数据的认识和关注也还需进一步提高。随着大数据、云计算等新技术的发展和完善，审计关联数据的挖掘技术在审计实务中将扮演越来越重要的角色，特别是在当前国家审计全覆盖的要求下，如何更有成效地将数据挖掘技术运用在审计领域，是每个审计师都必然会遇到的挑战。

（一）挑战一：数据产生和审计实践范式的拓展

大数据环境下的数据通常是海量的，且存储的形式和结构差异显著，特别在对文本、图像和互联网资源等一些异构数据进行挖掘时面临很大挑战，这意味着审计师在执行数据选择和准备程序中，将会遇到更高维的搜索空间和数据层次。就目前审计师通常使用的数据并行处理和模拟数据等技术手段而言，在处理关系复杂、结构多变的大数据时，将难以获得良好的计算效率以及较低的审计成本。因而在实践中，审计师需要以问题为导向，将审计目标分解细化为风险因子属性从而降低数据维数，同时尽可能将不同数据结构的数据利用语义技术转化为审计师所需要的数据，从而进一步提高数据关联规则的挖掘效率和效果。

（二）挑战二：领域知识和数据挖掘系统的复杂性

关联数据规则的产生过程往往需要进行多次的交互和反复。目前数据挖掘技术对审计关联数据的支持性运用程度尚不能满足大数据的广泛性要求，这主要是由于审计师的知识层次和工作背景并不能有效符合数据挖掘要求。由于数据挖掘的本身是基于对无序无规则信息的再表达，只有当审计数据挖掘系统能提供合理的解释性功能，才能将数据规则、关系和逻辑以新的知识表示出来，审计师才能更有效利用算法生成感兴趣的关联规则。

（三）挑战三：数据维护和数据生命周期管理的必要性

数据关联规则的技术基础就是对现有新数据的存储和管理。随着时间的推移，审计师需要根据访问频率对现有数据进行价值评估，一般新数据的产生往往也表明以前发现的知识信息已经失效，这时需要对这些数据进行动态维护和及时更新。数据生命周期管理是审计师依据数据在不同阶段的价值实施不同的管理行为，主要目的是以可靠、经济、有效的方式来实现数据价值最大化，从而降低机构持有信息的总体成本。从大数据的产生速度来看，数据生命周期管理应提升到数据管理的战略层面，这不仅是对数据本身进行主动管理的过程策略，也是数据系统化管理的必然要求。

（四）挑战四：大数据生态系统和技术支持体系的匹配

数据关联规则的有效性取决于大数据生态系统的运行机制和大数据技术支持体系的建立，这需要审计治理机构依据大数据的流动特点，有针对性地拓展大数据技术运用领域和资源共享机制，建立大数据技术支持体系。目前数据挖掘系统还不能在多平台上运行，受限于数据库的域或记录，需要数据挖掘系统与其他技术支持系统进行有机的集成，特别是如何把关联数据规则发现和分析性程序编入审计师已经熟悉运用的系统中，需要审计技术支持体系的建立和完善，这有助于进一步推进审计机关上下级之间的数据共享和联网审计。

（五）挑战五：法规建设和数据挖掘技术的推广

大数据审计是综合性、全面性的现代审计，其最主要特征是在"互联网＋"的时代运用了大数据、云计算等相关领域的信息技术手段。由于现行法律法规和审计准则的建设和完善滞后于信息技术的运用和发展，导致信息技术的使用缺乏足够的法律支持。特别是电子审计证据层面，大数据挖掘分析结果及相关电子数据证明尚没有明确的法律说明，这些都是审计治理机构需要及时解决和面对的。只有在普适性的法律环境中，审计师才能有效利用信息技术和数据挖掘技术，才能更充分发挥现代信息技术在审计中的运用和拓展。

历史学

从战国秦汉之际神仙方术思想的形成谈
徐福东渡文化现象出现的必然性

刘凤桂[①]

【摘 要】战国秦汉之际是中国神仙方术思想成型期，其源头是原始社会的灵魂不死观念。商周表现为祭祀文化，春秋为黄帝之学，战国黄老合一，后演变成方术文化，并为帝王所接纳，成为主体意识形态和国家行为。徐福东渡是这一思想发展史的必然结果。

【关键词】神仙思想 灵魂不死 儒墨道 方术文化

战国秦汉之际，是中国古来已久的神仙思想发展到以方术文化为主要内容而成型的时代，最后以"徐福东渡"为历史转折点。至汉武帝时以泰山封禅为国家行为，方士入海求仙药渐转变为民间献方活动，神仙思想逐渐融汇于西汉末年开始的道教理论架构、东汉末年形成的道教经典之中。

一、灵魂不死观念与神仙思想

灵魂不死观念是自有人类以来人对生命的永恒追求。早在旧石器时代的北京山顶洞人（距今约 3 万年左右）时代，其下葬墓室中人骨周围就有意散布着赤铁矿的粉末和随葬品，被考古学家认为是灵魂不死观念的反映。人类对死亡的恐惧，始终是无法解脱的心理纠结，即使是具有科学知识的现代人，也都在苦苦思索一个无法用经验回答的问题：人有无灵魂？如果有灵

---

① 刘凤桂（1945— ），连云港市朐海书院院长，中国先秦史学会会员，主要从事考古学、先秦史等方面的研究。

魂，人死后灵魂归向何处？更何况远古时代的人类。西方早期的人类学家如安德烈·兰、泰勒等，就曾提出过泛灵论、万物有灵论等解述。以唯物主义观点解释的是恩格斯，他认为："在远古时代，人们还完全不知道自己的身体构造，并且受梦中景象的影响，于是就产生了一种观念：他们的思维和感悟不是他们身体的活动，而是独特的、附于这个身体之中，而且在人死亡时就离开身体的灵魂的活动。从这个时候起，人们就不得不思考这种灵魂对外部世界的关系。既然灵魂在死的时候离开肉体而继续活着，那么就没有任何理由去设想他本身还会死亡，这样就产生了灵魂不死的观念。"[①] 这种观念一旦产生，就能给人们一种心灵的安慰、超脱和解析；原来人死只是肉体的消失，而灵魂会活在另一个世界；肉体的消失不是生命的终结，可以通过灵魂延续甚至再生。我国新石器时代仰韶文化儿童瓮棺葬，发现瓮顶部都有敲凿出来的孔；我市大伊山新石器时代石棺葬死者头部覆盖红陶钵，也有在其上凿小洞现象，都表明原始人相信死者灵魂不死，能自由出入肉体葬身之处。

商周时期文化是一种祭祀文化。所谓"国之大事在戎与祀"，祀就是对祖先的祭祀，旁及对山川河流、日月星辰等自然物象的祭祀。《礼记·祭法》云："法施于民则祀之，以死勤事则祀之，以劳定国则祀之，能御大菑则祀之，能捍大患则祀之……此皆有功烈于民者也。及夫日月星辰，民所瞻仰也；山林川谷丘陵，民所取材用也。非此族也，不在祀典。"[②] 祭祀就是确认祖先在另一个世界（天地）的存在。殷墟甲骨文中就有很多祭祀祖先的贞文，祭祀对象包括"先公""先王""先妣""兄辈"等人物，还曾发现上千处商人祭祀祖先的坑穴。西周青铜器铭文中有二十多种祭法（如禋、燎、裸、禘等）的铭文，含有向祖先祈福、祝寿、颂德、敬孝等多项内容，并且在权能上将祖先安排在天帝身边，希望通过祖先得到天帝神力的庇佑。这就表明，向祖先祭祀实际上是承认并预设了祭祀者身后自己的归宿，即灵魂的安身之所。这是中国传统文化对灵魂不死的一种独特的诠释，至今不衰。

《周礼·春官》："大祝，掌六祝之辞，以事鬼神祇，祈福祥，求永祯。"[③] 这是西周政治制度的一项重要内容。用担任公职的巫（六祝）来主持祭祀仪典，标志着自原始社会以来的灵魂不死观念在西周通过国家祭祀活

---

① 恩格斯：《费尔巴哈与德国古典哲学的终结》，《马克思恩格斯选集》第四卷，人民出版社1972年版，第219—220页。
② 见《礼记》，上海古籍出版社影印本。
③ 见《周礼》，上海古籍出版社影印本。

动而制度化，成为官方的主体意识形态，它是西周礼乐文化的重要组成部分。其中"以事鬼神祇"的巫是灵魂不死观念表现形式的传承者和不断创新者，影响到春秋战国时代神仙方术思想的滥觞和发展。

二、春秋时代儒、墨、道三家与巫

关于儒的本义，章太炎与胡适皆有发轫之说。章氏在《原儒》中认为，在古文字中，本来儒写作"需"，而"需"则是求雨的巫觋。胡适则认为，"儒是殷民族的教士"，以"治丧相礼"为职业。[①] 其实将此两说往深层理解，"需"是众巫中求雨之巫，是一种职称，而"教士"作为职业，在殷商时代则非巫莫属。故《说文》释儒谓"术士之称"，乃处理有关祭祀鬼神事务的人。孔子似乎也不切割儒与鬼神及巫的历史渊源，在对待生死、鬼神问题上，《论语》中说"未知生，焉知死"，又说"敬神如神在""子不言怪力乱神""敬鬼神而远之"，好像不太重视鬼神，却也不否认鬼神。但在出土的长沙马王堆汉墓帛书《易传》中，在《要》的一篇里引用孔子的话说："吾与史巫同涂（途）而殊同归。"儒与巫是同途，这就与鬼神扯上了关系。孔子解释，巫是"赞（通祝）而不达于数"，史是"数而不达于德"。[②] 他与巫史不同的是从"祝""数"进一步求"德"，"吾求德而已"，"我后其祝卜矣，我观其德义也"。[③] 由此可见，孔子之前儒与巫不是截然分开的，孔子对巫有一定的尊重，他只是将赞、数巫术的技术性操作升华到德的理想主义境界，把祭祀当作一种发自心灵的庄严肃穆的礼仪。

春秋时代的墨学，是可与儒学比肩的显学一门。墨子生年比孔子略晚，《吕氏春秋·要略》讲"墨子学儒者之业，受孔子之术"。[④] 在学术上最早是受儒学影响的。但墨子批评儒学后业"以天为不明，以鬼为不神，天鬼不说，此足以丧天下"。[⑤] 儒家只重视祭祀的庄重礼仪，而忽略了祭祀祈禳天地鬼神的功用。他认为鬼神无处不在，人无可逃匿，只能敬之而不能远之。世

---

① 胡适等著《大师说儒》，汕头大学出版社，2008 年 8 月第 1 版。
② 参见廖名春《帛书释要》，《中国文化》第十集，香港中华书局，1994 年版。
③ 参见廖名春《帛书释要》，《中国文化》第十集，香港中华书局，1994 年版。
④ 陈奇猷《吕氏春秋校释》，学林出版社，1984 年 4 月第 1 版。
⑤ 孙诒让《墨子閒诂》卷十二。

道之乱在于"皆疑惑鬼神之有与无之别，不明乎鬼神之能赏贤罚暴也"。①
墨子敬重鬼神的理念，为战国时代的神仙方术思想提供了理论养分。

再谈道家。一般将先秦道家始祖归于老子，其实这有失偏颇。《老子》
成书在战国时代，实际是对形成于春秋晚期的"道"的思想总结。在老子之
前，"道"的思想，已经有所谓"黄帝之学"而存世。《吕氏春秋·寰道》
指黄帝之学的精华是"爰有大圜在上，大矩在下，汝能法之，为民父母"。②
就是对援引黄帝名号的上古史官观天察地，推衍人事的理论总结。我们从中
可见黄帝之学有关于宇宙本原的"恒无之初，迵同太虚"；宇宙变化的"剖
有两，分为阴阳，离为四时"；天诣运行的"道之行也，繇（由）不得已"；
天人之际的"天治寒暑，地制高下，人制取予"等本体论命题。③ 黄帝之学
还包括先秦更广泛的知识，如天象、历算、星占、望气、地理、兵法、博
物、医方、养气、神仙等，在战国秦汉的各家论著中被屡屡列出，既是一种
理念，更是早期道家提出的可供操作的技术性知识。《史记》谓老子是周的
史官，故非巫祝。与黄帝之学不同，《老子》一书并未提出有关巫祝的技术
性知识，从一开始就云"道可道，非恒道；名可名，非恒名"，④ 表明是从
一种思辨的、形而上的高度来论"道"的。《汉书·艺文志》说："道家者
流盖出于史官，历成败存亡祸福古今之道，然后知禀要执本。清虚自守，卑
弱以自持。"⑤ 即指此。其主旨思想是"通过宇宙之道的体验，追寻对天道、
世道和人道的全面而终极的理解"。⑥ 故黄老之别，前者是道的技术性操作，
后者是道的哲学性思考。后世道教奉黄帝为始祖，以老子为教主，称道教为
"黄老道"，盖因出于此。黄老之学对战国神仙方术思想的发扬、成型，提供
了技术素材、理论空间和从人入于神境的心灵体验，从而实现了从巫到方士
的转换。

① 孙诒让《墨子閒诂》卷八。
② 陈奇猷《吕氏春秋校释》，学林出版社，1984 年 4 月第 1 版。
③ 《黄帝书》，见长沙马王堆汉墓帛书《老子乙本卷前古佚书释文》，文物出版社，1974 年版。
④ 《黄帝书》，见长沙马王堆汉墓帛书《老子乙本卷前古佚书释文》，文物出版社，1974 年版。
⑤ 《汉书·艺文志》，《汉书》，中华书局 1962 年版。
⑥ 葛兆光《中国古代思想史》第一卷，复旦大学出版社，2004 年版。

三、战国时代灵魂不死观念向神仙方术思想转换并定型

春秋时代的墨家和道家对鬼神采取认可的态度。墨家强调鬼神对世间君主"赏贤罚暴",化治天下的作用,有着社会功利目的,表现出强烈的神秘主义倾向;而道家则在天文星占、望气凶吉、阴阳剖解、养身化育等方面提供了可操作的技术经验,提出了清虚自守、卑弱自持的修身之道。到战国时代,《庄子》《山海经》《楚辞》等著作则创造了一系列仙人、真人形象,凸显仙人、真人无与外物,超然世外的绝对精神自由,对神仙方术思想有着直接的影响。直至邹衍创五德终始说和大小九州地理概念,为神仙方术思想体用化地转变为渡海求仙、寻长生不死之药的社会思潮作了理论准备。

战国是一个学术思想自由解放的时代,真正意义上的"百家争鸣"。春秋时代各国君主志在拓展领土,战国时代小国已多数被吞并,剩下的强势大国则雄心勃勃欲争天下共主,各国之间兼并与反兼并的战争此起彼伏。如何治国理政,解决经济、民生、政治、外交、军事诸多问题,各国君主对人才的需求量大增。在政治层面,社会精英应各国君主的需要而展示其治世方略,如苏秦、张仪的合纵连横;如韩非、商鞅的苛政峻法。在思想层面,儒学进入孟子和荀子的思想域境,对鬼神信仰渐行渐远,而专注于对人性善恶的探讨和人的道德理性的锤炼;墨家则分化出神秘主义的宗教组织和转向追求技术和逻辑的"别墨"一派;道家恰逢其世而大展旨趣,出现了庄子这样一位承前启后的道家人物,他以充满浪漫的构思、悲观主义的笔调,创造了一个虚无缥缈的神仙世界和神采特异的仙人、真人形象。

《庄子·逍遥游》[①] 是这样描写的:

藐姑射之山,有神居焉,肌肤若冰雪,绰约如处子;不食五谷,吸风饮露;乘云气,御飞龙,而游乎四海之外;使物不疵疠而年谷熟悉……之人也,之德也,将磅礴万物为一,世薪乎乱,孰弊弊以为天下事!之人也,物莫之伤,大浸天下而不溺;大旱金石流、水土焦而不热。是其尘垢秕糠,将犹陶铸尧舜者也,孰肯纷纷然以为事。

---

① 《庄子·逍遥游》,《道德经·南华经》广州出版社,2006 年 12 月第 1 版。

　　显然，已经不是《老子》书中那种鸡犬之声相闻，老死不相往来的小国寡民了，而是游乎四海之外、不食五谷，吸风饮露，能抗灾却难的神！可以说《庄子》是对《老子》的扬弃与改造，完成了由反理智的人向超脱理智的神的转化。这样的神已不是商周享有祭祀之礼的神，而是超脱世间政治、礼教、秩序的神力无边之神。这也反映出战国时代彻底的礼崩乐坏，国家宗法制度下的祖先神已被请下神坛，代之而起的是与自然力合而为一的人神。

　　庄子的眼里，神即是仙人、真人。在《大宗师》中，庄子描述的古代真人是："不逆寡、不雄成、不谟士""其寝不梦，其觉无忧，其食不甘""若然也，其心忘、其容寂；其颡頯，凄然似秋，煖然似春，喜怒同四时，与物有宜而莫知其极""不知说生，不知恶死""其出不䜣，其入不距""其状义而不朋，若不足而不承，与其乎觚而不坚，张与其虚而不华也"。[①] 这样的仙人、真人与天地融为一体，是道家理想人格的典范。其神仙世界的创意手法和真人形象的塑造多为后世的方士所借鉴。

　　与《庄子》同时代的《山海经》是一部千古奇书，尽管它可能是经汉代人（一说是刘歆）整理而成，但基本素材来自战国则无疑。因为战国时代商业人口流动频繁，交通关隘打通，文化交流随之扩大，故人文地理知识普遍受到知识人士的关注。《山海经》首先是一部地理书，但同时又是一部神话典籍，是自然与人文的合一。如果说上古中国山川河海按《山海经》方位定向依南西北东走向分布为经的话，那么众多神仙人物的传说神话故事，就是编织《山海经》的纬。其中不死之药、不死之民、不死之乡的种种描述更增加了它的趣味性和神秘性。由于它所勘定的地理位置在那个时代为人们所能知（今地名大多难以考订），故增加了有关仙人和不死之药存在的可信度，因而成为后世方士们加工复制的重要素材。

　　《山海经》[②] 中记载的不死之乡有：

　　不死之民在其东，其为人黑，寿，不死。一曰在穿胸国东。（《海外南经》）

　　开明北有视肉、珠树、文玉树、玗琪树、不死树。（《海内西经》）

　　开明东，有巫彭、巫抵、巫阳、巫覆、巫凡、巫相，夹窫窳者之尸，皆操不死之药以距之。窫窳者蛇身人面，或贰负臣所杀。（《海内西经》）

---

① （庄子·大宗师）《道德经·南华经》广州出版社，2006年12月第1版。
② 《山海经》，袁珂《山海经校注》，上海古籍出版社，1980年7月第1版。

有不死之过，阿姓，甘木是食。(《大荒南经》)

大荒之中，有山，名大荒之山，日月所入。有人焉三面，是颛顼之子，三面三臂。三面之人不死，是谓大荒之野。《大荒西经》)

西南黑水之间，有广都之野，后稷葬焉。爰有青莎、膏稻、膏黍，百谷自生，冬夏播琴，鸾鸟自歌，凤鸟自舞。灵寿实华，草木所聚，爰有百兽，相群爰处。此草冬夏不死。(《海内西经》)

读上述文字，让今人好似浏览了一大堆神奇的长生不老之乡旅游广告，而这正是后世方士们推演不死之药的方术依据。

战国晚期的《楚辞》[①]，是以屈原为代表的楚国文化精英的经典文学创作（刘向编《汉书·艺文志》收录其中），其中屈原的《离骚》《九歌》《天问》《远游》诸篇，有许多仙人、仙境、仙药和不死之乡的描写。尤以《远游》最为集中反映了战国时代的神仙方术思想。在那个缥缈瑰丽的神仙世界里，有丹丘、汤谷、九阳、不死之乡等幽远神秘的神仙居所；有吞药羽化而升天的羽人；令人艳羡的赤松子、王子乔、傅说、韩众等神仙人物。还介绍了餐六气、饮沆瀣、入精气、除粗秽的修真养生之道。《远游》展现了"漠虚静以恬愉兮，澹无为而自得"的那种远离尘世、无忧无虑、逍遥自在、恬淡静虚的神仙生活，令乱世中为果腹、仕途、名利、享乐而奔波烦劳的人们所神往。对后世道教辟谷服气、存思守一等神仙修炼方术提供了援引攀附的理论依据。

楚地多巫，楚文化浸润着浓厚的巫文化养分。我们从荆楚地区出土的青铜器刻划图案、漆器上的纹饰描绘以及帛画中的天地云气和仙人异兽的景象、楚地鸟篆体文字的奇崛难辨可窥楚巫之一斑。更有专家考证《九歌》即是巫歌，其吟唱采用的节奏、声韵和旋律都是楚巫祭神祝祷所为。

战国初年，楚国势力北上淮河以北，直达汶、泗、沂、沭（以公元前431年楚元王灭莒为标志），楚文化与齐、燕文化交汇，导致了环渤海湾和齐东近海一带方术文化的崛起。据《战国策·楚策》记载楚有献不死之药于荆王者。吴师道《战国策校注补证》曰："自齐威、宣、燕昭使人入海求三神山而方士盛，楚臣有献不死之药者，知当时此术蔓延浸淫，不独燕齐然也。"[②] 天下三分，楚占其二。楚域包括的吴越旧土，本来就是鬼神信仰浓厚

---

① 姜亮夫《屈原赋校注》，上海人民出版社，1957年版，天津古籍出版社1987年修订版。
② 转引自缪文远《战国策新校注》，巴蜀出版社1998年第1版，第490页。

的地区，经楚"并越于琅琊"历二百余年而融入楚文化之中。楚文化与齐地分掌四时、阴、阳、日、月、天、地、兵的神主，即分别位处琅琊、三山、芝罘、成山等山东半岛东部沿海地区的"齐地八神"信仰崇拜可谓一拍即合。它为战国秦汉之际方士的兴起准备了条件。

四、稷下邹学推动了战国秦汉间的方术文化的构建

笔者曾在《徐福东渡是一种文化现象》一文中指出，稷下学宫学者邹衍的大九州理念和五行终始说，被从三代以来由巫进化而来的方士所利用，发展成为战国秦汉间从宫廷到民间方兴未艾的求仙长寿活动，形成一种社会思潮。[①] 刘杰先生认为："战国晚期邹衍整合阴阳观念与五行学术，使之发展成为一种包罗万象的解释系统，成为宗教、政治、学术等各个领域的主要思想工具，对于政治模式的解释尤其深远。正是这种背景下阴阳五行学术与神仙方术相互吸收。"[②] 战国秦汉之际的神仙方术思想与方术求仙活动互为因果。即是说神仙方术思想为方士求仙活动提供了理论依据、路径方向和指导原则；反过来方士求仙活动又促进了方术思想模式的不断更新，内容的不断丰富。在邹衍之前，无论《庄子》《山海经》还是《楚辞》中对于不死之乡的描述都是虚无缥缈的，地理方位的界定也是迷茫不清的。而到了邹衍那里"乃深观阴阳消息，而作怪迂之变""先列中国名山大川，通谷禽兽，水土所植，物类所珍，因而推之，及海外人之所不能睹"，直称"儒者所谓中国者，于天下乃八十一分居其一耳。中国名曰赤县神州，赤县神州内自有九州，禹之序九州是也，不得为州数。中国外如赤县神州者九，乃所谓九州也。于是有裨海环之，人民禽兽不能相通者，如一区中者，乃为一州。如此者九，乃有大瀛海环其外，天地之际焉"。[③] 形象地说，邹衍之前的方术活动主要是观天（与天象有关的星历占卜、风角五音、四时占候等）、测地（如墓地望气、墓前解除等）。邹衍之后，在稷下邹学的影响下，方术活动则主要是有具体行状的上山下海（寻找海上三神山求不死之药）。这一变化是方

---

① 刘凤桂《徐福东渡是一种文化现象》，2016 年徐福国际学术研讨会论文。
② 刘杰《论神仙思想的产生与形成》，《甘肃社会科学》，2010 年第 2 期第 217 页。
③ 《史记·孟子荀卿列传》，《史记》，中华书局 1959 年版。

术政治化的一种趋向。

《史记·封禅书》曰："自威、宣使人入海求蓬莱、方丈、瀛洲。此三神山者，其传在渤海中，去人不远，患且至，则船引风而去""世主莫不甘心焉。至秦始皇并天下，至海上，则方士之言不可胜数，始皇帝以为至海上恐不及矣，使人乃赍童男女入海求之"。[1] 从这里我们看到从齐威、宣二王，派人入海寻三神山，到秦始皇出资让徐福率三千童男女入海求仙药，原本的民间方术信仰演变为国家意识形态和一时的社会思潮，派方士入海求不死之药成为一种国家行为。固然邹衍的大小九州观念与五行终始说对帝王追求开拓四海和延年益寿之心有着极大的诱惑力，但方士们的积极鼓吹，推波助澜，则起了很大作用。如茅滢，他利用民谣，促使秦始皇"乃有寻仙之志"；又如芦生造谶文"亡秦者胡"，使秦始皇发兵三十万击匈奴。又劝秦始皇微行避鬼，谓恶鬼至，真人乃见，于是秦始皇自称真人，并改腊月为嘉平[2]。再如时称"千岁翁"的安期生，秦始皇游东海时曾请见，与言三日三夜，始皇帝十分高兴，赐给他金璧数千万。他把财物留在阜乡亭，回赠赤金做的鞋子一双作为回报，且留下"后数年求我于蓬莱"几个字，逝然而去。于是秦始皇被触动，遣使命徐福、卢生等是数百人入海求仙药。[3] 综上所说，战国秦汉之际的神仙方术思想，是从原始社会的灵魂不死观念发展到商周时代的祭祀文化，再由春秋时代的黄老之学发展而来的。战国秦汉之际，神仙方术思想成型并达到高峰，且蔓延到燕齐之外的大片地区。当这种文化成为主流，并付之于国家行为时，作为一种文化现象的"徐福东渡"，就自然登上历史舞台而演出一幕精彩的大戏。

---

[1] 《史记·封禅书》《史记》，中华书局 1959 年版。
[2] 参见《史记·秦始皇本纪》，《史记》，中华书局 1959 年版。
[3] 参见《列仙传·安期生》，明正统道藏本卷二。

连云港地区与周边地区
汉代画像刻石的比较研究

朱露露[①]

【摘　要】连云港市位于江苏省东北部，是汉代墓葬、遗址出土较多的地区之一。其中，汉画像石椁墓、汉画像石墓葬、孔望山摩崖刻石是连云港地区汉代遗存的重要组成部分。连云港地区出土的汉代画像刻石除了具有鲁南、苏北地区的区域共性外，还有自己的特色。本文主要对连云港地区出土的汉代画像刻石进行分析阐述，并将它与连云港周边的临沂、徐州等地汉代画像刻石进行对比分析。

【关键词】连云港地区　汉代画像刻石　临沂　徐州

一、连云港地区画像石椁墓的地域风格

鲁南苏北早期的画像石椁墓，有两个系统。一是古泗水流域的画像石椁墓，二是沭河流域的画像石椁墓。泗水流域的画像石椁墓主要集中在山东的枣庄市山亭区、滕州，济宁市区附近及邹城、兖州、曲阜；江苏的沛县、铜山区等地，典型的墓葬有：枣庄渴口墓地[②]、枣庄临山墓地[③]、枣庄小山墓

---

① 作者简介：朱露露（1990— ），连云港人，2017 年获江苏师范大学历史系考古学硕士，现于连云港市博物馆工作。
② 枣庄市博物馆：《山东枣庄市渴口汉墓》，《考古学集刊》，第 14 辑，文物出版社，2004 年。
③ 枣庄市文物管理委员会等：《山东枣庄市临山汉墓发掘简报》，《考古》，2003 年第 11 期。

地①、滕州高庄画像石椁墓②、滕州封山墓地③、滕州东郑庄墓地④、滕州东小宫墓地 M2⑤、滕州顾庙墓地⑥、滕州市滨湖镇山头村画像石椁墓⑦、滕州市成武县黑堌堆石椁墓、成武防城寺小学石椁墓⑧邹城王村石椁墓⑨、兴隆庄石椁墓、谷堆村石椁墓、郭里镇卧虎山石椁墓、沛县的栖山石椁墓群⑩、沛县湖陵石椁墓、徐州万寨石椁墓等。沭河流域的画像石椁墓主要集中在鲁南的临沂地区、苏北的连云港地区。

沭河流域的画像石椁墓发现的不多，代表墓葬有：1994 年发现的临沂庆云山 2 座画像石椁墓⑪；1994 年发现的临沭曹庄西南岭 2 座画像石椁墓⑫；1979 年至 1982 年发现的连云港市锦屏山桃花涧、酒店、白鸽涧、刘顶 4 座画像石椁墓⑬。

临沭曹庄西南岭画像石椁墓为西汉武帝时期墓葬。该墓位于曹庄镇西南岭村西南 0.5 公里处的土岭上。均为带小边箱的石椁小墓，南北向并列。墓圹长 2.9 米，宽 2.2 米，深 2.2 米，有斜坡墓道。应是夫妻并穴合葬墓。随葬品有罐、盆、碗、俑等陶器及铜带钩、四铢半两钱币等。画像石 6 块，石面没有经过打磨，阴线刻着简单的长青树纹、穿璧纹（图 1－1），是沭河流域内所见的汉代最早的画像石墓⑭。

临沂庆云山画像石椁墓两墓东西并列，均为土坑的竖穴墓⑮。间距为 16 厘米，西墓（M1）比东墓（M2）向南突出 50 厘米。两圹均南北长 2.7 米、东西宽 1.6 米、深 4 米。两墓的石板均没有被磨平，内壁凿刻着阴线纹饰，在图纹的内外再凿刻了紧密的线条作为底部的装饰纹，其方向随图纹的变化而变化。所有线条都很粗率，图纹也不够规整。M1 画像的主要题材为圆形和三角形图案（图 1－2）；M2 的主要画像图案为圆璧、常青树、厅堂、人

---

① 枣庄市博物馆等：《山东枣庄小山西汉画像石墓》，《文物》，1997 年 12 月。
② 滕州市博物馆：《山东滕州高庄发现汉画像石墓》，《考古》，2006 年第 10 期。
③ 山东省文物考古研究所、滕州市博物馆：《滕州封山墓地》，《鲁中南汉墓》，文物出版社，2009 年。
④ 山东省文物考古研究所、滕州市博物馆：《滕州东郑庄墓地》，《鲁中南汉墓》，文物出版社，2009 年。
⑤ 山东省文物考古研究所、滕州市博物馆：《滕州东小宫墓地》，《鲁中南汉墓》，文物出版社，2009 年。
⑥ 山东省文物考古研究所、滕州市博物馆：《滕州顾庙墓地》，《鲁中南汉墓》，文物出版社，2009 年。
⑦ 燕燕燕：《山东滕州市山头村汉代画像石墓》，《考古》，2012 年第 4 期。
⑧ 山东石刻艺术馆：《山东郓城、成武、金乡石刻调查》，《考古》，1996.6，22－24 页。
⑨ 邹城文物局资料：《邹城龙水村西汉画像石墓》，待发表。
⑩ 徐州博物馆：《江苏沛县栖山汉画像石墓清理简报》，《考古学集刊》，第 2 集，1982 年 12 月。
⑪ 临沂市博物馆：《临沂的西汉瓮棺、砖棺、石棺墓》，《文物》，1988 年第 10 期。
⑫ 刘福俊、齐克荣：《临沭县西南岭汉画像石墓》，《中国考古学年鉴·1995 年》。
⑬ 李洪甫：《连云港市锦屏山汉画像石墓》，《考古》，1983 年第 10 期。
⑭ 刘福俊、齐克荣：《临沭县西南岭汉画像石墓》，《中国考古学年鉴·1995 年》。
⑮ 临沂市博物馆：《临沂的西汉瓮棺、砖棺、石棺墓》，《文物》，1988 年第 10 期。

物等，M2 的画像石的边框及框内主体图案还绘饰有细密的斜线组成几何纹（图 1 - 3）。庆云山 M1 的时代较早，可能为西汉中期；M2 的时代可能为西汉晚期。

图 1 - 1　临沭曹庄西南岭画像石椁墓穿璧纹、常青树纹

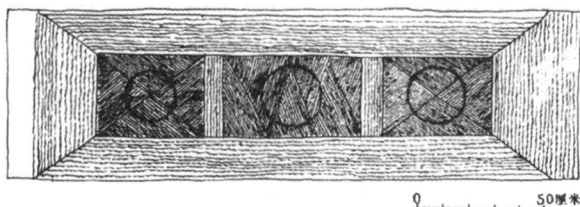

图 1 - 2　庆云山 M1 石椁墓西壁纹饰

图 1 - 3　庆云山 M2 石椁墓西壁纹饰

连云港桃花涧石椁墓的画像题材较为丰富，东壁的画像石上均匀地雕刻了大小相同的三个铺首衔环（最左侧已残）（图 1 - 4.1）；北壁的画像石阴线刻了三个立阙，其右刻了一位佩剑扶杖的老者（图 1 - 4.2）；西壁画像石的画面左右对称，两侧刻了十字穿环图案，中间刻了凤鸟、常青树（图 1 - 4.3）；南壁的画像石画面布满了由长线条组成的三角形图案（图 1 - 4.4）。该墓出土了"大泉五十""货泉"等钱币，其时代应为新莽时期。

酒店石椁墓的画像题材与桃花涧石椁墓的题材较为接近，四块画像石中有两块阴刻铺首衔环（图 1 - 4.5）。另两块画像石已残。

白鸽涧石椁墓的画像题材相对简略，四块画像石中，两块仅刻阴线，没有实在的画像内容；南壁画像石的中间刻了十字穿璧图，左侧刻了一棵常青树（图 1 - 4.6）；北壁画像石的正中阴线刻了铺首衔环（已残）。

刘顶画像石椁墓发现石椁画像三块。一块的正中间刻了十字连环，两侧各刻有立阙、常青树，树顶上刻有鸟站立（图 1 - 4.7）；一块刻有铺首衔环（图 1 - 4.8）；一块在平行线底纹上刻了四位人物（图 1 - 4.9）。

从画像题材分析，连云港地区的石椁墓与临沂地区的石椁墓风格一致，而年代略晚于临沂庆云山 M1 和临沭曹庄西南岭两墓。石椁墓画像题材变得丰富多样大约是在西汉中后期到王莽时期左右。其变化特点：一是增加了具体画像内容的主题元素种类、数量，如西汉晚期出现了铺首衔环，并且逐渐地出现了铺首衔环的数量从一个、两个到同时有三四个的雕刻图案的现象；二是逐渐减少了玉璧、常青树等早期元素在构图中的出现，并将它们由中心图案的位置变为了辅助图案的存在状态；三是逐渐增多了建筑、人物等元素，并将建筑、人物刻画为图像的主体内容，并通常都将它们凿刻在石面的中心位置处，同时，又将画像中的人物形象由"静态"状态转化到"动态"状态，逐渐发展成为人物的活动场面。

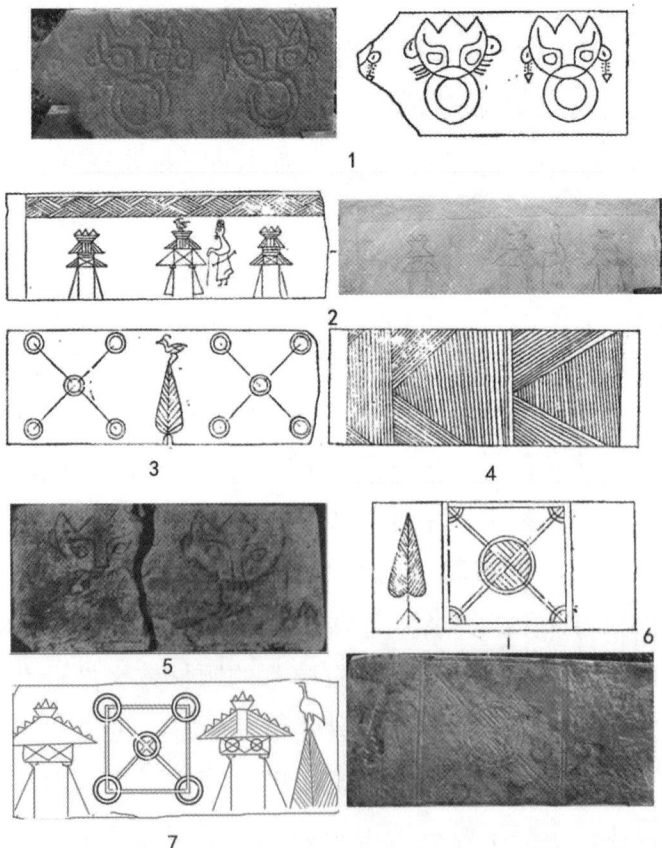

图 1-4　连云港市石椁墓画像

1. 桃花涧墓门画像；2. 桃花涧北壁画像；3. 桃花涧西壁画像；4. 桃花涧南壁画像；5. 酒店墓门画像；6. 白鸽涧南壁画像；7. 刘顶画像石墓1号画像；8. 刘顶画像石墓2号画像；9. 刘顶画像石墓3号画像

二、东海昌梨水库汉墓与临沂吴白庄汉墓的比较

昌梨水库汉墓位于东海县西北部双店镇境内，这里西距山东郯城（汉代东海郡治所）仅有20公里。吴白庄汉墓位于山东临沂市罗庄区，吴白庄汉墓南距郯城40公里。昌梨水库的墓室结构为前堂后室，前室的东西宽2.08米，长1.50米，高2.10米，室内的中间有八角形石柱。栌斗上面是长为1.50米、宽为26厘米、高为40厘米的横梁。梁与柱结合的部分为一坐斗，两端有散斗，中间有蜀柱拱，拱旁两端有龙头装饰。柱身八面都有线刻的纹饰，龙形斗拱的横梁将前室分为东西两间，顶部构造为叠涩顶。

吴白庄汉墓的结构更为复杂，由墓道、前室、中室、西室、东室、回廊、耳室等组成。前室的东西长11.8米、宽1.9米，由九根支柱和三块拱形过梁组合而成。立盘龙柱在前室中部柱础上，柱上有斗拱，两倒衔的龙首是拱两侧的建造结构，这既有装饰功能又有加固的作用。该柱东西侧的附近分别有两相同的十六角支柱，柱础在下，栌斗在上，起到了承托拱形过梁的作用。承托起南北侧三过梁的是六立柱。龙首形的斗拱在鲁南、苏北的画像石墓中不止一例，山东沂南北寨汉墓的中室、后室出现有两处龙首斗拱，东海昌梨水库汉墓前室的中柱中也有发现（图2-1），临沂吴白庄汉墓有两处没有雕透的龙首斗拱（图2-2）。

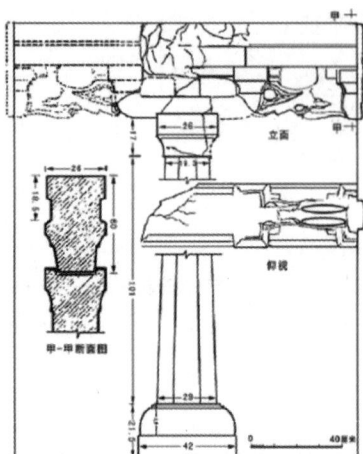

图2-1　东海昌梨水库汉墓前室的斗拱

图2-2　吴白庄前室龙形斗拱

图2-3　昌梨水库汉墓与吴白庄汉墓龙形斗拱的比较

　　昌梨水库汉墓中的立柱出现了圆雕人像，一处是前室西面侧室"田"字形壁龛蜀柱上的雕刻，另一处是后室隔墙北端立柱上的雕刻。前室壁龛蜀柱上的雕刻为胡人抱子图，后室蜀柱上雕刻的是熊托栌斗、狗熊的形态为蹲坐状，其前肢向上举，轻巧的托着肩上的栌斗（图2-4）。临沂吴白庄汉墓中的墓室立柱同样也是以圆雕的技法，雕刻了胡人托举栌斗，熊托栌斗等艺术形象。如前室西过梁北壁支柱上刻一个形体强健的熊的形象，该熊两肢向上举着擎柱，不仅提高了审美感，而且还有很强的承重作用。栌斗上刻饰了云纹，欹部刻饰了三角竖线纹（图2-5）。

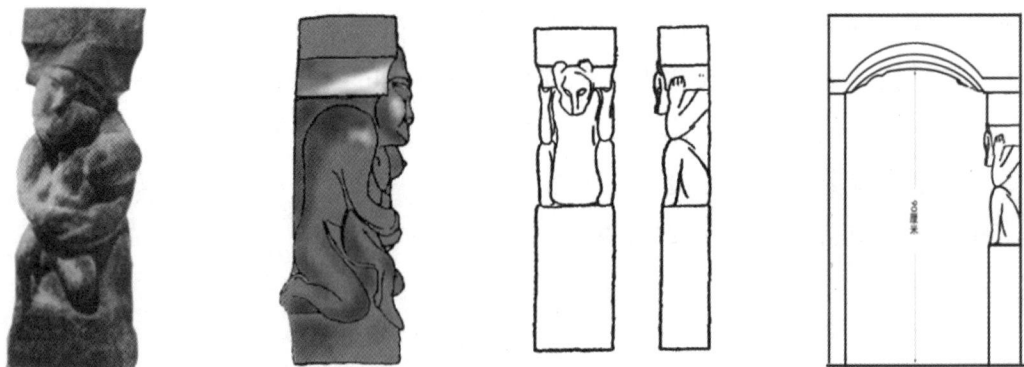

图2-4　昌梨水库浮雕立柱

图 2 - 5　吴白庄汉墓浮雕立柱

　　昌梨水库汉墓中的龙形斗拱和墓室立柱上的雕刻技法与临沂吴白庄汉墓几乎完全一样，显然它们都是受到了外来文化的影响，特别是吴白庄汉墓表现得更为强烈些。圆雕技法与汉画像石中传统的线刻和浅浮雕技法不同。线刻和浅浮雕技法是按照二维绘画的原则来处理空间和形体关系的，传统的汉画像石线刻是用"线"来确定轮廓的分界，而且线是造型的唯一手段。圆雕技法的突出特征是它具有的三维实体空间，利用圆雕这种雕刻技法的造像能很好地适合于全方位、多角度来欣赏作品。并且圆雕是以光线折射形成的阴影表现物象的内容的，靠光的投影造成轮廓的明暗，呈现出造型的主体形象。东汉晚期，受到外来文化的影响，汉画像石出现了圆雕和高浮雕技法。这两种雕刻的方法早已经运用在了西方雕塑的作品上了，其中，圆雕技法能表现出等比例压缩接近原物的视觉效果。连云港孔望山摩崖石刻造群中的石象、石蟾蜍就是采用了圆雕技术。故此，我们可以看出，由于受到外来文化的影响，东汉晚期连云港地区汉画像石的雕刻风格已经很好地融合了外来手法，并且表现出了丰富的多样性，雕刻技法也已经十分成熟了。

三、连云港地区汉画像刻石与徐州地区画像刻石的比较

　　连云港地区与徐州地区在地缘上比较接近，画像石的风格总体一致，但在雕刻技法上还是表现出不同地域风格的子传统。汉代画像石的工匠，有自己的作坊和家族式的生产格式套路，这是一种程式化的表现方式，形成一种几乎固定的模式。格套的表现方式上具有重复性，缺少创新性的特点，它是师徒相授的，这可以很好忠实地继承传统的风格和地域特色，这也就是我们

通常所谓的风格流派。

汉画像石有着不同的艺术流派，表现为不同的艺术风格和地域传统。从总体上来看，早期的画像石刻画简单，艺术风格和雕刻手法趋同；晚期的画像石雕刻复杂，艺术风格和雕刻手法求异。从山东画像石的题记中可以明显地看出，以高平人代盛、邵强生、王叔、王坚、江胡、栾石等为代表的工匠是一个艺术流派，武氏阙铭中提到"石工孟孚、李弟卯"和"从事武梁碑"中提到"良匠卫改"也可能是高平一带工匠①。他们的主要活动范围以嘉祥为中心，覆盖到阳谷、济阳、莒县等周边区域。以高平工匠为代表的嘉祥画像风格主要特点是采用减地阴线刻的雕刻方法，画像石的表面经过磨光处理，图像的外轮廓线清晰严谨，用的线条婉转流畅，雕刻技法精湛娴熟。以临沂吴白庄画像石为代表的临沂画像风格，其雕刻方法与嘉祥风格迥然不同。临沂风格的雕刻技法为减地平面浅浮雕，石面磨平，使物像呈凸起的状态，然后用阴线处理细节的地方，有的画像内容局部地方的汇合处会使用减压手法，这样可以达到一种错落有序的层次感，还有的会将局部打磨成倾斜面。徐州汉画像石的艺术风格与山东的嘉祥风格、临沂风格不同，代表性的作品有铜山茅村画像石、贾汪白集画像石、洪楼画像石等，其艺术特征是构图饱满，画面有分层处理，雕刻技法为减地弧面浅浮雕，物像轮廓外剔除平地后，物象做弧面的凸起，物象内刻画细部。徐州地区汉画像石中还有一种艺术风格，雕刻手法采用弧面浅浮雕的雕刻方法，并且在物象的轮廓内镌刻细密的阴线，制作工艺相当细致。代表作就是1956年安徽褚兰墓山孜发现的"胡元壬"祠堂②，这个石工集团活跃在安徽南部与苏北的交界地区，台湾学者陈秀慧认为"此风格的地域子传统可以称为褚兰样式"③。徐州地区汉画像石中这种雕刻方法表现出较为强烈的地域特征。

从东海昌梨水库画像石墓和赣榆金山下庄画像石墓的雕刻技法来看，连云港地区的画像石与临沂地区画像石的风格更为相近。2004年，灌云县岗西发现的石椁墓，题记有"鲁国长兄周子高作"④，从题记铭文可以看出连云港地区画像石的工匠来自"鲁国"，工匠的名字为"周子高"。

---

① 杨爱国：《幽明两界——纪年汉代画像石研究》，西安：陕西人民美术出版社，2006年，第134页。
② 王步毅：《安徽宿县褚兰汉画像石墓》，《考古学报》1993年第4期。
③ 陈秀慧：《滕州祠堂画像石空间配置复原及其地域子传统》，《中国汉画研究》（第三卷），桂林：广西师范大学出版社，2010年，第283页。
④ 国家文物局主编：《中国文物地图集 江苏分册》（下），北京：中国地图出版社，2008年，第692页。

东汉晚期，徐州汉画像石中出现了"高浮雕"，这是类似西方圆雕的表现手法，在透视的基础上将物象压缩，这种类型的艺术形式是介于圆雕、绘画之间的。物象的形体会在压缩后变得起伏（凸凹），利用方向转折面的差异及不同的受光面所造成的阴暗对比，以此让人产生一种错觉甚至幻觉，给人一种假象和想象空间。这种手法可以通过透视、层次关系等来表现物象所展现的立体感和空间感。徐州地区画像石中的"高浮雕"作品，多发现于徐州贾汪北部、邳州车夫山一带，且多反映在墓柱的雕刻内容上。连云港地区东海县的昌梨水库一号墓、山东临沂吴白庄汉墓同样看到了这样的作品，这是活跃在鲁南、苏北东部的石工集团，他们善于使用西方雕刻技术中的圆雕和高浮雕，同时又精熟于流畅线条的雕刻。

画像石的地域风格中还包括"格套"问题。格套与地域子传统是密切相关而又不完全相同的概念，格套与地域子传统不是完全重叠的。"格套"往往指的是"图像粉本"的传播，同样的题材，有不同的表现方式。由于连云港地区的画像石发现相对较少，这种比较研究还需要更多的考古发现支持。

四、结语

汉代画像刻石是连云港地区的重要文物之一。连云港地区出土的汉画像石总体分为墓室里的画像石和崖面上的摩崖画像造像刻石两部分。其时代主要集中在西汉晚期至东汉末，雕刻技法主要是阴线刻、浅浮雕、高浮雕和圆雕等，画像内容有人物故事、神仙世界、奇禽异兽、铺首衔环、门阙、常青树等画像石中常见的图像，但较少发现汉画像石中常见的表现车马出行、狩猎、庖厨等内容的图像。连云港地区画像石墓中有些画像内容比较有特点，如东海昌梨水库 M1 画像石墓中，有胡人抱子图和人力车贩酒图，这种题材比较少见。桃花涧墓门画像的铺首中，其雕刻的铺首有性别之分，这是目前仅在连云港地区发现的。连云港地区出土的画像石与周边地区的画像石有密切关系，早期的画像石椁墓与临沂地区的画像石椁墓风格一致，属沭河流域的画像风格；东海县昌梨水库画像石墓与临沂吴白庄汉画像石墓的风格相同，同样受到外来文化的影响，出现了拱形门、胡人立柱等内容。连云港地区出土的汉画像石与徐州地区出土的汉画像石在总体风格上比较一致，但在具体内容上还存在一些差别，如徐州地区汉画像石的雕刻内容中有较多的车马出行、狩猎、庖厨、宴饮乐舞等表现日常生活内容类的图像，而连云港地区出土的汉画像石中关于这方面的画像内容就比较少见。

参考文献

［1］王建中．汉代画像石通论［M］．北京：紫禁城出版社，2001.

［2］武利华．徐州汉画像石［M］．南京：江苏美术出版社，1985.

［3］中国画像石全集编辑委员会．山东汉画像石（第1－3卷）、江苏汉画像石（第4卷）、陕北山西汉画像石（第5卷）、河南汉画像石（第6卷）、四川汉画像石（第7卷）、石刻线画（第8卷）［M］．山东美术出版社，河南美术出版社，2000.

［4］信立祥．汉代画像石综合研究［M］．北京：文物出版社，2000.

［5］蒋英炬，杨爱国．汉代画像石和画像砖［M］．北京：文物出版社，2001.

［6］国家文物局．中国文物地图集——江苏分册［M］．北京：中国地图出版社，2008.

［7］李发林．山东汉画像石研究［M］．济南：齐鲁书社，1982.

［8］中国汉代画像石全集编辑委员会．中国美术分类全集·中国画像石全集·江苏、安徽、浙江汉画像石［M］．山东美术出版社、河南美术出版社，2000.

［9］山东省博物馆，山东省文物考古研究所．山东汉画像石选集［M］．济南：齐鲁书社，1982.

［10］江苏省文物管理委员会．江苏徐州汉画像石［M］．科学出版社，1959.

［11］蒋英炬等．山东汉画像石［M］．济南：齐鲁出版社，1982.

连云港地区汉代城址性质初探

赵　旭[1]

【摘　要】本文以《江苏徐海地区汉代城址调查简报》中的连云港地区 8 座汉代城址考古调查资料为基础，结合学者对汉代城址类型的划分和出土文献的记载，探析了县、乡、里、亭、邮的性质，并对简报中对城址性质的判断做出了修改。

【关键词】连云港地区　汉代城址　性质　行政机构

2012 年至 2013 年，南京博物院联合徐州博物馆、连云港市重点文物保护研究所对徐海地区的汉代城址进行了考古调查和勘探，包括连云港地区的 8 座汉代城址，有赣榆区的土城、盐仓城、古城；东海县的罗庄城、代相城、城后城、曲阳城；灌云县的龙苴城[2]。东海县和灌云县在两汉时期属东海郡管辖，赣榆区在西汉属琅琊郡，东汉时划归东海郡管辖[3]。本文就此次调查的连云港地区汉代城址性质做简要分析。

据报告连云港地区汉代城址如下表：

城址	尺寸	体量	性质	形制
曲阳城（东海）	东城墙向南延伸 193 米后西折 108 米，再往南延伸 80 米；南城墙长 130 米；西城墙长 273 米；北城墙长 215 米。	周长 999 米；面积 5.2 万平方米	可能为汉代厚丘县城。	平面呈刀把型。发现城门 4 座，其中 1 座东门、2 座南门、1 座西门，北门未发现，城外有环壕

① 作者简介：赵旭，连云港市博物馆馆员。
② 南京博物馆、徐州博物馆、连云港市文物保护研究所：《江苏徐海地区汉代城址调查简报》，《东南文化》2014 年第 5 期。
③ 王华宝编：《嘉庆海州直隶州志·卷二·沿革表》，《中国地方志集成·江苏府县志辑64》，南京：江苏古籍出版社，1991 年，第 36－37 页。

城址	尺寸		体量	性质	形制
代相城（东海）	北城墙残长 293 米；东城墙长 260 米；南城墙残长 77 米，未能找到西城墙			推测为厚丘县城下辖的亭或里	北城墙和西城墙外有壕沟，与城南侧及西侧的自然冲沟相连，仅发现一座南城门
罗庄城（东海）	东城墙长 459 米；南城墙长 430 米；西城墙长 476 米；北城墙向西延伸 218 米后，南折 18 米，再往西延伸 223 米与西城墙接		周长 1824 米；面积约 19 万平方米	西汉时期的汉利城县故城	略成正方形，发现四座城门，东西南北各设一座
城后城（东海）	南城墙长 115 米；北城墙长 115 米；东城墙长 119 米；西城墙长 118 米		周长 467 米；面积 1.3685 万平方米	或为县或为侯国下辖的里或邮	平面正方形，设有南北城门两座。城外有环壕
古城（赣榆）	南城墙长 560 米		近 30 万平方米	可能是计斤县下辖的乡或亭	平面近方形，仅有东城门尚有迹象可辨，护城河紧靠城墙外侧
土城（赣榆）	东城墙长 710 米；南城墙长 720 米		近 52 万平方米	推测其可能为计斤县或赣榆县下辖的里或邮等	近似方形，仅有南城门尚有迹象可辨
盐仓城（赣榆）	东城墙长 800 米；南城墙长 750 米		60 万平方米	可能为汉赣榆县城	近似方形，仅勘探出南城门，其余不详
龙苴城（灌云）	外城	北城墙残长 260 米；东城墙长 440 米；南城墙长 380 米；西城墙残长 320 米	外城 17 万平方米		近似方形，内城位于外城城内北部，高于地表 3 米，北护城河与外护城河共用，北城墙也共用，内城南墙中有城门
	内城	各面城墙长度均为 100 米	内城约 1 万平方米。近似方形		

一

报告中认为，东海代相城和赣榆古城或为亭，东海城后城和赣榆土城或为邮，这两处推断，笔者认为值得商榷。两汉时期，地方行政机构主要包括郡（王国）、县（侯国、邑）、乡、里等，与之对应的是刺史部、督邮部、廷掾部、亭部等监察机构①。行政机构也就是各级政府，基本职能是管理土地和人口，有具体的行政中心。监察机构的职能是监察官员和百姓，维护治安，是中央和各级地方政府的派出机构。城墙作为高等级聚落的标志，除了一些军事要塞，应是各级行政组织中心的驻地所在。中国的城市很早就分为两大系统，一类是行政区划的治所，它们通常都有城墙加上外郭保护，城内有政府的行政机关；另一类是州治府治县治以外的市镇，基于经济因素形成，通常没有城墙，足显示其政治军事的功能不大②。

汉代的亭主要职能是禁盗贼。据吴荣曾先生研究，和掌管民政的乡里不同，亭和乡是平行关系③。此外，亭还有食宿功能。在尹湾汉简《元年二年日记》中，师饶在这一年有 29 晚在亭住宿。据侯旭东先生研究，东海郡下邳县有 46 个亭，广布县境，最少的县级单位也有 2 个亭，而传舍（一种官设食宿机构）仅一所，在治所，县以下无传舍，一旦官吏公出无法抵达县治，只能投宿其中④。据周振鹤先生研究，从户籍角度讲，分为州、郡、县、乡、里；从地域角度讲分为州、郡、县、乡、亭部⑤。据张金光先生研究，亭非治民行政区域，只是治安区划，有一定巡防部界，它与乡里发生一种特殊关系，与里无行政统属关系，对于乡又有一定归属关系⑥。由上可见，亭的分布是相当广泛的，主要职能是治安，兼有安排官吏食宿的功能，有地域的概念，不属于行政系统，因此不会有城墙环绕。报告中认为的东海代相城和赣榆古城或为亭的推断不准确。

邮的主要职责是传递文书，与"置"和"驿"同属于邮驿机构⑦。在尹湾简牍《集薄》⑧起始，总述了东海郡的重要组织机构，在县（侯国、邑）、乡、里之后，跟着是亭和邮，而"一乡的乡啬夫或有秩以及里中的里正和父老代表着帝国控制力的最末梢"。⑨ 可见，亭和邮并不属于行政机构，但它们

① 周振鹤：《从汉代"部"的概念释县乡亭里制度》，《历史研究》，1995 年第 5 期。
② 赵冈：《中国城邑发展史论集》，北京，新星出版社，2006 年，第 3—4 页。
③ 吴荣曾：《汉代的亭与邮》，《内蒙古大学学报（社科版）》，2002 年第 4 期。
④ 侯旭东：《传舍使用与汉帝国的日常统治》，《中国史研究》，2008 年第 1 期。
⑤ 周振鹤：《从汉代"部"的概念释县乡亭里制度》，《历史研究》，1995 年第 5 期。
⑥ 张金光：《秦乡官制度及乡、亭、里关系》，《历史研究》，1997 年第 6 期。
⑦ 王栋梁：《从悬泉汉简看汉代的邮驿制度》，《社科纵横》，2007 年第 1 期。
⑧ 连云港市博物馆、中国社会科学院简帛研究中心、东海县博物馆、中国文物研究所：《尹湾简牍》，北京，中华书局，1997 年，第 13 页。
⑨ 邢义田：《从出土资料看秦汉聚落形态和乡里行政》，载自黄宽重主编：《中国史新论——基层社会分册》，台北，联经出版实业有限公司，2009 年，第 92 页。

也是国家的重要机构。邮有供人食宿的功能，在张家山汉简"行书律"① 中载"邮各具席、设井磨"。尹湾简牍《元延二年日记》中，墓主师饶在这一年的九月八日"宿山邮"，但全年有记载的住宿邮只有一次，可能与邮较少或邮的住宿条件相对于传舍、亭较差等有关。在没有地方住的情况下，才会选择邮。在《集薄》中记载，东海郡亭有 688 个，邮只有 34 个。邮相对于亭数量较少，主要集中在少数县国，分布在邮路上②，作为一种邮驿机构，也不会有城墙。

从上述可以看出，亭是治安监察机构，有地域的概念，并不是行政机构，邮属于邮驿机构，分布在邮道上，因此，亭、邮作为地区治安监察、邮驿等功能性机构是没有城墙的，简报中关于连云港地区城址性质是亭、邮判断不准确。

二

尹湾汉墓简牍《集薄》记载了汉成帝时期东海郡人口数量，全郡共有县邑侯国 38 个，乡 170 个，2534 个里，人口共有 266290 户，1397343 人，平均每里 105 户，每户 5.25 人③。乡和里是汉代基层性质的机构，乡等级高于里。秦时，县治所在地称为"都邑"，此地亦设乡级行政单位，称为"都乡"，其他乡治所在地称为"离邑"④，汉承秦制，乡治和县治在同一处的，因县治所都会有城墙，乡治所也会位于城墙内，而不位于同一处的不一定都有城墙，因此，有些乡治所是有城墙的。在张继海的《汉代城市社会》里列举了汉高祖刘邦的故乡丰邑，"沛、县也。丰，其乡也。"丰邑是有城墙的；西汉春陵侯先后所在的春陵乡和白水乡也是有城墙的⑤。在尹湾汉墓简牍《集薄》里记载的，东海郡共 170 个乡，西汉时其辖境在今山东省临沂市南部与江苏省东北部一带，假如一乡一城，从目前考古发掘资料来看，还有非

---

① 张家山二十七号汉墓竹简整理小组编著：《张家山汉墓竹简（二十七号墓）》（释文修订本），北京，文物出版社，2006 年，第 45 页。
② 侯旭东：《传舍使用与汉帝国的日常统治》，《中国史研究》，2008 年第 1 期。
③ 王娥：《鲁东南苏北沿海地区汉代聚落形态研究》，山东大学硕士学位论文，2014 年，第 44 页。
④ 张金光：《秦乡官制度及乡、亭、里关系》，《历史研究》，1997 年第 6 期。
⑤ 张继海：《汉代城邑社会》，北京，社会科学文献出版社，第 63 - 66 页。

常大的差距。究其原因，笔者认为有三：一是，有些乡是在自由互市的基础上形成的自然聚落，形制分散，乡治就位于这类集市之上，这种模式形成的聚落不会有城墙。二是，利用先秦时期的旧城作为乡治。春秋战国时期，战争频繁，大量军事性质浓厚的城堡被修建，到汉代时期，这些城堡的军事性质逐渐被政治性质代替，形成各级行政机构的治所。三是，提前规划城址，迁入百姓，这种情况在汉代北方长城沿线的边城比较普遍①。

里在汉代是最基层的行政机构，《集簿》对东海郡的行政级别记录，最低的是里。它是以一定地缘关系的人户作为标准，分为两大类：一为城市之里，一为乡村之里②。城市之里的居住性较强，除了居住区，城中还有官府、市场、手工业区等其他功能区，各里在城中规划整齐，有垣墙环绕，有门，内分左、右，有监门司出入③。睡虎地秦简《法律问答》中载："旞火延燔里门，当赀一盾；其邑邦门，赀一甲。"④ 在城中，里门外还有城门，而且城内各里名称不一，城邑既然包含了多个里，那城邑的级别最少在里之上。乡村之里，根据村落居民多寡不一，或一村为一里，或数个自然村合编为一里，其户数亦不甚整齐划一⑤。在马王堆三号墓出土的《驻军图》或曰《箭道封域图》⑥ 中，地图中标明里的聚落都沿河支流不规则分布的居民点，随地理形势和生活环境之宜，自然形成的，绝大部分也都纳入了里的组织，有了里名，地图中标明户数的有 21 个里，最多的龙里有 108 户，还有 80 余户、50 余户、40 余户等，少者如乘杨里、波里不过 17 至 13 户⑦，可见乡村之里的形成是因为生活方便，人们聚集自然形成的，后来因管理需要，把这些自然形成的聚落划归行政编制，方便管理。但因为是自然形成，形成之初没有经过规划，这些乡村之里规模大小不一，分布分散。尹湾简牍里统计的每里 105 户是平均数，所以，当时每里的户数在 105 户左右浮动，而且这个数字包括城市之里和乡村之里的户数。尹湾简牍里记载的东海郡有 2534 个

① 赵旭：《秦汉北方长城沿线地带城邑平面形制形成原因初探》，《文博》，2013 年第 6 期。
② 张金光：《秦制研究》，上海古籍出版社，2004 年，第 597 页。
③ 张金光：《秦乡官制度及乡、亭、里关系》，《历史研究》，1997 年第 6 期。
④ 睡虎地秦墓竹简整理小组编《睡虎地秦墓竹简·法律问答（释文注释）》，北京，文物出版社，1990 年，第 130 页。
⑤ 张金光：《秦乡官制度及乡、亭、里关系》，《历史研究》，1997 年第 6 期。
⑥ 邢义田：《论马王堆汉墓"驻军图"应正名为"箭道封域图"》，《湖南大学学报（社科版）》2007 年，第 5 期。
⑦ 邢义田：《从出土资料看秦汉聚落形态和乡里行政》，载黄宽重主编：《中国史新论——基层社会分册》，台北，联经出版实业有限公司，2009 年，第 29 - 30 页。

里，同乡一样，乡村之里如果是自然形成的聚落，由于形制分散，不容易形成形制规整的城墙，但如果是有前期的城市规划或利用先秦时期的旧城，这些城邑是有可能有城墙的。

乡和里作为汉代基层的行政组织，在城市形制上是可能有城墙的。乡村之里和乡是百姓因生活和交易的需要自发聚集到一起，形成自然聚落，后因为管理需要划归行政编制，没有提前的城墙规划，但如果提前进行规划或利用先秦旧城，是可能有城墙的；城墙之中有多个里，每个里都有独立的里墙，但并不是城墙，这种多个里组成的城址应是更高等级的行政单位。

三

汉代有明确记载行政机构修筑城墙的是县及县以上治所。《汉书·高帝纪》载："六年冬十月，令天下县邑城。"[①] 西汉初年，汉高祖刘邦命天下的县邑都要筑城墙。史料中，没有记载汉代的连云港地区有郡治及以上高等级城市分布，遂连云港地区的城址性质仅限于县级及以下级别城市，包括县、侯国、邑等。

徐龙国在《秦汉城邑考古学研究》一书中，将黄河中下游地区县邑城等级划分为 5 个等级，特大型县邑城 700 万平米以上；大型县邑城 300 万—700 万平方米；中型县邑城 120 万—300 万平方米；小型县邑城 25 万—120 万平方米，其中面积在 25 万平方米左右，边长为方形或近方形的城址一般为西汉时期修筑的；特小型县邑城 25 万平方米以下[②]。按面积算，连云港地区的汉代城址都属于小型和特小型县邑城。此外值得注意的是汉代东海郡治郯城面积为 130 万平方米，为小型郡国城，在统计的黄河中下游 24 座郡国城面积中倒数第二[③]，可见作为郡国城面积尚且较小，其他县级城邑面积不会大。简报中连云港地区城址除了代相城城址面积不明外，其余都勘探的比较明确，城址在 25 万—120 万平方米范围内的城址包括赣榆的班庄古城（近 30 万平方米）、土城（近 52 万平方米）、盐仓城（60 万平方米）；城址

① 许嘉璐主编：《二十四史全译·汉书（第一册）》，上海，汉语大词典出版社，2004 年，第 23 页。
② 徐龙国：《秦汉城邑考古学研究》，北京，中国社会科学院出版社，2013 年，第 105－112 页。
③ 徐龙国：《秦汉城邑考古学研究》，北京，中国社会科学院出版社，2013 年，第 103 页。

在 25 万平方米以下的城址包括东海的曲阳城（5.2 万平方米）、罗庄城（19 万平方米）、城后城（约 1.3 万平方米）、灌云的龙苴城（17 万平方米）。

若一个城址的面积在 25 万平方米以上，且未发现诸如钱范、冶铸遗址等高等级遗物，则基本可以断定其为汉代县邑城①。因此班庄古城、土城、盐仓城可以推断为县邑古城；罗庄古城面积 19 万平方米与 25 万平方米相差不大，城外有护城河，且在城西约 4 公里处为等级较高的尹湾汉墓群，可能为一处汉代县邑城所在地；灌云的龙苴城与其他城有些差别，分为内外城，内城北墙与外城北墙共用，且城墙外有护城河，内城有"卫君"的性质，是政府机构所在地，防卫森严，城邑等级较高，应为一处县邑城址；曲阳城半面呈曲尺形，有城壕，虽面积不大，但出土遗物较为丰富，出土大量的汉代绳纹陶尊、罐、瓦当、砖、瓦，还有铁剑、铁刀、铜镜、箭镞等武器，并出土过一枚铜质"军假司马"印章，军事地位突出，目前基本认定为汉代的曲阳县。山东日照的大古城遗址被认定为汉海曲故城，城址面积仅约 12 万平方米，但海曲县在汉代是琅琊郡三处盐官驻地之一，经济地位突出②，且出土了冶铁作坊、包括西汉王氏家族高等级墓葬的汉墓群③；城后城面积过于小，不易居住过多的百姓，且城外有城壕，可能为侯国或沐邑的驻地，如西汉时春陵侯的始封地春陵乡，城邑极小，每面城墙约 170 米④。

四

汉代乡、里治所不好分辨，易和县邑城相混淆。但笔者认为，乡、里的治所有城墙的数量还是很少的。第一，在程嘉芬的《汉代司隶地区聚落体系的考古学研究》中记录了汉代司隶地区 116 座城址，两汉时期司隶地区在文献中记载的县城（包括都城和郡治）分别为 132 座和 106 座，两者的城市数相近，可能暗示司隶地区目前发现的城址与文献中记载的可能对得上，只是

① 王焕：《鲁东南苏北沿海地区汉代聚落形态研究》，山东大学硕士学位论文，2014 年，第 81 页。
② 王焕：《鲁东南苏北沿海地区汉代聚落形态研究》，山东大学硕士学位论文，2014 年，第 77 页。
③ 中美日照地区联合考古队：《鲁东南沿海地区系统考古调查报告》，北京，文物出版社 2012 年版，第 65 页。
④ 张继海：《汉代城邑社会》，北京，社会科学文献出版社，第 65 页。

尚未识别出来①；第二，乡、里数量众多，从目前考古调查发现的城址数量来说，远不如乡、里的数量；第三，汉代礼制等级森严，乡、里的城邑规格不能超过县邑城，县邑城面积大还好说，如果是像曲阳县邑和海曲县邑一样的面积，乡、里所建的城邑面积过于狭小，不适宜百姓开展各种活动，内地城邑设置上既有官署等行政机构的府库馆舍，又有大量闾里居民，还有较为固定的市场交易场所②。

除面积外，遗址上有无城墙遗迹、生活类陶器种类是否丰富、有无高等级建筑遗物（如文字瓦当、花纹砖、大型板瓦、筒瓦等）、周边是否有体量大的汉墓群、传世和出土文献及地方志类文献的记载等都可以成为判断汉代聚落性质和行政等级的重要参考条件③。除了简报中调查过的城址，连云港地区的汉代城址还有鲁兰古城、博望遗址、纪鄣城、朐邑故城等，这些城址都是汉代的行政中心，城墙作为高等级城邑的象征，作为礼制的重要组成部分，是中央及地方政府权威的重要体现，但限于考古资料的短缺，不能很准确的判断出城邑性质，尤其是县级及以下城邑的性质，还需要更为细致的考古发掘，尤其是城墙及其附属设施、叠压关系、出土遗物、建筑遗迹、道路和排水设施等遗迹、功能区划分等，这也是今后城市考古需要努力的方向。

连云港地区汉代城址分布图

---

① 程嘉芬：《汉代司隶地区聚落体系的考古学研究》，吉林大学博士学位论文，第89页。
② 徐龙国：《秦汉城邑考古学研究》，北京，中国社会科学院出版社，2013年，第299页。
③ 王焕：《鲁东南苏北沿海地区汉代聚落形态研究》，山东大学硕士学位论文，2014年，第76页。

一份档案揭示百年前海州与飞机的首次接触

张家超①

【摘　要】从一份历史档案入手，梳理西方传教士在华期间，不仅承担着建堂传教、建院行医、建校办学的责任，也承担着维护西方在华利益、处理西方在华有关事务的责任。

【关键词】航空史　海州　日德战争

在台湾"中央研究院"近代史研究所档案馆内存放着一份珍贵的历史档案《德国飞艇驶落鲁省东海县由》②（图1），有关一百年多前，民国政府外交部在处理德国飞机降落在海州北门城墙下事件的处理电文，以及两份电文抄件，基本上将该事件的前因后果及处理意见交代清楚，但由于电文字数限制，有关事件当事人及事件发生背景无法得知。经过史料查询与档案检索，厘清了这一事件发生的有关脉络，揭示了一百多年前海州与现代飞机的首次亲密接触的基本史实。

---

① 作者简介：张家超（1966—　），连云港市赣榆区人，连云港职业技术学院图书馆馆长，副教授，主要研究方向：信息与知识管理，殖民遗产等。基金项目：江苏文脉整理与研究工程——江苏省社会科学基金重点委托项目、江苏省社科联重大课题《地方文化史研究（连云港卷）》（项目编号：16WMA012）、江苏省教育厅高校哲学社会科学研究基金项目（编号：2013SJD770006）的阶段性研究成果。本文发表在《江苏地方志》2017 年第 5 期，第82 - 86 页。
② 民国初年，废州立县，原海州直隶州改为东海县，不久又析出灌云县，隶属江苏省。今连云港市所属县域，档案名称有误，"鲁省"应为"苏省"。行文"海州"特指海州城。《德国飞艇驶落鲁省东海县由》，1914 年 11月，北洋政府外交部档案 03 - 36 - 008 - 04 - 037，台湾"中央研究院"近代史研究所档案馆藏。

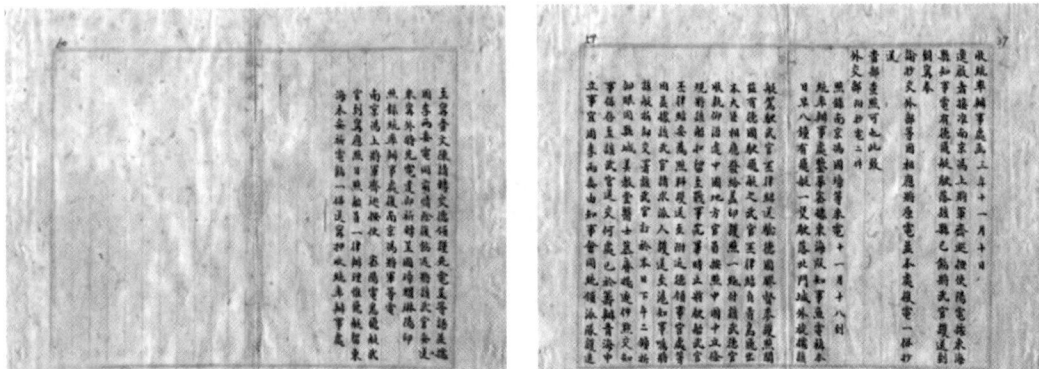

图1 《德国飞艇驶落鲁省东海县由》电文影印件

（来源：台湾"中央研究院"近代史研究所档案馆）

一、档案内容

档案名称为《德国飞艇驶落鲁省东海县由》，发文单位为北洋政府"统帅办事处"，收文单位为"外交部"。意指本电文是处理德国飞机从山东省降落东海县这一事件的。电文有主电文1份，并附抄收电文2份。

收统帅办事处函　　三年十一月十日①

迳启者②，接准南京冯上将军③、齐巡按使④阳电⑤，据东海县知事⑥电，有德飞艇驶落该县，已饬将武官护送到宁，奉谕抄外交部等，因相应将原电并本处复电一并抄送贵部查照可也。此致。

外交部附抄电二件

照录南京冯国璋等来电十一月十八日到

统帅办事处鉴：华密⑦。据东海段知事鱼电称。本日早八钟，有飞艇一只驶落北门城外，旋据该艇驾驶武官丕律绍送验德国胶督麦护照开："兹有德国驶飞艇之武官丕律绍自青岛飞出，本大臣相应发给盖印护照一纸，付该武德官收执。仰沿途中国地方官员，按照中国中立条规将该船扣留至战事完毕时止，将驶船武官丕律绍妥为照料，护送至附近德领事官处等。"因并据该武官请求派人护送至沪，知事嘱将该艇拆卸交署该武官，订于本日下午二钟拆卸，眼同⑧县城美教堂医士慕赓扬逐件点交知事保存，至该武官送交何处，已于筹办青海中立事宜，周李两委由知事会同统领派队护送至宁，赍文陈请转交德领，谨先电呈等语。并据周李两委电同前情，除复饬迅将该武官妥送来宁外，特先电达知。祈转呈国璋耀琳。阳印。

　　照录统帅办事处复南京冯将军等电：

　　南京冯上将军、齐巡按使：密。阳电悉，飞艇武官到宁，应照日照船员一律办理⑨，惟飞艇留东海未妥，祈电饬一并送宁押收。统帅办事处。

　　从电文内容看，处理该事件涉及部门、人员众多，政府部门有东海县知事（即县长段士璋）、外交部官员、南京上将冯国璋、巡按使齐耀琳、统帅办事处周姓李姓两委员等，外国人有海州美国教堂医生慕赓扬及事件主角德国飞机驾驶员中尉丕律绍等。东海县、南京统帅办事处、外交部等涉事各方对事件都非常重视。

　　①指发函时间为民国三年十一月十日，即1914年11月10日，下同。

　　②"迳启者"为旧时社交信件的起头语、客套语，意思是不作寒暄恭维，直接陈述事情。

　　③指冯国璋（1859.1.7—1919.12.28），字华符，一作华甫，直隶河间县西诗经村人，直系军阀的首领。辛亥革命时率领北洋军镇压武昌起义，后奉命率军进攻南京，镇压"二次革命"。民国二年（1913）十二月被时任总统袁世凯任命为江苏都督，次年被授予宣武上将军。①

　　④指齐耀琳（1863—1949），字震岩，吉林伊通人。辛亥革命时，在河南任巡抚，竭力阻挠河南独立，镇压革命。民国后，任吉林民政长，1914年任江苏巡按使（1912年成立的民政公署改名），1916年7月，任江苏省省长兼代督办。②

　　⑤清末民初电报开通之后，为避免日期与电码混淆，月份用地支（子、丑、寅、卯、辰、巳、午、未、申、酉、戌、亥）代替，日期用金代编修的《平水韵》的韵目代替，即代日韵目，如"阳"在平水韵列为上平第七韵，

　　① 陈旭麓等主编：《中国近代史词典》，上海：上海辞书出版社，1982年，第117页。
　　② 陈旭麓等主编：《中国近代史词典》，上海：上海辞书出版社，1982年，第150页。

故在电文中代称"7 日","马"代称"21 日",下文中的"鱼"在平水韵列为上平第六韵,故在电文中代称"6 日"等。①

⑥指段士璋,字季维,安徽省宿松县人,清末担任淮北盐大使兼任团防盐防营统领。1911 年辛亥革命爆发时,因"抽调营兵,择险防堵","筹备饷糈","地方赖以安谧",而受到北洋政府嘉奖,"著以县知事分发原省任用",并于 1915 年因此获五等嘉禾章。9 月 4 日,被任命为东海县知事,一直干到民国九年(1920)十月底。1916 年获五等文虎章。离任时灌云县(1920 年兼任灌云县知事)协和市(今灌南县张店镇)当地士绅农商还为其镌刻了"乐只君子"纪念碑。②

⑧是指用冯国璋的"华密"电报本加密的电文。电文分明码电文和密码电文,明码电文就是用华文明码发出的电文,密码电文就是用某种加密方法加密过的电文。民国时期的电文,如果需要加密发出,就要在开头加上"某密",以便让接收方按照双方事先约定的加密方法来解密,如"正密""畏密"等。

⑦眼同,会同、跟同的意思。出自《元典章·户部七·押运》:"今后应合起运赴部诸物,当该提调正官与所委押运官眼同点检足备。"

⑨是指按照前期处理日照事件的情形办理。日德战争末期,德军眼看大势已去,德军 S-90 号鱼雷艇奉命于 1914 年 10 月 17 日深夜实施突围作战,准备驶往上海。驶出青岛湾不久就遭遇担任警戒值班任务的日军第二舰队轻型巡洋舰"高千穗号"。德舰先发制人,近距离发射鱼雷 3 枚,命中 2 枚,导致日舰爆炸沉没。但德舰也被几块日舰碎片击中,使得烟囱、舵叶转向器及甲板多处受损。驶离交战区后,因天黑,过于靠近海岸线而在山东省日照的石臼附近触礁,造成锅炉损坏。德舰官兵炸毁主炮位、驾驶塔及舰体后登岸,向当地中国政府缴械投降。后北洋政府根据中立政策将他们护送至南京的德国领事馆。③

---

① 张福通:《民国时期电报日期代用字考察》,《浙江万里学院学报》2007 年第 6 期,第 22-24 页。
② 骆宝善,刘路生主编:《袁世凯全集》,开封:河南大学出版社,2013 年,第 27 卷第 86、124、186、290、360 页。
③ (美)杰弗逊·琼斯:《1914 青岛的陷落》,福州:福建教育出版社,2016 年,第 56 页。

二、事件还原

一百多年前的 1914 年（民国三年）11 月 6 日早 8 点左右，一架飞机从北方摇摇晃晃地飞来，在空中盘旋了几圈之后，降落在海州北门城墙下蔷薇河边的一块稻田里（图 2）。经过实地考察，并与历史照片、民国东海县地图、现在的连云港市地图进行比对，该位置大约在现在的海州区新海路新海发电厂东门西北角附近。

图 2　前面是蔷薇河以及码头上停泊的税警队用的小火轮（以烧煤作动力的小轮船），背景为海州北门城墙，中间房屋的右边为飞机降落处

（来源：耶鲁大学神学院图书馆）

虽然人类很早就有像鸟儿一样自由地在空中飞翔的愿望和理想，在中国也留下了很多像嫦娥奔月那样美丽的神话和传说，也有用风筝做翅膀、爆竹做动力的勇敢的实践者。但直到 20 世纪初叶，随着西方 18 世纪工业革命所带来的巨大成就，真正的现代飞机才升上了蓝天。1903 年 12 月，美国莱特兄弟自行设计并制造了一架有动力、可操纵的飞机，并成功进行了载人持续飞行。事发时飞机进入中国还不足 10 年，这些飞机都是外国人带来的，多数还是飞行家们来华作飞行表演的。中国人自己最早的飞机是 1911 年 2 月，冯如从美国带来两架自制的飞机，准备回广州探望久别的双亲，但因思亲心

切，路过上海时也未能停留。① 所以地处中国东海腹部的海州的人们是无缘见到它们的。此时，看到从天而降的像大鸟一样的怪物，海州城内外的老百姓呼朋唤友，纷纷从四面八方赶来围观，他们带着惊讶和困惑的表情注视着眼前的一切。

这时，从飞机座舱里爬出来一名头戴飞行帽、身穿飞行服、左手拿着方向盘（飞机操控杆）、腋下夹着公文包的外国人（图3），他就是德国海军飞行员中尉丕律绍。

图3 前面站立者为德国海军飞行员中尉丕律绍，后面为海州北门城墙下降落的鸽式单翼飞机和围观的人群。

（图片来源：耶鲁大学神学院图书馆）

原来，当年正值第一次世界大战爆发之际，日本为了侵占德国在青岛的殖民地，对德宣战。经过8月至11月3个月的激战后，德国于11月7日战败。为了将总督府内的机密资料安全送出，德国胶澳总督府麦总督（阿尔弗莱德·麦尔·瓦德克，Alfred Meyer－Waldeck，1864—1928）亲自签发护照，在战败的前一天早上，让丕律绍驾驶德军唯一能参战的鸽式飞机逃出青岛，向上海（德国使馆所在地）飞去。不幸的是，因为情况紧急，飞行油料没有加满，中途又受到日机和军舰的追击，在爬进云层达9000英尺之后才突破重围脱离险境，向西南飞行约250公里后，在途经江苏省北部海州时，因油尽迫降在海州北城墙外的一块稻田里。②

在海州义德医院行医和传教的美国南长老会传教士慕赓扬博士听说后也

---

① 姜长英：《中国航空史（史话史料史稿）》，北京：清华大学出版社，2000年10月，第83页。
② Gunther Plüschow. My Escape from Donington Hall：Preceded by an Account of the Siege of Kiao－Chow in 1915. John Lane，1922，p. 14－17.

立即赶到现场，积极参加营救，并用他手中的相机拍下了这一组现在看来非常珍贵的历史照片。

当时驻防海州地区的是江南提督张勋的部下定武军第四路统领白宝山的部队，白闻讯后也马上派军队过来，将人机扣留，并维持现场秩序，用绳子拉起了警戒线，隔开围观的百姓和普通的士兵（图4）。

图4　当地驻军用绳子拉起了警戒线，隔开围观的百姓和士兵。背景是海州北门城墙和远处的锦屏山。

（来源：耶鲁大学神学院图书馆）

慕赓扬从飞行员中尉丕律绍处了解到事件发生的原委，与驻守海州的白宝山和东海县知事段士璋进行交涉，将丕律绍及飞机保护下来，并对飞机状况进行登记造册。

经东海县知事段士璋致电南京冯国璋督军，与上海德国领事接洽，德国领事嘱将飞机拆卸烧毁。当日下午2时，由丕律绍负责拆卸，与海州教堂医士慕赓扬逐件点交。

11月10日，德国驻上海领事馆嘱丕律绍将飞机拆卸烧毁。当日下午2时，丕律绍指导当地驻军将飞机拆卸烧毁（图5），其中拆下的发动机准备日后带回上海，但丕律绍却将之赠予营救他的一名当地人，从而获得逃往上海的机会。[①] 在这之前，丕律绍一直驻留在美国医士慕赓扬博士所工作的义德医院。

---

① Gunther Plüschow. My Escape from Donington Hall: Preceded by an Account of the Siege of Kiao - Chow in 1915. John Lane, 1922, p. 14 – 17.

图 5　丕律绍（左四站立戴礼帽者）指导当地驻军将飞机烧毁，现场士兵用树枝拨弄灰烬，以便完全燃烧。

（来源：耶鲁大学神学院图书馆）

虽然北洋政府基于各种考虑，在一战时初期保持中立，但仍然可以在交战区之外拘役双方的作战人员。丕律绍的目的地是位于上海的国际公共租界（International Settlement of Shanghai），为了避免被中国政府拘役，因此他在那位当地人的帮助下，从海州乘船沿盐河南下，经大伊山、新安等镇达淮安杨庄，接大运河转长江抵达南京，然后乘火车到达上海。

这就是上述电文发生的背景。

三、丕律绍中尉

丕律绍（Lieutenant Gunther Plüschow，1886.2.8—1931.1.28），飞行员、航空探险家、作家，出生于德国巴伐利亚州慕尼黑市，卒于阿根廷。10 岁时，进入少年军校学习。1901 年，以海军军校生的身份加入德国海军陆战队。他训练刻苦而有耐心，后去南美洲南端的火地岛，这成为他后来极力去探险的梦想之地。

图6 丕律绍签名照

（来源：黄孝慈《中国飞机寻根》）

1905 年，丕律绍成为一名合格的帝国海军陆战队员，之后加入航空学校。毕业后，来到德国殖民地中国青岛的远东海军基地，成为一名中尉海军侦察飞行员。

1914 年 8 月至 11 月，日德青岛战争期间，丕律绍驾驶德军唯一能参战的鸽式飞机不仅承担着侦察任务，而且还不时携弹轰炸日舰。9 月 26 日，双方首次遭遇空中格斗，这也成为亚洲战史上的首次空战。日本陆军和海军的飞机用尽各自的方式，设法攻击他。据他在自己写的第一本书《飞行员逃离青岛历险记》[①] 中声称，在一次空战中，他竟然用手枪击落一架法曼（Maurice Farmans）式日机，他手臂上的"龙纹身"成为日机飞行员的克星。11 月 6 日晨，也就是青岛陷落前一天，丕律绍携带德国总督府麦总督的密件驾机出逃上海。因油尽迫降海州后，历经艰险回到德国。对于这段奇遇，他在《逃离英国》[②] 一书中有专门的记述。

在由海州到达南京的路上，丕律绍"像一个乞丐一样"乘船行。

---

① Pluschow, Gunther. Die Abenteuer des Fliegers von Tsingtau. Berlin：Ullstein, 1916. p. 236.
② Gunther Plüschow. Escape from England. Ripping Yarns, 2004, p. 97 – 121.

在由南京到达上海的路上，他在"差点被拘役的时候，跳上了一辆人力车，来到火车站，在那里他买通警卫"才上了火车。

在上海，幸好碰到在柏林认识的一个外交官的女儿，为他提供了一份瑞士国籍的证明文件（化名"麦克加文"），以及资金和到日本长崎、美国檀香山和目的地旧金山的船票。

在美国，因为用的是假身份，他无法得到德国领事馆的帮助。也是幸好他碰到一个来自柏林的朋友，设法给他（化名"史密斯"）搞到一张 30 日去意大利的邮轮船票。结果，恶劣的天气迫使邮轮停靠在直布罗陀海峡，英国人在那里将他作为敌对阵营的人逮了起来。很快英国人就发现他的真实身份，他就是刚从青岛逃出来的的著名飞行员。

随后，他被送到位于莱切斯特郡多宁顿霍尔镇的战俘营。三天后，他在风暴期间逃脱，前往伦敦。成为一战时唯一一个从英国监狱里逃脱返德的人。伦敦警察厅发出警报，要求公众密切关注一个手臂上有"龙纹身"的人。之后，丕律绍伪装成工人，白天阅读有关巴塔哥尼亚的书来消磨时间，晚上就躲在大英博物馆里。出于安全原因，丕律绍根本无暇顾及刊登船只进出港信息的公告，但幸好他邂逅了一位女性朋友，从而获知"朱莉安娜公主号"渡轮即将出港抵达中立国荷兰的信息。

安全到达德国后，先是被当作间谍而逮捕，因为没人相信他能完成这样的壮举！等身份一经确定，丕律绍立刻被称颂为"青岛归来的英雄"。他受到表彰，晋级成为少校。为此，又著书《逃离唐宁街》[1]以兹纪念。

1927 年，丕律绍驾乘配有 BMW IV 发动机的 Heinkel HD24E 飞机开始对南美的火地岛和巴塔哥尼亚进行探险，这对南美洲的地理发现作出了重大的贡献。1929 年，丕律绍不得不卖掉 Feuerland 号双桅船，以获得资金回到德国。[2] 在那里，他出版了图文并茂的探险故事《火地岛上空的银色秃鹰》一书及同名纪录片。

1931 年 1 月 28 日，他再次在巴塔哥尼亚附近飞行探险，但在波多黎各附近阿根廷湖的地方因意外坠机时在空中降落伞未能打开而身亡。

1957 年 11 月，人们为纪念这位优秀的飞行员兼探险家，在坠机现场安

---

① Gunther Plüschow. My Escape from Donington Hall: Preceded by an Account of the Siege of Kiao - Chow in 1915. John Lane, 1922, p. 14 - 17.

② Gunther Plüschow. The Only One Who Got Away: The Adventures of a German Aviator During the Great War. Leonaur Ltd, Dec 2011, p. 101 - 112.

放了纪念碑，每年都有大批飞行爱好者和丕律绍的忠诚者前来凭吊。[①] 许多作家著书立说，[②③] 给予他很高的评价。

四、青岛日德战争

日德青岛战役是 20 世纪初叶第一次世界大战初期由两个帝国主义国家为争夺在华利益而进行的一场帝国主义之间的战争，也是一战中唯一的亚洲战场，战争地点在我国山东省青岛及周边海域。1914 年 7 月 28 日，第一次世界大战爆发，对青岛早有觊觎之心的日本借口存在英日同盟，随即参加协约国阵营对德宣战，并派海军封锁胶州湾。之后通牒德国 "如至 8 月 23 日正午不得德国政府无条件接受之答复"，即将驻青岛德国舰队退出中日领海，立即把胶澳租借地毫无保留地移交给日本，称 "以备日后交还中国"，否则将采取 "必要之手段"。

因一战拖累，也为了保存在华的势力和利益，德国向北洋政府总统袁世凯提议将德占青岛交还中国（一战开始后中国即宣布中立）。日本知晓后，向北洋政府施压，并公然进行恫吓，加之袁世凯卖国求荣心切，北京政府竟拒之。日本遂于 8 月 23 日中午，采取海陆二线并进战术，开始对驻青岛德军开战，随后英军参战。

日德青岛战役中，四方（同盟国阵营中的德国和奥匈帝国，协约国中的日本和英国）投入兵力 10 万余人，战舰 100 余艘，重型火炮数百门。日德双方飞机亦加入战斗，除侦察和轰炸对方炮兵阵地外，并进行了空中格斗，成为亚洲战史上的首次空战。是役，日机共有 9 架参战，其中法制毛利司·法曼（Maurice Farman）1913 式双翼机 4 架、纽波特（Nieuport）NG 式单翼机 1 架、水上飞机母舰搭载毛利司·法曼水上双翼机 3 架。德国只有两架鸽式飞机，一架未及参战就坠毁了，另一架新式快速鸽式飞机由丕律绍驾驶，除了对敌舰进行了几次骚扰性轰炸外，主要担任空中侦察任务。

---

① Whittaker, Robert E. DRAGON MASTER – THE KAISER'S ONE – MAN AIR FORCE IN TSINGTAU, CHINA, 1914: a non – fiction book of military aviation history. Compass Books, 1994, p. 2 52.

② Roberto Litvachkes. Gunther Plüchow with DVD A life of dreams, adventures and challenges by a impossible love: Patagonia. Serie del Sur press, July 2006, p. 45 – 60.

③ Anton Rippon. Gunther Pluschow: Airman, Escaper and Explorer. Pen & Sword Military, Nov 2009, p. 58 – 69.

11 月 7 日，在外无援军，内无弹药，孤立无助下，驻青岛德军无奈战败，挂起白旗向英、日联军投降，日德青岛战争结束。自此，日本从德军手中夺占青岛继续对中国人民进行新的殖民凌辱。

1918 年 11 月，德国宣布投降，第一次世界大战以同盟国的失败而告终。第二年，日本在巴黎和会上不顾中国北洋军阀政府和广大人民的反对，与其他帝国主义列强勾结更加确立了其在青岛的统治地位，要求将以前德国在青岛享有的一切特权全部转交给日本。当巴黎和会的消息传到中国的时候，愤怒的北京大学生在 1919 年 5 月 4 日举行了抗议游行，导致五四运动爆发，从而加快了中国民主运动的进程。1922 年，中国政府恢复对青岛的主权，1938 年日军第二次侵占青岛，抗日战争结束后青岛又被美军占领，1949 年青岛才最终回到中国的怀抱。[①]

五、鸽式飞机

鸽式（Etrich Taube）飞机是一种单翼飞机（图 7），由奥地利工程师伊弋·艾垂奇（Igo Etrich，1879—1967）研制，1909 年 7 月 20 日试飞成功，1910 年 7 月第一架样机出品，之后由维也纳诺勒（Lohner）和德国兰普勒（Rumpler）等工厂获许可制造，因机翼酷似鸟翅故取名鸽式。

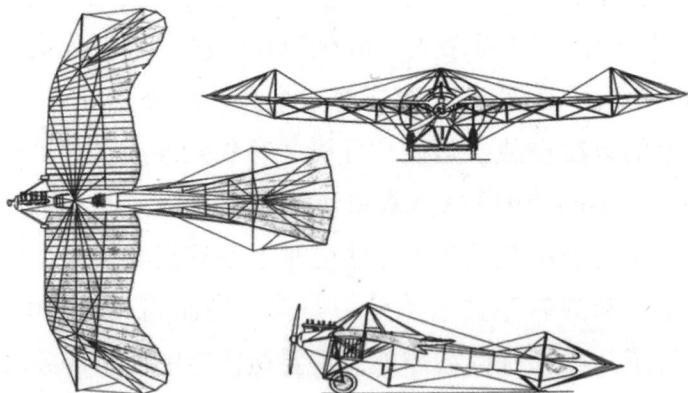

图 7　鸽式飞机正面、背面、侧面线图

（来源：黄孝慈《中国飞机寻根》）

---

① 人民教育出版社历史室：《世界近代现代史》，河南省：人民教育出版社，2000 年 12 月第二版，第 133 页。

据黄孝慈《中国飞机寻根》[①] 中介绍，1911 年七八月份，革命先烈陈英士先生电召我国留英航空先进厉汝燕先生返国，并嘱代购飞机数架运返参加革命。厉氏精选各国飞机，最后以诺勒机器工厂生产的鸽式飞机最佳，遂订购两架，价款则系海外华侨集资捐献。这两架飞机随同驻扎在我国青岛的德国驻军从兰普勒所采购的同式飞机两架装船启运来华，当年 12 月运抵上海，时清廷已被推翻未能赶上参战，厉氏旋被委任沪军革命督府航空队长，并 1912 年 1 月 15 日驾机在上海江湾跑马场成功进行飞行表演。[②]

鸽式飞机为艾垂奇先生长期观察枫树有翅果种飘落时，随风飘荡飞翔中之平稳现象，引发制作飞机之联想，并经多次试验各种不同形体翼面特性所获心得，又参照旅法罗马尼亚籍律师垂珍·伏加先生（Trajan Vuia）于 1906 年所制之伏加一式蝙蝠机翼试验机，及 1909 年法制布里瑞奥（Bleriot）XI 式单翼机之特征，综合设计。该机为木制机架，外敷蒙布，纲管支柱，张线牵引，尤以其纲管衍架式机翼横梁，垂直贯穿机身曝露机外，与机身骨架连接其成一体之结构装置极为奇特，其牢固程度不亚于双翼飞机。此外以扭曲翼尖取代副翼，翼展 14.35 米，翼面积 38.84 米，机长 9.85 米，机高 3.15 米，全重 870 千克，最大时速 115 公里，航行时间 4 小时，装用 80 匹马力之阿果斯（Argus）发动机，或 100 匹马力奔驰（Benz Mercedes）D-1 式四缸直立型水凉式发动机，生产型式分单座与双座两种，与同时期之英、法所制之同型单翼机相较，无论就品质及性能均略胜一筹。

鸽式飞机一经生产，立即引起军方关注，首次使用即用于意大利与土耳其于 1911 年在巴尔干半岛进行的战争中。之后一战开始，需求猛增，至 1916 年停产共生产 500 余架，大部分用于战争。

① 黄孝慈：《中国飞机寻根（一）奥地利鸽式单翼机》，2009 年 7 月 24 日，http://zjsj.tgbus.com/zjzl/26789.shtml，2016 年 12 月 10 日。

② 刘亚洲：《中国航空史》（第二版），长沙：湖南科学技术出版社，2007 年 8 月，第 11-16 页。

文　学

《青春》在李健吾诗性喜剧语言的地位

陈留生①

【摘　要】李健吾的《青春》，其最吸引人之处在于这种高超的诗性喜剧语言，甚至可以说创建了一种诗性喜剧语言范式：用诗性喜剧语言讴歌青春，抒写自己诗意化的情怀；通过诗化的喜剧语言，塑造诗化的喜剧性格；是传统肯定性喜剧语言的积淀与发扬光大。

【关键词】李健吾《青春》诗性喜剧语言

刘熙载说："诗品出于人品。"李健吾的戏剧及其语言具有独特性：既隶属于幽默喜剧语言，与丁西林、王文显，乃至杨绛等都有相似性，但又有其鲜明的独特性——高超的诗性喜剧语言，就在于其"人品"具有独特性。特别是他创作于20世纪40年代的《青春》，其最吸引人之处在于这种高超的诗性喜剧语言，甚至可以说创建了一种诗性喜剧语言范式，其表现在于：

一、用诗性喜剧语言讴歌青春，抒写自己诗意化的情怀

在作品扉页人物介绍之上，有三句话值得注意：

是知其不可为而为者也。

是不知其可为而为者也。

是不知其不可为而为者也。

---

① 作者简介：陈留生（1960—），男，研究生学历，博士，连云港师范高等专科学校党委副书记、教授，主要研究方向为中国现代文学。本文为国家社会科学基金项目"生命诉求与中国现代话剧语言的嬗变研究"前期成果（项目编号：12BZW094）。

这三句有点像绕口令的话语，它们的核心就在于"而为者也"的"为"，这是一个动词。三句话的意思其实就是根本不必思虑可不可以做、能不能做就都在做，这是一种浑浑噩噩、莽莽撞撞的行动状态，它依情而为、率性而动，这是中老年人无法做到的，它是青春的特质，只有"青春"才会如此"而为"！也只有"青春"才能迸发出如此的活力与力量！整个作品的语言就是青春的激情迸发出诗性的语言，而通过诗性的语言绘就了青春的绚丽篇章。

《青春》主要是展现田喜儿和香草两个青春勃发而又不通人情世故的少男少女，如何冲破世俗文明的种种阻力，终于"阴差阳错"般的成就眷属的喜剧故事。这二人几乎是依傍本性而爱，既是"知其不可为而为者也"，也"是不知其可为而为者也"还"是不知其不可为而为者也"。在强大的反对者面前，他们的力量是微不足道的，但他们的爱情却那么的坚不可摧。按常理，这是一个悲剧或正剧，但由于他们的浑浑噩噩、莽莽撞撞，特别是作为爱情发动者的田喜儿一往无前，只依凭爱的本能孜孜以求。因此才在他们爱情的追求历程中，出现了多种的喜剧因素，甚至是依傍一些带有偶然性的喜剧力量，才致使他们最终喜剧性地走到了一起，而这种喜剧性主要就是通过喜剧语言来展现的。

柯灵就指出："童心！我觉得这是一把开启健吾作品的和心灵的钥匙。"[1] 李健吾则说："我们得尊敬这神圣的童年。"[2] 可见，李健吾对童年是情有独钟的，而故乡是他童心的发祥地、栖息地，他必然会把自己的童心安置到心目中的故园里面。在《青春》当中，童年和故园的指向非常明确，童年和故园燃起的激情非常强烈，以至于使整个作品都激荡在诗情画意之中，作品的语言在总体上也是诗意浓郁的。

值得注意的是，李健吾之所以在孜孜不倦的追寻童年和故园，讴歌青春，并非他的人生就这样充满诗情画意。在他看来，正因为我们"生来带着一个悲惨的命运"，所以才要在文学作品中"用语言，颜色，线条，声音给我们创造一座精神的乐园"。[3] 他的喜剧作品就是要达成这一目标。虽然自从创作《这不过是春天》就开始建造这样一座"精神的乐园"，但只有到《青

---

① 柯灵：《李健吾剧作选·序言》，中国戏剧出版社，1982 版，第 16 页。
② 李健吾：《李健吾文学评论选》，宁夏人民出版社，1983 版，第 68 页。
③ 李健吾：《李健吾文学评论选》，宁夏人民出版社，1983 版，第 233 页。

春》中，这一"乐园"才真正建成。因为只有在童心栖息的故园里，青春所特有的依情而为、率性而动才会有施展自己的舞台和机缘，他所希求的"精神的乐园"才会找到安身立命的所在。

随着《青春》的面世，李健吾终于回归了童心和故园，在青春的依情而为、率性而动的诗意语言的喷发中，他的灵魂终于完成了涅槃，找到了归依，他的艰苦的找寻旅程也就画上了一个休止符。这也意味着他的喜剧创作可以画上一个句号了，因为他已经无须再找寻，也无可再找寻了。

二、通过诗化的喜剧语言塑造诗化的喜剧性格

作者的主旨是通过青春型的人物形象的塑造来达成的，"青春"是激情和诗性的发祥地，作品的诗性语言就是这些青春型的人物喷发出来的。重视人物性格塑造，这是李健吾喜剧创作的显而易见的特色，但在《青春》里面的人物塑造，不仅和中国现代其他喜剧作家的喜剧作品明显不同，而且与李健吾自己的其他作品也不尽相同。

在《青春》中，喜剧人物主要有两类：一类以田喜儿为代表的青春型喜剧人物，这个阵营除了田喜儿之外，还有田寡妇、小虎儿和小黑儿、香菊、红鼻子、罗童生，他们都具有依情而为、率性而动的青春型性格，他们都是"依情而为、率性而动"，在总体上，或者在关键时刻，他们往往是依情而为、率性而动。但他们的这种青春型性格往往为当时的社会规范和习俗所不容，在社会规范和习俗面前，显示出诸多不协调性，因而显示出喜剧性。另一类以杨村长为代表，还包括罗举人、郑老师，他们就是当时社会规范和习俗的实施者，他们言语行事、评判他人，都以社会规范和习俗为准绳。他们本来是站在"社会正义"的制高点上，但在青春的"依情而为、率性而动"标准的烛照下，他们又显示出不协调性，展现出喜剧性。

在《青春》的青春型人物画廊里，田喜儿是最重要的一员，这不仅是因为他是作品的主人公，而且还在于他是作品中最青春的人物。在作品中，他是最"依情而为、率性而动"的，因此他的性格特征也是最具诗性的，从他嘴里说出来的台词也是最具诗性的语言。他的诗意性特质主要体现在爱——对香草的爱，这就是他生命的全部，为此他可以抛弃一切。他在因此被打时

竟然说："杨大叔，先让我在槽头困他妈一觉，再吊我三天。"大有视死如归之态。可当香草远嫁以后，他"害了一场大病"，"他病里直叫你（指香草）的名字"。而当香草她爸欲处死香草时，他下跪求情，为了让香草她爸把香草"丢给"他，他做什么都愿意。他还因爱不能实现而产生了恨：在香草父亲嫌他穷，不让香草跟他好时，他甚至："有一天呀，我放一把火，把这个村子烧光了，烧成了土，才解我心头的恨。"当见到香草嫁的是一个娃娃时，他说："我梦里头，日里头，一直想杀死的那个王八蛋……"甚至在他妈妈阻止他和香草相好时，都要把姆淹死；"谁拦着我，我就宰了谁！"他对香草说："为了你呀，杀人、放火、打家、劫舍、吃官司、破脑袋壳，我统统没有摆在心上。"也只有爱，才是一首最伟大的诗。他特别好憧憬未来，当香草不想活时，他劝道："活着……活着……活着总有出头的一天……"香草嗔他："你老是朝好里想。"在劝导香草跟他私奔时，他"热情汪洋"地说：

好香草！好妹妹！跟我走！跟我到省城去！到京城去！就是你跟我多好哇！多好哇！我不能够丢下你一个人在后头，咱们一块儿长大的，我心里就是你这么一个人……你跟我在一起，永远在一起，多好哇！多开心哇！

有这种"未来的意义就是乐观"精神的支撑，他的爱就有了目标，他的努力就有了意义，他的未来就是光明的，尽管他遭遇了他自己难以逾越的艰难险阻。这种乐观主义是李健吾注入其身的，是李健吾理想的寄寓。

在田喜儿这个形象身上，具有明显的喜剧特性，这种喜剧性也是通过喜剧性语言表现出来的。他往往嘻嘻哈哈、天马行空，"一天到晚轻忽忽的，两脚不着地，一个劲儿地游魂"！特别是，他在与村长与母亲的周旋中，其语言显示出机智、大胆、滑稽、嬉笑怒骂的喜剧性特点。

与田喜儿的顽劣性相近的还有一群孩子，他们"依情而行、率性而为"，他们是小虎儿和小黑儿、香菊：依照性情行事，往往道出在大人看来不合时宜的真话、真情，实话、实情；小虎儿和小黑儿还偷桃偷石榴，这主要应该从童心角度去理解。甚至敲更人红鼻子也是这种"依情而行、率性而为"的活力勃发之辈。总之，他们的性格都童趣盎然，其语言则充满诗情画意和喜剧性。

在《青春》的青春型人物之中，田寡妇是别具一格的，而这也是由她独特的语言表现出来的。她依凭护犊本性行事，在疼爱儿子方面，"依情而行、率性而为"，表现出了"青春"特性。对于宝贝儿子，她常常对人宣言：

"我自个儿！那是我的儿子！我高兴打就打，我高兴骂就骂，可是别人呀，休想！"这句话，或与之意思相近的话在不同场合出现多次。在儿子遇到威胁时，她总是挺身而出："你要是敢动我的儿子，我就拿我这条老命跟你拼了！"在对待儿子田喜儿时，她刀子嘴豆腐心，往往是在对儿子的打骂中体现母爱，真正实现了打是亲、骂是爱的境界，她的许多台词都具有很强的喜剧效果。尤其是在与杨村长的斗争中，她泼辣好斗、嬉笑怒骂的台词喜剧色彩非常浓烈。

三、传统肯定性喜剧语言的积淀

如果说在《青春》以前的喜剧作品中，在喜剧类型、喜剧语言等方面更多的是借鉴了西方喜剧一些技巧的话，那么，在《青春》中，则主要是传承了中国传统戏曲的精髓。在喜剧类型上，如果说西方喜剧主要是以否定型喜剧为主的话，那么中国传统喜剧则是以肯定型喜剧为主。《青春》就是一出肯定型喜剧。

如前所述，《青春》有两个泾渭分明的阵营。如果从外在的实力对比来看，杨村长一方力量要强得多，田喜儿一方压根儿就不是其对手，但在作品中却恰恰相反，不仅杨村长一方只取得局部胜利，最终以大败告终，而田喜儿一方只遭受局部挫折，最终则以大胜告终。究其因，就是由于作者是站在青春的立场上，他在竭力张扬"依情而行、率性而为"的青春禀赋，他试图告诉人们，具有这种禀赋的人是可以无往而不胜的。这是一出与中国传统戏剧一脉相承的肯定型喜剧。

通常，在肯定型喜剧里面，其喜剧语言存在着明显的诗化倾向。因为中国戏曲"在语言性格上，强调语言的情化——竭尽可能地写出剧情纠葛在剧中人物情感上所造成的旋涡和浪花，要求人物性格在表演的抒发中完成"。① 并且，"从原则上来说，西方戏剧语言主要是为了推动剧情，表现和发展矛盾冲突，结构悬念，以及刻画人物性格等等从'由说话的人的情绪来'见出感情；中国戏曲语言却'反其道而行之'它更主要的是为了抒发感情，其语

---

① 蓝凡：《中西戏剧比较论》，学林出版社，2008年12月，第38页。

言的一切性格特征（舞化、音化和曲化）都被感情所溶解，也孕藏和包含了感情抒发的走向。可以说，剧中人物性格的刻画和塑造（即连剧情的展开，矛盾冲突的发展）被全部沉浸在感情之中，而这种感情的人物塑造是以语言（全部应包括舞台表演的唱、做、念、打）作为手段和工具的。因此，在中国戏曲中，可以说语言是情感的表现。"[1]《青春》一剧的语言由于是在强烈的生命艺术的鼓荡下喷发出来的，作者的诗意流贯在整个作品之中。当然，诗意只可能体现在肯定性喜剧人物体内，否定性喜剧人物往往功利性过强、心眼太坏，是难有诗意的。

在《青春》中，李健吾还借鉴中国传统戏曲语言，用诗化的景物描写来营造诗意化的氛围。作品中有多处写景场景，而且写得很有意味。在香草与田喜儿感到害怕时，作品写道：

夜色浅淡多了。一牙残月远远在树梢的枝叶之间移动，风似乎大了，吹着枝叶前仰后附，好像一片黑浪，又好像窃窃议论，纷纷惊惧。

在他们就要被发现时：

月亮隐入破碎的云帆。

但最有意味的是作品的结尾：

阳光一线，照着他们的背影，天色已经完全到了"夕阳无限好，只是近黄昏"。农人田事已毕，远远传来他们种种的声音，歌唱，吆喝，同时牛鸣驴嘶，归鸦啼鸟，交织成田野的音乐。

人、景、鸟、牲口，交织成欢快的交响乐，隐喻着欢快的、喜剧性的结局，这其实正是作者与人物心境的写照：好像一切艰难险阻都没发生过，对于作者而言正是他的追求、期盼，也是他的精心设计，他心满意足；三个人物田喜儿、田母、香草的心境更是欢快不已。这就使整个作品充满了诗情画意。

总之，《青春》是中国现代喜剧中以矛盾冲突剧烈见长，作者用生命的激情、以诗意的语言来对抗、来破解文明的魔咒，它以诗意语言为主导、骨骼，写实语言为辅助（尽管它的数量比前者还多），谱写了一曲青春的赞歌。这种诗意化的喜剧语言在中国现代喜剧史上是独特的，可以说它构建了一种诗意喜剧语言的范式。

---

[1]　蓝凡：《中西戏剧比较论》，学林出版社，2008 年 12 月，第 433－434 页。

古代作家创作历史剧的主要目的动机

伏涤修[①]

【摘　要】古代作家创作历史剧的目的动机错综复杂，但主要可以归为以下几种类型：以曲述史，力求真实再现历史风貌；以曲写史兼写心，既重反映历史又重传达自己的心声；满足大众心理，以曲消费历史，传奇化演绎与娱乐化表现历史；以曲托喻抒怀，荒诞化、隐喻性地表现历史上的人和事。

【关键词】历史剧　创作　目的动机

古代历史剧之所以呈现纷纭复杂的形态面貌，和剧作家各自不同的创作动机具有密切的关系。本文认为，古代作家创作历史剧的目的动机大致可以归纳为四种类型，下面即对此进行剖析。

一、以曲述史，力求真实再现历史风貌

中国古代史官文化氛围特别浓郁，影响极其深远，不仅公私史著汗牛充栋叠床架屋，文学作品中的咏史、叙史之作也是层出不穷，史官文化的思维与印迹深深地烙刻在各体文学作品中。在"诗史"传统的影响下，被视为自娱与娱人"小道"的词、曲也有相当多的作品担负起了写史、传史的重任，曲亦有史，以曲述史，成为许多文人曲家自觉的文化认知和创作追求。作家

① 伏涤修（1963— ），男，江苏徐州人，淮海工学院文学院教授，文学博士，江苏师范大学、南通大学硕士研究生导师。本文为国家社科基金 2015 年度项目"中国古代历史剧文史关系研究"（项目编号 15BZW109）和连云港市"521 工程"科研项目的阶段性成果。原文发表在《戏曲艺术》（CSSCI 来源期刊、核心期刊）2017 年第 1 期。

们通过历史剧创作，描写历史事件，表现历史人物的功过是非，以戏曲样式再现历史风云，为我们立体化、情感化地展现出一幅幅历史的画卷。通过曲史意味浓郁的历史剧，我们可以真实地感受到历史跳动的脉搏，感受到历史剧作家积淀于剧中挥之不去的史官文化情结。

有的曲史剧带有强烈的"当代史"情结。一些历史剧反映的内容和剧作家生活的时代具有剪不断、理还乱的密切关系，剧作家对于剧作中反映的历史内容颇多感慨，无法释怀，他们创作这样的历史剧既是对历史的追叙，同时又饱含强烈的现实政治情感，剧作家的主观情感介入很深。孔尚任《桃花扇》就是这种在对历史的痛心回忆中抒发故国之思、宣泄民族感情的曲史之作。孔尚任生活在清初，明清鼎革带来的国家灾难在孔尚任的心中留下了难以抹去的阴影。孔尚任痛心于南明灭亡，他历时十余载，足迹多及南明故地，广泛寻访南明遗民，"一句一字，抉心呕成"[①]（《桃花扇小引》）。由于孔尚任用著史之心、实录之法创作《桃花扇》，剧作表面上写的是离合之情，实际上抒发的是兴亡之感，"南朝兴亡，遂系之桃花扇底"[②]（《桃花扇本末》），故剧作"谱成抵得南朝史"[③]（吴陈琰《桃花扇题辞》），在当时尤其打动明朝遗民之心。据作者《桃花扇本末》记载，《桃花扇》演出时，明代一些"故臣遗老"深陷剧作营造的历史情境中而悲不自禁，他们"掩袂独坐"，"灯炧酒阑，唏嘘而散"[④]，他们对南明王朝既恨且怨又思念不尽的复杂情感被《桃花扇》彻底地激发了出来。

《鸣凤记》以曲述史、以曲抒发政治情感的特点更为直接明显。《鸣凤记》反映的是明嘉靖朝的政治历史风云，剧作的创作年代非常贴近剧作反映的时代，《鸣凤记》因此被人目之为时事剧。时事剧究其实质是作者生活时代的历史剧。《鸣凤记》虽然作者失载，但剧作者爱憎分明的情感态度、颂忠斥奸的政治历史诉求我们于剧中鲜明可感。《鸣凤记》通过忠谏之臣与严嵩奸党殊死斗争的生动演绎，对嘉靖朝的一些重大历史事件进行了深刻的反映，剧作为读者观众呈现出一幅较真实的嘉靖朝政治历史斗争画卷。洗冤忠烈之魂，鞭挞乱国奸雄，昭彰忠谏之臣，情感鲜明地反映嘉靖朝政治历史风貌，是《鸣凤记》作者创作该剧很明确的目的动机。

---

① ［清］孔尚任：《桃花扇》，王季思、苏寰中、杨德平合注本，人民文学出版社1959年版，第1页。
② ［清］孔尚任：《桃花扇》，王季思、苏寰中、杨德平合注本，第5页。
③ 蔡毅编著：《中国古典戏曲序跋汇编》，齐鲁书社1989年版，第1620页。
④ ［清］孔尚任：《桃花扇》，王季思、苏寰中、杨德平合注本，第6页。

有的曲史剧虽然反映的内容已经过去了很久，但剧作所反映的历史事件较为重大或较为特别，它们具有较强的历史警醒价值，故剧作家们创作此类历史剧时依然持有强烈的史鉴用心。孙郁《天宝曲史》就属此类史鉴用心鲜明的曲史之作。孙郁力图通过《天宝曲史》来复原唐天宝年间的历史面貌，并希望以此获得历史的借鉴。唐玄宗天宝年间发生的"安史之乱"是唐朝由盛转衰的转折点，是公私史家着力聚焦的重要历史事件，和"安史之乱"关联极大的李、杨情事则是不可胜数的各体文学作品进行表现的热门题材。孙郁广泛收集正史野乘资料，以传奇样式演绎天宝年间的历史风云，他明白宣称他创作《天宝曲史》是"期存曲史本意"[①]（《天宝曲史凡例》）。"天宝至今千年矣，其帝妃秘戏，宫寺微言，雪厓皆以三寸不律，一一拈出。然则有《曲史》可以补正史，补正史之未备矣"[②]（松涛《天宝曲史序》），"雪厓《天宝曲史》一书，在少陵当日，犹有所讳，而不敢尽者，雪厓直谱其事，以为人主色荒昵恶者戒"[③]（沈珩《天宝曲史题词》）。《天宝曲史》弥补正史之未备，同时为统治者提供史鉴之戒，作者的曲史用心极其强烈。

上述以曲述史类的历史剧，主要着目于展现历史风云，偏重于以事系人，在对历史事件的铺叙中串联起许多历史人物。还有一些曲史剧，主要目的是歌颂历史英雄，偏重于以人系事，是在对核心主干人物历史事迹的表现中勾画若干历史事件。如岳飞题材戏曲，无论是表现岳飞被秦桧奸党谋害，还是写岳飞及部将的英勇，岳飞的形象、事迹、命运总是贯穿剧作的核心所在。冯梦龙《精忠旗》之前产生的各种岳飞戏，虚构失实、迷信诞妄的成分多，曲史意味不足，冯梦龙对此前各种岳飞戏中"俚而失实"的部分加以改造，依据正史本传"更编纪实《精忠记》"（《精忠旗》第一折《家门大意》）。真实表现岳飞形象、事迹与命运，借表现岳飞来反映南宋初期那段不应忘却的历史，是冯梦龙改编《精忠旗》的主要目的动机。

李玉《清忠谱》也是人们熟之能详的以曲述史之作。该剧真实演绎明末东林党人周顺昌反对阉竖魏忠贤、苏州颜佩韦等五义士为救周顺昌而英勇就义事，"事俱按实，其言亦雅驯。虽云填词，目之信史可也"[④]（吴伟业《清忠谱序》）。歌颂正义英雄、贬斥权奸阉党，借此反映明末政治历史风云，是

---

① 蔡毅编著：《中国古典戏曲序跋汇编》，第1987页。
② 蔡毅编著：《中国古典戏曲序跋汇编》，第1989页。
③ 蔡毅编著：《中国古典戏曲序跋汇编》，第1992页。
④ 蔡毅编著：《中国古典戏曲序跋汇编》，第1473页。

《清忠谱》主要的创作出发点。

董榕《芝龛记》、瞿颉《鹤归来》以人系事的曲史特征更为典型。《芝龛记》着力表现明末清初女英雄秦良玉、沈云英事迹。秦良玉，明末著名女将军、女英雄，石砫宣抚使（俗称土司）马千乘之妻，秦良玉在丈夫被害后，妻代夫职，为国尽忠。秦良玉曾被封为二品诰命夫人，她进京勤王时，崇祯皇帝曾亲自作诗四首赞颂她。南明政权加封秦良玉为太子太保、忠州侯，又在她死后追谥为忠贞侯，《明史》卷二七〇有其本传。历代正史中女性名人都是被记载到列女传里，而秦良玉是历史上唯一一位作为王朝名将被记载到史书将相列传里的女性。沈云英也是名垂青史的巾帼英雄，明末著名的游击将军，在其父湖南道州守备沈至绪战死后，率领其父旧部继续保卫道州。董榕有感于秦、沈两位女英雄的不凡作为，希望昭彰两位女英雄的事迹，并进而由写秦、沈两位女英雄的事迹来反映明末纷争不断的乱世景象，叙写明末内忧外患的惨痛历史，他出于这样的史鉴目的创作出了《芝龛记》传奇。董榕自言创作《芝龛记》"此记大意，为秦忠州、沈道州二奇女衍传"，作者对待史实的态度很慎重，剧中"所有事迹，皆本《明史》诸名家文集、志传，旁采说部，一一根据，并无杜撰"①（《芝龛记凡例》）。作者曲史意识很浓，《芝龛记》剧中"以石砫女官秦良玉、道州游击沈云英为纲，以东林君子及疆场死事诸贤，与殉烈群贞为之纪，而以彭、昙两仙经纬其间"，故收到了强烈的史鉴效果，剧作"翕闢张弛，褒贬予夺，词严义正，惨淡经营，洵乎以曲为史矣"②（黄叔琳《序》）。

瞿颉《鹤归来》着力表现明清鼎革之际著名的英雄、南明王朝抗清名将瞿式耜的事迹。清军攻打广西桂林，瞿式耜奋力抗清，在兵尽粮绝的情况下与总督张同敞从容就逮，拒绝诱降，英勇就义。其孙瞿昌文赴桂林寻祖，历经曲折，负其骸骨归乡。瞿式耜被囚禁关押期间，与张同敞诗歌唱和，后来汇编为《浩气吟》。瞿式耜殉国后，南明永历朝曾给予其"文忠"的谥号。《明史》卷二八〇有瞿式耜传，张同敞传则附于《明史》卷二一三其曾祖张居正的传后，《明史》对瞿式耜、张同敞均有很高评价。清乾隆朝为巩固封建统治秩序，淡化民族意识而强化忠君意识，一方面大力表彰明清鼎革时期因抗清而遇难的明朝的忠臣，另一方面对投降清朝的原明朝官员大加挞伐并

---

① 蔡毅编著：《中国古典戏曲序跋汇编》，第1712页。
② 蔡毅编著：《中国古典戏曲序跋汇编》，第1715－1716页。

将他们编入《贰臣传》。瞿式耜作为对明朝尽忠者在清乾隆朝受到了褒扬，并被追谥为"忠宣"。生活在乾隆年间的瞿颉是瞿式耜的六世从孙，他一方面对先祖的节操、功勋极为感佩，另外其时宣传先祖的事迹又与朝廷"崇奖忠贞"、"风励臣节"的政策导向相合拍，故他在清王抃《浩气吟》传奇的基础上，依据史书记载创作《鹤归来》传奇。作者自言："《鹤归来》者，为族祖留守稼轩公、检讨寿明公祖孙二人作也。留守殉节粤西，检讨负骸归里，一门忠孝，古今罕觏。……其中情事，悉按《明史》及《粤行纪事》所载，以归核实。庶使观者知祖孙二人，扶纲植常，为不朽盛事，初非稗官小说子虚乌有之比。"①（《鹤归来自序》）《鹤归来》所写虽为家族事，也为国家事，通过此剧我们可以真切感受到明末激荡不止的政治军事历史风云。

二、以曲写史兼写心，既重反映历史又重传达自己的心声

上述以曲述史的历史剧，虽然也有与史实不符的成分，但总体而言，曲史剧作者的创作态度谨严，对历史事实相当尊重，曲史剧与历史记载的吻合度很高。还有一些历史剧，既不像传奇故事性历史剧那样随意更改历史，但又不像以曲述史类历史剧那样较为严格地遵照史实，而是剧作者为了实现自己特殊的创作诉求，对剧作涉及的历史内容作了一定的增删改易。这样的历史剧，虽然对史实有所改动，但改写、虚构控制在一定的限度之内，剧作者一方面希望剧作体现自己对历史的见解，将自己的心声体现在历史剧中，另一方面又不希望破坏剧作的历史真实感。这类历史剧，作者的史家之心与曲家之心默契、统一地体现在剧作之中，剧作内容虽然有的不合历史的初型真实，却符合剧情发展的内在逻辑，这样的历史剧不仅给人的艺术感而且历史感也都真实可信，这样的历史剧虽然有意识地改写了历史，但仍然具有较高的历史认识价值。

在这类历史剧中，有些剧作者将自己的现实政治情感融进历史剧创作中，他们在剧作故事的历史背景、事件发展或历史人物形象塑造上，有意识地进行改易。如元代马致远的《汉宫秋》，在诸多方面与史实存有差异。历

① 蔡毅编著：《中国古典戏曲序跋汇编》，第 2077－2078 页。

史上，匈奴呼韩邪单于请求与汉朝和亲，当时的形势是汉强胡弱，呼韩邪单于对汉和亲的态度甚为恭谨，自言愿做汉朝的女婿以亲近汉朝，王昭君嫁给呼韩邪单于后，号为宁胡阏氏，并生有一子。呼韩邪单于死后，呼韩邪单于之子、继立的单于复株絫又以王昭君为妻，王昭君又和他生有二女①（卷九四下《匈奴传》）。马致远《汉宫秋》把昭君出塞的历史背景改为胡强汉弱，对汉元帝、匈奴单于的形象塑造也与历史上迥异，将历史上把握番汉关系主动权的汉元帝写成一个连自己宠妃都护佑不了的国势衰弱的汉朝皇帝，将历史上依赖汉朝帮助、愿意对汉朝自降身份的匈奴单于写成一个恃强凌弱、咄咄逼人的敌国君王。剧作写王昭君深受汉元帝宠爱，虽然她不愿离并汉宫，汉元帝也舍不得她出宫，但在胡强汉弱的情势下只能忍痛割爱，王昭君行至番、汉交界处投江自尽，这就根本改变了王昭君和两代单于生有子女的历史事实。马致远对历史之所以作这样的改写，是因为他把民族欺凌严重的元代政治现实融进了《汉宫秋》创作中，剧作表面上写的是汉朝史事，实际上表达的却是身处蒙元异族统治下的汉族人民不自由、受欺压的愤懑与不满的心声。《汉宫秋》对史实虽然多有更改，但作者不是为了传奇效应，马致远对史实的改动是慎重而有深意的，剧作的历史感、艺术感都是真实可信的。

关汉卿《单刀会》也是作者出于民族感情而有意识地对史事进行变动。据《三国志》卷五十四《吴书九·鲁肃传》裴松之所引注记载，东吴鲁肃向关羽索要荆州时，鲁肃理直气壮、义正辞严地指责了刘备方面一番，意思是当初孙权是怜悯刘备方面才在他们落败时帮助他们的，现在刘备方面势力壮大了，却损害道义，破坏双方的友好关系，这样做必然会自引祸端，关羽听了鲁肃的指责后，因为理亏而默然不答②。陈寿《三国志》此处记载大同而小异，只是增加了一个插曲、细节。当鲁肃指责关羽后，关羽方面有一人辩护道："夫土地者，惟德所在耳，何常之有！"鲁肃听了以后厉声呵责他，关羽也批评自己这边的辩护之人，并用眼睛示意此人退场。"肃厉声呵之，辞色甚切。羽操刀起谓曰：'此自国家事，是人何知！'目使之去"③（卷五十四《吴书九·鲁肃传》）。到了《单刀会》中，刘备成为汉家基业的传人，蜀汉方面不要说拥有荆州，就是所有天下都是理所当然的，关羽代表蜀汉来

---

① ［汉］班固撰，［唐］颜师古注：《汉书》，中华书局 2000 年版，第 2810－2813 页。
② ［晋］陈寿撰，［南朝宋］裴松之注：《三国志》，中华书局 2000 年版，第 940 页。
③ ［晋］陈寿撰，［南朝宋］裴松之注：《三国志》，第 940 页。

赴会，面对东吴方面索要荆州，关羽不仅不理亏，反而觉得正义在身道理在口，关羽智勇双全凯旋归。关汉卿生活的蒙元时代，虽然汉民族丢掉了国家政权，但是在关汉卿心中，依然秉持华夏汉民族政权正统观，故他创作《单刀会》有意褒扬蜀汉方面的关羽，以此来曲折表现自己的汉民族感情。

这种按照特定目的表现历史的历史剧，有的和作者的创作旨趣有关。例如，洪昇《长生殿》的故事背景是对唐代历史造成灾难性影响的安史之乱，虽然剧作对安史之乱前后的历史风貌有所反映，但是作者创作此剧的主要出发点不是演绎和评价历史，而是表现唐明皇和杨贵妃的特殊爱情。如果说《桃花扇》是"借离合之情，写兴亡之感"，那么《长生殿》可以说是"借兴亡之事，抒离合之情"。《长生殿》在表现李、杨情事时，并非全都依据史实。剧作前半实写，后半虚写，第二十五出之前表现马嵬事变前唐明皇与杨贵妃的相依相恋，第二十五出之后表现马嵬事变后唐明皇对杨贵妃阴阳相隔的寻访忆恋。另外《长生殿》在表现杨贵妃生前帝妃恋情时，作者对史事材料也是有所选有所不选。《资治通鉴》中有杨贵妃与安禄山丑声闻于外的记载："自是禄山出入宫掖不禁，或与贵妃对食，或通宵不出，颇有丑声闻于外。"[1]（卷二一六·唐纪三十二·天宝十载春正月）王伯成《天宝遗事诸宫调》和元明剧作也多有对李、杨、安三角"污乱事"的演绎。洪昇一洗之前各体文艺作品中存在的污言秽笔，着力表现李杨帝妃之间非同寻常、超越生死的至诚恋情。洪昇创作《长生殿》的目的是"专为钗合情缘"，"义取崇雅，情在写真"[2]（《长生殿例言》）。在这样的创作基调下，虽然"史载杨妃多污乱事"，但为了将李、杨塑造成至真至诚的情种，洪昇对涉秽之事"概置不录"[3]（《长生殿例言》），"凡史家秽语，概削不书"[4]（《长生殿自序》）。《长生殿》所写虽然和历史记载有所偏离，但剧作主人公的情感发展合乎逻辑，剧作的历史感真实可信，故剧作不失为优秀的历史剧。

梁辰鱼《浣纱记》取材于东汉赵晔的《吴越春秋》，该剧原名《吴越春秋》："看今古浣纱新记，旧名《吴越春秋》。"（第一出《家门》【汉宫春】曲）剧作根据史实又参照若干传说写成。作者的创作态度是认真的，因此剧作总体依据史载；不过作者创作此剧有自己的史鉴用心，因此剧作又并不完

① ［宋］司马光编著，［元］胡三省音注：《资治通鉴》，中华书局1956年版，第6903页。
② ［清］洪昇：《长生殿》，徐朔方校注本，人民文学出版社1983年第2版，第1、2页。
③ 同上，第1页。
④ 同上，第1页。

全拘泥于史载。梁辰鱼生活的明朝后期，政治腐败，国势倾颓，关注政治、喜爱读史谈兵、仕途多舛的梁辰鱼对明王朝的命运深为担忧，《浣纱记》虽以范蠡、西施的爱情为贯穿线索，核心点却是表现吴越兴亡的历史教训，而在对吴越兴亡的历史表现中又寄寓作者对现实的讽喻用心。《浣纱记》没有将吴国灭亡的责任归在西施身上，而是将批判的锋芒指向骄奢淫逸的吴王夫差和贪婪误国的权奸伯嚭。《浣纱记》中的西施不是祸水红颜，而是以越国国家利益为重、具有自我牺牲精神、令人敬佩的美丽女子，剧中的范蠡也不是虚伪寡恩的无情者，而是始终重情重义、未因西施失身而抛弃她的有情人。因此《浣纱记》一改传说中经常出现的西施沉湖的悲剧结局，与范蠡四施双双泛舟太湖，去过他们自己的生活。从《浣纱记》内容与结局我们可以看出明代政治、作者人生经历对作者创作心理的影响，可以看出诸种心态综合作用下梁辰鱼对历史的特殊感受与看法。

三、满足大众心理，以曲消费历史，传奇化演绎与娱乐化表现历史

古代戏曲与小说、说唱文艺同属通俗文艺样式，都注重大众反响和市场效应。古代戏曲创作主要有自娱和娱人两大类型，自娱性的戏曲注重抒情写志，逞才使气，娱人性的戏曲注重热闹戏场，情节引人。逞才使气者爱炫才学，剧作内容往往奇而多变，娱乐大众者往往投观众所好，娱乐化、传奇化的特点明显。无论是自娱性还是娱人性的戏曲，都具有求新求奇的特征，这些特征也体现在历史剧创作上。不过前面两类以曲述史和以曲写志抒怀的历史剧，虽然也求新求奇，但由于受史鉴用心和曲家情怀的制约，剧作较为忠实于历史事实，尤其是注重历史感的真实。多数的历史剧作品，为了获得市场效应，或选取"有看点"的历史人事，或对历史人事进行传奇化的演绎与娱乐化的表现。这类历史剧虽然也具有一定的史鉴和抒怀的目的作用，但其创作目的主要是娱乐大众，是为了获得观众市场而消费历史，故往往不顾史实而对剧作内容大肆渲染虚撰。

例如元明间杂剧《抱妆盒》、明传奇《金丸记》，都写宋真宗之李宸妃生仁宗而被刘皇后据为己子事，所写内容虽有一些史实因子，但刘皇后形象、刘皇后与李宸妃的关系、刘皇后与仁宗的关系与《宋史》所载全不相

合，两剧只是有些历史因由的传奇故事剧而非依据历史事实所写的严格历史剧。

不过相对说来，杂剧虽然也有故事演绎传奇化与舞台表演娱乐化的特点，但由于杂剧篇幅短、叙事内容有限、抒情性强，作者文人化程度相对较高，故杂剧历史剧虚撰和传奇化的程度还不算离谱。而南戏由于篇幅长、叙事容量大，加上南戏作者多为文化程度不高的书会才人和戏班艺人，故南戏作品的市民性特征较之杂剧更为明显，南戏历史剧对历史内容的改造也就大，情节虚撰渲染的程度更高。例如元杂剧纪君祥《赵氏孤儿》和南戏《赵氏孤儿记》，表现的是同一历史故事，纪君祥《赵氏孤儿》杂剧对剧情内容虽有渲染，总体上和《史记》偏离不大，历史正剧色彩较浓；而南戏《赵氏孤儿记》，传奇化改造程度很大，虚撰成分很多，虽然忠奸斗争主线不变，但剧情内容过分偏离了《史记》等的记载。《史记》和元杂剧《赵氏孤儿》，赵氏被灭门，只剩下赵氏孤儿一人，公主即赵氏孤儿之母也自杀身亡；南戏《赵氏孤儿记》中，屠岸贾杀赵氏家族时，赵盾当时没死，被救出藏在山中，赵朔及公主也没死，赵氏孤儿长大复仇后与父母团圆相见。南戏《赵氏孤儿记》中还虚构了《史记》中没有的与赵朔长得极其相似、替赵朔而死的周坚形象，剧作情节也较《史记》和元杂剧复杂离奇波澜起伏，剧作的悲壮性则大为降低。从这些我们可以看出南戏《赵氏孤儿记》的作者为了满足大众欣赏心理而对历史故事所做的市民化、传奇化改造。

再如明初南戏无名氏《和戎记》，对昭君出塞故事的改造也远较元代马致远《汉宫秋》杂剧大得多。马致远《汉宫秋》对历史内容的改造，事出有因，主要是寄寓自己的民族感情，南戏《和戎记》改造与虚撰的程度则较为离谱。《和戎记》中增加了昭君妹妹王秀真、宫女萧善音的形象，萧善音和王昭君形象相似，假冒昭君代嫁给单于，萧被识破杀害后王昭君才不得已又出塞。王昭君不是汉宫中的妃子而是汉元帝的皇后，汉元帝的皇后竟然要嫁给匈奴单于，这样不合历史情理的安排也出现在剧作中。昭君和亲途中投江自杀后，汉元帝续娶昭君之妹秀真并封为赛君。毛延寿不是被汉朝所杀，而是昭君和亲时逼单于杀之。南戏《和戎记》如此安排剧情内容，既不是为了真实再现历史面貌，也不是为了抒发作者的特殊情感，只是为了增加剧作对市民大众的吸引力，剧作者热闹戏场、追求观剧效应的创作目的，我们至今鲜明可感。

　　明清传奇接续南戏而来。虽然明清传奇作家文学修养普遍较高，由于明清传奇篇幅同样较长，加上文人作家喜爱耀才炫学，故明清传奇追求情节新奇的特点同样彰显，明清传奇历史剧中许多作品对历史内容作了大幅度的渲染改造。

　　明代阙名所作《赤松记》传奇，演绎西汉张良事迹，剧作内容虽有一定的史据，但虚撰或仅仅依据传说的情节很多，有些情节缺少史据，有些情节虽有文献记载但颇具传奇怪异色彩、未必是真实的历史存在，虚虚实实真真假假可能不可能的内容剧作都写了，目的就是为了吸引大众的观赏兴趣。历史上张良本为韩国贵公子，秦国灭韩后他募大力士意图击杀秦始皇，后辅佐刘邦屡出奇谋，为汉朝建国立下不朽功勋，汉朝建国后许多功臣惨遭杀戮，张良被封侯后则安然度过余年得以寿终正寝。张良作为一个历史人物本身就很有戏，他在民间传说中又被进一步神奇化，《赤松记》在正史稗记、民间传说的基础上大加渲染他的奇异经历，同时加上作者自己的虚撰发挥，使得剧作情节波澜起伏、跌宕多姿。如《史记》卷五十五《留侯世家》中张良圯桥拾履得授《太公兵法》的叙写，本身就具传奇色彩，《赤松记》表现此事时又对圯桥老人黄石公的神仙本领大加渲染，使得黄石公三试张良并授给他《太公兵法》的剧情生动多姿。关于张良的结局，《史记》中只有张良"愿弃人间事，欲从赤松子游耳"[①]（卷五十五《留侯世家》）的话语，《赤松记》则写张良及妻妾跟随赤松子得道成仙。秦末汉初的几位著名隐士"商山四皓"的事迹本和张良无关，《赤松记》则写张良将他们引为太子客。史书中并没有张良妻妾的记载，《赤松记》写为张良妻李氏、妾许氏，她们最后和张良都位列仙班同登仙籍。历史情境加求仙安排，历史人物正史事迹加传说故事内容，剧作虚实相杂，《赤松记》传奇化演绎历史的特点十分明显。

　　清初李渔是商业化的文人曲家、戏班班主，李渔拥有昆曲家班，创作有《笠翁十种曲》。李渔戏曲创作注重市场效应，填词卖笑、获得观众认可喜爱是他主要的创作追求。既然文人骚客、市井百姓都喜欢相思才色主题，故怜才好色成为《笠翁十种曲》最主要的主题。李渔十种曲中只有《玉搔头》是历史剧，不过这部历史剧主要不是着目于历史风云，而是着眼着力于表现明武宗正德皇帝与妓女刘倩倩之间的风情故事。《玉搔头》虽然写到了宦官

---

　　① ［汉］司马迁撰，［宋］裴骃集解，［唐］司马贞索隐，［唐］张守节正义：《史记》，中华书局 2000 年版，第 1634 页。

刘瑾专权、藩王朱宸濠叛乱，歌颂了王守仁、许进父子的赤胆忠心，但这不过是为表现正德皇帝不顾万难痴情于妓女刘倩倩、表现正德皇帝是至情至性之人所设置的背景，历史的厚重风云被娱乐化、市民口味的情、色内容遮掩了。

清初李玉是有政治抱负、社会责任感的文人作家，他的部分剧作具有重大政治主题和厚重历史内涵，然而他有的历史剧受当时创作风气的影响，为了受市场大众的欢迎，也落入了肆意渲染、凭空虚撰的俗套。《风云会》传奇以宋代开国皇帝赵匡胤为表现对象，然而剧作内容多是虚撰附会，少有正史依据。题名虽是风云会，实际上剧作内容则是传奇化、虚撰化表现开国帝王的神话传说，尤其是以史籍无载的演义小说虚构的人物郑恩、京娘作为剧中重要人物形象，穿插他们的爱情故事，更是俚俗老套，剧作所写"皆系空中撰设，非实事也"①（卷二七"《风云会》"条）。美化与神化帝王，迎合观众的英雄崇拜情结，同时以爱情故事调剂剧场氛围，翻腾变化情节以热闹戏场，是李玉《风云会》传奇主要的艺术旨归。

四、以曲托喻抒怀，荒诞化、隐喻性地表现历史上的人和事

古代历史剧创作还有一种情形，剧作者主要创作目的不是表现历史面貌，而是以剧评史，托喻抒怀，剧作或表现对历史上的人和事的看法评价，或通过叙写历史上的人和事来表现自己的心曲。此类历史剧，虽然形式上荒诞不经或较为写意，但作者的用心却并不随便。此类历史剧的作者，他们或愤世嫉俗，或有深刻的现实政治用意，他们通过创作此类历史剧，表达自己的见解，袒露自己的心扉，此类历史剧的思想认识价值值得我们重视。

张彝宣《如是观》传奇更改岳飞被害死的悲惨结局，写岳飞收复失地、大功告成，而秦桧则阴谋败露遭到诛戮。《如是观》所写明显有违历史事实，但它反映了人民的意愿，表现了作者对忠良被害、权奸误国的愤愤不平，这实际上是以戏曲的形式评价和反思历史。

清代周乐清作有《补天石传奇》，名为传奇，实为《宴金台》《定中原》

---

① ［清］无名氏：《曲海总目提要》，俞为民、孙蓉蓉编《历代曲话汇编》本，黄山书社2009年版，第989页。

《河梁归》《琵琶语》《纫兰佩》《碎金牌》《鉽如鼓》《波弋香》八种杂剧的合集，作者出于"补恨"心理，将历史上的悲剧性事件或个人悲剧性际遇改变为喜剧结局。《宴金台》写燕太子丹雪耻叩关攻秦，于博浪沙狙杀秦始皇，灭秦后在黄金台大宴宾客祝捷；《定中原》写诸葛亮大败司马懿，蜀汉一统天下；《河梁归》写李陵全家并未被汉朝杀戮，李陵归汉并灭匈奴，全家及祖上都被加封；《琵琶语》写昭君和番，王母娘娘命东方朔相救，后来昭君归汉，升天成仙；《纫兰佩》写屈原投江后被渔父救起，后联赵伐秦，秦国求和，屈原再受重用；《碎金牌》写十二道金牌乃秦桧矫诏所为，事情败露后秦桧被斩，岳飞大败金兀术，夺卜黄龙府，大功告成；《鉽如鼓》写晋朝邓攸多行善事，儿子失而复得；《波弋香》写三国时魏国荀粲在妻子曹氏病亡后寻得波弋香，使其妻死而复生，夫妇白头偕老。历史上，不如意事常八九，思之使人心堵，周乐清"杂取古人事迹，可为扼腕太息，无可如何者，谱传奇八种，名曰《补天石》。……翻新出奇，代伸其志，而平其憾，使不得于天者，而皆偿于人"[①]（吕恩湛《补天石传奇跋》）。《补天石传奇》既是周乐清个人审美观的体现，也是他对历史上悲剧人事的深沉感喟。

明代徐渭既有政治抱负、政治能力，又多才多艺，然而命运弄人，他有才学却屡试不第，有能力却只屈居幕僚，而且即使是幕僚也做得不长久，总督胡宗宪入狱后徐渭也去职，生活没有了着落。徐渭的一生总的说来是命途多舛，际遇蹭蹬，这养成了徐渭愤世嫉俗的个性。徐渭《四声猿》中的《狂鼓史》，用嬉笑怒骂的荒诞方式写祢衡在阴间重演击鼓骂曹事。"文长借正平身后一骂，以发挥其抑郁不平之气"[②]（卷五"《狂鼓史》"条），从祢衡所作所为和行事方式中我们正可以见到徐渭自身的影子。徐渭此剧既是写历史也是写现实，剧作所写既是对古人古事的愤愤不平，也是对明代政治的批判和对徐渭自身不公命运的激情控诉。

明末清初遗民文人吴伟业创作有传奇《秣陵春》、杂剧《通天台》《临春阁》，他的三部剧作也都不是单纯的表现历史人事之作，而是别具深机用心的托喻作品。吴伟业《秣陵春序》言："余端居无聊，中心烦懑，有所彷徨感慕，仿佛庶几而将遇之，而足将从之，若真有其事者，一唱三叹，于是

① 蔡毅编著《中国古典戏曲序跋汇编》，第1110页。
② ［清］无名氏：《曲海总目提要》，俞为民、孙蓉蓉编《历代曲话汇编》本，第219页。

乎作焉。"①（卷三十二）《秣陵春》通过南唐遗民徐适与黄展娘的爱情故事，追忆南唐旧事，表达对南唐李后主牵线作合的感恩，吴伟业创作此剧实际上要表达的则是受到明朝深恩的他自己对前明及崇祯皇帝的缅怀不忘之情。《临春阁》表面上写的是陈朝被隋朝灭亡的历史，实际上隐含的是作者对南明弘光政权灭亡的痛心与反思。《通天台》写南北朝时期梁朝沈炯在故国灭亡后人在北朝依然心念旧国的思乡念国之情，剧作所写实际上是吴伟业身为明朝遗民却不得已在清朝做官的痛苦心情的体现。郑振铎说吴伟业"诸剧皆作于亡国之后，故幽深慷慨，寄寓极深。……或谓炯即作者自况，故炯之痛哭，即为作者之痛哭。盖伟业身经亡国之痛，无所泄其幽愤。不得已乃借古人之酒杯，浇自己之块垒，其心苦矣"②（郑振铎《通天台跋》），可谓洞悉吴伟业内心隐曲的中的之评。

明代王九思《曲江春》（即《沽酒游春》）杂剧写杜甫安史之乱后出游曲江，典衣沽酒，谈诗论道，痛骂权相李林甫"嫉贤妒能，坏了朝政"（第一折）。明代人多以为杜甫乃王九思自况，李林甫则暗指李东阳。明代祁彪佳《远山堂剧品》评价此剧道："王太史作此痛骂李林甫，盖以讥刺时相李文正者，卒以此终身不得柄用。一肚皮不合时宜，故其牢骚之词，雄宕不可一世。"③（《雅品》"《沽酒游春》"条）王骥德也谓"此剧盖借李林甫以骂时相者"④（卷四"杂论第三十九下"），沈士伸评点此剧："美陂高才废处，作此以嘲时相，悲愤唏嘘，如怨如诉。"⑤（《曲江春》第一折眉批）借古讽今，倾吐内心愤懑，应是王九思创作《曲江春》的主要用意。

清初尤侗《读离骚》《吊琵琶》《桃花源》《清平调》分别以历史人物屈原、王昭君、陶渊明、李白为表现对象，通过表现古人才高运蹇、志不获骋或红颜薄命，表达自己的自喻、自伤、自悼之才子心结。尤侗自撰《年谱》顺治十三年条言"自制北曲《读离骚》四折用自况云"⑥，吴梅《读离骚跋》评价《读离骚》道："展成此作，适下第之时，感愤无聊，所以泄恨

---

① ［清］吴伟业：《吴梅村全集》，李学颖集评标校，上海古籍出版社1990年版，第728页。
② 蔡毅编著：《中国古典戏曲序跋汇编》，第928－929页。
③ ［明］祁彪佳：《远山堂剧品》，俞为民、孙蓉蓉编：《历代曲话汇编》明代编第三集，黄山书社2009年版，第638－639页。
④ ［明］王骥德：《曲律》，俞为民、孙蓉蓉编：《历代曲话汇编》明代编第二集，第123页。
⑤ ［明］沈泰辑：《盛明杂剧》二集，中国戏剧出版社1958年影印本。
⑥ ［清］尤侗：《悔庵年谱》，清康熙刻本。

也。"① 尤侗无论是《读离骚》还是其他几剧，都属此种写意性的借古抒怀之作。

需要说明的是，古代作家创作历史剧有时并非出自某一种目的，而是兼有几种动机；有些历史剧创作的目的动机较为彰显，有的则较为隐晦；有些历史剧创作的目的动机和历史剧的存在形态具有较为明确的对应关系，有的则缺乏泾渭分明的对应关系。古代历史剧创作积淀着太多的历史文化内涵，关联着政治历史、文学艺术、作家主客观等各种因素，值得我们进行深入的研究探讨。

---

① 蔡毅编著：《中国古典戏曲序跋汇编》，第939页。

"扬州小说"概念界定的理论阐释

张兴龙[①]

【摘　要】本文从创作主体、叙事内容和发展区间三方面重新明确界定了"扬州小说"概念，认为：扬州小说创作群体是承载和创造扬州文化理念与精神的"为扬州文化所化之人"，其根本特征是与其他区域文化历史承载者截然不同的审美主体。扬州小说叙事内容至少包括聚焦"物"的直观意象层面，展示扬州地理空间；聚焦"人"的行为层面，展示扬州城市社会空间；聚焦"意"的哲理层面，展示扬州城市审美文化空间等三种形态。扬州小说孕育、萌发于唐代，全面兴起、繁荣于明清，至晚清开始衰落。

【关键词】扬州小说　创作群体　叙事内容　城市文化

唐宋以来，叙事文学创作成就凸显，扬州名满天下，以扬州为故事发生背景，描写扬州人事风物的"扬州小说"逐渐增多。到了明清，小说和扬州城市经济双双攀至巅峰，"扬州小说"呈现出集体爆发的态势。在众多"扬州背景""扬州题材"小说中，有些是对唐代"扬州小说"的"接着说"和"进一步说"，有的只是明清特定时代的产物，它们的出现逐渐打破和重构着唐传奇"扬州小说"的范畴。

学界最早也是至今唯一明确界定"扬州小说"概念的，是葛永海《从富贵长生到风月繁华：古代扬州小说的历史流变》一文，文中提出扬州小说是"自唐以后，由于经济的繁荣和文学作品的渲染，扬州名满天下，并经常

① 作者简介：张兴龙（1972— ），男，文学博士，艺术学博士后，淮海工学院文学院教授，主要从事文艺美学、都市文化学方向研究。本文系2015年教育部人文社会科学研究规划基金项目"明清江南城市化进程与'江南小说'的新变"（项目编号：15YJAZH111）、2014年江苏省社会科学基金项目"扬州文化资源研究"（项目编号：14ZWB003）阶段性成果。

被设置为通俗小说中故事发生的地理背景，从而产生一批以扬州人事风物为主要描写内容的小说"。① 作者从发生时间、故事场景和叙事内容三方面对"扬州小说"概念进行了描述，突出了扬州小说生成的地域文化因素，符合我国古代小说地域文化色彩明显的特点，有助于研究唐宋以来叙事文学聚焦扬州题材现象。但是，这个界定仍然值得进一步商榷。原因在于：

一是从小说创作作为一种文学生产活动的角度看，"扬州小说"的生成并不仅限于孤立的小说作品，而是包括创作主体、客观世界、接受对象等多种要素的系统生产活动，界定扬州小说概念，需要综合考量整个系统的其他要素。

二是从小说文本作为一个多重结构的角度看，小说文本除了表层的故事场景和叙事内容，还包括深层的审美意识、象征意蕴。空间场景和叙事内容只是小说构成的"物理元素"，小说家的审美意识、价值观念和哲理反思是小说构成的"精神元素"。界定扬州小说概念，需要将两方面结合起来。

三是从小说生成原因的角度看，我国古代小说形成与发展的原因，既包括神话寓言和历史传记文学对扬州小说萌芽、创作技巧的影响，这是"不同地域小说产生、发展的共同背景"，同时，还包括本土、外来宗教，以及城市经济的繁荣，市民阶层的壮大等对小说现实基础的影响，这是"扬州地区小说创作之繁荣的直接的原因"。② 特别是城市对小说的影响，不仅"城市和文学文本已然有着密不可分的共同的历史，对城市的阅读只不过是另一种形式的文本阅读"，③ 而且，"城市文明是明清小说发生发展及其成为文学主潮流的摇篮"。④ 界定扬州小说的概念，不应忽视唐宋以来，特别是明清扬州城市的特殊作用。

综上所述，"扬州小说"并不是一个被学界严格界定的术语，而是对唐宋以来小说聚焦扬州地域文化现象的笼统描述。基于此，如果不能对扬州小说的概念加以学理性界定，很容易导致把唐宋以来所有"扬州故事"都称为"扬州小说"的乱象。重新厘定扬州小说的概念，阐释扬州小说的内涵，明确"扬州小说"与"小说中的扬州"的本质差异，无疑是一个值得研讨的

---

① 葛永海《从富贵长生到风月繁华：古代扬州小说的历史流变》，《明清小说研究》2004 年第 1 期。
② 苏保华《扬州文学镜像研究》，社会科学文献出版社 2009 年版，第 171 页。
③ ［美］理查德·利罕《文学中的城市：知识与文化的历史》，上海人民出版社 2009 年版，第 380 页、第 93 页。
④ 吴圣昔《明清小说与中国文化》，南京大学出版社 1991 年版，第 11 页。

学术论题。

一、扬州小说创作群体的"身份认证"

> 闲逛者像都市侦探一样是都市的观察者，他隔着一定的距离观察着城市。
>
> ——［美］理查德·利罕[1]

界定任何一个区域文化特征明显的小说概念，必然遇到小说创作群体与地域关系的问题，或者说，什么样的人讲述的扬州故事，才是最具有合法身份的"扬州小说"作者。此前学界论及扬州小说，作者问题普遍"缺席"。这种以小说背景、题材或内容界定扬州小说的方法，很容易导致对扬州小说创作者认识上的两个误区：一是扬州小说的作者专指土生土长的扬州人；二是扬州小说只与小说背景、题材、内容有关，而与作者的扬州籍贯、生活经历无关。

最具合法身份的"扬州小说"创作者是哪些人？我认为，他们对扬州生活有着长期经历或深切体会，对扬州文化有强烈的文化认同感，以扬州人的心态、立场对扬州生活独特反思的人。简言之，扬州小说创作群体是扬州文化理念与精神的历史承载者与创造者。陈寅恪论及王国维对中国文化理念与精神的历史承载，提出了"表现此文化之程量愈宏"者即"为此文化所化之人"，[2] 这同样适用于扬州小说创作群体对扬州文化的承载与创造，可以把扬州小说的创作群体称为"为扬州文化所化之人"。

"为扬州文化所化之人"，强调的是成长于扬州文化的大背景，根本特征是与其他区域文化历史承载者截然不同的审美主体。一方面，扬州虽然地处江北，但在气候地貌、人文精神等方面，与唐宋以来环太湖为核心区的江南有着家族遗传类似性，所以，唐宋以来的扬州往往超越了地理意义的江北而成为文化意义上的江南。[3] 在这个意义上，成长于江南文化，对江南文化的

---

① ［美］理查德·利罕《文学中的城市：知识与文化的历史》，上海人民出版社2009年版，第380页、第93页。

② 陈寅恪《寒柳堂集·寅恪先生诗存》，上海古籍出版社1980年版，第6页。

③ 参见张兴龙《江南文化的区域界定及诗性精神维度》（《东南文化》2007年第3期）。

长期生活体验，有助于增强扬州文化的认同感，这是"为扬州文化所化之人"的大背景，因此，"为扬州文化所化之人"并不限于土生土长的扬州人，还包括深受江南文化影响的非扬州籍人，即，有过长期的江南生活体验，亲身经历或相当熟悉扬州生活，以扬州人的心态和立场，自觉担当扬州文化的历史承载者与创造者。

例如，唐代李公佐《南柯太守传》，于邺《扬州梦记》，都是最著名的扬州题材小说，后人也将其视为扬州小说的代表作。但是，创作者李公佐是唐代陇西（今甘肃）人，于邺是杜曲（今陕西）人。李公佐出任过江南西道观察使判官，被罢职后长期在江南一带生活游历。江南文化的强烈认同感，使他更容易成为"为扬州文化所化之人"。于邺是否在扬州生活过，现存资料无从考证，但是依据他留下的大量以南游经历为题的诗作，如《南游》《南游有感》《夜泊湘江》等，可以推断他有过长期的长江中下游地区生活经历，并且对南方地区保持深厚的情感。在清代，署名焦东周生的《扬州梦》作者周伯义，本是镇江人，太平天国战乱期间，他曾一度寄居扬州，著成笔记小说《扬州梦》。[①] 从这些扬州题材小说对扬州人情风物、生活百态的熟悉和详细情况来看，没有对江南文化有过亲身体会，或者缺少对江南文化强烈认同感之人，单凭文学想象或查阅文献，很难融入江南文化内部小传统的扬州文化。

另一方面，扬州虽然属于文化意义上的江南，但是，扬州文化与同为江南文化内部的其他区域文化，仍然有一定的差异，由此导致土生土长的扬州人与被扬州文化同化的外来人，在"为扬州文化所化"的程度上是不同的，体现在扬州小说创作上，出现了扬州文化表层叙事和深层叙事的差异。表层叙事可以简单概括为小说侧重对扬州风物人情、生活方式等"物"与"情"的叙事，深层叙事可以概括为侧重对扬州市井细民、兴衰荣辱等"人"与"理"的反思。这个问题将在下一节详细论述，需要强调的是，这种差异对扬州小说创作群体考量提供的意义是，创作者"为扬州文化所化"程度的深浅不一，决定了小说彰显的扬州人心态、立场的有无与强弱。例如，清代出现两部以《扬州梦》命名的小说，一是焦东周生的《扬州梦》，另一部是无名氏的《扬州梦》。前者是典型的外地人"为扬州文化所化之人"，虽然书

---

① 吴春彦、陆林《"焦东周生"即丹徒周伯义——清代文言小说〈扬州梦〉作者考》，《明清小说研究》2004年第 1 期。

中对扬州"物""情"的描写不可谓不详细，但是，在"人"与"理"叙事上的简单化，使得这部小说无法切近扬州文化的深层精神结构，多少有点"外地人看热闹"的味道。后者创作时间同为清代，全书将乾隆间扬州人情风物、社会习俗、生活百态描写淋漓尽致，对此，陈汝衡先生在《说苑珍闻·扬州梦》中说："……审其文笔，信为乾、嘉以后扬州文士所作。盖如非扬州人，不能有此翔实之记载；作者如非文士，不能详悉文人之生活也。"①这些文本叙事上的差异，归根结底源自创作群体受到扬州文化影响程度深浅，以及作者对扬州文化认同感强弱的差异。

再如，明代冯梦龙和凌濛初的"三言""二拍"，其中有许多以扬州为故事场景的小说，但作者冯梦龙和凌濛初都不是扬州人。冯梦龙出生于苏州府的长洲（又说吴县），其一生大部分时间均在苏州度过。凌濛初则是浙江湖州人。当时的苏州和湖州，是江南文化的核心区，江南文化的大背景为二人认同扬州文化提供了前提，也使得他们成为"为扬州文化所化之人"的文化基础。但是，这些扬州题材小说，大多流于对广为人知的扬州民风人情的描写，例如，《型世言》第二十回，《警世通言》卷三十一回，《初刻拍案惊奇》卷十二，《二刻拍案惊奇》卷十四等，描写了扬州妓女的风俗习气、妓女来源、骗财伎俩等，这些都属于对扬州文化最突出的"点"的描叙，但缺少对扬州文化习俗深层面、多视角的"面"的透视，小说创作者更倾向于扬州民俗风情的泛泛描述，缺少以扬州人的立场去反思扬州生活，给人一种猎艳窥视扬州风月之感，这与创作群体缺少扬州文化强烈认同感有着巨大关系。因此，这类作品是扬州小说多种形态中的表层叙事类型，它们与收录在《玄怪录》《太平广记》等传奇、笔记中的许多"小说中的扬州"故事一样，属于扬州人心态、立场缺失或不彰显的扬州小说。

总之，对扬州小说创作群体身份认证，既需要"增容"，即，突破扬州籍贯的僵化框架，"不以出身论英雄"，也需要"深化"，即，强化作者的扬州文化认同感，"只以立场论英雄"，以此保持扬州小说创作群体对扬州文化理念与精神承载的纯正，避免扬州小说沦为一个与扬州沾边就被冠以扬州小说之名的大箩筐。

---

① 陈汝衡《说苑珍闻》，上海古籍出版社1981年版，第72页。

二、扬州小说叙事内容的"三维空间"

城市如同建筑，是一种空间的结构。

——［美］凯文·林奇①

从叙事内容上看，扬州小说就是讲述有关扬州的故事。那么，究竟讲述怎样的扬州故事，才算是真正意义上的扬州小说呢？此前学界对扬州小说故事内容的界定主要集中在两点，一是以扬州为故事发生背景，二是以扬州人情风物为重要描写对象。我认为，这些只是扬州小说叙事内容的早期形态。扬州小说叙事内容是一个复杂多元的系统，界定扬州小说的概念，需要对叙事内容进行多角度的"系统识别"。具体而言，至少可以把扬州小说叙事内容系统区分出如下三种形态：

一是在"视觉识别"层面上，以扬州作为故事发生的重要地理场景，以扬州人事风物为主要描写内容，通过聚焦"物"的直观意象层面，展示扬州地理空间的叙事模式，是扬州小说叙事内容的萌芽形态。

唐代的扬州小说在这方面表现得最为明显。李公佐《南柯太守传》开篇把扬州设置为故事发生场景：

> 东平淳于棼，吴楚游侠之士。嗜酒使气，不守细行。累巨产，养豪客。曾以武艺补淮南军裨将，因使酒忤帅，斥逐落魄，纵诞饮酒为事。家住广陵郡东十里。所居宅南有大古槐一株，枝干修密，清阴数亩。②

古代扬州又称广陵。小说描写了广陵人淳于棼进入了蚂蚁为王的"大槐安国"，荣任二十个春秋的"南柯太守"的荒诞可笑故事。小说中的扬州是人物活动的重要空间环境。在这个巨大的空间环境里，小说还特意提到了"禅智寺"这一著名的城市地标。唐代的扬州，宗教文化昌盛，名刹古寺遍

---

① ［美］凯文·林奇《城市意象》，华夏出版社 2001 年版，第 1 页。
② ［宋］李昉等，《太平广记》（全 10 册）卷四百七十五（昆虫三），中华书局 1961 年版。

布。唐初扬州尚存的前朝寺庙就多达 65 个。^① 禅智寺是其中最著名的一个。无数诗人在游览扬州禅智寺后，留下了优美的诗篇。例如，张祜《禅智寺》《纵游淮南》、杜牧《题扬州禅智寺》、赵嘏《题禅智寺南楼》等，抒发了繁华扬州都市中寺庙净土的纯美。张祜的《纵游淮南》云："人生只合扬州死，禅智山光好墓田"，这反映了当时人们对扬州地理空间的关注与神往。

南柯美梦固然是虚构的，但小说主人公淳于棼却是真实的人物。后人考证指出，宋代扬州已经有南柯太守墓，相传在扬州蜀冈以北。关于淳于棼的故居，"一说在今扬州北约十里的槐泗桥一带；一说在今扬州市汶河路北端驼岭巷的原古槐道院内，古槐一株至今犹存，主干虽空，枝叶尚茂，无疑是千年以上的古木"。^②

真实的扬州地理空间与虚构的发迹变泰故事结合起来，就形成了一种特殊的逻辑关系，为小说的情节安排提供了一个具有叙事学意义的空间环境，既给读者一种回到历史的真切感与现场感，同时，还营造出一种特殊的扬州地域文化氛围。这是唐代扬州小说聚焦"物"的直观意象层面，展示扬州地理空间的最常见叙事模式。较之《南柯太守传》，唐人于邺依据杜牧事迹写的小说《扬州梦记》，更为明显。小说除了将故事发生场景设置为扬州，还聚焦扬州人情风物，从而创造出更为直观的扬州城市画面。

扬州，胜地也。每重城向夕，娟楼之上，常有绛灯万数，辉罗耀列空中。九里三十步街中，珠翠填咽，邈若仙境。^③

唐代扬州小说类似的叙事内容，还见于《玄怪录》卷三《开元明皇幸广陵》，卢氏《逸史》中的《卢李二生》，《太平广记》卷十六《张老》，卷十七《裴谌》等作品。即使到了明清，扬州小说叙事焦点开始更多地投射到扬州市井细民，以及他们的心态，但是，对扬州名胜风物的"物"的关注并没有消失，依然成为扬州小说叙事内容一个基本形态。如明清最著名的扬州小说，《扬州梦》《风月梦》《广陵潮》，小说中出现更多的扬州地标，并且作为故事场景反复出现，展示了扬州城市地理空间和城市地标的经典魅力。这也为我们从叙事内容层面判断扬州小说提供了一个直观路径。

二是在"行为识别"层面上，展示扬州市民生活习俗、消费方式等日常

---

① 李廷先《唐代扬州史考》，江苏古籍出版社 2002 年版，第 501 页。
② 韦明铧《扬州文化谈片》，生活·读书·新知三联书店 1994 年版，第 125 页、第 118 页。
③ 参见丛书集成初编本《教坊记》，中华书局 1985 年版，第 287 页。

生活行为状态，通过聚焦"人"的行为层面展示扬州城市社会空间，构成扬州小说的深入形态。

唐代扬州小说中的主人公，主要聚焦官员贵族、商人等城市"非主流"人群，对占据城市人口主体的市井细民的描写通常浮光掠影。如《南柯太守传》的主人公淳于棼原本"淮南军裨将"，落魄后成为结交"吴楚游侠之士"纵酒的游民，但是，小说全篇几乎没有对游侠之士、市井细民进行正面描写，活动在故事大舞台上的是"大槐安国"的王侯将相、公主贵族。对于主人公生活行为的描写，除了小说结尾寥寥几笔梦醒后的冷清生活场景外，整篇充斥着身为贵族的荣耀和权威。《扬州梦记》的主人公杜牧在扬州身为书记官，后入朝做御史，与之结交密切的除了淮南节度使牛僧孺，就是青楼妓女，杜牧的行为活动张扬着才子的风流与优雅，极少平民气息。《玄怪录》之《开元明皇幸广陵》里的皇帝，卢氏《逸史》之《卢李二生》中的卢李二生，《太平广记》之《张老》《裴谌》里的卖药商人，都最终修炼成仙，人物身上闪耀着神圣的光环。

明清扬州小说中的主人公，除了延续唐传奇中的贵族官员、商人等人物形象外，地位低微的士人、妓女、小商人、无赖、游民等更多的普通人，纷纷涌向扬州城市舞台的中央，小说中的扬州人物数量更多、角色更全，故事场景的城市意味更浓厚。这些人物身上的高贵色调逐渐褪色，生活化、世俗化的平民意识明显增强。明清出现了大量对下层妓女正面描写的扬州小说，如《风月梦》《扬州梦》《广陵潮》《金兰筏》《雅观楼》《野草闲花臭姻缘》等。清代无名氏的《扬州梦》，书中以士人陈晚桥为线索，对落魄的下层文人、低贱的青楼妓女逐一描述，《金兰筏》中的杭州书生田中桂和下层妓女郑羞花，《雅观楼》中的吴某从高利贷主沦落为街头乞丐，邗上蒙人的《风月梦》"它所描写的几乎全部是扬州以及活跃其中的文人"。① 这些人物和行为，一扫唐代扬州小说下层文人、妓女、小商人的配角地位，跻身故事主角。这反映了明清扬州城市市民阶层结构的变化，以及扬州人养处女卖人作妾的"养瘦马"风俗盛行。

更重要的是，明清扬州小说对商人、妓女等社会下层人物的描写，普遍侧重对商人发迹的成长经历，以及妓女被迫沦落风尘的社会经历的动态叙

---

① 张宏生《哈佛大学东亚语言与文明系韩南教授访问记》，《文学遗产》1998 年第 3 期。

事。如《雨花香》第二种《铁菱角》中的汪姓商人发迹变泰的经过很具有代表性：

> 曾有一后生姓汪，号于门，才十五岁，于万历年间，自徽州携祖遗的本银百余两，来扬投亲，为盐行伙计。这人颇有心机，性极鄙啬，真个是一钱不使、二钱不用，数米而食、秤柴而炊，未过十多年，另自赚有盐船三只，往来江西、湖广贩卖。又过十多年，挣有粮食豆船五只，往来苏、杭贩卖。这汪人，每夜只睡个三更，便想盘算。①

清代周伯义的《扬州梦》更是把妓女作为小说描写的中心对象。小说第一卷分别为二十二位青楼女子作传，妓女月仙甚至被誉为"花史上第一个人物"。这些女子大多出身卑贱，被迫沦落风尘后遭受非人的蹂躏，忍受着痛苦生活的煎熬。如月仙被卖到妓院时仅有七岁，在妓院里经常被鸨母打骂和地痞无赖的凌辱。这与唐传奇中的扬州妓女的风流香艳有着很大的差异。

西方城市学家芒福德认为："陌生人、外来者、流浪汉、商人、逃难者、奴隶，是的，甚至是入侵之敌，在城市发展的每一阶段上都曾有过特殊贡献。"② 扬州小说中人物角色数量的增加，以及社会阶层人物的更"接地气"，标志着扬州小说空间叙事内容从乡村到城市的转移，城市人物角色从贵族、富商向下层市民的转变，商人形象从符号化向发迹变泰动态化的深化，表明了自唐宋到明清的小说创作，受到城市发展因素的影响日渐深刻，这既是扬州小说发展流变的一个特征，同时，也为我们从人物层面梳理扬州小说提供了路径。

三是在"意识识别"层面上，小说故事场景、人物行为、风物意象的背后，隐藏着作家对扬州人心态、生活态度和价值观念的独特反思，通过聚焦"意"的哲理层面，展示扬州城市审美文化空间的结构图式，构成扬州小说对城市空间叙事的最核心形态。

从唐宋到清代中期，所有对扬州地理空间展示与地标聚焦的扬州题材小说，尽管叙事内容互不相同，但是，对扬州风物"十里长街市井连，月明桥

---

① 《中国古代珍稀本小说》第九辑，春风文艺出版社1997年版，第511页。
② ［美］刘易斯·芒福德《城市发展史——起源、演变和前景》，中国建筑工业出版社2005年版，第103－104页、第122页。

上看神仙"的美化,对扬州人情"且申今日欢,莫务身后名"的渲染,对扬州生活"十年一觉扬州梦,赢得青楼薄幸名"的向往,表现出惊人的相似性。"在一味张扬风流韵事的选材方面,在刻意追求柔靡绮丽的文风方面,在全力专注于脂香粉艳的美学趣味方面,却明显一致的倾向性",① 但是,随着晚清扬州城市经济的盛极而衰,深受城市经济发展影响的扬州小说叙事内容系统也悄然发生改变,由此出现扬州小说叙事内容系统从"重物""重情"向"重意""重理"的深化,也是扬州小说的城市空间叙事从地理空间向社会空间、审美空间的细化。

晚清出现的署名为邗上蒙人的《风月梦》,以及李涵秋的《广陵潮》是扬州小说这一叙事内容形态的代表。《风月梦》中的扬州,已经失去了乾嘉时期的繁华如梦,人情风物展示的背后透露出强烈的风月成空、穷途末路的人生情绪。它既是扬州盛极而衰的历史写真,也是扬州小说自然风物、社会风月故事形态难以为继,必然转向哲理反思的结果。李涵秋的《广陵潮》则把这一叙事形态发挥到极致。小说写的是辛亥革命前后发生在扬州的故事。但是,作者李涵秋在小说第四十八回中申明:"在下这部书,既不是地理志,又不是风俗史,正自不必替一般百姓记那无意识的举动。"② 小说第二十六回对扬州地标都天庙的展示,成为社会历史思考耐人寻味的象征:

> 那都天庙已露在眼前。红墙斑驳,庙额上金子都暗淡得辨不出来。一角斜阳,倒映在门里,神龛之下,还蹲着几个乞丐,在那里围着土灶烧火。一缕一缕的黑烟,将龛子里一位金甲神像,薰得像个黑鬼模样。③

小说并没有直接写扬州的衰败,而是借助曾经香火映天的都天庙的破败,凸显扬州历史兴亡的时间感,与乞丐、土灶、黑烟等意象结合起来,历史性的时间向度向着现实中扬州的空间向度急转而下,借助历史沿革兴废更替这一线性时间,在都天庙这个具体的地理空间展示中,一个引发读者切肤之痛的哲理反思空间,如一幅徐徐展开画卷平铺开来。这就穿透了此前扬州小说自然景观展示的地理空间,以及城市生活百态聚焦的社会空间,拓展出

---

① 韦明铧《扬州文化谈片》,生活·读书·新知三联书店1994年版,第125页、第118页。
② 李涵秋《广陵潮》,百花文艺出版社1986年版,第475页、第263页。
③ 李涵秋《广陵潮》,百花文艺出版社1986年版,第475页、第263页。

历史兴废的哲理象征空间。这是此前扬州小说叙事内容形态中从未有过的创新。

总之，从叙事内容上看，扬州小说描写内容并不限于地理空间展示和地标聚焦，以及人事风物的描写，而是表现出直观感性的地理空间、纷繁复杂的社会空间和审美象征的哲理空间的"三维空间"。这为我们判断扬州小说叙事内容的不同形态，提供了一个具体图式。

三、扬州小说发生与繁荣的"历史区间"

在任何一个世代中，相应的城市时期都产生了多种多样的新角色和同样丰富多彩的新潜力。

——［美］刘易斯·芒福德①

界定扬州小说的概念，需要厘清扬州小说发生与繁荣的"历史区间"。在扬州小说的历史流变上，葛永海认为，扬州小说发端于唐代传奇，它的发展可以分为两个繁荣期，前期在唐代，后期在明清。至晚清《风月梦》时，扬州及扬州小说均已逐渐进入衰落期，《广陵潮》可以说是古代扬州小说最后的代表作品。②

我认为，厘清扬州小说发生、繁荣的历史区间，是以如何界定扬州小说概念为前提的，对概念理解的不同，决定了观点的差异。把唐代传奇小说看作扬州小说的发端，认为扬州小说的繁荣有唐传奇和明清两个时期，这是把扬州小说叙事内容理解为地理空间的结果，忽视了扬州小说叙事内容对社会空间、审美空间的聚焦，以及小说中的扬州"主角扮演"问题。如果将这两方面也考虑在内，那么，扬州小说萌发于唐传奇的以扬州为故事场景的扬州题材小说，但是，真正的繁荣应在明清。原因在于：

其一，从小说叙事上看，唐传奇展示的扬州故事发生场景，普遍停留在"宏大叙事"的简单化层面，而明清扬州小说对扬州地标的聚焦则呈现出

---

① ［美］刘易斯·芒福德《城市发展史——起源、演变和前景》，中国建筑工业出版社 2005 年版，第 103 - 104 页、第 122 页。
② 葛永海《从富贵长生到风月繁华：古代扬州小说的历史流变》，《明清小说研究》2004 年第 1 期。

"微观叙事"的全面性、反复性特点。

唐代扬州小说，如《扬州梦记》《南柯太守传》，《玄怪录》卷三《开元明皇幸广陵》，卢氏《逸史》中的《卢李二生》，《太平广记》中的《张老》《裴谌》等，故事发生的地理场景一般集中在单一的扬州城或极少数几个地标上，小说中的扬州往往被设置为一个笼统的故事场景，对扬州地标的聚焦数量明显不够。如《南柯太守传》全篇小说仅仅笼统地展示了一次"广陵郡""禅智寺"，甚至没有对扬州和禅智寺进行正面描写。唐代扬州小说对城市空间的宏大叙事，体现了中国古代小说城市书写的基本特点："我国古代小说对于城市空间的整体书写，多数是比较笼统的，只有少数作品着墨较多，显示了细腻写实的特点""就如同中国传统绘画中的写意画，不在精雕细刻其形，而重在写出一种整体的精神、意态和氛围"。① 从唐传奇、宋元话本到明清小说，古代小说对城市的书写比较笼统的特点，而且，越往前追溯，"宏大叙事"的特征越明显。

相比之下，明清扬州小说展示的城市地理空间不仅数量多，而且在小说中反复重现。如清代周伯义的《扬州梦》，全书展示的地理空间和聚焦的地标有：雷塘、平山、桃花庵、小金山、康山、棣园、观音堂、露筋祠等；又如，《绘芳录》第五回写小说中的才子佳人游览扬州，涉猎众多景点："众人游赏了好半会，重又下船。经过了桃花庵、小金山、尺五楼等处，已至平山，泊了船，人众上岸。"② 这些地理场景几乎是对扬州地标的全面覆盖。更重要的是，小说对这些地标的聚焦是通过反复再现的方式完成的。这就大大增加了扬州的真切感和现实感，提高了小说叙事美学的效果，表明了小说叙事技巧的成熟。

在这个意义上，唐传奇中的扬州题材小说，只是扬州小说发展历程中的萌发，将这个阶段视为扬州小说两个繁荣期之一，并不符合扬州小说叙事内容系统复杂性，以及城市地理空间多重性的事实。

其二，从地域文化凸显程度上看，唐传奇中的扬州地域文化色彩较为模糊化、简单化，扬州地域文化的从属地位、道具功能明显，而明清扬州小说中的地域文化色彩鲜明化、深层化特征明显。

唐代扬州小说的代表作《南柯太守传》，仅开篇交代了主人公淳于棼

① 孙逊，刘方《中国古代小说中的城市书写及现代阐释》，《中国社会科学》2007 年第 5 期。
② ［清］西冷野樵《绘芳录》，北京大学出版社 1990 年版，第 48 页。

"家住广陵郡东十里",文中提到了禅智寺这一扬州著名地标。但是,故事中的扬州地域文化色彩暗淡无光,小说中的扬州与其说是故事发生场景,不如说是为了叙事需要而套上去的僵硬外壳。虽然于邺的《扬州梦记》、《玄怪录》中的《开元明皇幸广陵》等小说,地域文化色彩较之《南柯太守传》更加浓厚,展示了扬州商业繁华、风月如梦等社会空间,但是,这类小说主要集中在扬州风月繁华的表层叙事上,基本上停留在杜佑《通典》对扬州社会的认识:"扬州人性轻扬,而尚鬼好祀。"① 事实上,"扬州人性轻扬,而尚鬼好祀"只是一个宏大叙事,因为人性轻扬与尚鬼好祀本身就有着整个江南文化的共性特征,如果凸显扬州社会习俗自身的特点,就必须深入到"轻扬"和"尚鬼"背后更多的"细节"。显然,在唐代扬州小说中,这方面的内容十分欠缺。

明清扬州小说对地域文化的展示,穿透了自然景观层面,更多地投射到社会习俗和生活方式。更重要的是,小说对社会习俗的描写不再仅仅停留在风月繁华、神灵诡异、重商求利的笼统画面,而是通过种种细节切入到这些社会习俗的不同向度。以扬州小说风月繁华主题为例,明清扬州小说不再满足于青楼歌妓、醉生梦死的场面渲染,而是更注重对社会丑恶现实的批判。如《广陵潮》对扬州风月的描写,"一是不愿落旧时小说子弟嫖娼故事的俗套,而另一方面实在不愿放弃对更深刻社会世情的探索揭示。可见此刻的作者对扬州青楼风月的写作套路多少存在着犹疑,而他确实也找到了社会写实的新视野和新思路,《广陵潮》之思想内涵显然比一般的风月故事深刻得多"。② 又如,晚清邗上蒙人的《风月梦》,不仅描写扬州固有的社会习俗,还创造出了城市社会与乡村社会不同的习俗景观,被学界认为是"中国第一部城市小说":"小说场景的城市性,故事人物的城市属性,而最重要的是体现了当时的城市心态,表达出对城市生活的独特反思。"③

其三,从小说创作态势上看,唐代扬州小说总体数量偏少、单篇"体量小"、故事情节简单,扬州本土创作群体尚未形成,而明清扬州小说则总体数量庞大、单篇"体量大"、故事情节复杂,扬州本土创作群体崛起。

唐代扬州小说比较著名的有《扬州梦记》《南柯太守传》,卢氏《逸史》

---

① [唐]杜佑《通典》,中华书局1988年版,第969页。
② 葛永海《古代小说与城市文化研究》,复旦大学出版社2004年版,第311页。
③ 葛永海《城市品性与文化格调——论中国第一部城市小说〈风月梦〉》,《浙江师范大学学报》2005年第4期。

的《卢李二生》，《太平广记》的《张老》《裴谌》，《玄怪录》的《开元明皇幸广陵》等作品，总体数量不多，小说单篇叙事规模十分有限，故事内容也较为简单，如著名的《南柯太守传》全篇仅三四千字。就创作群体而言，明确可考的属于扬州本土作家更是寥寥无几。

相比之下，明清扬州小说创作数量惊人，如《竹西花事小录》《扬州梦》《风月梦》《广陵潮》《金兰笺》《雅观楼》《野草闲花臭姻缘》《雨花香》《型世言》《杜骗新书》《两交婚》等，至于收录于"三言二拍"中的扬州小说更是数量众多。《风月梦》《广陵潮》等众多扬州小说，长篇章回小说大量涌现，叙事规模远远超过唐传奇，故事内容更为复杂。如邗上蒙人的《风月梦》，全书十多万字，在描绘出一幅幅独具扬州地方社会风俗图画的背后，批判的视角触及政治黑暗、娼妓制度、家族观念、婚姻关系等。周伯义的《扬州梦》集古代小说体制之大全，包含着传奇、志人、志怪、杂俎成分。全书分为"梦中人""梦中语""梦中事""梦中情"四卷，记录扬州烟花女子二十二人之多，内容涉及当时城市青楼妓女、落魄文人、盐商的生活群像以及风土人情。就这一时期的创作群体而言，扬州籍作家大量涌现，标志着本土创作群体的崛起。明清最具代表性的扬州小说，如李涵秋的《广陵潮》，周伯义的《扬州梦》，石成金的《雨花香》，李斗的《扬州画舫录》，均是地道的扬州人。这是唐代扬州小说未曾有过的新现象。

从上述三点看，扬州小说应该孕育、萌发于唐代，全面兴起、繁荣于明清，至晚清开始衰落。此前学界扬州小说繁荣于唐代和明清两个时期的观点，值得商榷。

至此，可以对扬州小说概念进行如下界定：扬州小说指的是唐宋以来小说作者（包括创作、编纂、刊刻）出于对扬州文化的认同，成为"为扬州文化所化之人"，以扬州地理空间作为小说故事发生的重要场景，以扬州社会生活、文化风情、价值观念等社会空间和审美文化空间为主要内容，典型地体现当时扬州人的心态，表达对扬州生活独特反思，风格旨趣相近的话本、小说和笔记。

伦 理 学

论生产性消费的伦理原则

古　璇①

【摘　要】 生态危机成为当今世界的共同话题，危机主要是由生产性消费环节的道德失范所造成，异化了的现代生产方式对生态环境的影响是根本的。因此，以伦理原则规范生产性消费，确立与之对应的价值观和伦理引导，是解决环境问题的关键所在。生产性消费伦理原则包括可持续发展原则、适度消费原则和整体性原则，这三种原则分别具有各自的伦理内涵和价值体现，蕴含和反映着人类与自然界相互和谐的哲学基础，彼此之间相互依存、相互作用、相得益彰，凸显着尊重生命、保护自然的生态意义。

【关键词】 生产性消费　伦理　原则

生产性消费的伦理问题，是生产过程中的伦理道德问题，同经济活动和经济现象密切相关。"消费本身并不直接构成伦理学的内容，只是人们的消费态度、人们的消费方式才成为伦理评价的对象。"② 生产消费归根结底是劳动与生产资料的消费，体现着人与自然之间关系的伦理意义，需要用道德规范来进行调节。因而生产性消费是具有伦理道德向度的。生产性消费伦理首先是一种消费伦理，它具有消费伦理一般特征的同时，又具有其必须坚持的发展原则，在生产性消费实践中应当"把这些原理或规律付诸实践，制订出一些必须遵守的规则，以达到某些目的"。③ 生产性消费的伦理原则包括可持

---

① 作者简介：古璇（1983—　），女，江苏连云港人，东南大学伦理学专业博士生，淮海工学院法学院教师，美国密歇根州立大学访问学者。
② 樊浩.伦理精神的价值生态 [M]. 北京：中国社会科学出版社，2001年，第39页。
③ [美] 弗兰克·梯利著，何意译.伦理学概论 [M]. 北京：中国人民大学出版社，1987年版，第14－15页。

续发展原则、适度消费原则和整体性原则。

一、可持续发展原则

（一）可持续发展的内涵

解决生产性消费中人与自然的矛盾不是不要发展，而是追求"可持续发展"，即人与自然生态的可持续性发展，在此基础上，为经济、社会和人的全面可持续发展提供支撑。"可持续发展既不是只持续不发展，也不是为持续牺牲发展。"[①] 可持续发展观是发展理念、发展模式的创新，"也是人类以新的价值观和道德观审视道德主体行为而做出的理性选择，是一种伦理创新"。[②] 具有以下伦理内涵：

1. 以生态正义为引领

所谓生态正义，是指三个维度的正义，即人类（包括个体、群体）的行为符合生态平衡原理和生物多样性原则，有利于实现物种间的正义；符合为子孙万代保护环境的发展观，有利于实现人际间的正义；符合"只有一个地球"的全球共同利益，有利于实现人与自然间的正义。罗尔斯将正义与社会的关系与真理与思想体系的关系做了比喻，他认为真理是思想体系的首要价值，正义是社会制度的首要价值，是社会和谐、有序发展必须遵循的基本准则。社会和谐不是没有矛盾，同样可持续发展也不是没有矛盾，生产性消费本身就是一个矛盾体，在人与自然的物质交换中，矛盾的一方是自然界的其他物种，另一方是社会中的人，它们是矛盾的，又是统一的。实现这个矛盾统一体的和谐、协调，需要坚持生态正义，以生态正义引领生产性消费的可持续发展。

事实上，自然界的各种生命之间相生相克、共生共荣，也存在着行为是否正义的问题，生态正义用来调整人与自然中各种生命之间的关系。生态正义是理性的正义，发动的主体是人，因为在生命世界，只有人类有能力大规模改变自然、破坏生态环境，它约束人类对自然界和其他生命的贪婪和豪

---

① 张坤民. 可持续发展论 [M]. 北京：中国环境科学出版社，1997 年版，第 17 页。
② 周光讯，王丽霞. 中国特色生态伦理话语权简论 [J]. 浙江社会科学，2015 (5)：98。

夺；生态正义也是道德的正义，虽然发动的主体是人，但视野超越人类中心主义，境界超越人类、非人类中心主义的一元独大或者二元对立，它规范人类的行为，尊重任何形式生命的生存权利。

在人与自然的物质交换过程中，生态正义的实现首先需要竞合的理念，即竞争与合作。无论是在自然界还是人类社会，竞争无处不在，无处不有。竞争意味着相生、相克，是自然界的基本生存法则。没有竞争，就无所谓相克，自然界将会是死水一潭，也就不会有自然界那些繁茂的生命和欣欣向荣的景色。同样，缺少自然界繁茂的生命和欣欣向荣的景色，也无法促进生命的相生。在自然界，各种生命之间的竞争有时会很残酷。甚至以消灭对方为维持自己生存的代价，这就是通常所说的"零和博弈"，这种竞争在食物链关系中尤为明显。竞争也是人类社会进步的动力。自然界是人类生存的基本条件，人类需要开发、利用自然界的各类资源为自身的生存服务，这是人类的天经地义的自然权利，无可厚非。

但是，无论是自然界还是人类，这种相生、相克，利用和改造，必须掌握在合理的度内，不破坏它们的合作、共存。竞争与合作是事物的两个方面，在人与自然的物质交换过程中以共存为前提。食物链的竞争，优胜劣汰，目的是为了物种进化，更好地生存与发展，是积极的态度和原则。任何形式的生命，无论它进化的速度快与慢，存在的形式高与低，都应当受到尊重和保护，这是生命的自然权利。任何种类生命的生存发展都不是孤立的，一种生命形式的缺失，这个生命形式原先所在的生态系统就会发生变化，引发和产生相应的系列反应、连锁反应，从而直接影响到其他生命形式的存在，各种物种生命的存在应该是互为前提的。因此，生态正义的实现还需要适度的理念，适度是将竞争控制在共存的范畴，一方面，没有竞争就没有相克，也无法促进相生，没有竞争原则不行；另一方面，竞争中需要合作，强者需要自我控制，生命需要共存，没有共存原则也不行。适度就是竞争与共存的统一体，对人类社会尤为重要。其他生物完全靠自然界的生态链生存，除了满足生存和繁衍的需要，它们没有影响生态链的其他渠道。人类除生存和繁衍的需要之外，还有享受的需要，除了靠生态链生存之外，还能通过实践改造自然，影响生态链，如果不坚持适度原则，人类的实践活动就会给自然生态带来毁灭性的影响。

实现生产性消费的可持续发展一定要突出生态化理念。从价值论上看，生产性消费生态化能有效减轻生产和消费对资源、环境和生态的压力，有助于实现生态正义，是促进人与人和谐、人与自然和谐、人的物质生活与精神生活和谐的重要举措。因此，生产性消费过程中，要遵循自然界运行的客观规律，按照自然规律的要求规范生产性消费，提倡尽量少消费物质产品，崇尚物质生活与精神生活互补，重自制节约，反挥霍浪费，利用自然、改造自然的深度和广度要控制在人与自然和谐的适度范围内。

2. 以人类、自然、环境的和谐为目标

可持续发展是发展的新范式，摒弃发展即增长的传统模式，是走出"发展、污染、资源生态破坏、生态危机"不可持续发展怪圈的重要路径，《里约宣言》① 和《21世纪议程》② 都是在20世纪末的里约热内卢联合国环发大会上通过的有关可持续发展的重要文件。前一个文件提出为了实现可持续发展，各国都应当减少不可持续发展的生产、消费方式；后一个文件明确将人类环境不断恶化的主要原因归结为不可持续的生产、消费方式。这里是将生产方式、消费方式作为两个不同的方式，实际上环境恶化的主要原因在生产方式，在人与自然的转换方式。生产性消费是生产过程中人与自然的转换，可持续发展要求这个过程不仅要追求经济效益的最大化，更要把人类今天的需求与明天的需求、当代人的需求与下一代人的需求、物质消费的需求与精神消费的需求、人类的需求与自然界能够为人类需要提供的支撑结合起来、统一起来，实现代内和谐、代际和谐、人与自然和谐、物质消费与精神消费和谐、经济发展与环境和谐，并且使这些和谐具有延续性和持久性，由低层次向高层次演进的渐进性，和谐共进的协同性。要把资源视为财富，而不是把资源视为获得财富的手段，确保生产性消费这个伦理目标能够成为现实。

要在坚持经济增长中实现经济与环境和谐相融的双赢，必须坚持以人为本。首先，可持续发展观是以人为本体的价值观，以人的可持续发展为核心，在经济增长与环境保护中，经济增长不是目的只是手段，是为人服务的手段。同样，环境保护的重要性是不容置疑的，但相对于人而言也只是手段

---

① 《里约宣言》是《里约环境与发展宣言》的简称。该宣言于1992年6月14日联合国环境与发展大会的最后一天通过。《宣言》旨在为各国在环境与发展领域采取行动和开展国际合作提供指导原则，规定一般义务。

② 《二十一世纪议程》是一份没有法律约束力、800页的旨在鼓励发展的同时保护环境的全球可持续发展计划的行动蓝图，它于1992年6月14日在里约热内卢的环发大会上通过。地球首脑会议的组织者说，这项计划若实施，每年将耗资1250亿美元。文件包括有关妇女、儿童、贫困和其他通常与环境无关联的发展不充分等方面问题的章节。

不是目的，环境保护的根本目的也是服务于人，是对人的生命存续、生活质量的保护。其次，可持续发展观中的价值主体也是人，因此在处理人际利益关系时，它强调全人类的整体利益和长远利益高于任何个人或任何有限群体的局部利益和眼前利益，反对人们将自己局部的眼前的利益凌驾于人类整体的长远的利益之上而妨碍后者的实现。这两个维度的价值论主张是可持续发展观进行价值取向的两个不可或缺的内容。以人为本并不排除和否定自然界其他非人生命及自然存在物的价值，它们是人类生存繁衍的基本条件，是人类实现其自身价值目标的前提和手段，如果环境的恶化直接危害到人类的生存，手段和目的将会换位。因此，在对经济发展做出重大决策时，必须将环境价值放到重要位置加以考量，必须坚持环境价值优先的原则。

环境价值优先具有伦理与经济的双重向度。伦理向度，体现人类对资源环境的道德关怀；经济向度，体现决策者对资源环境经济效益的关注。长期以来，人们忽视资源环境在投入产出中的经济价值，认为环境是免费的资源，可以无偿使用，直接导致粗放式经营方式、掠夺式生产行为的泛滥。重视环境价值的经济性的一个有效的办法，是由国家、政府对资源环境进行定价，使环境资源价格化，并规范生产消费过程中对资源环境的使用行为，使之制度化，使用资源要付出代价，对污染、破坏环境资源行为要付出更大的代价。如2017年10月苏州市某人民法院对在苏州太湖西山倾倒垃圾案件做出一审判决，不仅对三名跨省运输、倾倒固体废弃物的被告人以犯污染环境罪判处有期徒刑5年6个月至4年6个月，还并处罚金30万元至5万元不等的刑罚。在可持续发展观中，经济发展不仅要满足人类物质文化需求，还要尽可能满足人们对美好生活的追求，对优美环境的追求，因此能否建设美好的自然环境和实现自然资源的持续利用是现代经济发展体系能否体现环境价值的最重要表现。《里约宣言》指出："为了实现持续发展，环境保护工作应是发展进程的一个整体组成部分，不能脱离这一进程来考虑。"将环境保护工作纳入现代经济发展体系表明了可持续发展观对自然界生态价值的重视。自然生态系统是全球性的，可以通过制定有关资源环境的国际法则在全球范围内采取这项措施，使全球任何一个地方、任何一个个人或企业、团队都要为它们污染和破坏环境的经济行为付出相应代价。

3. 以生态经济为模式

可持续发展观在生产性消费中体现为生态经济模式。这种模式把社会经济视为整个自然生态系统的一部分。在这个系统中，社会经济发展的最大限度取决于自然生态系统。也就是说生产性消费量的限制取决于自然生态系统的支撑能力，支撑能力越强，生产性消费的空间就越大，生产能力就越大，如果自然生态系统支撑能力弱，生产性消费就要适应这个状态。如果某种资源特别稀缺，人类就要据此设置禁区，只有这样越来越稀缺的自然资源也才会得到最有效的管理。因此，生态经济模式就是遵循生态经济规律、高效且有节制的利用自然资源，与自然资源生长同步的经济模式。

经济增长本身并不是解决问题的保证，但经济增长的量度以及经济增长的方式决定着实现生态经济发展模式的可能性。经济与生态相互联系，构成一个整体系统，但它们彼此之间又是一种相互制约的关系。为了避免经济与地球生态系统之间的关系崩溃，人类的经济社会发展必须立足于生态因素的先决制约作用和限制框架来发展经济，努力使所有资源得到尽可能充分的利用，并自觉地保护生态环境。理想的状态是，生产性消费的产出，一方面是产出满足人类需求的新的使用价值，另一方面是对自然生态环境的同步修复与补偿，使生产模式从消耗物质资料与破坏环境的同步向消耗与补偿同步的模式转化。

可持续发展观是检验生产性消费是否符合生态经济模式的价值标准。在人与自然的物质转换关系中，如果经济增长是以资源、能源消耗为主及对生态环境的污染为代价的增长，结果破坏人与自然间的平衡，导致人与自然的矛盾与对立，从而破坏生命的存续环境，进而威胁人类的自身安全。因而，这种增长一定是不可持续的，从宏观视角看，必然是发展失衡、生态失控、人类失望。按照可持续发展的要求，人类的生产、生活方式一定要建立在人与自然的和谐关系基础上，以可持续发展的生产方式替代不可持续发展的生产方式。当然，如果选择新的可持续的生产和生活方式，那么就得改变传统的生产方式，改变高消费、高浪费、高享受的生活方式，高投入、高消耗、高污染的生产方式，提倡精神文明，提高生产效率，力争最大限度地利用资源和最小限度地污染、破坏生态环境，这是可持续发展必不可少的基础和前提。

（二）可持续发展原则的价值体现

实现生产性消费的可持续发展是价值观的进步。生产性消费可持续发展的基本宗旨是经济社会的发展不能以资源环境为代价，人的发展不能以社会分化为代价，当代人的发展不能以下一代的发展为代价，要实现人类、经济和生态的可持续发展。在三者关系中，生态的可持续是经济、社会、人类实现可持续发展的前提和保障，突破这个前提，会引发自然灾难、生态灾难；离开这个保障，生产性消费就难以持续进行。价值观的进步，是人类文明的进步，要实现生产性消费的可持续发展，必须抛弃传统的价值观，从单一追求物质财富的狭隘观念中解放出来，坚持生态文明与物质文明、精神文明并重互补，实现经济、社会、人类与自然的可持续发展，人的全面发展。

价值观的进步以认识论的提升为前提。实现生产性消费的可持续发展也是认识论的进步。传统利益"二分模式"将利益按照利己、利他一分为二，不考虑事物之间的联系与依赖、独立与差异，要么利己，要么利它。可持续发展价值观建立在改变传统利益"二分模式"的基础上，既不坚持人类中心主义，也不坚持生态中心主义，强调事物间的联系性、依赖性、差异性、独立性，强调人与自然界在价值上的差异与联系。这种价值观是认识论上的重大进步。

在生产性消费实践中，价值观的进步是通过可持续发展的具体实践进步来实现，因此可持续发展还表现为实践论的进步。传统经济增长模式是一种线性思维的经济方式，伦理缺陷明显，资本控制生产消费过程，外在表现是单一追求 GDP 的增长，忽视对经济增长的质量与效益的考量，其后果是必然导致经济社会发展的扭曲和不可持续。可持续发展观要求在生产性消费过程中通过采取清洁生产等路径，实现生产消费过程"外部性"的内部消解，节约资源能源，减少"三废"排放，实现经济增长，重视经济与人的发展、社会发展的同步，实现经济可持续性发展目标的实现与自然生态、社会发展可持续性目标实现的同步。《生态经济：有利于地球的经济构想》是莱斯特·R·布朗[①]的一部经典著作，在该书中他将经济划分为"以市场力量为导向的经济"和"以生态法则为导向的经济"两种，并提出前者向后者的

---

① 莱斯特·R·布朗被《华盛顿邮报》誉为"世界上最有影响的一位思想家"。1974 年，布朗创办了从事全球环境问题分析的世界观察研究所。25 年前，他率先提出环境上可持续发展的概念，并用于他所架构的生态经济。布朗于 2001 年 5 月创办地球政策研究所并担任所长，同年 11 月出版了《生态经济：有利于地球的经济构想》，哈佛大学教授、两次普利策奖得主威尔逊称赞此书"一出版就成为经典"。布朗于 2003 年又推出一本力作——《B 模式：拯救地球 延续文明》。

转换，这与厄于斯泰因·达勒①的"中央计划经济崩溃于不让价格表达经济学的真理"和"自由市场经济则可能崩溃于不让价格表达生态学的真理"②这两个观点起到异曲同工之效。可持续发展观将判断发展善与恶的标准建立在是否能够促进经济社会的可持续发展上，反对经济主义，反对急功近利，反对短期行为，坚持人与自然利益的共同关怀，主张人类利益的长远性与可持续性，建立了可持续的价值伦理观，体现了新的伦理价值诉求。

一方面，生产性消费要以可持续发展为伦理准则。按照这个准则要求，政府要以具有可持续性的循环经济模式取代"大量生产、大量消费、大量废弃型"的传统线型经济模式，要遵循工业生态学原理、按照循坏经济要求，推进产业规模化、规模集群化、集群园区化、园区生态化。企业作为生产性消费的主体，要以节约资源、减少排放、清洁生产为道德原则，企业生产消费过程要与资源环境支撑能力相结合、与生态系统的承载能力相结合，形成产业间共生组合、企业间循环代谢的和谐关系。企业发展要以经济、社会、生态利益的最大化取代唯企业自身投入产出效益最大化的价值取向。生产性消费是生活性消费的前提，没有生产性消费新的使用价值产品的产出，就无所谓生活型消费；生活性消费是生产性消费的延续，"人从出现在地球舞台上的那一天起，每天都要消费，不管他在开始生产以前和生产期间都一样"。③ 可持续发展伦理准则下生产性消费的道德观，是一种新的消费道德观，与可持续的生产性消费以循环经济模式取代"大量生产、大量消费、大量废弃型"的传统线型经济模式一样，以"适度消费、绿色消费"模式取代线性经济模式下的"拼命生产、拼命消费"模式。以适度消费取代拼命生产、以绿色消费取代拼命消费，既反映了生产方式的革命性变化，也显示出适度消费与拼命生产、绿色消费与拼命消费模式在道德诉求、伦理向度上蕴含的本质差异。适度消费、绿色消费是"循环经济——绿色生活方式——从摇篮到摇篮"的经济，后者是"线性经济——奢靡生活方式——从摇篮到坟墓"的经济。生产方式不同决定生活态度不同，决定经济社会生态系统发展的后果不同。其中，生态经济、资源的再循环再利用、适度消费与绿色消费等道德准则、与环境承载力相适应的生活方式等是关键词，可以说可持续发

---

① 厄于斯泰因·达勒，开发挪威和北海油田的埃索公司前副总裁。
② ［美］莱斯特·R·布朗著．林自新，戴守志译．生态经济：有利于地球的经济构想［M］．北京：东方出版社，2002年，第24页。
③ 马克思恩格斯全集（第23卷）［M］．北京：人民出版社，1972年版，第191页。

展的消费伦理观是前瞻性的、代表未来发展方向的、引领未来发展路径的先进道德伦理观。

另一方面，生产性消费要促进新的生态伦理观的形成。不同的生态伦理观左右生产性消费的不同发展路径。人类中心主义生态伦理观认为，作为理性存在物的人的道德地位远高于其他物种，只有人才能成为唯一的道德代理。自然只具有工具价值，没有内在价值，没有资格获得伦理关怀。自然中心主义生态伦理观则走向人类中心主义生态伦理观的反面，为了保持自然生态系统的完整性、稳定性而完全抛开人类的生存利益，脱离了人类保护生态自然基于人类全局性、长远性的生存利益的基本尺度。可持续发展的生产性消费需要新的生态伦理观的引领，遵循中国古代道家"万物皆有道"哲学观念，肯定自然万物的内在价值，给予万物与人类相同的价值尊严，如同延续人的生存一样维护万物的存在。将维持良好的自然生态循环系统作为人类生存、经济发展、社会进步的基础，将科学技术的提高作为开发自然、修复生态的手段，使生产性消费过程建立在可持续发展的基础上，在可持续价值原则对待自然的伦理态度上，实现对自然资源的利用成为符合人类社会整体价值、有益于自然生态稳定有序发展、实现人与自然协调和谐的价值取向。

二、适度消费原则

（一）适度消费的内涵

适度性是生产性消费伦理最根本的特性。所谓适度性，在生产性消费中包括四方面的含义，一是生产消费目的是在理性的指引下而不是纯粹资本获取利润的野蛮冲动；二是生产消费量的控制是由支撑生产过程的自然物质条件决定的而不是以破坏自然生态平衡、严重污染环境为代价，即生产规模的大小要以资源供给能力、环境支持能力、生产力发展水平等为约束，是与资源条件相适应的最优化选择；三是生产消费的结果能保证社会再生产过程的有序可持续进行和人类生活质量的可持续提升；四是生产消费的未来预示人们将"发展一种使用物质资源的新道德，这应导致产生一种与正在到来的匮乏时代相适应的生活方式"。① "其基础在于最低限度地使用资源，同时生产寿命长的产品，而不是建立在最大限度生产量的生产制上"。②

适度性的核心要义在"度"，伦理道德的核心问题也是度的问题。早在公元前300年的古希腊，亚里士多德在《尼各马可伦理学》一书中认为，在两个极端行为之间的折中的"度"就是"善"，他进而解释说"过度和不足乃是恶行的特性，而中庸则是美德的特性"。③ 在中国古代哲学中，适度问题是中道问题，用儒家的语言是"中庸"问题，所谓"过犹不及"。在圣人孔子那里中庸已经成为最高的境界，他要求人的行为要恰如其分，无过无不及，不可过度："中庸之为德也，其至矣乎！民鲜久矣。"④ 在现当代，美国学者艾伦·杜宁在提倡文明的消费方式时也认为，人们的消费应该把握合理的消费的度，"更多并不意味着更好"。他相信"通过道德的接纳来降低消费者社会的消费水平、减少其他方面的物质欲望，是一个理想主义的建议"。⑤ 人们应当以节约和积蓄为荣，而不是以花钱和弃旧为荣。因此，道德问题就是适度问题，适度的行为就是道德的行为。

适度消费的关键在如何把握其中的"度"。在生产性消费过程中，"度"的界定包括经济标准和自然标准两个方面。经济标准，适度消费的伦理原则要求一个国家或地区的生产消费水平应当与经济发展水平相适应，不能脱离社会生产力水平。生产力水平的发展状况，应该成为一个国家或地区设计、建立或选择消费模式的基础。自然标准，从人类与自然的总体关系史看，因为资源是有限的，所以人类控制自身的消费需求水平，这个水平的上限就是资源有限性的上限，将对资源消费的利用控制在地球承载力范围之内。这里的"适度消费"与经济学家从经济收入与消费的关系层面所谈的"适度消费"是两个不同的概念。适度消费的"度"就是自然承受力所能承受的人类能够消费的"量"，有限的自然资源与相和谐的生态环境为"适度消费"的上限设定了边界。20世纪90年代初加拿大不列颠哥伦比亚大学规划与资源生态学教授里斯提出了"生态足迹"概念，这是一个研究"生态占用"

① ［美］梅萨罗维克·佩斯特尔. 人类处于转折点［M］. 上海：三联书店，1987年，第142页。
② ［美］梅萨罗维克·佩斯特尔. 人类处于转折点［M］. 上海：三联书店，1987年，第142页。
③ 北京大学哲学系外国哲学史教研室编译. 古希腊罗马哲学［M］. 北京：三联书店1982年版，第328页。
④ 杨伯峻，杨逢彬注释. 论语·雍也篇第六［M］. 长沙：岳麓书社，2000年版，第65页。
⑤ ［美］艾伦·杜宁著，毕聿译. 多少算够——消费社会与地球的未来［M］. 长春：吉林人民出版社，1997年版，第8页。

的理论和方法。里斯教授认为通过生态足迹需求与生态足迹供给的比较，可以定量的判断某一特定区域可持续发展的状态，"适度消费就是要确定一个生态足迹的关节点，在这个关节点上，自然界能够承受人类消费活动带来的压力，而消费对经济发展的拉动作用处于较佳的状况"。① 这里，将适度消费与人类消耗资源量的大小及人类活动对生态环境影响的正负导向有机结合，生态足迹高表示人类对自然资源的使用、需要生态系统吸收消化的废弃物排放愈多，对生态环境的影响越大，反之亦然。

（二）适度消费原则的价值体现

"资源的承载力"是适度消费的重要价值体现，一方面体现了人类对于自然价值的肯定，另一方面体现了人类对于自然界的重视，是新的伦理价值观的重构。

适度消费要求人与自然的和谐共生及可持续发展，将"资源的承载力"作为适度消费上限的"边界"，意味着"资源的承载力"是全人类消费中都必须关注的共性问题，只要突破资源承载力的上限，就是不道德的消费。尽管生产实践中应该对适度消费的"度"采取具体情况具体分析的态度，但在"资源的承载力"问题上，不能因为不同的国家有不同的国情、不同的经济基础、资源禀赋和文化等差异就可以突破"边界"。如果就某一国家、某一地区、某一具体空间而言，特定的资源条件下的高消费也许是正常的（如美国等西方发达国家或其某一地区），但全球生态是一个系统，"人类只有一个地球"，对一个特定地区可能是正常的现象却会损害全球的生态系统，对地球生态可能是一个灾难，这也是对自然道德正当性的违背。"如果我们将管理其他物种时所寻求的法则用于管理我们自己的生活，我们就应努力在我们的影响与我们估计地球环境所能承受的能力之间留一个比较大的安全间隙。"② 这里的所谓"安全间隙"就是人类对地球的影响与地球所能容纳和承受的"极限"，事实上人类知道这个极限的存在，只是不能精准把握这个极限的结点，所以极限结点的把握是适度消费的一个核心问题。适度消费极限结点把握的意义在于"我们不仅仅是在寻求生存，而且是要几十亿人的生

---

① 周中之. 消费伦理：生态文明建设的重要支撑［J］. 上海师范大学学报（哲学社会科学版），2015（9）：21。

② 世界自然保护同盟等合编，国家环境保护局外事办公室译. 保护地球：可持续生存战略［M］. 北京：中国环境科学出版社，1992年版，第31页。

活质量得到持续改善"。① 适度消费是一个理念问题，更是一个实践问题，而实践中对于资源承载力上限的把握是很困难的，因此，要实现可持续的发展与生存环境、生产条件的可持续的提高而又要为达到资源承载力的上限预留一定的空间，一定要将人类的生产实践活动融入生态系统的框架内，从根本上探索与保障自然生态体系的稳定与安全，才能扎实维系人类生存支持系统的基础，可持续发展也才可能落到实处。

适度消费是一种代际分布以及空间分布均衡的消费。代际分布均衡的消费体现的是代际公平。代际公平理论是美国学者爱迪·B·维丝最早提出，要求当代人对资源环境的消费不能危及下一代，在自身消费的同时要顾及下一代人的消费。因此，可持续发展的伦理精神既是环境资源的可持续利用，也是人类的可持续生存。如果当代人消费不能做到适度，而是任性消费，触及消费上限的"边界"，那么危及的不仅是自然界，也将是人类的子孙后代。空间分布均衡的消费是解决适度消费现实困境的客观要求。从国际环境来看，生产力发展的不平衡与生态不平衡是一个国际性现象，许多发达国家、地区在经济全球化的口号下，在资本输出的同时将污染转移给其他落后国家或地区；有的地区，将污染从城市转移到农村，这种公害输出使污染范围更大，治污难度更大。即使从综合效益来看，以生态环境为代价取得的经济效益往往被环境污染所抵消，甚至还不足以抵消环境污染的代价。因此，严峻的现实要求人类必须在生产实践中一定要深刻认知自然、生态系统对于人类生存的重要意义，全方位的、不折不扣的落实适度消费的原则，使"边界"意识成为人类自觉的共性的认识。

适度消费以自然观和生态观的新理念完善发展了传统的消费观，对于深度推进可持续发展具有重要意义。就责任观层面而言，适度消费强调人在生产消费过程中的责任与担当。而传统的消费观割裂了人、自然与生态的对立统一关系，缺乏人类对于发展特别是生态可持续发展应有担当。这在国际关系中尤为明显。如前所述，有些发达国家看上去非常文明，大量生产使用价值的同时大量排出污染与垃圾，正是因为缺乏责任与担当，在全球资源与能量的流转链条中输出公害。2017 年中国政府决定打击"洋垃圾"，禁止进口24 种废料，就是一个有责任的大国的表现。就生态观层面，适度消费从生

---

① 世界自然保护同盟等合编，国家环境保护局外事办公室译. 保护地球：可持续生存战略 [M]. 北京：中国环境科学出版社，1992 年版，第 31 页。

态伦理观的视角，探讨人、自然与生态环境对立统一的关系，研究人、自然与生态环境相互影响、相互依存的边界，推动人与自然的协调和谐发展。而传统的消费观颠倒了人与自然的主次关系，没有看到自然对于人类的基础性、决定性关系，忽视自然生态系统的运行规则和平衡要求，适度消费非但没有成为生产消费实践中应当遵循的"金科玉律"，破坏自然、污染生态的情况反而愈演愈烈。因此只有坚持生态伦理观，才有可能接近和把握"资源的承载力"作为适度消费上限的"边界"，使人类社会的生产实践活动建立在理性、科学的基础上。

三、整体性原则

（一）整体性原则的内涵

所谓整体性原则，是指坚持承认和维护事物的整体性存在，强调对象的完整性，强调思想和行为的全面性。

整体性原则对于生产性消费伦理具有认识论与方法论的双重意义。在认识论层面，首先，整体性原则将生产性消费两大主体——人与自然视为一体，即生产性消费自身的整体性。纵向看，使用价值的再生产过程是由四个环节组成的完整的系统；横向看，生产性消费联系的人与自然、社会也是一个完整的整体。在横向、纵向构成的系统整体中，个体要素是构成系统整体的基础，个体功能是整体功能的有机组成部分，个体要素在扮演自身的角色并在功能范围内对系统发生作用。同时，个体要素在系统整体中体现其存在的价值与意义。航天飞机上的一颗螺丝钉对于整个航天飞机的运行至关重要，可以说这颗螺丝钉保障了航天飞机的安全，而离开了航天飞机，就是一颗可以随便摆放的普通螺丝钉，这就是个体在整体中的价值。生态系统中的任何一个物种也是如此。因此，生产性消费过程中要从整体性出发对资源、环境、利益等个体要素进行综合的考虑与安排。其次，生产性消费过程中，生产消费系统与进入生产消费系统的生产要素是相互依赖、相互作用的，已经进入生产消费系统的生产要素与自然界其他客观存在物是相互联结的。就是说，构成整体的要素之间具有各自规律的组合方式和耦合关系，按照各自规律运行。恩格斯指出："根据唯物史观，历史过程中的决定性因素归根到底是现实生活的生产和再生产，无论是马克思和我都从来没有肯定过比这更多的东西。如果有人加以歪曲，说经济因素是唯一的决定因素，那么他就是把这个问题变成毫无内容的、抽象的、荒诞无稽的空话。"① 系统本体及系统之间是开放的，人与物之间形成生产力关系，人与人之间形成生产关系，生产力、生产关系构成一定的经济社会关系；人依托自然生存，形成人与自然关系；自然生态有其特有的循环系统。系统中任何一个要素的打破，循环体系中任何一个环节的失衡，都会对整体性全局产生影响。在方法论层面，整体性原则要求生产消费过程要突出整体性效应。系统的整体性效应是指构成系统的各要素不是各孤立要素的简单叠加，而是在各要素发挥最大功能基础上的有机组合，组合的功能和效应大于各孤立要素的简单叠加，这是系统整体性的显著特征，具有普遍性意义。按照系统整体性的要求研究各类事物是一项重要的方法论原则。

整体性效应也存在整体正向效应和整体负向效应问题。对于生产性消费而言，生产消费过程就是各孤立要素的有机组合过程，使这个过程产生正向效应需要"向善"的道德引领，坚持生态整体主义伦理原则。坚持生态整体主义伦理原则是生产模式转换的需要，生产消费过程是直接消费资源、生产使用价值、排出副产品的过程，也是人与人、人与自然交流沟通的过程。这个过程中，人类虽然是生态共同体的一个组成部分，但具有独立性与特殊性，对生态共同体中其他非人自然物应该负有伦理责任和道德义务。生态整体主义要求人类以最小的资源投入、消耗，产出最大使用价值的产品，已排出的副产品可以最大限度的再循环、再利用将其对环境污染减少到最低限度。传统的线型生产模式缺乏整体性观念，割裂了事物的系统、因果、功能联系，违背了生态整体主义道德观，导致了全球性的环境污染与生态危机。

20 世纪以后，随着自然科学的进步以及全球生态危机的恶化，更多的西方生态哲学家深切思考人与自然的相互关系，表现出生态整体主义的思维方式。《自然之死》是收入绿色经典文库的卡洛琳·麦茜特一本专著，在这本被奉为"绿色圣经"的专著里，卡洛琳·麦茜特探讨了科学革命与自然的开发、贸易的扩张、女性的被奴役的关系，沃特·佩格尔认为本书"对自然

---

① 马克思恩格斯选集（第 4 卷）[M]. 北京：人民出版社，1995 年版，第 695 - 696 页。

与生命的有机论和机械论之间旷日持久的争论，提供了一个深刻的洞察力的讨论"。怀特海①的过程哲学非常突出，他将宇宙的事物分为"事件"的世界和"永恒客体"的世界两个世界。在他看来，无论是自然界还是人类社会，无论是浩瀚太空还是山水树木，所有事物在任何时候都处于流变过程之中，而这种流变是有规律的，即事件——事件的综合统一体——机体②——活动——过程。在上述流变过程中，事件是基本要素，若干个事件的综合体构成机体，机体的根本特征是活动，活动表现为过程。过程是怀特海的理论核心，他认为过程就是一种创造性的活动，尽管世界包罗万象，但包罗万象的世界被怀特海抽象为一个活动的过程。在怀特海的过程哲学中，自然界是具体的、鲜活的，自然和生命是一体的，不能分开的，自然与生命的融合构成宇宙，也即他所谓的"永恒客体"。在过程哲学体系中，"事件"的世界和"永恒客体"的世界是一个整体，不能将任何事件看作局部的、孤立的存在，任何局部的变故都会影响整个宇宙。怀特海的思想为后现代主义者格里芬③所继承发展，他强调自然和人类两大领域是一个完整的整体，"我们包含于世界中——不仅包含于其他人中，而且包含于整个自然界……世界若不包含于我们之中，我们便不完整；同样我们若不包含于世界，世界也不是完整的"。④ 美国生态学家德沃尔在《深刻的生态学运动》一文中指出，人既不在自然界之上，也不在自然界之下，人是不断创造的一部分。人关心自然，尊重自然，热爱并生活于自然之中，是"地球家庭"中的一员。生态整体主义代表利奥波德⑤认为，"事实上，人只是生物队伍中的一员的事实，这已被历史的生态学证实"。⑥

---

① 阿尔弗雷德·诺夫·怀特海（Alfred North Whitehead，1861年2月15日—1947年12月30日），英国数学家、哲学家和教育理论家。他与伯特兰·罗素合著的《数学原理》标志着人类逻辑思维的巨大进步，是永久性的伟大学术著作之一。他创立了20世纪最庞大的形而上学体系，同时也是"过程哲学"创始人。他的基本论点之一就是，自然界是活生生的、有生命的，它处于创造进化的过程中。

② 宇宙间的一切都是处于不同等级的机体，机体有自己的个性、结构、自我创造能力，根本特征是活动。

③ 大卫·雷·格里芬现任美国中美后现代发展研究院副院长，美国过程研究中心主任。主要学术著作有：《后现代科学》《后现代精神》《没有超自然主义的返魅》《怀特海另类后现代哲学》等。他是世界著名过程哲学家，建设性后现代主义的奠基者、生态运动的代表人。

④ ［美］大卫·雷·格里芬等著. 马季芳译. 后现代科学——科学魅力的再现［M］. 北京：中央编译出版社，1995年版，第86页。

⑤ 奥尔多·利奥波德（1887—1948），美国著名生态学家和环境保护主义的先驱，被誉为"美国新环境理论的创始者""生态伦理之父"。

⑥ ［美］奥尔多·利奥波德著. 彭俊译. 沙乡年鉴［M］. 长春：吉林人民出版社，1997年版，第195页。

（二）整体性原则的价值体现

整体大于个体之和的整体价值是整体性原则的价值体现。整体之所以能够实现大于个体之和，建立在两个方面繁荣基础上：一是个体效应要得到充分发挥。以自然界为例，虽然个体的价值依附于生态系统整体，在生态系统整体中体现，但个体价值体现的状态与系统环境有关，只有在良好的系统环境下个体价值才能发挥到最优。如果个体价值不能充分发挥，整体就难于大于个体之和。二是各个体间效应发挥的方向一致。这里的个体既包括人类也包括自然界，人与人的关系要和谐，心往一处想，劲往一处使，实现人力资源使用效益最大化；自然界的关系要和谐，自然生态系统要实现最优化；人与自然之间的关系要和谐，人与非人自然物的关系要统一。上述个体关系中任何一个环节的发展方向不一致，如人与自然文化的二元论、人类或自然中心论等，必然出现系统内耗，整体大于个体之和将大打折扣，甚至可能走向负数。

整体价值原则体现在对哲学、经济学、资源环境学等的全新认识和生产消费过程中的伦理态度。首先，整体价值原则是对哲学的新认知。普遍联系的理论给整体价值原则以哲学层面的支持，辩证法是"关于普遍联系的科学"，只有以普遍联系的视角审视整体价值原则，将整体价值原则放在运动、联系、依存构成的总体框架中考量，整体性才会产生大于个体之和的价值效应。按照伦理的整体性价值原则要求，将生产性消费视作全球经济大系统中的一个相互作用、相互制约、不可或缺的子系统，这个子系统在再生产过程中有它的相对独立性，又与人类、自然、社会这个大系统密切相关，需要统筹考量，促进人类、自然社会的整体协调可持续发展。

其次，整体价值原则是对经济学、对资源环境的新认知。在传统的线型生产消费模式中，生态环境是被认为无价的，正如赫尔曼·戴利所说的那样，现代文明的"主导模式完全排除了生态成本"。[①] 由于排除了生态成本，一方面市场所反映的生产消费的情况是不真实的，另一方面正是因为生态环境是被认为无价的，生产消费中不计入成本，人们为了追逐利润、追求效益最大化，忽视环境与经济的相互关系，忽略对环境价值评估，无视环境保护

---

① ［美］赫尔曼·E·戴利著．诸大建，胡圣译．超越增长：可持续发展的经济学［M］．上海：上海译文出版社，2001年版，第7页。

与可持续发展导致对生态环境、生态资源无约束、无限制的掠夺性、毁灭性使用。莱斯特·布朗说过："从破坏生态的经济转入持续发展的经济，有赖于我们经济思想的哥白尼式改变，认识经济是地球生态经济的一部分，只有调整经济使之与生态系统相适应才能持续发展。"① 整体价值原则弥补了这一认知误点，将生态资源环境放在效益的前置位置，绿水青山不仅可以带来金山银山，而且自身就是金山银山。同时，资源的日益枯竭和环境问题的愈加严重，在空间概念上已成为一个共性问题，是一个超越国界的全球话题。确实，相对于整体价值观，一个国家、一个民族不过是系统中的一个大要素，要用全球视野认识和处理系统与要素间的关系，无论是发达国家还是发展中国家，都要按照有关国际公约约束自己的行为，尤其是发达国家，更要承担人类的道德义务，彰显伦理精神。

再次，整体价值原则体现了生产性消费过程中的伦理态度。生产性消费的伦理精神是在当代环境问题日益严峻而人们更多的是从生活型消费层面求解的背景下提出的，目的是关注生产领域的生产性消费，探讨消耗资源少、生态环境好、投入产出优的经济发展路径和模式。"生态经济学"的概念是鲍尔丁首次提出的，他发表了《一门科学——生态经济学》的文章引起了巨大反响，后来者在此基础上，从整体视角出发研究自然生态系统与经济社会系统的各种复杂关系，试图揭示人类、自然、社会间相互影响、相互制约、相互依存的内在联系和运行规律，为人们在实践中改变长期形成的、固化的传统线型生产方式，节约一切可以节约的资源，利用一切可以利用的资源发展路径提供了理论支持。生态经济学置于整体价值原则的认识论、方法论框架内，着眼于生产性消费活动对与之相互关联的环境、资源、社会的结构性影响，消除自然生态与经济社会间的矛盾、对立乃至恶性循环的状态，推进自然生态与经济社会的可持续发展，倡导经济价值、生态价值与人类自身价值相统一的整体伦理观。整体伦理观蕴含面对生态约束人类应该具有的责任意识以及追求人与自然和谐的内在伦理精神，要求人类改变传统的经济决定一切的单向度发展观，从全局、整体的角度去把握生产消费中人与自然的伦理关系。

---

① ［美］莱斯特·R·布朗著. 林自新，戢守志译. 生态经济：有利于地球的经济构想［M］. 北京：东方出版社，2002 年，第 1 页。

参考文献

1. 樊浩. 伦理精神的价值生态 [M]. 北京：中国社会科学出版社，2001.

2. 罗国杰等编著. 伦理学教程 [M]. 北京：中国人民大学出版社，1998.

3. [美] 艾伦·杜宁著，毕聿译. 多少算够——消费社会与地球的未来 [M]. 长春：吉林人民出版社，1997.

4. 高文武，关胜侠. 消费主义与消费生态化 [M]. 武汉：武汉大学出版社，2011.

5. 朱晓虹. 现代社会消费主义的三重伦理悖论 [J]. 浙江社会科学，2016（8）：115 – 120.

6. 王莉. 生态伦理建设与道德建设的关系 [J]. 吉首大学报（社会科学版），2015（6）：18 – 20.

7. 王雨辰. 当代生态文明理论的三个争论及其价值 [J]. 哲学动态，2012（8）：24 – 30.

8. 曾建平. 生态视域下的消费文明 [J]. 哲学动态，2009（2）：31 – 35

9. 钟贞山. 社会生态人的伦理价值观 [J]. 江西社会科学，2016（1）：12 – 18.

10. 周中之. 消费伦理——生态文明建设的重要支撑 [J]. 上海师范大学学报（哲学社会科学版），2015（5）：16 – 22.

网络虚拟社会的道德困境与规范建构

张　元[①]

【摘　要】网络虚拟空间的二元性易致主体道德认知弱化，网络虚拟生存的非实体性易致主体道德情感淡漠，网络虚拟交往的匿名分散性易致主体道德责任缺失，网络虚拟活动的超现实性易致主体道德人格分裂。政府要牵头制定推广网络道德行为规范，制定出台微媒体、网络社区、移动智能终端等网络载体自律公约，明晰网络媒体机构及从业人员的职业道德底线，强化"底线"教育，提升其媒介素养和专业技术素养，完善社会监督机制，使其在媒体职业生涯中坚持法律法规底线、道德风尚底线、信息真实性底线、公民合法权益底线、社会公共秩序底线、社会主义制度底线和国家利益底线。国家、社会、职业媒体要引导和规范草根媒体，加强道德理念规范化和制度化建设，提升网络媒体的社会公信力。

【关键词】网络虚拟社会　道德困境　规范建构

一、网络虚拟社会与主体真实道德需求

（一）网络虚拟空间的二元化易导致网络主体道德认知弱化

1. 现实的物理空间道德与虚拟的网络空间道德的二元化易导致网络主

① 作者简介：张元（1983— ），男，安徽桐城人，淮海工学院马克思主义学院副教授，博士，大连理工大学马克思主义理论博士后流动站研究人员，主要从事网络道德教育问题研究。基金项目：中国博士后科学基金资助项目"网络社会的现代性困境与治理机制研究"（编号：2017M611233）；江苏省教育科学"十三五"规划课题"大学生网络道德失范与教育对策研究"（编号：C-c/2016/01/07）。

体道德认知弱化。现实的物理空间是指人们熟悉并生活其中的基于传统地缘的、物质的和观念上的实在的现实社会。虚拟的网络空间则是信息技术和网络技术进步催生出的，基于认同的以数据化、非物质化的方式进入人类信息交流的虚拟社会。这种经拓展的、建立在现实物理空间基础之上的网络生存空间的产生、发展和普及应用，对人们现实的物质和精神生活世界产生了极大的冲击，虚拟的网络生存空间和现实的物质生活空间在网络信息时代共同构成了不能相互替代的人类生活环境。虚拟的网络空间道德是建基于现实的物理空间道德基础之上的，网络虚拟生存的仿真性和超现实性，使人们处在一种由虚拟技术所带来的仿真现实环境中。虚拟的网络生存环境使主体产生了人类情感的另一种并非虚无的存在方式——虚拟的情感和道德。网络虚拟生存虽非实体性构成，只具有实在性的功能，这使其得以超脱于传统的现实物理空间道德必须依附于一定的物理实体和空间位置的局限，这也使得网络主体突破和弱化了现实物理空间道德的限制，降低了现实物理空间的道德约束力，导致网络主体在网络空间中的道德认知的不适应和弱化。

2. 具有地域特征的传统道德与超越国界的网络道德的二元化易导致网络主体道德认知弱化。任何一种植根于本土文化土壤之中的现实道德的内容，或多或少的都熏染着地域性色彩，反映着其所在物理空间中民族的、社会政治制度的、文化知识的和道德规范体系等方面的特征。网络在全球联通的基础上具有了跨文化和超地域的特征，这使得建基于网络世界之上的网络道德逾越了国土疆域、社会制度、思想体系等种种局限而步入一个纵横交错、全面开放的新世界，"网络是开放的结构，能够无限扩展，只要能够在网络中沟通，亦即只要能够分享相同的沟通符码（例如价值或执行的目标），就能整合入新的节点。一个以网络为基础的社会结构是具有高度活力的开放系统，能够创新而不至于威胁其平衡"。①

网络的"去中心化"和超地域性特征，使维持国家观念、民族理想、道德规范体系的难度增大。我国的网络信息处在较低层次的发展阶段，与西方发达国家存在着较大差距，只有求助于西方发达国家的网络信息库才能获得高质量的服务。在这种信息求助与信息交流的过程中，网络主体的道德观念势必会不同程度地受到夹杂一些西方资产阶级道德观念的信息内容的影响、

① ［美］曼纽尔·卡斯特. 网络社会的崛起［M］. 夏铸九等，译. 北京：社会科学文献出版社，2003：570.

冲击和融合，使原有的具有地域特征的传统道德被分化、同化、扭曲，这种多元的道德构成使网络行为个体经常处于矛盾的道德选择中，这种具有地域特征的传统道德与超越国界的网络道德的二元化极易导致网络行为主体道德认知弱化。

（二）网络虚拟生存的非实体性易导致网络主体道德情感淡漠

1. 抽象性的虚拟实在易导致网络主体的社会关系弱化。网络虚拟实在是一种实在，即在现实世界中具象的存在着。麦克卢汉认为："网络媒介是人的一种延伸，电子媒介延伸了人的神经系统，而虚拟实在延伸了人的心智，它是人的各种器官的全面延伸。虚拟实在根据生理世界所有感官的特征提供了比任何别的媒介更适合的环境和信息。"① 可以说，具有数字化中介系统特性的网络虚拟实在有效地延伸和提升了网络主体的认知能力、虚拟能力和行为能力。在网络虚拟生存中，网络主体借此演变成了一种特殊的数字符号结构，这也"恰好迎合了（虚拟自我建构）符号论的观点：第一，自我是过程，而不是实体；第二，语言（符号系统）在自我的构造中起着重要的作用。自我首先必须经过语言符号而达成，语言象征结构先己而存在。当自我进入其中之后将'按该秩序的结构成型'，随之通过对这一虚拟自我的接受，人逐渐认识其自身"。②

抽象性的虚拟实在虽然在形式上是虚拟的，具有非实体性，但其在功能和效应上却又是真实的。借助于"语言符号系统或数字化中介系统，人不仅能够反映或表达现实的事物或事物的现实性，而且能够表达或反映非现实的事物或事物的非现实性"。③ 这是一种建立在一定现实基础之上的具有虚拟性、间接性和开放性的网络虚拟生存，是一种通过人自身的思想观念、信息符号和构造能力创造出来的新的实在。人们通过实践活动能动地改造着无机界，创造出对象世界，证明人是一种有着自由自觉意识的"类"存在物，这种存在物证实社会关系是人的基本属性，即人们将具有"类"特性的社会关系看作其本质属性，无疑，这是人们认识和改造客观对象世界所特有的一种存在形式，及其生成自身社会生活世界的存在方式。而虚拟实在具有的"虚

① Franlk Bicca. Intelligence Augmentation：The Vision Inside Virtual Reality，chapter 3 of Cognitive Technology：In Search of a Human interface B. Gorayska and J. L. Mey（Editors）1996.
② 王卓斐. 网络自我认证悖论的审美反思［J］. 社会科学辑刊，2007（6）：218.
③ 张明仓. 虚拟实践论［M］. 昆明：云南人民出版社，2005：74.

拟性"和"数字化"特点使原本的人与人之间的依赖关系被人对网络的依赖关系所取代，使其对他人、社会以及现实的道德责任漠不关心，导致网络主体的社会关系严重弱化。

2. 非实体性的虚拟生存易导致网络主体道德情感淡漠。网络世界是人们拓展的、建立在现实世界基础上的第二生存空间。作为一种具有间接性、虚拟性和开放性特征的非实体性存在形式的网络虚拟生存，是人类通过发挥对符号和观念构造的能力，而创造出来的一种新的实在。它对网络主体的学习工作、社会交往、劳动实践、生活方式、思维方式和日常生活等各个方面都产生着或显或隐的深刻影响，同时，它不仅渗透到人类社会具有重复性思维和实践特征的日常生活领域，还对包括政治、经济、文化、军事等制度化的非日常生活领域产生影响作用。

网络虚拟生存使网络主体处于一种虚拟的现实环境中，而虚拟的环境促进了网络主体虚拟的情感的生成和发展，进而需要虚拟的道德情感体验。网络虚拟生存环境的非实体性构成，使其摆脱了对物理实体和空间位置的依附，这使得从现实社会生活中分化出来的网络社会中网络主体通过网络交往所获得的自由度要大得多，导致以往依靠熟人监督和慑于社会舆论、法律等手段的传统社会中维护得比较好的道德行为规范的消解，那种由社会舆论、熟人关系等构成的社会监督机制很容易在"反正没有人认识我"的虚拟网络界域中弱化甚至崩溃。网络社会的弱控制性、自由开放和自主性等特点使网络主体能以一个"符号"身份在网络空间中相对自由的活动，人与人之间具有可视性和亲和感的面对面的交流方式和生活方式被人与机器的关系所替代，导致网络主体与家庭、朋友之间的人际关系逐渐疏远，进而引发道德情感淡漠。

（三）网络虚拟交往的匿名分散性易导致网络主体道德责任缺失

1. 网络交往的虚拟性易导致网络主体道德观念弱化。在网络化生存中，网络主体虚拟交往方式具有虚拟性、数字化和交互性等特征，交往活动是一种非实体能量真实流动的双向和多向的信息符号编码之间的互动交流，网络虚拟技术使网络主体摆脱了传统的受时间、距离、语言等局限的人际交往模式，网络信息通讯工具具有的即时性、扩散性和全球化特点，又使得"点对面""一对多""多对多"的网络交流模式变为现实，这种虚拟的网络交往模式凭借网络技术发展极大地拓展和延伸了网络主体的交往行为方式，不同的媒介赋予了不同的时间和空间，虚拟的网络社会在交往空间和交往时间等方面都赋予了网络主体无与伦比的自由。

网络交往的虚拟性使得网络主体可以超越物理空间的现实约束而享有更大的自由度。但网络空间是建立在数码的生产、存储、流动和控制之上的主体交流信息、知识、情感的一种生存环境，在虚拟的网络交往环境中，"去身体化"使得网络主体可以将其年龄、相貌和社会身份等在现实物理空间里无法隐藏的信息隐匿起来。网络主体的情感培养和道德责任的认知强化离不开现实的亲历交往，如若长期沉迷于网络世界可能会导致道德情感的淡化。如果网络主体长期沉迷于虚拟的网络世界，则其与社会及他人的直面交流将会被人机交往所取代，从而逐渐弱化甚至丧失与现实生活世界交往的兴趣和能力。再者，网络虚拟交往模式具有的自由性和匿名性，以及交往主体的身体、身份的缺场，极易使网络主体获得人际交往等方面的成功，提升其自我价值感和自信心。一旦回到现实的社会交往过程中，由于社会、自身等多方面原因可能使他们的交往行为活动受到挫折，引起其对现实社会的不满而心理失衡，进而消极避世沉溺于虚拟的网络社会交往中，导致其道德观念弱化。

2. 网络虚拟交往的匿名分散性易导致网络行为主体道德责任缺失。网络虚拟社会是一个相对自由的社会，在虚拟的网络社会中，现实交往中的约束、规范和心理压力等因素大为降低，使得网络行为主体的网络交往活动相对地较为自由。虚拟交往具有的身份的匿名性和位置的分散性等特征，为网络行为主体的网络行为提供了更大的自由度，现实社会中的道德和法律很难对其网络行为进行限制和约束。虚拟的网络空间使传统社会中对网络行为主体行为的监管、控制弱化或丧失，赋予网络行为主体一种自由感，极易诱发其因自利性而产生的原始冲动。在这种超脱现实的情感和冲动欲望的控制下，网络行为主体的网上行为难免会违背道德，甚至违背法律。

网络社会为网络主体提供了一种前所未有的自由度，这种自由度的发展和膨胀极易导致其超出现实社会赋予的道德责任和行为边界。如果网络主体没有理解和明确在网络空间中的权利、责任和义务，极易导致其网络社会中行为自由度的放大化，与其所应担负的道德责任不相协调，甚至发生严重的矛盾和冲突。网络虚拟交往的匿名性和分散性使得"网络主体的网络互动交往，逐渐演变成一种数字符号交流而身体缺场的虚拟交往，这种交往模式使网络主体总是在现实的自我（个体存在的外在状态）、真实的自我（个体本质存在的内在状态）和想象的自我（个体存在的想象状态）三者之间不断地进行着角色切换，这种切换使得自我很难达到自我意识的统一，极易导致其抵御网络社会诱惑的自制力降低和道德责任意识下降"，[①] 由此引起的道德责任缺失和道德失范问题，不仅破坏网络社会秩序，也会波及现实社会的良性运转。

（四）网络虚拟活动的超现实性易导致网络主体道德人格分裂

1. 网络虚拟活动的超现实性导致网络主体形成双重人格——现实人格和虚拟人格。网络产生之前，人们一直生活在一个一维化的物理空间（有限的时间和实体空间）中，处于一维化状态，网络的产生、普及和应用使人们在两种不同的时空交错互动中进行转换。现实的实体空间（物理空间）中经千年历史逻辑发展所形成的一系列生活准则、行为习惯和道德规范逐渐被打破、改变、消解，网络虚拟空间中一个全新的网络生活准则和网络行为习惯正在产生和形成。网络社会环境里，虚拟技术所提供的全新延时交流和互动的环境，使网络主体在网络空间中的虚拟活动，具有了对现实的超越性和创造性特征，形成了一种新的虚拟意识、观念和虚拟行为，他们可以借助于网络数字技术将现实中的诸多不可能性变成虚拟空间中可以反复再现的可能性。由此，他们的虚拟意识、观念和虚拟人格也相应而生。在这种几乎可以找到实存社会的一切东西的虚拟社会中，网络技术使网络主体的身份变成了电脑上的一串信息字符，网络虚拟活动的超现实性，使得网络主体形成了物理社会中的现实人格和网络社会中的虚拟人格，并在两种不同的空间中进行角色转换。

2. 网络主体现实人格和网络虚拟人格的冲突极易导致其道德人格分裂。网络主体生活在"现实世界和网络世界两个世界中，在第一个世界里，作为社会个体，他承担着现实社会赋予他的责任和义务，作为生物个体，他从中呼吸空气，获取食物，进行维持其生命的物质交换；在另一个世界里，作为网民，他遵循着网络世界的秩序和规则，作为精神个体，通过符号进行着信

---

① 张元，等. 网络道德异化与和谐网络文化建设 [J]. 现代传播（中国传媒大学学报），2014（4）：22.

息交换以维持其精神的存在。……同一个体在两个不同的世界里轮流'切换'，在'双重生活世界'里扮演着'双重角色'"。① 网络虚拟活动的仿真性和超现实性，使网络主体极易形成特征迥异的两重人格——现实人格和虚拟人格，即主体在虚拟的网络实践活动中戴着一张人格面具，而在现实的社会生活中又是另一个人格面具。换言之，网络行为个体在网络虚拟活动中常表现出与社会生活中的现实人格不同的虚拟人格，其可能在现实中是积极友好的人格，但在网络活动中却表现出一种迥异于其现实人格的消极的和反社会的人格，并且二者又相互独立，保持彼此的稳定性。网络空间中多元的道德构成，会陷网络主体处于一种自相矛盾的道德选择的对立和计虑之中，这也会干扰、破坏甚至扭曲其道德人格，造成其道德冷漠与人格扭曲甚至道德人格分裂。

二、网络道德行为规范的建构路径

（一）政府部门牵头制定和推广网络道德行为规范

虚拟的网络社会是人类现实的物理社会的一种延伸，是一个相对自由、开放和松散的结构系统，它对所有网站和网民的自律意识和底线意识都有很高的要求。因此，在健全完善网络制度化领域之时，也需借鉴发达国家在网络社会道德规范建构等方面的有益经验，制定、完善并推广符合我国国情的具有中国特色的社会主义网络道德规范，以影响、引导和规约广大网民的网络思想和言行。因此，政府职能部门既要推动以往单向管理向双向互动的社会治理模式转变，推进社会协同治理，又要在建设"网络强国"征程中，加快推进"网络道德规范制度化"建设，将道德规范具体化为网络虚拟社会、网络集群社区、网络机构单位和网络行为主体必须遵守和遵循的网络制度法规。

2013 年 8 月，由国家互联网信息办、中国互联网协会等单位提出并达成了"七条底线"："法律法规底线、社会主义制度底线、国家利益底线、公

---

① 何明升. 叩开网络化生存之门 [M]. 北京：中国社会科学出版社，2005：195.

民合法权益底线、社会公共秩序底线、道德风尚底线和信息真实性底线。中国互联网协会倡议：全国互联网从业人员、网络名人和广大网民，都应坚守七条底线，营造健康向上的网络环境，自觉抵制违背七条底线的行为，积极传播正能量，为实现中华民族伟大复兴的中国梦作出贡献。"[①] "七条底线"的提出，体现出我国的网络管理方式由"堵"到"疏"的转变，既要保证言论自由，又要守住言论底线，这既要德育的疏管理，也要有制度的严保障，宽严相济才能确保网络环境的合法、有序和自由。另外，只有将"七条底线"完善并上升到制度层面，细化为具体的网络操作守则，落实到监督环节，才能确保将互联网建设成为传递正能量的重要平台。2013 年 11 月，国家互联网信息办、教育部、共青团中央等单位共同开展了"绿色网络助飞梦想"——网络关爱青少年的活动。因此，政府相关职能部门若要提高公民自觉维护网络文化健康有序发展的意愿，就必须把网络虚拟社会的法治和道德教育结合起来，既要积极贯彻落实"网络安全知识进校园"，又要在高校将"网络道德教育"纳入课程教学环节，并在日常的教育教学管理工作中，发挥思政教育类课程、计算机网络专业课程等主渠道作用。同时，在建设完善网络制度法规之时，也要建立健全网络道德行为规范，既要为网络社会的软治理提供底线伦理（法制）保障，又要为其提供国家崇尚性规范——道德引领。

（二）制定出台微媒体、网络社区、移动智能终端等网络载体的自律公约

以微博、微信为代表的微媒体是完全开放的网络信息传播平台，具有即时性、连通性、社区化和互动性强等特征，其以微博、微信网站为中心的"聚合式传播模式"使海量的信息通过每个个人的微博和微信客户端而聚合到相关网站上来。大量有害的负面信息也通过自媒体进行病毒式、裂变式地在网络空间中快速传播，使得整治和规范以微博、微信为代表的自媒体中的负面信息的传播变得困难，针对自媒体、网络社区、移动智能终端等网络辐射载体进行网络立法显得尤为必要。同时，如何正确辨别微博、微信、网络社区、移动智能终端等网络辐射载体上的虚假信息和谣言的真伪，如何正确

---

① 中国互联网协会倡议共守"七条底线" ［EB/OL］．（2013 – 8 – 15）http：//news. xinhuanet. com/politics/2013 – 08/15/c_ 116961278. htm

使用微博、微信、网络社区、移动智能终端等网络辐射载体平台为网络行为主体和社会服务，这些问题使得制定出微博、微信、网络社区、移动智能终端等网络辐射载体的自律公约显得极为必要。微博、微信、网络社区、移动智能终端等网络辐射载体的个人性、开放性和交互性使其与现实社会的联系更加紧密，由其引发的争端和纠纷也越来越多。

国外较完善的网络道德行为规范、准则，对我国网络法律法规和网络道德行为规范建设具有重要的借鉴意义和参考价值，应借鉴、汲取其精华成分，结合我国传统文化中有益的思想资源和道德因素，为制定出符合我国国情的网络道德行为规范提供营养因子。同时，应借助社会各方力量，促进政府职能机构、网络服务商、社会各行各业等共同努力，构建有中国特色的网络道德行为规范，推动网民网络活动规范化、法治化。2002 年 3 月，《中国互联网行业自律公约》出台。2014 年 1 月，腾讯公司发出《向网络诈骗黑色产业链宣战》倡议书。2014 年 4 月，"中国互联网金融协会"成立。2014 年 8 月，《即时通信工具公众信息服务发展管理暂行规定》（简称"微信十条"），由"国家互联网信息办公室"对全社会公开发布，同年 10 月，"首都互联网协会"在北京成立。这使得网络虚拟社会与现实生活世界以及社会主义精神文明建设之间互相促进、互融互洽，使网络世界真正成为"传播社会主义先进文化的新途径、公共文化服务的新平台、人们健康精神文化生活的新空间"。

（三）网络媒体机构及其从业人员须加强行业自律和道德规范建设

1. 明晰网络媒体机构及其从业人员的职业道德底线。受市场经济影响，网络主体自觉或不自觉地将市场经济中的交换价值原则，运用到虚拟的网络生活领域。然而，受商业利益的诱惑、激励和驱动，网络媒体人开始盲目地追求"眼球效益"、点击率、制造轰动效应，有意或无意地轻视、忽视甚至无视新闻传播行业的专业主义精神和基本的职业道德底线，加剧了网络媒体人自身的传播道德失范和网络媒介生态环境的异化程度。网络媒介生态环境的恶化进一步扩大了网民受众"求新求异"的市场需求，使得网络媒介环境恶性循环，导致网络媒介生态环境中的人文精神极度缺乏，媒体的社会责任意识弱化，职业道德意识淡薄。因此，要注重网络媒体的职业道德规范建设，培育网络媒体人的社会责任意识和职业道德意识，加强媒体行业自律，一是要确保"播报事件"的客观真实性，遵守"信息真实性底线"；二是要确保"事件播报"的客观公正性，遵守"法律法规底线"。

2. 提升网络媒体从业人员的媒介素养，加强道德自律。网络媒体从业人员应该树立正确的网络价值观、是非观和道德观，因一时的轰动效应是无法在全球化的网络媒体角逐浪潮中立足的，唯有不断地加强自身网络媒介素养和道德建设，方能在竞争激烈的信息社会中树立良好的网络媒介形象和商业品牌。这需要坚持做到以下几个方面：一是要确保"播报信息"的正能量，遵守"道德风尚底线"；二是要确保"信息播报"的底线意识和自律意识，遵守"公民合法权益底线"；三是要确保公共领域"播报信息"的严格把关，遵守"社会公共秩序底线"。

3. 加强网络媒体从业人员的专业技术素养。网络媒体从业人员掌管着选材、语风和传播权，其价值观和专业技术素养对于网络社会的信息传播至为根本。要多渠道、多形式地促进网络媒体从业人员提升其专业技术素养，确立正确的信息价值观和道德观，以更好地引领网络社会的发展方向，一是要确保"信息播报"的民族性，遵守"国家利益底线"；二是要确保"信息播报"的意识形态性，遵守"社会主义制度底线"。

4. 完善社会对网络媒体机构及其从业人员的监督机制。建立、健全和完善现实社会和网络虚拟社会对网络媒体机构，及其从业人员的有效监督和规约机制，这需要在政府领导者制定的制度法律规范、行政监管、民众监督、社会教育和职业道德自律之间实现协同合作、互动整合，形成一种全方位、立体性的合力。在构建监督机制的具体实践过程中应注重发挥网络媒体机构及从业人员主观能动性的参与监督模式，激起网络媒体机构及从业人员在网络生活中的主体性，实现真正意义上的从社会他律向自律的转变。然而，"监督机制的完善是一个连续的扩展和深入的过程，在此过程中应注重法律规范、行政监管、公众监督、社会教育相结合形成的监督机制过程的接续性"。[①] 互联网主管部门应加强日常监督管理，强化网络媒体从业人员的资格认证和教育培训，针对网络媒体行业落实网络管理的相关奖惩政策，通过制定专门的管理制度法规来约束其经营行为，对敢于突破"七条底线"，疏于管理或制作、传播虚假信息、泄露网民个人隐私信息、侵犯国家和个人合

---

① 张元. 我国网络信息监管的实践路径探索 [J]. 广西社会科学，2016 (6)：143.

法权益等行为依法按照政府相关规定严格查处纠办。

(四) 强化网络文明礼仪和规范建设

当前，由政府主流意识形态所倡导的网络文明礼仪仪式与民间自发的，以及虚拟的网络空间中的礼仪仪式之间存在差异，并没有达到一种和谐的互动"互嵌"状态，这些礼仪仪式既没有达到中国传统社会以"天地君亲师"的礼仪设置来巩固统治的目的，也没有像西方依靠宗教形式自觉地维持社会道德的运行。导致网络文明礼仪教化功能弱效的原因有二：一是在国家倡导性网络文明礼仪的设计中，过于注重意识形态的政治性建设，忽视了意识形态的文化性，导致对现代国民的培养立场丧失，使得由政府主流意识形态所倡导的网络文明礼仪与民间礼仪出现了立场上的间距。二是网络文明礼仪的设计与大众生活存在裂痕。任何一种礼仪的设计必须切合大众生活的信仰，注重教化理念与大众生活两个层面的紧密互动，这是实现网络文化教化的前提。很显然，当前我国这方面的工作做得远远不够。因此，网络文明礼仪仪式的设计要注重考虑和融合广大网民的日常生活情感体验和生活经历。

(五) 加强网络道德理念的规范化和制度化建设

多元的社会主体要着力加强网络媒体行业的道德规范建设，并将网络媒体行业应遵守的最基本的底线伦理和道德规范上升为具有强制性和执行力的制度法规来保证网络媒体行业从业人员对道德规范的遵从。如美国著名的"计算机伦理协会"为应对网络不端行为，专门制订了具有约束力的"计算机伦理十诫"。我国西祠胡同网站（众多学校和青少年学生参与的网站）也立下了相应的规则。2006年4月，北京网络媒体协会制定并在全国首先发布了《北京网络媒体行业自律公约》。2011年4月26日，由104家会员单位组成的"北京网络媒体协会"签署了经重新修订的《北京网络媒体行业自律公约》。同时，网络剪贴技术的普及应用使得文本文档、视频音像等资料的获取和复制成本极为低廉，网络P2P技术使得网络社会中开放的文本文件资料的传输和共享变得简便。因此，要健全完善国家、社会、职业媒体对网络草根媒体的引导和规范，以实际行动提高和展现网络媒体的社会公信力。

生态文明视野下的生命平等观探析

赵晓庆　姚　琛①

【摘　要】文章从生态文明视野下的生命平等观出发，首先讨论了生命平等的理论依据，主要包括两个方面，生态系统整体性的要求及自然价值与自然权利的要求。生态系统整体性的要求主要讲述了生态系统是一个有机的整体，要从整体上去把握和理解生态系统的整体性。自然价值与自然权利体现了生物之间的权利和义务的统一性。其次，讨论了生命平等观的基本思想，对生命平等观的理论归属、生命平等观的实质进行了分析。通过对生命平等观的理论依据和思想的分析，阐述了生命平等观实现的途径，其实现的方式从自我实现到发展绿色科技，最终是调整人和人的关系。

【关键词】生态文明　生命平等观

当今世界，由于人类对环境的破坏，生态环境问题日趋严重，生态危机日益显现出来，严重威胁到了人类的生存和发展，因此人类需要重新建立一种生存方式以解决生态问题，这就需要建立一种新的生态平等观思想。人类要在思想上首先解决好平等问题，然后才能在解决人类发展问题的同时解决好生态环境的可持续发展。生态文明视野下的生命平等观研究，从理论意义上来看，生态自然观是当今生态文明的一个重要发展方向，生命平等是其主要内容。从实践上，研究生命平等观对于生态文明也是具有非常重要的现实意义。

---

① 作者简介：赵晓庆（1981—　），男，江苏徐州人，淮海工学院法律与公共管理学院教师，博士，研究方向：土地经济学与土地伦理；姚琛（1987—　），女，江苏徐州人，淮海工学院图书馆，研究方向：体育经济。

一、生命平等观的理论依据

(一) 生态系统整体性的要求

假设哲学宇宙论在于用概念体系表达人类对所有已知现象的理解，科学宇宙论在于描述所观察到的和已经证实的现象，神学宇宙论的任务在于回答为什么的问题。众所周知，人类作为浩瀚宇宙的一个成员，就其自身并不具备这种终极视角，因而只能从终极者的启示中来理解这个最基本的原因。神学宇宙论理解与阐发的是启示的本身，所以，它也不依赖于某个阶段科学成果或人类经验的证实。另外，它的根本目的不是对科学发现或者人的经验证明。综合三者所述，可以大致这样来描述宇宙，宇宙是一个生成者的共同体，作为一个无生命客体的时代已经过去了，文明不再是对工具使用的进化程度，而将是以尊重宇宙之内的所有主体的方式去行动和思考。

(二) 自然价值与自然权利的要求

对自然价值的理解，是指以自然这个载体为最终目的价值。自然价值的内在价值是自然系统存在与发展的最为根本的源动力，是其自我演化、自我进步的客观事实。外在价值从人类和其他生物的角度出发，指自然界对人类和其他生命的实用性，也就是说，外在价值是对于自然界中其他生物的价值。对自然价值的理解还有另一种阐述，自然价值是以人的主体性为尺度的关系，体现的是自然物对人类的生存和发展具有的意义。自然物也就是自然界的客观存在物，它是人类实践的客体，自然物为人类提供了生存和发展所需的一切物质。自然物对自然界中存在一切客体的生态系统的相对稳定和平衡起到了至关重要的作用。我们称自然物的这种价值为生态价值。尽管生态价值在其形态上同人对自然物的消耗和获取并没有太多的关联，但是这同自然物在整个生态系统中的功能是有密切联系的。自然价值与自然物的生态价值只有相互关联、相互联系时才具有价值的意义。自然物的生态价值最终仍然是指对人类生存的价值，并非是自然界的自足价值。

所谓的权利是通过人的权利的提出而在法律上确定了权利的概念。作为自然界中的生物也同样和人类一样应该拥有权利，生态学家和生命平等观的支持者确信，自然权利将是下一个权利扩展的方向。人类对自然权利的认知是随着时间而逐步了解的。自然权利是一种与生俱来的权利，是人类不可抗拒的权利，是无法否认的权利。当这种自然的权利被法律所确定时，法律和道德权利是人类必须要面对的天然权利，这种权利是有主观性的。人类的权利概念扩展的一个重要方向便是动物，这也正是因为人类同动物拥有近似性的缘故。人类所拥有的各项权利因为自然权利的提出而扩展到了大自然中的动物。在塞尔的理念中，人类赋予自然界中动物的权利不应只是局限在一定的小范围之内，应该延展到更大的范围。任何生物都有生活的权利，这是天然的权利，是不以人类的意志而转移的。人类同其他生物一样，没有更多的优势，有时人类中的特殊群体比其他生物的智力还要低一些，因此，为何这类群体都拥有天然的权利而其他生物却无法拥有而被拒绝呢？自然权利又可称为生态权利。任何生物只要存在于自然界之中就有生存和被其他生物尊重和爱护的权利。

人类作为地球上生态系统中的一员，要尊重自然界的尺度。自然界的一切事物都是外在价值与内在价值的统一体。人类作为拥有高智商的群体，应该放弃对自然界无休止的破坏与改造。从保护生态入手，从生命平等观着眼，在保证基本利益不变的条件下，促进社会生产力的改革，最终使人类脱离自然对人类的统治和控制。在当代，人类对自然界的改造不是为了征服自然和无休止的获取人类进步所需的资源，对自然界的开发与利用是要同自然界自身规律所协调的。从历史来看，对自然界的有序的改造和尊重自然界的权利是密不可分的，只有尊重自然界的规律才能使人类对自然界改造和利用的主观能动性得以最有效、最优地发挥。人类与自然界关系问题的一个全新的重要领域便是对自然价值的反思，它的提出是对传统自然价值观念的超越。对自然权利论者所提出的自然拥有权利的最终目的是想让人类尊重自然，但是人类对自然界的尊重和保护主要还是靠人类自身的自律性。正是由此而突显了道德的重要性，生命平等也要靠人类自身的自觉性来实现。道德是人类社会文明进步的产物，道德随着社会活动而变化发展。只有和谐相处，人类与自然才能够共赢，才能够消除与自然界的紧张趋势。因为一旦自然界被人类在生存发展过程中彻底的破坏，人类将会失去地球这个支点，失去其赖以生存的自然界。人类对自然界的依赖远远超过人类自身的预期，人类的社会活动完全依赖于自然界的生态系统。人类作为地球的"主宰",不仅要对自身的文化发展负责,更要对整个生态系统负责。作为自然界中的一员,人类要把自己视为生态系统中的一部分,应该从自然界的支配者转为生态系统共同体中平等的一员。人类有责任帮助和维护生态共同体的稳定和和谐。人类为什么能生存,为什么能实现全球经济的可持续发展,为什么能使人类的道德水平提升,这一切都是因为生态伦理学中有关自然权利的明析阐述使人类实现了一次思想上质的飞跃。自然权利是极为重要的,但是自然价值是自然权利的充分条件,自然价值是自然权利的前提。人类对自然价值的认知是自然权利存在的源泉。

二、生命平等观的基本思想

(一)生命平等的理论归属

1. 马克思自然辩证法的生命平等理论

在马克思的思想中,以人为本的科学发展观是其重要的传承。在人类的历史长河发展中,生命平等的思想体现在了中华民族的优秀传统文化之中,不论是天人合一的思想,还是仁爱的道德理念,都自始至终存在于人和自然的相互关系之中。马克思在揭示人类平等的真实本质时认为,人作为一个类,彼此是相同的。生产力的可持续发展,是对人类物质财富积累的升华,是人可持续发展的基础。随着高新技术的应用,人类对自然的获取随之加大,人类所拥有的改造自然的力量使自然界只能无条件的为人类服务,人类社会活动效率的提高,使人类物质文明进一步得到了提高。但是高科技对人类社会带来的并不全是有利的一面,其负面影响也进一步展现在人类面前。人类赖以生存的地球出现了生态危机,这种生态危机对人类的生存和进一步发展产生了一些不可逆转的结果。基于此,生命平等及生态科学随之引起人类的广泛关注,生态科学及其生命平等观得到了快速的发展。以生态伦理学为基础的生命平等观对人类社会所遭受到的各种危机进行了深刻的研究,对生态伦理科学进行了概括。生命平等观是人类社会生存的科学观,是人类解决生态危机的生态科学方法论。在人类的生态平等观中,将宇宙中的生物同人和环境一起放入一个生态整体系统之中，用整体性的观点来研究自然环境及生态圈中相互之间的客观规律。生态学变成了一门关于人类生存的科学。当代生态学及生命平等观的快速发展体现了人在生态系统中的重要位置，体现了人与自然和谐关系的重要性，人和自然之间是平等、相互依存的，生命体之间更是平等的。从生态学的角度看，人是生态系统中的相对主导者和协同进化者。生态科学中的生命平等观是对马克思生态思想的进一步说明和继承，是建立在生态学的最新理论成果之上的。

2. 生命平等观念是生态自然观的特征所在

传统的自然观以揭示自然的本质与结构为使命，用本体论的语句客观地描述自然界，指出自然界的客观规律，并且认为这些规律与人无关。生态自然观不仅认为人与自然界是一个统一体，而且从语言上看，自然观的核心原理不仅包含本体论语句，也包含规范语句；不仅要说世界是什么，而且要说世界应当怎样。生命平等观念从语言上看属于规范命题，把生命平等观念作为核心原则引入自然观，也就意味着在自然观的核心原理中加入了规范命题。这一变化在奈斯的生态智慧中表现得最为突出。当今社会，人类需要的是一种从人类扩展到自然界的生态思想，奈斯称之为生态智慧。生态智慧即深层生态学，其主要是从科学到智慧的变迁。生态智慧即深层生态学主要阐述的是生态的平衡和和谐的一种哲学理念。奈斯将其深层生态学作为一种人类所特有的智慧哲学，体现了深层生态学的规范性、可操作性。"智慧T"中的"T"通常包含两方面的内容：首先，奈斯经常攀登的那座山有一个小屋，而小屋主要是由石头搭成，认为"T"就是奈斯所指的小屋。其实"T"就是指奈斯独到的个人见解。其次，智慧"T"指的是对于奈斯的学术态度是谦逊和宽容的。对于人类更为重要的是要认识到智慧"T"的重要，能够像奈斯生态智慧"T"中所体现出来的含义一样，具有独立认识事物的能力。自我实现原则同生态中心主义平等原则是深层生态学的理论基础，它们是深层生态学理论的核心。深层生态学的两条最高原则是内在相关联的，所依据的条件也十分的广泛。从前提条件向最高原则转换的基础是直觉。因此，深层生态主义者总是非常地相信自我直觉。认为只有不断的提升人的自我直觉，才能把握人的直觉。深层生态学中的方法论是建立在直觉方式基础之上的。深层生态学的基础是生态哲学。这种生态学同过往的生态科学不同，它研究的理论基础是人类中心主义平等观和自我实现论。深层生态学的重要思想是任何生物的生命都是平等的，若没有足够充足的理由，生物体之间就不能有任何毁灭其他生命的权利。深层生态学认为，随着人类的逐渐成熟与发展，人同自然应该能够和谐共处。就算是再小的生命体我们在它受到伤害时都应该感到悲伤。这就是深层生态学的主旨。

按奈斯的思想，生命平等中心主义的观点是，人类应该重新审视人类中心主义这一思想，辩证地看待生态系统中的人和自然的关系。自然界中的任何生物都拥有和人类同等的权利和价值。人类对自然的获取要具有其合理性和目的性，人类可以而且应该满足自我的需求。但是在满足这种需求的同时，不能任意掠夺生态系统中其他生命体的合理需求。人类和生态系统中的其他生物是一体的、综合的。要从整体的观点来看待整个生态系统的和谐共处与发展，促进生态系统的稳定，共同维护整个生态系统的和谐发展、共同进步、共同进化。而"自我"的思想在人类的主观意识中过于片面了，范围过于偏激。真正的"自我"要比人类现在所能认识到的范围更加宽广，它不仅包括人类自身，而且还包括生态系统中的其他生物群。要从单纯的"自我"发展到生态的"自我"，要从简单的人类自我意识发展到生态系统这个整体意识。要实现自我这个范围的扩展和深化，使其程度加深，涉及的面更加广泛，使人类和自然中一切生物体的距离缩小，让人类真正意识到人只是生态系统中的一个普通成员，重新审视人类在生态系统中的地位，摆正人类在生态系统中的位置，真正达到"生态自我"。

（二）生命平等观的实质

1. 生命平等的涵义
（1）从个体的角度理解生命平等的涵义
生态平等观的思想在佛教看来，主要体现在两个重要方面，即生态自然观、生命平等观。

首先，佛教中的生态自然观是众生同自然界和谐相处的基本内涵。佛教的生态自然观认为万物都拥有佛性。自然界中的一切物种都是佛性的具体表现形式，都拥有各自的存在价值。人类要重视自然的存在价值，自然的存在价值是通过人的需求来体现。而自然界中的一切在佛教看来其佛性本身是永恒不变的。世界万物都有价值和佛性，都拥有平等的价值。小乘佛教认为自然界中的无生命物体都不具有佛性，这种思想是极其狭隘的。我们要突破这种狭隘的观念，将佛性的意识拓展到自然界万物之中，认为万事万物都拥有佛性，因此，万事万物都应有其平等存在的价值。人类对自然的尊重要从生态系统的整体性出发，对自然的改造要遵守万物的客观规律。人类要超越功利主义发展形式，寻求一种全新的伦理学的思想。

其次，佛教的生命平等观强调生命平等、轮回转换的思想。在此之上，佛教认为宇宙万物之间的生命体都是平等的。这种生命的平等不仅是人与人之间，也包含了不同生命体之间的平等权。生命的本质是平等的，生物之间要彼此尊重，珍爱生命，为此佛教提出了"不杀生"，此条戒律成为佛教的第一戒律。在佛教看来，"不杀生"是第一功德。不论是对何种生命的灭绝在其死后都要进入地狱，遭受恶报。佛教中的善指的是促进生命的可持续发展，而恶则是指对生命的毁灭。任何生命都有自己存在的价值和权利。人类存在和可持续发展的前提是生物物种的多样性。通过对佛教生命观的研究，我们可以看出佛教对生命平等的敬畏，这种思想是有普遍存在的价值。这也反映了人性的本质——永不杀生，生命是最高贵的，生物体之间要彼此敬畏。

（2）从社会的角度理解生命平等的涵义

马克思思想中关于人的本质和价值的思想是马尔库塞思想的来源，马尔库塞奉行了马克思的人道主义精神和历史辩证法观点。以人为核心，解析了人类社会活动的各个方面，通过对物质文明的研究，揭示了其假象，并指出了人的真正需求。由此表现了对人价值的关怀。马尔库塞在《单向度的人》这本书中提到了物质生活的所谓"幸福"，是一种虚假的幸福，这种幸福是建构在社会对人性压抑之下的。马尔库塞认为人类真正需要的是真正实质上的自由，而非当今社会所提供给人类的相对平等和自由。对生命平等的认识是建立在技术面纱掩盖下的，社会以技术为进步的工具，揭示了当代社会虚假的繁荣和需求。人类发达的工业技术为人类改造和征服自然提供了强大的物质力量，但这也阻碍了人对自由和生命平等的追求。正如马克思所指出的那样，人要获得平等，获得自由解放，必须从社会生产力的发展及其生产关系的变革角度来寻求。人自身社会价值的全面实现在一定程度上是依赖于物质基础的。要想成为一个"真正的人"，就要构建一个符合人性的社会，随之要将这种思想扩展至整个自然界，人类要建设一个幸福和谐的社会，一个真正体现生命平等的社会。在人类发展进程中，人与人之间、人与自然之间的利益冲突越来越尖锐，社会问题也在一定程度上遏制了人的全面自由。相反，当人类对自然进行改造时，自然也在极力反抗和自我保护，自然的自由发展和进化也受到了人的压抑和扭曲。人的社会性活动，即对自然界的改造和征服确保了人的自由全面地发展，为人类的进步提供了物质保证，促进了人类和谐社会的进步。

（3）从生态文明的角度理解生命平等的涵义

从盖亚假说的理论来认识生命平等的涵义。地球被认为是一个生命有机体，这是盖亚假说本质内容。地球作为一个有机生命体，具有自我调节的能力。盖亚假说包括五个方面的内容，首先是在自然界中各种生物体都能够对大气的温度和化学构成造成影响；其次是自然界中的各种生物都能改变其所在的生态环境，同时生态环境也能影响生物的进化，二者相互影响，共同进化；再次是负反馈环作为生物和自然界之间的桥梁，保持了自然界中各生命体的共同发展；第四是生物圈的存在是大气稳定的前提，同时生物圈也是大气保持稳定的目的；最后是物质环境是由各种生命体来调节的，改造物质环境也使各种生物的生存环境得到了改善。前两部分称为弱盖亚假说，后三部分被称为强盖亚假说。地球在盖亚看来就是一个生命系统。这种生命指的是在一定的稳定体系内进行物质交流和能量转换的特殊生命。生物在地球这个巨生命系统中起着重要的作用，如果地球失去了自然界中的生物体，那么地球这个巨生命系统也就失去了意义，不复存在了。从生命平等观来看，把地球看成是一个完整的生理系统，用整体性的思想来审视自然界中的生物群，其中每一个生命体都有其存在的价值。因此，它们都应该同样的享受到平等的道德关怀。人是自然的一部分，并不比其他生命体高贵，人和其他生命体都应该是生态系统中平等的一员。所以人应该和其他生命体一同和谐进化和发展。

2. 生命平等的尺度

（1）生存条件——生命平等的首要尺度

人类同其他生物的生命一样都是异常珍贵的，而生命的延续又要以一定的条件为前提的。任何生命的生存条件都是由充足的内在和外在因素共同构成的，内在的因素主要是从生命的功能系统来阐述的，主要指用于构建生命体的蛋白质和核糖核酸；外在的因素主要指的是生命体的生存环境和生存空间。人类作为地球生态体系中的一员，需要用爱来爱护自然和自然界中的生命体。自然界给人也提供了所需要的生存空间和环境，任何生命体，就算是自然界中的高级动物、拥有高级智慧的人也无权随意剥夺其他任何生命体的生存权。人类已经进入到了一个物质文明和精神文明共同发展的时代，当人类不需要为了生存和延续而改造自然时，人应该尊重自然，适度的去适应自然，而无需对自然进行征服和破坏。平等是一个运动的历史概念，生存权的平等是从生命体权利的角度考量的。

（2）物种发展的自由度——生命平等的第二个尺度

生命平等的第二个尺度是物种发展的自由度，从其内在和外在两个方面进行阐述。首先，从内在的达尔文的进化论来看，生命都源自于一个最原始的细胞，人是由低级动物逐渐进化而来的，在自然界中的生命体进化过程中，通过自然的选择和变异，从低级到简单的生命体，渐渐进化到了高级复杂的生命体。任何生物的进化都不是突然的变异，而是在经历了长时间或者生存环境的演变后而进化成新的生命体，进化是一个对立统一的过程。人类只有在明晰了物种起源和生物进化的真正意义时，才能真正地体会物种发展的自由权利，任何生物的发展都是建构在一定的生存环境之上。生存空间的斗争是达尔文进化论的核心内容，达尔文的自然选择是生存斗争的进一步推理，自然选择创造了自然界中的一切生物，一切生物都是相互关联的，生存空间也存在着进与退，人类不能为了自身的发展而去肆意践踏自然界，这样不仅使自然界受到严重的损害，同时还会给人类的未来带来不可预知的惩罚。

其次从外在的拉马克进化学说来看。拉马克认为一切生物的变异性都是在一定的环境条件下进化的，自然界中的生物多样性对生物的进化产生了一定的作用，而环境的作用是最为直接和关键的。环境的多样性同生物的多样性密不可分，生物的需求是因为生存环境的变化而变化的，并由此发展为生物为了生存在经历了几百万年甚至几千万年后而变异成新的物种。拉马克的生物物种进化论主要依据他对地质化石的研究和对地理研究所揭示的物种非恒定性。生物物种只具有相对的稳定性，物种是依据环境的影响而发生变异的，自然界自身也同生物一起进行着连续不断地变化。生物在自身发展进化的同时，必定要同其生存的客观条件相适应，当环境遭受破坏或者变化时，不论是何种生物都会改变其自身外在和内在条件使之相适应。

三、生命平等观实现的途径

（一）自我实现

人类社会的持续发展为人类的进步提供了大量可利用资源，随之而来的却是生态污染问题。深层生态学研究领域中的一个重要分支就是对生态污染问题进行探析。通过人自身对自然界的反思，将深层生态学推到了一个全新的境界。从奈斯的思想来看，"自我"不是狭隘的独立的"自我"，这种"自我"不利于社会进步与发展。狭隘的"自我"使自然界成为社会发展的替罪羊，社会在高速发展的同时自然界的生态环境却遭受着严重的人为破坏。狭隘的"自我"却并未意识到此问题的严重性。我们放弃这种狭隘的"自我"观念，建立一种范围更广的生态观念，即"生态自我"观念。我们要从狭隘的"自我"上升到真正的"自我"，这需要人自身修养的不断提高，充分发挥人类自身的主观能动性，挖掘人自身所具有的内在潜能。真正的"自我"指的是我们俗称的"大我"，狭隘的"自我"指的是"小我"，它们之间有着明显的差异。人类要想实现从"小我"到"大我"的转变，必须经历三个过程，首先是从"小我"到社会的"大我"，其次从社会的"大我"提升到形而上的"大我"，这种形而上的"自我"就是生态的"自我"。要实现上述过程，就要使我们所认识的对象范围不断扩大，程度不断加深，过程不断得到异化，逐渐缩小人与自然之间的距离。当人类处于生态"自我"阶段后，人便能更加充分地认识到自然界的重要性，同时人对自己也有了更加清楚的认识。当人类认识到了自然界的重要性后就会意识到自然界中的一切生命都有其存在的价值，人类只是自然中的普通一员，人类和自然界是一体的，要从综合性和整体性的角度来看待人和自然的关系。人类要想达到生态"自我"的高度，就必须更加深入地理解自然界作用。最大限度的接近自然界、了解自然界、按照自然的规律办事，不要只从人类自身的主观意愿出发任意对自然界进行改造和开发。人类要明白一个理论，人类要想实现"自我"利益，必须首先顾及整个自然生态利益。只有整个自然生态的利益得到充分实现，人类的"自我"利益才有可能得到满足。生态"自我"

的范围很广，包括自然生态系统中所有的生命形式，它们都应该实现各自的"自我"利益。这个生态"自我"的概念不是人类一时对自然生态系统中的生命体冲动的怜悯，相反，人类应该长期秉持这种观念，而秉持这种观念的人类范围应该包括全体人类成员。人类应该牢牢记住这样一个道理，人类存在的前提是自然先之于人而存在，没有自然的存在就没有人的存在，没有自然的"自我"就没有人类的"自我"。生态中心主义平等思想认为，生态系统中的一切生命体都有生存和发展的权利，都有实现其个体价值的权利。人类也要实现"大我"，即生态"自我"的权利。人类应该从更大的范围内去认识生物生态系统，重新审视生态系统中的一切存在物，赋予它们相应的"自我"存在价值。人类应该和它们一起实现各自存在的价值。生态中心主义平等的基本思想认为，生态系统中一切存在的生命体都是相互联系的，是一个有机联系的整体，他们不可分割，相互依存。每一个存在物都有其存在的内在价值。同时，深层生态学认为生态系统中的一切生命体的种类和数量是非常丰富和多样的。基于此种原因，生态系统才有可能长期不断地健康发展。人不过是生态系统中一个普通成员，同生态系统中的其他生命体并无本质差别。人的存在是有目的性的，同样，其他生命体也有其存在的目的性。因此，生态系统中的所有生物都是平等的，但这种平等并不是绝对的平等，主要是指权利和利益的平等。深层生态学认为，人类要保持深层长远的生态运动，就是要抵制狭隘的人类中心主义观。人类要想改善自身的生命质量，就要与生态系统中的其他生命体共同合作、和谐发展，只有这样人类才能获得满足其自身需要的各种生存资源。深层生态学认为，生态系统是一个有机的整体、不可割裂。生态平等与生态"自我"是密切相关的，生态"自我"实现的过程就是人类不断认识自然本质的过程，即自然也和人类一样有平等的生存权利和平等获得尊重的权利。人类如果破坏和掠夺自然，实质上就是在破坏和掠夺自身。整个自然界都是息息相关的，相互制约的。至此，深层生态学呼吁人类应该最小程度的影响生态系统中其他生命体实现"自我"价值的权利。这成为了深层生态学的一条根本道德底线。

（二）发展绿色科技

随着工业文明的快速发展，对环境影响和破坏的规模在日趋加重。作为生态系统中的重要一员，人与自然的关系变得更加紧张。在人类无所顾忌的对自然进行开发时，对自己所获取的资源是以极低的代价索取的而沾沾自喜时，自然其实已经以另一种方式反作用于人类，如土地的沙漠化、大气的严重污染、水资源的污染和全球气温升高等一系列生态危机。人类在遭受到自然的无情报复之后，不得不重新审视人与自然之间的未来。面对人类的可持续发展和生命平等的重要思想，面对现在和未来的利益，人类作为整个生态系统中平等的一员，有责任和义务首先从生态的理念去处理人与自然的关系。绿色在人类看来是生命的表现，代表着无污染，更是一种希望的期盼。在当代，发展以无污染的绿色科学技术，从而在延续人类和其他生命的过程中发挥重要作用。绿色科学技术有利于地球生物的长久生存和可持续发展，确保了对自然的适度索取。通过绿色科技的应用，使人类的生存环境和经济的可持续发展进一步得到了稳固。绿色科学技术所开发出的为人类服务的产品必须对人及自然没有任何的危害，这就要求其产品应该是生态的，生产过程更应该对环境无任何损害。绿色科技也意味着自然资源的可重复利用，人类要通过对高新技术的不断改进，最终使科技成为一种适用于生态环境平衡且高效的生产力的具体体现。

（三）调整人和人的关系

对人的思考是一个复杂的问题，可以从两个方面来进行分析。一方面思考的是人的现实存在，另一方面思考的是人的发展和提升。人的现实存在是一个比较低级的阶段，而人的发展和提升是一个自觉的过程，是人本身发挥自为性、自主性和自觉性的过程，这是一个比较重要的阶段。人的现实存在是人的第一次提升，主要指的是把人和动物区别开来。人可以制造社会活动所需要的工具，从而开展社会劳动，这是人和动物的本质区别。人学会了制造工具，体现了人从低级动物到高级动物的进化，马克思认为，学会制造工具就完成了人的第一次提升，标志着人确立了自身的主体地位。要调整好人与人之间的关系，实现人的自由全面的发展，在创造高度发达的生产力的同时，更需要实现社会关系明白合理。恩格斯早就说过，人的第二次提升，就是人的社会关系的调整。人的社会关系包括许多方面，其中包括人与人的关系，人与自然的关系等一系列的关系。社会关系的调整突出地表现在人的各种关系的合理性、多样性及综合性。人要实现生命的平等，就要大力的改善社会关系，实现人的第二次提升。马克思把人的提升过程分为三个重要的历史阶段，首先是人对自然及人与人之间的依赖占主导地位。作为人类来看，这一阶段只是人类的一种低级的意识状态。生命的平等观在此无法体现，人对自然的依赖远远超越自然对人的依赖，人与自然之间的平等是不对称的。其次，第二个阶段是以人对物的依赖关系为核心的人的独立性阶段。在资本主义阶段，物质财富极为丰富，人可以占有大量的资源，但是机器是人的主宰。人的第二次提升的第三个阶段是建立在人的全面协调发展的基础之上的，人类社会生产力的进步使人的物质财富达到了空前丰富的阶段，从而为实现人的自由全面发展打下了坚实的基础。此三个阶段显示了人从社会关系的提升中不断发展和延续的历程。人的全面发展与提升离不开社会的进步，只有社会发展了人才有发展的可能。人与人之间、人与生物之间要实现平等与和谐，就要从提升人类的社会关系的来考量，使之成为人第二次提升的重要理论依据。人的两次提升都极大地提高了人对物质财富的占有，同时人的精神生活也得到了巨大的提升。人类社会生活包括三个方面，精神生活是其非常重要的一面，物质生活水平的提高是人生存和可持续发展的基础，但是人类同样需要丰富的精神生活。通过人的第二次提升，人要实现生命平等，就应该从精神上改变对自然界的看法，全面认识人与自然之间相互尊重、和谐发展关系的重要性。人只是自然界组成中的一部分，人类来源于自然，同自然是一体的，人并不比自然界中的其他生命高贵。在人的提升过程中，要使人与自然实现平等，同时人还要实现自我的发展，只有使人类与社会获得充分的发展，才是唯一有效的途径。人与自然的关系也和人与人的关系一样重要，自然界中的其他生物也具有平等的权利，应该得到关怀。从人的第二次提升所涉及的关于人的精神生活可以看出，首先，人与人的关系问题归结起来还是一个社会历史问题。一方面我们不可能与祖先实现平等，另一方面，国家内部也不可能实现平等。其次，可持续发展归根到底是一个社会问题。从人与自然的关系来说，如今我们面临的环境污染问题都与人类的活动有关。因此，只有人的参与才能解决环境问题。可持续发展观，就是在追求人与自然平等的同时，还能实现自我的发展。

因此要实现生命平等，就要从精神上把握人与自然的关系，深刻地理解人与自然的本质，协调好相互之间的关系，实现人的精神提升。赋予自然应有的价值权利，给予其相应的道德关怀。人的每一次提升都是为了人与自然更好的和谐发展，我们要充分地理解人提升的涵义，在人与自然关系的调整中去把握人的提升，实现人的提升。

艺术学

论当代大背景下的美术创作之路

伏 涛①

【摘 要】任何美术创作都是在一定主体情境和社会背景下进行的，现在绘画的发展与画家个人的生存状态密切相关。现代人的内心情境和前人非常不同，艺术的功能化倾向明显，画家的选择和判断对美术发展影响重大。美术发展的方向是光明的，我们必须首先拾起绘画的尊严与画家的自律，然后以传统的美术留存作为美术实践的新起点。我们今天有着更好的艺术土壤与发展环境，国家与社会的美术机制更要发挥它真正好的引领作用。

【关键词】美术创作 求真求是 传统艺术 美术机制

任何美术创作都是在一定主体情境和社会背景下进行的，虽然是个体的行为，但也必然带有一定群体的特征，因此过于狭隘的视角或表述的宽泛化都是不合时宜的。"创作方法的理论归纳和升华，植根于古今中外大量的艺术创作实践。简要地说，是先有创作实践，然后才有创作方法论"。[1]把从优秀作品中得到的方法感受上升到理论层面，就构成了基础的创作理论，人们对创作规律的深化无疑是必要的。每个人的艺术创作也总会有一些预先植入的概念，现阶段的艺术实践其实并不单纯，甚至我们无法区分我们运用和依赖的，其中有多少是前人的方式方法，其中又有多少是完全自己的东西。在实际的绘画行为中，我们很难克服那种类似惯性的东西，一方面它使画家形成风格和样式，另一方面也使既有的面貌难以突破。当代美术创作归纳起来有三种倾向：主题性创作在艺术的发展史上是曾经被"颠覆"的东西，但社

---

① 作者简介：伏涛（1974— ），男，江苏连云港人，汉，现为连云港师范高等专科学校美术学院副教授，主要从事美术理论和美术教育理论研究。本文为江苏省高校品牌专业建设第一期工程项目。

会的现实需要，因此它仍是官方绘画的主体形式，一种富有时代感的现实主义；现代绘画是一些实验性绘画行为，强调面对现代世界和社会的个人化体验，注重体验和反映，与现实生活有强烈的疏离感；人们对绘画和美学本身的体味和探究从未停滞，传统的技法甚至一些非常古老的部分也被挖掘出来，写生即创作的艺术行为也越来越被更多人接受。

人的思想和行为方式不是生而有之的，我们都在传统的浸渍中一路走来，甚至自己实践的经验也很大程度上彼此相似，独立探究的路其实并不孤独。现在绘画的发展与画家个人的生存状态密切相关。现在人的生活节奏快，有太多需要画家处理与应付的生活问题，画家与前人相较起来有更多物质层面的生存压力，但人的眼界和触角更具开放性，这些使现代画家的创作实践必然不同于传统画家。我们不习惯长期甚至毕生坚持一个方向，或在一幅画作上投入那么多的时间与精力，不再是心灵层面的深刻，现代画家更追求创造因素的丰富性。

绘画相对于其他社会诸种行业来说，并非是个有刚性需求的行当，它是精神范畴的东西，一个人选择绘画纯粹是个人的自由选择。从这方面来说，能操持绘画的人往往首先需要量力而行，但因为没有类似资质之类范畴的门槛，从事绘画的人实际情况却是良莠不齐。画家绘画艺术的发展往往和画家个人的人生发展与种种境遇的变迁有很大联系，通过画家的生平入手来探究其艺术，这一直是艺术理论研究艺术现象的常用方法。从画家自身来说，生活中如何处理绘画与生活的关联，本身就是对绘画艺术的真正切入。对待绘画的方式，很大程度上决定了画家在绘画操作上的具体方式。

艺术中信仰的力量是必要的，人们因此有了对美感和精神层面的追求，绘画也因此才有可能具备打动人心的力量，艺术家创作时心中燃起的热情往往匹敌通过作品迸发出的力量。这种热情不是心血来潮，它必须长久存在，它来自于人的根本认知，也就是世界观、价值观的问题。梵高的力量并不仅限于他的绘画，他的语言和文字留存中也时刻折射着他思想与精神的灼灼力量。不能忽略现代人信仰缺失的问题，物欲、政治矛盾、战争等因素对真、善、美无疑有极大的颠覆作用，这也伤害甚至扭曲着人的观念和想法；科学技术的进步使人的宏观世界和微观世界有了极大拓展，这种情况下，人的许多先前的困惑已经变得不再那么令人困惑了，一些解释不清的现象也已得到科学合理的解释。于是，以往宗教或一些哲学流派的根基已经动摇，曾经坚定不移的信仰现在失去了具体依托，信仰不再是信仰，而逐渐成为一种精神和信念的习惯性与执着坚持。

艺术求真求是的方向，传统艺术中情绪感受等方面的元素更加不是客观的存在，这就更容易解释现代艺术为何直面冷冰冰的工业文明，虽内心惶惑但却仍诸般冷静地坚持。头脑中的认知是可以改变精神和情感的，可见现代人的内心情境和前人是非常不同的。

这种情况反映在艺术创作上，艺术家变得冷静而功利，许多文化行为的操作性痕迹越来越重。艺术的功能化倾向明显，从艺术的演变来说，这似乎是一个必然的情况，但历史留存与现代因素在人思想与眼界中的共存并置，使艺术家经常处在极度的矛盾中。内心的情愫，现实的体验，责任感与理想化，艺术生存的谋求等，现代画家的创作情境是丰富而繁杂的。今天，画家自身的选择和判断对美术的发展影响重大。

回归自然和传统，或是直观再现内心现实对当代社会的诸般体验，这二者是现代画家非常普遍的两种方式。传统的积累仿佛足够当今画家去借用和消费，但在艺术上个体真正的发现与创造，艺术家群体创新的先进性，真正推动美术的继续发展演变，做出不逊于前人的革新与创造，这些才是评价现代绘画成就的真正依据。我们今天的美术行为真的是创新和创造性的行为吗？人处境的尴尬，或者一个社会人特定的局限性，总会羁绊着一个人在艺术生涯中的自由和成就。他的眼界的局限，也注定他在追求的道路上少了足够多的助力因素。但这在现实的情况中有两种截然不同的表现：眼中丰富的资源充实了他的经验，但却使他更难有令自己新奇的发现，于是会经常陷入迷茫的状态；有时眼界和概念性内容的缺乏，确能使人在艺术上的探究经常能够令自己振奋和富有新意。

"审美经验的产生总需要主客观两方面的条件，不仅需要有审美对象，而且也需要一个在审美上训练有素的主体。"[2]美术的技能是习得的，画家在研习绘画技法与艺术样式时，往往能保持一种比较好的进取状态，在技法与思想都趋于成熟时，绘画则真正变成了他表达世界的方式，这时他的绘画往往能够形成比较确定的面貌。然而在实际的艺术道路上，我们很难摆脱前人的轨迹，相似的起点，相似的努力方向，这总会让我们不经意地重走别人的老路。从这点上来说，画家有必要深入研读美术历史，把过往的艺术留存变成我们的艺术经验，并在此基础上生发出我们的探索之路。从发展角度来讲，仅仅依靠自身天分的发挥，面对大自然与客观世界的个体探索在今天来说是远远不够的。我们必须把美术留存当成一种客观的存在，当成美术发展之路的不断更新中的起跑线。

还有一个问题，画家在形成自己艺术面貌的同时，往往会失去进取之心，达成的成就经常变成了自己继续改变与发展的羁绊。这似乎是一种共性的特征，一种惰性和缺乏开拓精神的经常性表现。弗洛伊德在这方面显露出了他创造和开拓的品质，弗兰克·奥厄巴奇："弗洛伊德没有某个特殊时期的风格的安全网，无须进行特殊的保护。每当他觉得自己的工作方式将要变成一种风格的时候，他就会将这种工作方式像钝头铅笔一样搁置在一旁，去重新找到一种更适合自己需要的步骤。"[3] 但现代社会艺术市场的实际环境中，画家一旦被市场认同，就往往失去了改变的动力和意愿而趋向保守，作品也随之标签化。甚至艺术市场总会抛弃那些个人面貌不显著的画家和作品。这种潮流性的力量，让许多本来颇有才华和创造力的艺术家在艺术上逐渐变得矫揉造作，作品则显得表情单一、内里空虚。

导致现在绘画样式程式化、制作套路化倾向的原因，也有美术展览和美术活动操作方面的问题。美术展览，严格意义上来说只是美术作品与大众之间的见面和交流，这种见面和交流只是展示，它丝毫不会影响画家对作品的创作。但现在的情况是不同的，现在的美术展览对画家来说有着完全不同的意义，它变成了战场和舞台，画家成了战士和演员，参展对现在画家的生存和发展变得至关重要。

当美术展览变成了一场场精心策划的表演，变成了装饰社会与娱乐大众的方式和手段，绘画也逐渐失去了独立和尊严。画家的创作开始迎合特定人群的口味，它的自由发展必将不复存在。美术展览作为一种"秀"的行为，它必然要在许多方面进行策划布置，作品不再是完全的主角，它有时成了环境的附庸，诸多展品与环境一起营造一种审美的效果和体验。从这种概念来说，一件美术作品不再是个体的存在，整个展览才是一个完整的作品，这是文化经营的策略与新的艺术观的体现，但对于美术创作自身来说，对于画家个体来说，实在是难以掌控的。在这种情况下，现在画家往往失去了自己的理解和判断，他们不再专注于艺术本身，而是更倾向于审时度势，艺术行为也变得投机和功利。他们经常是为了展览而创作，因为展览的需要确定自己作品表述的内容和方式。

所以在展览中我们看到的作品大致有两类：成名画家的作品一直是不变的存在，随着时间的历练，它变得更加凝练和富有个人的"标签化"特征；还有一部分则是为了展览而量身定做的：契合主题的内容，庞大的尺寸，精良的材质与做工，优雅得体的语言——这似乎是一种体制对艺术作品的必然性选择。但冷静的观察与思考之后，我们无法回避在这种"完美"气氛的遮掩下，在我们经常自说自话的繁荣发展的大好局面里，在美术的发展层面我们是否真正做出了创造性的进步？

在一个美好的时代，艺术往往只是为了歌颂而存在。物质富足确会导致人群进取心的缺失而变得内心空虚，孟子的"生于忧患死于安乐"在此是个很好的注解。画家和艺术逐渐失去了精神和力量，反映现代社会特质的现代艺术流露出的迷茫和诸多不确定性使我们很难再有主流性的认识与方向。

社会经济与国家的发展，和精神世界的发展往往会处在不同的方向上，这便更需要社会与人的进一步努力，种种美术活动和画家的创作行为，都是对人的精神世界的积极影响。振兴美术的发展是我们国家与社会经常提及的口号，但要真正落到实处，我们首先必须要重新拾起绘画的尊严与画家的自律。艺术必须摆脱商业与艺术批评等对艺术发展的钳制因素，然后以传统的美术留存作为美术实践新的起点，进行属于我们这个时代的探究和创造，这才是美术发展的必由之路。

美术发展的方向是光明的，毕竟我们有了更好的艺术土壤与发展环境。对美术教育的普遍重视，美术人才的积极培养，美术交流活动的蓬勃开展，画廊、展览馆等美术机构的运营发展，这给学习者和公众都提供了更多提高和参与的机会。但现实艺术生态中繁杂的艺术现象似乎又在说明改变与发展是一个无解的存在。理想的光辉与现实的羁绊总是在现实中并存与纠结，在这种情况下，国家与社会的美术机制更要发挥它真正好的引领作用，这才是解决现实问题和弊端的最有力的武器。

参考文献

1. 丁涛著. 艺术概论［M］. 沈阳：辽宁美术出版社，2001

2. 朱荻. 当代西方美学［M］. 北京：人民出版社，1984

3. 塞巴斯蒂安·史密《卢西安·弗洛伊德 1996—2005》［M］，广西美术出版社，2010

以《荒蛮故事》解读中西方文化的
差异与融合

张红丽①

【摘　要】 由于中西方文化发展的历史和背景不同，中西方文化出现了各自独立而又差异的文化体系。电影是中西方文化的反映，本文从《荒蛮故事》中的六个独立故事的情节分析入手，分析中西方文化的差异与融合。西方人因为思维方式和中国人不同，他们受个人价值至上主义和英雄主义的影响，所以在个人诉求方面存在文化差异，同时东西方文明又面临着类似的道德困境，律法一直在道德、情感和金钱中徘徊、挣扎，导演试图从迷失的婚姻中找到东西方文明的精神出路。

【关键词】《荒蛮故事》　中西方文化　差异　融合

《荒蛮故事》是由号称"鬼才"的阿根廷导演达米安·斯兹弗隆执导的一部西班牙语剧情片。该电影完全跳出常规电影的一般叙事套路，情节设置方面有惊人转折却又符合人性特质。镜头画风转换奇特，既在情理之中，又出乎意料之外。该电影于 2014 年一面世，就获得了奥斯卡最佳外语片和戛纳电影节金棕榈奖等多个奖项的提名，取得了非常好的票房业绩。整部电影是由六个独立的黑色幽默故事组成，这六个故事表面看各自独立，没有任何联系，但其揭示的精神内核又高度一致，做到了"形散而神不散"。电影围绕"复仇"主题，导演把"善"与"恶"的根源巧妙的置于文明社会与荒蛮行为的二元对立中，借助"黑色幽默"的衣钵，展现了中西方文化的融合与碰撞，让观众在荒诞的故事情节中领悟到形而上意义的启迪，使观众对东

---

① 作者简介：张红丽（1976—　），女，连云港市赣榆区人，硕士，江苏财会职业学院副教授，主要研究方向：当代文学，高职语文教学。

西方文化有了新的理解。

一、思维方式不同导致中西方对待个人诉求的文化差异

（一）西方秉持个人价值至上主义

《荒蛮故事》中第一个故事的主人公"帕斯特纳克"在整个故事中始终没露面，身份无比神秘，但他的经历却又让人无比熟悉，他就像我们身边的邻家小哥，从小是一个被家长严厉管制的孩子；一个在学校受人欺负的倒霉孩子；一个被老师留级的愚笨学生；一个斯文的古典音乐爱好者；一个被老板责退的市场销售员；一个被女友和好友欺骗感情的老实人；一个谨慎的民航飞行员。他的人生轨迹用东方人的价值观看，这个人阅历丰富、聪明能干、多才多艺，是一个在中国人眼中有着体面工作和稳定收入的成功人士。但主人公却觉得自己是一个彻彻底底的失败者，这种失败感来源于他理想信念的崩溃。人是社会性群体性动物，人都害怕孤独，害怕被抛弃。当帕斯特纳克经历社会中的种种碰壁，变得越来越敏感。我们不能否认帕斯特纳克的人格心理缺陷，主人公也想过求助心理医生，但心理医生直到临死前才想真正的和他交流，告诉他根源来源于他的父母。电影最后的画面定格在飞机撞向一对休闲的老夫妻，即帕斯特纳克的父母。其实帕斯特纳克心理缺陷的根源是来自于社会的冷漠，来源于社会的种种人对他人生信念的践踏，主人公帕斯特纳克的生命轨迹因为某些人而改变。比如在他喜欢的音乐创作方面，他遭受了音乐评论人对这个可怜人尊严的侮辱。西方人可以承受生活的卑微，但决不能承受人格的卑微。我们很难想象他内心曾经历怎样无助的绝望，一个大男子汉曾经蜷在床上哭泣一周；随后又遭遇女友感情的背叛，而且女友居然是和自己的好朋友出轨，是可忍，孰不可忍？接着他又被唯利是图的商人辞退，世人的冷漠让他陷入绝望的复仇，为了报复那些改变他生命轨迹给他带来耻辱的人，他惊心地策划了一场精密而完美的复仇计划。

"信念"是一个人生存的精神理念的支撑，西方人一直秉持"个人价值至上主义"的人生信念。每个人来到这个社会，都有一定的物质和精神的个人诉求，为了追求自己想过的体面的生活，就要进行无尽的抗争。但我们中

国人一般讲究"以和为贵",强调少数人要服从多数人,而西方人在对待个人诉求的处理上截然不同。相比较东方人,西方人注重自我价值的实现,自我个性的张扬。帕斯特纳克的多角色人生定位并不能改变他人生价值的迷失性,当理想信念被践踏,西方人就很容易走上极端,夸大个人的悲剧。整个故事突破了叙事伦理学的视阈,电影开头看似一场美丽的邂逅,调情,优雅,结果画风一转,通过主人公的个人经历,这时生命感觉与伦理诉求颠破了常规束缚下的心理诉求,突兀的后现代化节奏给人以耳目一新之感。

(二)西方崇尚个人英雄主义

《荒蛮故事》中的第四个故事的主人公"炸药哥"本来是一名工程师,因为莫名其妙的原因,车被拖车公司拖了,钱被拖车公司罚了,晚回家还得不到妻子孩子的谅解,想去申诉讲理,反遭政府人员的嘲讽、奚落,一怒之下砸了政府办公室,结果主人公被解雇,婚姻也面临着危机。在一系列的打击之下,爆破工程师的精神处于崩溃的边缘,他感觉整个世界有一股莫可名状的异己力量与自己为敌,自己孤立无援。在个人诉求无果的情况下,他通过自己熟悉的爆破专业领域完成一次精密的复仇计划。这次复仇没有伤及无辜,却给政府以警告,没想到这种极端的冒险行为反而让工程师摆脱了困境,获得了社会的巨大声援,他的家人也肯定了他的行为,回到了他的身边。爆破工程师的报仇方式凸显了西方式的个人英雄主义情结,当工程师发现理性和冷静的结果仍旧无法改变不合理的社会收费现象,他就觉得必须要做点什么事情来改变社会的不合理,这个时候西方的精英阶层就担负起改变社会的重任。社会的不公平总得有人站出来反抗,否则社会就不能进步,文明就无法抵达完美的境界。

这个故事反映了文明社会演进过程中社会伦理与法律的局限性。社会伦理是东方文明建立起的一套维系社会成员之间关系的运作模式,在社会规范体系下界定了社会角色的权利和义务。因为社会文明的局限性,社会伦理有时会不幸成为一群人压迫另一群人都"合理依据",中国古代封建礼教的虚伪和冷漠就"吃"掉了很多人。很多人认为既然是政府制定的就是合理的,"存在即合理"成为中国人逃避改正错误的借口。很多时候中国人对于无法改变的事情从不想着去改变,即使知道这个事情多么的不合情理,总是不停地调整自己以适应环境,很多事情都印证了中国人更"现实"。中国人崇尚中庸之道，主张个人利益要服从集体利益，能忍则忍。当有人想要站出来改变环境的时候，反而其他人认为这个人暴力、极端，喜欢"枪打出头鸟"，所以每个人都明哲保身，崇尚"各人自扫门前雪，休管他人瓦上霜"。西方人不同，他们珍视个人自由，喜欢独往独行，遇到不满意的现状往往会采取行动来调整环境以适应自己，爆破工程师的复仇方式也说明表面文明的社会制度，其实更崇尚野蛮的解决方式，这真是一个怪圈。

二、中西方文明面对的道德困境相同

在全球化语境的今天，中西方的文化价值观都面临着挑战，中西方文化融合的一个显著标识就是东西方文明都在经受道德困境的多重考量。文明与文化的主体都是人，文明和文化都和人类的生活息息相关，只不过文明是文化中先进和精华的部分。《荒蛮故事》既演绎了当代文明人极具兽性和黑暗性的一面，同时也用怪异的黑色幽默、激烈的动作场面和紧张的故事情节揭露藏匿于人类内心深处的莫名恐惧，暗示了中西方文明面临着相同的道德困境。

（一）第一重困境——道德与律法的较量

《荒蛮故事》的第二个故事讲的是厨娘的复仇，复仇主人公一开始就显得非常纠结，这也无形中触碰了东方"亚文化元素"的解读。处于底层生活的群体，由于受东方传统文化因素的影响，他们坚持自己的生活方式和文化信念，道德训诫往往让他们止步于善恶的惩罚。奴隶般的道德考量和律法的约束，让他们的复仇缺乏力量，但在道德与律法的较量中，东方理念和西方思维有时也有着惊人的相似之处。导演为突出第二个故事的真实性，把场景设置得很简单，只有餐厅和后厨两个地方；复仇对象就是即将竞选市长的高利贷者，也是来这个餐厅就餐的客人；复仇主体是背负血海深仇的女招待，同时还出现一个老厨娘，这三者构成了奇异的三角关系。女招待在一个雨夜发现来就餐的客人就是自己不共戴天的仇人，她想复仇，想杀死这个抢了她们家土地，逼死了她的父亲，强暴了她母亲的仇人，但内心又觉得这个决定是荒唐的，是法律所不容的，在道德与法律中摇摆不定。老厨娘本来和这个事件没有任何关系，却一直鼓动她复仇，并且往她仇人的食物中加了老鼠药。女招待想要救仇人和他的儿子时，却遭到了仇人的殴打，最后老厨娘挺身而出，用刀结束了那个人渣的生命。

影片末尾老厨娘被警察带走时嘴角的笑靥让我们很难想象这个老厨娘经历了怎么的人生，用老厨娘的话说，没人不希望"恶有恶报"，但谁也不愿脏了自己的手。文明社会的某些秩序的建立终其根源也无非是暴力，中国有句俗语"枪杆里出政权"，那些靠"厚黑"起家的流氓贼寇有时摇身一变就变成了领袖和领导者，而那些受压迫的人，由于受奴性思维的影响，面对压迫不知道怎么反抗。两个厨娘的对诘折射出人性自我挣扎时的脆弱和阴暗，女招待面对仇人时复杂的内心挣扎体现了道德与律法在她内心中的分量考量，女招待敢怒不敢做，只能受压迫，反而与这事毫不相关的老厨娘站出来，伸张正义，惩治了坏人。要是在中国，老厨娘作为一个旁观者，肯定会置身事外，最多掬一把同情的眼泪，可在这里却为了一个不相干的事动刀杀人。血洗的结局不一定完满，但毕竟所有的新秩序都必须建立在旧秩序的颠覆之上。这里也印证了中国俗语：善恶终有报，不是不报，时候未到。

（二）第二重困境——理性与情感的抗衡

《荒蛮故事》中的第三个故事背景选择了不受道德和法律约束的蛮荒之地，一个开奥迪车的城里人和一个开破车的乡下人在荒野公路相遇。在这个蛮荒之地，城里人并不比乡村人文明，他们为了抢路，互相别车，辱骂对方。后来奥迪男的车子中途爆胎，乡下男就下来砸车挑衅，奥迪男忍无可忍，踩油门妄图置对方于死地，接下来发生了一系列匪夷所思的打斗，结尾的画面诡异而又滑稽，极端仇视的两个人死后留下的画面却像亲兄弟一般亲热，弄得警察还以为是"狂热犯罪"，而他们生前仅仅是怒怼的一面之缘。导演通过对这两个复仇主体真实状态的无情揭露，清醒地表达了对人性异化的另类批判。

"荒诞"作为一种审美范畴所关照的核心，导演对于荒诞的态度始终保持着一种理性的求真，他主要是想借助一种"非理性"去表达一种理性的思考。人类生而蛮荒，但绝不能止步于蛮荒，人们不能因为某时、某地、某事而放弃对现代文明的坚守。荒诞故事下某些夸大的荒谬行为其实也暗示了中西方文明的某种理念不谋而合。中国人的思维传统里其实也包含了西方的理性思维，伏尔泰曾感叹"中国人是在所有的人中最有理性的人"。中国古代的"克己复礼"就是对理性文化坚守的最好证明。至于近当代中国人理性思维缺乏，思维浮浅，不是中国文化固有的表现，而是近代丧失了中国文化的深厚内蕴所致。但因为中国人崇尚集体文化，有时强调个人主义要服从集体主义，所以有时会压抑个人诉求显得更"理性"，但一旦突破理性的界限，中西方文化都要面临道德困境。文明产生了上流阶级，往往使上流阶级拥有自以为是的优越，其实奥迪男的优势就来源于社会所给他的阶级地位，而一旦进入蛮荒之境，就失去了文明的"护身符"。实际上这里的"蛮荒"象征着平等，而文明往往起源于不平等。当文明人来到不受道德约束的荒蛮之地，人们有无数荒蛮的理由，再也不用给自己找无数绅士的借口来伪装自己。无论是有钱的体面人还是乡野村夫，都在演绎着人性真实的报复，"仇恨"的种子一旦萌发，便会肆虐，最终变得一发不可收拾。在没有法律约束的荒蛮之地，原始冲动的情感占据第一位，在没有理性的参与下，人的情感一旦失控，就会变得比动物更残忍，"路怒症"者既揭示"冲动是魔鬼"的真理，同时也揭露了现实生活中理性与情感的抗衡，受到复仇情感的指使，失去理性的人往往会变身为野蛮的动物，人们会不自觉的沦为复仇情感的奴隶。

（三）第三重困境——金钱与法律的博弈

《荒蛮故事》中的第五个故事讲述了荒诞背景下金钱与律法的较量，这类故事在中国并不少见。一个富二代撞死了一个孕妇，富二代的父亲想要用钱保住儿子，于是富翁的律师买通政府的调查官，在这里金钱发生了魔力，"有钱能使鬼推磨"是自古以来颠扑不破的真理，但没想顶包的园丁、律师和政府官员在最后贪心不足，坐地起价，于是富翁忍无可忍，给出了自己能承受的最低价，最后富翁赢了。富翁投机取巧的成功往往就建立在人们对贪欲的把握上，金钱有时确实能摆平一切。底层的园丁面对飞来横财却无福消受，死者的丈夫锤杀了贪婪的替死鬼园丁。受害者丈夫当然也会被判刑，最终只能自己进监狱。而凶手没事，策划阴谋的那对父母以及警察和律师也没事，肇事者依然逍遥法外，正义永远无法伸张。

这个故事诠释了金钱下的罪恶，在金钱与法律的博弈中，法律的存在只是文明克服蛮荒的一种策略。当金钱公然践踏法律，法律和公权如何处置？无论在中国还是在西方，权、势、利都是三位一体的，法律不过是把其中不合理的部分通过公平原则剔除出去，因为其损害了其整体性，但金钱、地位和权力无论在中国还是在西方都有其横行的舞台，有其自身骄傲的资本。人类社会里没什么是有罪的，除了贫穷和低贱是人们的原罪。社会高速前进的车轮中，物质越发达，科技越进步，反而人情越冷漠。人们对物质的追求空前高涨，这也印证了中国一句俗语"人为财死，鸟为食亡"。在金钱与律法的较量中，人们懂得了律法社会的文明是如何一步步沦丧的？金钱出卖了法律，这是社会道德的漏洞，一旦有人破坏了道德原则，不道德的行为将会引发人性崩溃的连锁反应。

三、在迷失的婚姻中寻找东西方文明的精神出路

《荒蛮故事》中的最后一个故事讲述了一场奇特的婚礼。新娘子在结婚当天知道老公有外遇，接着情节狗血，导演采取了许多反常规的叙事手段，运用了后现代化的非线性、碎片化和个性化的叙述方式，让女主人公展开了一段匪夷所思的疯狂复仇。结婚前，新娘一直生活在自己幻想的美好婚姻中，直到在婚礼上意外发现小三，使她的婚姻之梦被打碎，哭泣的新娘忽然变得铁石心肠，化身复仇的黑暗天使。为报复新郎，在结婚当天和不认识的厨子做爱，当着丈夫的面说出了一堆狠话，恐吓丈夫要利用婚姻夺取对方的全部财产，要对他进行折磨，直到死亡才能把他们分开。这要是在中国，中国人往往好面子，认为"家丑不可外扬"，一般对待婚姻会采取"百年好合"等传统观念，会把这场婚姻凑合下去，对性爱更是遮遮掩掩。但西方人更注重自我内心的感受，男女主角虽然都爱着对方但又都做出了伤害对方的事，这里不能评价他们谁是谁非。主人公处于婚姻困境之中，需要情感的发泄，此时男女双方都在婚礼上或在感情上背叛了对方，是彻底放弃婚姻和爱情，还是勉强维持？最终丈夫的理性挽救了一场婚姻，结尾新婚夫妇当着因惊吓而不知所措的嘉宾面前燃起爱欲，进入爱河，他们又结合到了一起，不可思议的情节让整个故事散发着匪夷所思的荒诞感。导演不愧为"鬼才"，颠覆了传统的叙事规则，通过一种近乎本能的荒蛮欲望，以荒诞、变形、夸

张的形式去表达艺术家的内心世界，导演在这方面做了大胆尝试，即以一种残忍、幻想和疯狂混合的心理状态，来表现悲剧人物复杂的典型心理。其实，婚姻欲望的在场与缺席就像是"围城"，人都是"趋利自我"的动物，在婚姻中都自私的寻找和占有自我利益的地盘。故事的结局让这对怨恨男女在大众场合的公然交媾，这在中国当代是不可思议的事，荒诞的性欲发泄实际上代表了人性异化和现实荒诞的博弈。卢梭曾提出"回归自然"让人类获得灵魂的栖息地，破碎的记忆虽然不再完美，但生活的本质本来就是如此，要么放弃，要么原谅。藐视死亡与热爱生命本来就是一体两面。孔子说"礼失求诸野"，蛮荒之境也许是最后的公平之所，这说明当我们被文明的弊端困扰时，"返璞归真"回归现实不失为明智的抉择。

有人也把荒蛮故事看作一场阶级斗争，故事中的大多数复仇行动几乎都在不对等的阶级间直接展开。哪里有压迫哪里就有反抗，无论社会进步到哪个阶段的文明，中西方关于阶级斗争的矛盾从来没有消失过，也不可能消失。导演在充满原始冲动的复仇中也冷静讽刺了社会贫富阶层的差距日益加大。可以说，《蛮荒故事》是一部真正值得咀嚼与反思的作品，在故事情节复杂度以及人物的刻画上呈现出递进的状态：从最初的劫机事件到最后婚礼上的出轨事件，故事的荒谬程度在逐个降低，人性的复杂程度却急速上升。每一个故事的开篇几乎都是我们生活中习以为常的场景，但画风突转定格的画面却让人唏嘘，现实中的人们从未忘记过埋藏于内心对于黑暗的恐惧，有时他们被迫采取匪夷所思的复仇行动。黑色幽默的目的就是通过建立一种病态、荒诞的喜剧意识形态，使观者在滑稽与恐怖中释放源自内心的压抑和恐惧，从这点来说该电影无疑是成功的典范。

参考文献

1. 王伟.《荒蛮故事》：荒诞照进现实[J].电影文学，2017（02）.143-145.

2. 张学成.论荒诞与荒诞性文学[D].桂林：广西师范大学，2005.

3. 任凡.《荒蛮故事》：拉美"天注定"当代"十日谈"[N].北京日报，2015-04-30.

4. 王柳. 电影《荒蛮故事》一曲黑色幽默咏叹调 ［J］. 影视，2016 （05）. 120.

5. ［美］达德利·安德鲁. 经典电影理论导论 ［M］. 李玮峰，译. 北京：世界图书出版公司，2013：90.

后 记

　　"求真求新求实、立言立德立功。"这是全市广大社科工作者职业精神和目标追求的深度凝练。近年来，全市社科界始终坚持围绕中心、服务大局，解放思想、开拓创新，在加快连云港国际化海港中心城市建设的时代进程中积极述学立论、建言献策，发挥了重要作用、作出了应有贡献。特别是随着哲学社会科学创新工程的深入实施，全市重大社科理论和应用研究成果不断涌现，学术和学科体系建设蓬勃发展，社科组织和人才队伍建设稳步推进，社科普及和理论宣传更加深入人心，全市哲学社会科学事业迎来了繁荣发展的春天。

　　为全面总结和展示全市社会科学研究成果，更好发挥研究成果的社会价值，连云港市哲学社会科学界联合会决定，从2015年起，每年将有代表性的社科理论研究成果编辑成册，名为《连云港社会科学》，公开出版。

　　在编辑出版《连云港社会科学（2015）》《连云港社会科学（2016）》《连云港社会科学（2017）》的基础上，此次集结出版的《连云港社会科学（2018）》收集了2017年全市哲学社会科学界有代表性的理论研究成果，内容按照哲学、经济学、法学、社会学、教育学、管理学、历史学、文学、伦理学、艺术学十个学科进行分类，以供广大社科工作者和关注关心社科研究的读者朋友学习参考。

　　在本书的编辑过程中，担任主编的市社联党组书记、主席杨东升对编写体系、论文遴选编辑、版式设计等进行了全面统筹；市社联党组成员、副主席周一云以及刘宏光、谢仁善、汪海波、王兰舟、郑婷元、刘怀君等同志参与了征稿、编辑、校对等工作。

　　本书在征稿过程中，得到了各县区社联、高校社联、市各社科类社会组织以及众多社科专家的大力支持，在此深表谢意！

　　由于本书涉猎较广，加之编者时间仓促、水平有限，错误与疏漏之处在所难免，敬请读者批评指正。

编者

2018 年 7 月